허헌 평전
항일운동의 선봉에 선 인권변호사

한국학총서
항일변호사 평전 ❷

허헌 평전

항일운동의 선봉에 선 인권변호사

변은진 지음

역사
공간

책머리에

오늘날 우리는 각자가 원하든 그렇지 않든 근대법의 수많은 영역과 밀접한 관계망 속에서 생활하고 있다. TV 뉴스에서는 어느 때보다 많은 비중으로 법적인 내용을 자세히 보도하고 있고, 변호사나 판검사라는 직업군을 대상으로 한 드라마나 영화도 무수히 많다. 근자에는 법조인이 한 명도 등장하지 않는 드라마나 영화는 거의 본 적이 없는 것 같다. 가까운 지인 가운데 법조인이 없고 또 법의 저촉으로 재판을 받아본 적이 없는 필자로서는 이러한 문화적 현상이 참으로 신기하게 느껴진 적도 있었다. 아마 평범한 사람들은 대개 한 번쯤은 그런 감정을 느꼈을지도 모르겠다.

언제부터인가 '사법 개혁'이라는 단어도 심심치 않은 뉴스거리로 자리 잡았다. 이제 사람들은 대부분 이를 현재진행형의 과제로 인식하고 있다. 사법부의 권위가 실추되었다는 말을 자주 들어서인지, 예전에는 누구나 선망하는 지위로 여겨졌던 판검사나 변호사도 오늘날에는 그냥 수많은 직업 가운데 하나로 여겨지는 분위기이다. 삼권분립을 전제로 한 근대국가 대한민국에서 행정이나 입법이 아닌 사법의 영역이 이렇게 지속적인 큰 이슈로 등장한 시기도 없었던 것 같다. 이러한 시점에서, 오늘날 법학계에서 우리나라 '인권변호사'의 효시, 전체 변호사들의 '아버지뻘'로 일컬어지는 '허헌'이라는 인물을 역사적으로 파헤쳐 소개하는 것도 나름의 의미가 있겠다는 생각이 들었다.

긍인 허헌(1885~1951)은 한말부터 일제강점기를 거쳐 해방공간에 이르기까지 한국 근현대사의 굵직한 역사적 흐름과 맥을 같이 했던 인물로 알려져 있다. 그는 독립운동가, 민족지도자, 정치가로서 항일운동과 통일운동을 펼쳤을 뿐만 아니라, 법조계·교육계·언론계·경제계 등 사회의 여러 방면에서 주도적으로 활동하였다. 일제강점기에는 가인 김병로, 애산 이인과 함께 이른바 '3인'으로 불리는 항일변호사의 최선봉에서 항일운동가에 대한 지원과 변론을 적극적으로 펼쳤다. 3·1운동 재판에서는 유명한 '공소불수리 신립 사건'으로 일제 사법당국에 일격을 가했으며, 1920년대에는 신간회 위원장으로서 광주학생운동을 지지하는 활동을 하다가 옥고를 치렀고, 8·15 직전에도 '단파방송 사건'에 연루되어 또다시 옥고를 치렀다. 해방공간에서는 건국준비위원회 부위원장, 조선인민공화국 국무총리, 민주주의민족전선 의장, 남조선노동당 위원장 등을 역임하면서 통일민족국가 수립을 위해 노력하였다. 그리고 남북협상운동에 참가했다가 월북한 뒤에는 헌법위원회 위원으로서 조선인민공화국 헌법 제정의 책임을 맡았고, 이후 김일성종합대학 총장과 조국통일민주주의전선 중앙위원회 의장으로 활동하다가 불의의 사고로 생을 마감했다.

이와 같은 허헌의 여러 정치·사회 활동의 기반을 이룬 것이 바로 '인권변호사', '항일변호사'로서의 정체성과 활동 경험이었다. 일찍부터 변호사 허헌이 인간의 존엄과 자유·평등을 기초로 쌓아 간 치밀한 조사와 분석력, 법리 해석력 등의 강점이, 그가 신간회 위원장으로 항일민족운동을 주도할 때도, 8·15 이후 통일전선운동을 이끌어갈 때도 유감없이 발휘되었다. 그런데 이러한 허헌의 지위나 명망성에도 불구하고 현재까지 우리 학계에서는 관련 연구가 거의 이루어지지 않았다. 아마도 구체적인 실증 연구 없이, 그가 8·15 직후의 해방공간에서 굳이 구분하자면 '좌파' 진영에서 활동하다가 '월북'했다는 이념적 잣대를 들이대어 평가해온 면이 작용했던 게 아닌가 한다.

하지만 1930년대에 기자 유광렬은 허헌의 사상이 '민족주의자에 가까울 것'이라고 했고, 총독부 경무국에서도 허헌은 '진보적 민족주의자'라고 했다. 오늘날의 관련 연구들도 그를 "일제시기부터 양심을 지켜온 민족주의자" 혹은 "하나의 조국을 염원한 좌파 민족주의자"(심지연), "박애 정신이 투철한 진보적인 민족주의자"(허근욱) 등으로 평하고 있다. 해방공간에서 다수의 인물론을 집필한 김오성은 정치가 허헌의 남다른 자질로서 강직함, 겸허함, 성실함 등을 들면서, 그 지위에 비해 단 한 번도 '허헌파'라는 당파를 만든 적이 없는 '인민의 지도자'라고 묘사하기도 했다.

이 글은 허헌의 생애를 조망하면서도 주로 한말과 일제강점기 항일변호사로서의 활동, 정치·사회 활동을 실증적으로 분석·정리하는 데 초점을 두었으며 허헌의 생애와 활동에 대한 기존 서술들의 오류를 바로잡는 데도 주력하였다. 8·15 이후 활동에 대해서는 비교적 상세하게 정리된 심지연의 연구가 있으므로 이 책 등을 참조하여 소략한 수준에서 정리하는 데 그쳤다. 이 자리를 빌어 이 책의 집필에 큰 도움을 준 허근욱, 심지연, 한인섭 등 선학들의 연구에 감사를 표하고 싶다. 난잡한 원고를 꼼꼼히 검토해주신 역사공간의 편집진에게도 고마움을 전한다. 끝으로 항일변호사 허헌이 꿈꿨던 공존의 인간사회, 통일된 한반도의 실현이 조금이라도 앞당겨지길 바란다.

2022년 2월
변은진

차례

책머리에 4

1장 ─── 전통과 근대의 갈림길에 서다

산골 소년의 꿈, 기개를 갖춘 선비의 길 13
첫 상경과 신학문의 만남 25
보성전문학교 입학과 관직 생활 36
허헌이 겪은 국권침탈의 전야 44

2장 ─── 인권변호사로 첫발을 내딛다

제1회 변호사시험 합격과 새 출발 51
변호사 허헌의 초기 변론 활동 58
'하미전 사건'과 최초의 변호사 제명 징계 68
계몽단체 활동과 일본 유학 78
귀국과 변호사 복직 89

3장 ─── 3·1운동 시기 항일변호사로 맹활약하다

일제강점의 충격 속에서 낙향 97
함흥의 3·1운동에 참여 107
사법당국도 굴복시킨 '공소불수리론' 114

4장 —— 3·1운동 이후 활발한 사회 활동을 펼치다

1920년대 사회 변화와 경제계 활동　　133
부당함에 맞서며 헤쳐나간 언론계 활동　　143
벅찬 가슴으로 펼쳐나간 교육계 활동　　153
세계여행에서 목도한 신문명과 사람들　　171
세계약소민족대회 참관 후 앞당긴 귀국　　190

5장 —— 항일변호사로 명망을 날리다

1920년대 항일변론 활동　　203
변호사단체 활동과 국제변호사대회 참여　　220
항일운동 정세 변화와 형사변호공동연구회 조직　　235
조선공산당 등 '사상사건' 변론　　245

6장 —— 국내 항일민족운동의 전면에 서다

신간회운동에 뛰어든 '진보적 민족주의자'　　267
허헌 집행부의 신간회, 강화된 실지조사　　282
광주학생운동 시기 민중대회 준비　　293
'민중대회 사건'으로 투옥　　301

7장 —— 새 길을 모색하며 해방을 준비하다

　　출옥 후의 동향과 새 삶의 모색　　317
　　경제 활동에 뛰어든 항일변호사의 꿈　　333
　　'단파방송 사건'으로 또 다시 투옥　　345

8장 —— 해방과 분단의 소용돌이 속에서 잠들다

　　황해도에서 맞은 해방, 다시 서울로　　363
　　통일된 민주국가를 향한 염원과 좌절　　371
　　남북협상운동 참가를 위한 북행　　388
　　인민의 가슴 속에 잠든 항일변호사　　399

보론 —— 허헌에 대한 연구와 평가　　403

연보　　414
참고문헌　　427
찾아보기　　436

1장

전통과 근대의
갈림길에 서다

산골 소년의 꿈, 기개를 갖춘 선비의 길

긍인(兢人) 허헌(許憲)은 1885년 음력 6월 11일¹ 함경북도 동남쪽의 명천군 하우면 하평리² 장골마을에 있는 향반(鄕班) 집안의 장남으로 태어났다. 장골마을은 명천읍에서 남쪽으로 28km 지점의 칠보산(七寶山) 아래에 위치한 산골마을이었다.³ 다시 말해서

1   일반적으로는 허헌이 1885년 음력 6월 11일에 출생했다고 알려져 있으며 이는 허헌의 호적에 따른 것이다(허근욱, 『민족변호사 허헌』, 지혜네, 2001, 18, 20쪽). 그런데 최근 새로 정리된 족보에는 고종 을유년(1885년) 음력 6월 16일 출생으로 기록되어 있다(『陽川許氏龍津公派譜』 卷二, 995쪽). 이는 2021년 2월 11일 불후국제상담소 허효연 소장(양천허씨 34세, 입북 20세)이 그간 파악한 허헌 일가의 족보를 필자에게 제공해준 것이다. 어느 쪽이 정확한지는 알 수 없으나, 여기서는 일반론을 따랐다.
2   함경북도 명천군 하우면 하평리는 현 북한의 행정구역상으로는 함경북도 화성군(원 명간군) 하평리에 속한다(『조선향토대백과』, 2008, http://www.cybernk.net). 하평리는 명천군의 내륙 중심부에 속하는 곳이다.
3   허근욱, 앞의 책, 2001, 17~18쪽. 이하 서술에서 허헌의 출생과 가족 사항 등에 대해서는 특별한 언급이 없는 한, 허헌의 둘째 딸 허근욱(1930~2017)의 책을 참고했음을 밝혀둔다. 허근욱은 6·25전쟁 때 월남한 뒤 소설가로 활동했는데, 이 책은 1960년대 이래 부친에 대해 모아온 사료와 관련자 인터뷰 등을 토대로 집필하여 2001년에 출판한 것이다. 이보다 앞서 1994년에 허근욱은 「나의 아버지 허헌과 언니 허정숙」을 발표한 바 있다(『역사비평』 28호). 그런데 이 글과 2001년도 책에서 차이가 있는 부분이 다소 있는 것으로 보아, 허근욱 자신도 부친의 집안이나 어린시절에 대해 정확히 알지는 못했던 것 같다. 이는 허근욱의 초기 인터뷰 내용에서 허헌이 13세에 결혼했다거나 보성고보를 졸업했다는 등의 잘못된 내용이 많이 포함되어 있는 점에서도 알 수 있다(한 예로 曹圭河·李庚文·姜聲

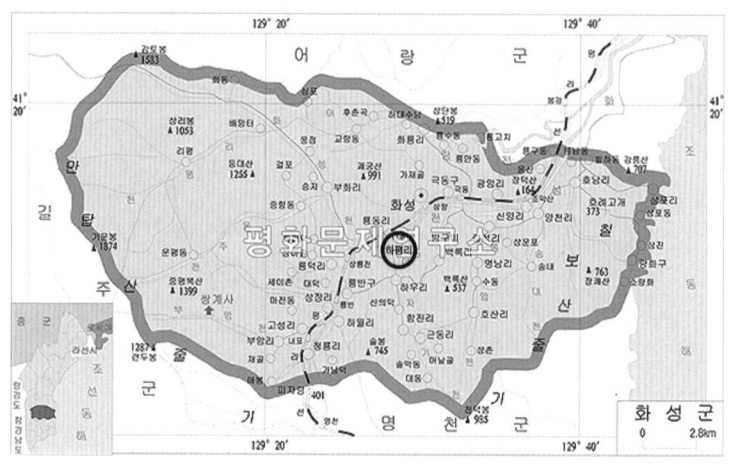

현 화성군(옛 명천군 하우면) 지도. 가운데 표시한 부분이 하평리
[북한지역정보넷(http://www.cybernk.net)]

허헌은 한창 전통과 근대가 교차하던 시기에 함경도 오지의 벽촌에서 태어난 것이다.

명천군은 동쪽과 남쪽은 동해 바다와 접하고 있고 서쪽은 길주군(吉州郡), 북쪽은 경성군(鏡城郡)과 접하고 있는 밭농사 지대로서, 일제강점기 때는 치열한 농민운동과 항일무장투쟁으로 유명했던 곳이다. 하우면은 명천군의 중앙부에 위치한 곳으로서 명천탄전(明天炭田) 가운데 하나인 쇼와탄광(昭和炭鑛)으로도 유명한 곳이었다.[4]

才, 『南北의 對話』, 고려원, 1972, 282쪽). 2001년도 책에서는 이러한 오류들이 다소 수정되어 있기는 하나, 여기에도 연도나 관직명 등 당대의 역사적 사실과 맞지 않는 부분이 다수 발견된다. 따라서 본서에서는 당대 1차 사료에 기초하여 이러한 오류들을 최대한 수정했으며, 이 경우는 모두 출전을 명시하였다.

[4] 명천군은 '명천탄전'으로 유명했는데 서면 삼향동의 명주탄광(明州炭鑛), 하우면 용전동의 쇼와탄광, 아간면 만호동의 명천탄광 등의 3개 탄전을 총칭하여 명천탄전이라고 했다[『한국민족문화대백과사전』(한국학중앙연구원 편찬), '명천군' 항목

기암괴석과 바위굽이들로 유명한 해발 906m의 칠보산은 원래 금, 은, 진주, 산호, 산삼 등 일곱 가지의 보물이 묻혀 있다 해서 칠보산이라고 이름 붙여졌다는 설도 있고, 일곱 개의 산이 하늘을 찌를 듯이 서 있기 때문에 그렇게 이름 붙여졌다는 설도 있는 명산이다. 오늘날 칠보산이라 하면 대부분 충북 괴산이나 수원 등지의 칠보산을 떠올리겠지만, 한반도가 분단되기 전까지 칠보산은 명천을 대표하는 이름이었다. 이 산은 예로부터 '금강산의 축쇄판', '제2의 금강산'이라 불릴 정도로 경치가 뛰어나 명천 주민들이 대단한 긍지를 가지고 있었다고 한다. 일제강점기 당시 신문에는 칠보산을 다음과 같이 소개하고 있다.

> 함북 금강산이라는 청호를 받고 있는 칠보산은 명천읍에서 동쪽 약 24km 떨어져 있는 상고면에 있는데 일반 탐승객(探勝客)들이 소금강이라고 하는, 문자 그대로 대금강산을 손바닥 안에 넣은 것 같은, 즉 금강산의 축쇄판이라 아니할 수 없다. 기암괴석으로 된 기봉(奇峯)들로 온 산을 형성하여 유수선령(幽邃仙靈)의 느낌을 주고 그 명미(明媚)한 풍경은 실로 산자수명(山紫水明)의 절승지(絶勝地)라고 아니할 수 없다. 산중에는 개심사(開心寺) 등 고사(古寺)가 있어서 더욱 풍치를 돋우어주는 바가 많은데 특히 봄의 진달래꽃, 염하(炎夏)의 녹음, 가을 단풍, 겨울의 설경이 유명하고 그 중에도 가을의 단풍이야말로 절승 칠보산으로 하여금 한층 더 큰소리를 지르게 하는 칠보산의 생명일 것이다.[5]

5 　참조].
　「名勝古蹟의 北國 咸北의 金剛 '七寶山'」, 『東亞日報』, 1937.12.3.

칠보산 흰바위
[북한지역정보넷(www.cybernk.net)]

 허헌이 태어난 곳이 이 같은 칠보산 자락과 재덕산(在德山), 증산(甑山), 금산(錦山) 등 야트막한 산들이 산맥을 이뤄 병풍처럼 둘러싸인 첩첩산중의 벽촌이었던 점은 이후 그의 성장 과정에서 인성(人性)의 형성에 크게 영향을 미쳤던 것으로 보인다. 이곳에서 태어나 그가 유년시절을 보낸 1880년대 중반부터 1890년대 중반의 시기는, 1876년 조·일 간의 강화도조약 체결 후 서양열강들과도 차례로 불평등조약을 체결하게 되면서 한반도에서 청·일을 비롯해 서양열강이 각축을 벌이던 시기였다. 또 내부적으로는 근대를 지향하는 혁명적 혹은 개혁적 운동이 일어났다가 좌절되기를 거듭하던 혼란기였다.
 하지만 적어도 허헌이 어린시절을 보낸 1890년대 중반 무렵까지는 이러한 근대지향적인 움직임의 여파가 명천군 칠보산 기슭에까지 미치지는 않았던 것 같다. 그때까지만 해도 그곳 산속에는 호랑이뿐만 아니라 늑대, 곰, 멧돼지, 사슴, 노루 등이 들끓었으며, 언제든 호랑이를 만나 물려 죽을 뻔한 경험도 안겨주는 그런 곳이었다. 이런 곳에서 허헌은 싸리말을 만들어 타고 동네 장대(將臺)에 나가 구령을 부르며 동무들과 뛰놀던6 평범한 어린시절을 보냈다.

실제로 허헌은 어린시절 호랑이한테 물렸던 잊지 못할 경험을 겪었다. 어느 날 서당을 마치고 한양에 가보고 싶다는 생각에 빠져 금산까지 걸어갔다가 돌아오던 길에 호랑이를 만나 한참 동안 소나무에 기어 올라가 있었던 일화가 있다. 이날 물린 오른쪽 팔꿈치 때문에 그는 평생 동안 왼손잡이로 살게 되었으며, 길을 걸을 때는 오른손 주먹을 꼭 쥐고 하체를 좌우로 많이 흔들면서 다녔다고 한다. 이러한 그의 걸음걸이와 뒷모습을 두고 일제강점기 대중잡지에서는 종종 가십거리로 삼곤 했다.

체격은 상당히 좋은 체격이지만 오른편 견갑관절(肩胛關節)에 고장이 생겨서 오른손을 못 쓰는 것이 큰 흠이다. 그가 왼손으로 밥을 자시게 된 것도 그 탓이요, 운동할 때에 오른팔의 회전운동을 못하는 것도 또한 그 까닭이다.7

원래 체격이 좋은 그는 뒤로 보아도 체격이 또한 좋다. 그의 특징을 말하자면 길을 갈 때에 오른손은 주먹을 꼭 쥐고 다니는 것이니, 그 주먹은 그가 오른손으로 밥을 자시지 못하는 것과 역시 관련이 있는 듯하다. 그리고 또 하체를 좌우로 많이 흔든다.8

6 許憲,「交友錄」,『三千里』7권 7호, 三千里社, 1935.8, 70쪽. 싸리말은 싸리비를 말처럼 타면서 놀 때 쓰던 싸리비를 일컫는 함경도 말이다.
7 「京城名人物 身體大檢査, 男女身邊秘密暴露(第一回發表)」,『別乾坤』52호, 開闢社, 1932.6, 34쪽.
8 「各界名男名女, 뒤로 본 人物學」,『別乾坤』63호, 1933.5, 7쪽.

이처럼 허헌이 태어나 자란 고향 산천은 그에게 평생의 상처를 남겨주기도 했다. 그렇다고는 해도, 이렇게 문명개화와는 거리가 먼 공간에서 태어나 전통과 근대의 갈림길을 접하고 결국 거의 한 평생을 식민지라는 시·공간 속에서 살아야만 했던 그가, 끝까지 현실에 굴복하지 않고 지조를 지키는 '선비다운' 모습을 보여준 것은 이러한 유년시절의 환경과 결코 무관하지는 않은 것으로 보인다.

원래 허헌의 성격은 조금 급한 편이었던 것 같은데 평상시 수련을 통해 늘 조심하는 모습을 보였고, 특히 어떤 일을 할 때는 항상 온건하고 침착하게 한다는 평을 받았다.[9] 잡지『삼천리(三千里)』에 허헌에 대한 인물평을 게재했던 기자 유광렬(柳光烈)은 다른 지면에서 그의 첫인상을 '온후한 신사'라고 묘사한 바 있다.[10] 원산(元山)의 박태인(朴泰仁)에 따르면 허헌의 필적 역시 "옛날 한림학사(翰林學士) 모양으로 체(體)가 구식(舊式)이나 매우 정연하게 자획 간에 양풍서래(凉風徐來) 식으로 썼다"고[11] 기록했는데, 이 또한 그의 성품을 반영하고 있는 것으로 보인다.

유년시절 허헌의 성격 형성에 자연환경 못지않게 큰 영향을 미친 중요한 요소는 바로 가정환경이었다. 허헌의 아버지 허추(許抽; 許杻)는[12] 양천(陽川)허씨 용진공파(龍津公派) 허징(許懲)의

9 金恒奎, 「民衆 爲하야 발벗고 나서는 許憲」(「朝鮮 民衆의 指導者 總觀, 數十年來 半島江山에 今日가치 人材 모힌 적이 업다」 중에서), 『三千里』 7권 3호, 三千里社, 1935.3, 32쪽.
10 「天下大小人物評論會」, 『三千里』 8권 1호, 1936.1, 35쪽.
11 「交叉點」, 『三千里』 17호, 1931.7, 73쪽. 양풍서래(凉風徐來)란 서늘한 바람이 천천히 불어온다는 뜻이다.
12 일반적으로 알려져 있는 許抽는 호적에 기록된 것이며(허근욱, 앞의 책, 2001, 20쪽), 최근 새로 정리된 족보에는 許杻로 기재되어 있다(『陽川許氏龍津公派譜』 卷一, 750쪽).

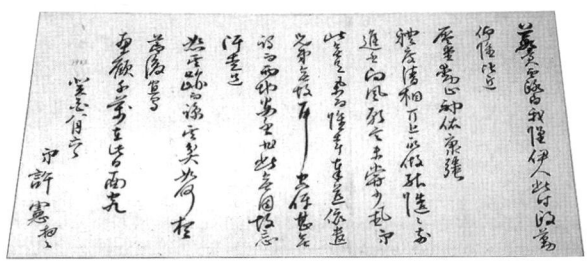

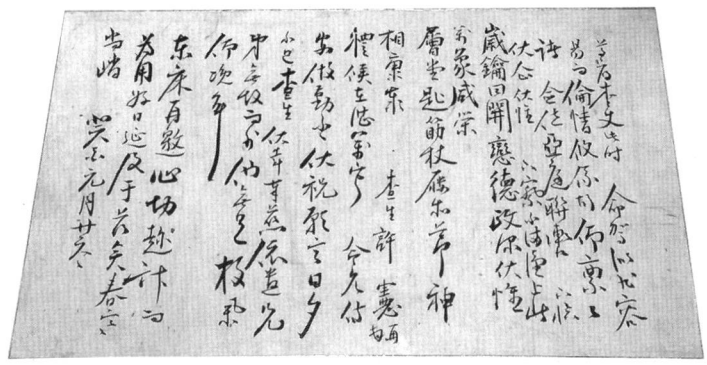

허헌의 필체
(허근욱, 『민족변호사 허헌』, 지혜네, 2001)

16대손으로 알려져 있다.[13] 부친 허추는 소과에 급제하여 진사로 출사한 전통적인 지방 유생이었다. 조선후기 향촌사회에서 진사가 된다는 것은 지방 유지의 자격을 얻는 것이나 다름없었던 점을

13 그런데 최근 허헌 일가의 족보를 정리하고 있는 허효연 소장에 따르면, 허추는 양천허씨 용진공파 29세, 입북 15세에, 허헌은 용진공파 30세, 입북 16세에 속한다고 한다. 오늘날 서울 양천구 일대를 관향으로 하는 양천허씨의 시조는 허선문(許宣文)으로 전해지고 있지만 설이 분분하다. 허선문의 15대손이자 고려 말의 충신 허징(許徵)과 허손(許愻) 형제가 고려가 멸망하고 조선이 건국되는 과정에서 각각 함경북도 명천과 제주도로 흩어져 자리를 잡게 되었고, 이때부터 명천에 양천허씨 용진공파가 형성되었다고 한다(허근욱, 앞의 책, 2001, 18~20쪽; 심지연, 『허헌 연구』, 역사비평사, 1994, 14쪽).

고려할 때, 명천군 하우면 일대에서 허헌 집안의 위치는 대략 짐작이 가능하다. 허헌이 태어난 곳이 과수원 아래 팔각 기와집이었고 당시 허추가 종3품으로서 경원부사(慶源府使)로 나가 있었다고 기록되어 있는 점에서도 짐작할 수 있다.

게다가 기존 연구들에서는 허헌이 열 살쯤 되던 1894년 말에는 부친이 한성부 경무관(警務官)으로 임명되어 서울의 광화문 일대로 진출했다고 한다. 경무관은 1894년 갑오개혁 이후 종래의 포도청이 폐지되고 새로 한성부와 5부의 경찰 업무를 관장하기 위해 설치된 경무청의 관직으로서, 일제강점기의 경시(警視), 오늘날로 보면 경찰서장 등으로 임용될 수 있는 총경 정도에 해당되는 관직이었다. 이것이 사실이라면, 허추는 "오래 유경(留京)하여 권문세가에도 아는 이가 많았을"[14] 것으로 보인다.

그런데 이와 같이 허추가 경원부사로 부임했다가 한성부 경무관이 되어 중앙에까지 인맥을 넓혀갔다는 것, 즉 허헌의 집안환경에 대한 것은 대부분 앞서 언급했던 유광렬의 「허헌론(許憲論)」에 기록되어 있는 것이다. 그리고 이후의 연구들은 모두 이 기록을 근거로 하고 있다. 딸 허근욱도 『민족변호사 허헌』에서 허헌이 서당에 다니기 시작한 1889년에도, 서울로 올라오게 되는 1894년에도 허추가 경원부사를 역임한 것으로 서술하고 있다. 그런데 이러한 유광렬의 언급은 당시 사회에서 알려져 있던 내용을 기록한 것이지 정확히 실증된 것은 아니었다. 당대 자료에 기초해 파악해 보면, 이러한 내용은 사실(事實)이 아니었다.

1894년 12월 당시 경원부사는 김좌봉(金佐鳳)이라는 인물

---

14 柳光烈, 「許憲論」(「登場한 二人物」 중에서), 『三千里』 4권 8호, 1932.8, 38쪽.

이었으며, 그가 부임했던 1892년 10월 이전에도 윤병관(尹秉寬)이라는 인물이 경원부사로 재직하고 있었다.[15] 또 허추가 1895~1896년경에 한성부 경무관으로 근무했다는 기록도 찾을 수 없었다. 허헌이 중학교에 들어간 1899~1900년경 허추는 궁내부(宮內府) 경위원(警衛院)에서 근무했다고 하나, 궁내부 경위원은 1901년에 설립되므로 이 역시 사실이 아니다. 따라서 지금까지 허헌의 부친 허추에 대한 기록은 모두 오류가 있었다고 생각된다. 허추의 직책 등에 대해서는 명확히 알 수 없지만, 몇 가지 자료들을 종합해 볼 때 허추의 직업이 '관리'였음은 확실한 것 같다.[16]

이처럼 다소 불명확한 점들이 남아 있다 해도 어쨌든 허헌 부친의 직업이 함경도 어느 곳에서 한성부로 진출한 관리였다면, 이러한 행보는 당시 어느 정도 '출세'를 지향하던 지방 유지들의 일반적인 모습과 맞닿아 있었다고 볼 수 있다. 유광렬은 이러한 가정환경 덕분에 허헌이 "비교적 소년 시대를 안온(安穩)하게"[17] 보냈다고 평하였다. 훗날 독립운동가, 인권변호사로 유명해진 허헌의 출신 배경은 이처럼 당대 지방 유생 집안의 평범한 '부잣집 도련님' 모습과 비슷하지 않았을까 짐작된다. 다만 경상도나 전라도 등 남쪽 지역과 달리 밭농사를 위주로 하는 북쪽의 산간벽촌을 배경으로 성장했다는 점이 조금은 다르게 작용했을지 모르겠다. 다시 말해서 허헌은 500년 이씨조선의 마지막 시기, 성리학의 본인

---

15 『承政院日記』1892년 10월 2일 및 1894년 12월 7일 기사 참조.
16 예컨대 「現代人名辭典」에서는 허추를 '관리'로 기록하고 있다(『東光』 39호, 東光社, 1932.11, 41쪽). 이 기록으로 인해 이이화 역시 허추가 경원부사 및 경무관을 지냈다는 것은 "믿을만한 것"이라고 잘못 소개하고 있다(이이화, 『끝나지 않은 역사 앞에서』, 김영사, 2009, 338쪽).
17 柳光烈, 「許憲論」, 1932.8, 38쪽.

에 철저하게 갇힌 소중화(小中華) 시대의 끝자락, 은둔의 사회를 벗어나 근대로 막 넘어가려는 치열한 몸부림의 시기, 하지만 중앙 정계에서는 멀리 떨어진 산간벽촌이라는 시공간 속에서 태어나고 성장한 것이다.

유년시절의 허헌은 글공부에 힘써 과거에 급제하고 관계에 진출하는 것을 목표로 생활했다. 이는 부모님의 열망이기도 했다. 또한 앞서 언급했던 그의 타고난 배경이나 성격 면에서 보더라도 이런 꿈을 꾸는 것은 너무나 자연스러웠다. 서울에서 1,556리나 떨어진 명천에서 신학문 공부를 꿈꾼다는 것 자체가 불가능에 가까웠다.

허헌은 다섯 살이 되던 1889년 동짓날 아침에 아버지의 손에 이끌려 서당에 나갔다. 당시 대부분의 아이들은 대여섯 살 즈음부터 서당에 나가 공부를 시작했다. 당시 아버지는 함경도에 관리로 나가 있어서 허헌은 어머니와 함께 살고 있었는데,[18] 가끔씩 집에 들렀던 아버지가 어느 날 직접 그를 데리고 서당으로 향한 것이었다. 서당은 자산(紫山) 아래에 있는 어새버리 바위굽을 지나 하우면 읍성(邑城) 성문 건너편 보성각 앞에 있었다. 이날부터 어린 허헌은 매일같이 도랑을 건너고 다리를 건너 읍내에 있는 서당을 오가는 생활을 시작했다.

오늘날에도 유치원이나 초등학교가 한 인간이 태어나서 처음으로 사회생활을 경험하는 공간이듯이, 당시에도 서당이라는 곳은 어린아이가 최초로 경험하는 사회적 공간이었다. 이때까지는 아직 서당의 개량화가 본격적으로 이루어지기 전이라서 신학문을

[18] 허헌의 어머니는 호적상으로는 '박씨(朴氏)', 족보에는 '밀양박씨(密陽朴氏)'라고만 기록되어 있어서 정확한 이름을 알 수 없다.

곁들여 공부하는 이른바 개량서당의 모습은 아니었다. 그렇다고 해서 허헌이 다녔던 서당이 1893년 조선을 정탐하러 왔다가 돌아가 이듬해 신문에 연재기사를 썼던 일본인 혼마 규스케(本間九介)의 책에서 보이는, 그런 야만스런 모습도 아니었음은 분명하다.[19] 왜냐하면 허헌이 평생 동안 어릴 적 서당 훈장에 대한 존경심을 잃지 않고 스승으로 섬겼던 데서 알 수 있다. 이를 통해 볼 때 허헌이 처음 접했던 사회적 공간인 서당은 오히려 김홍도(金弘道)의 「서당도(書堂圖)」에서 보이는 조선 후기 사립교육기관의 규율 잡힌 훈육의 모습과 유사했을 것으로 추측된다.

허헌은 초시(初試)를 한 훈장 윤창훈(尹昌訓) 밑에서 『천자문』을 읽으며 글공부를 시작했다. 정자관(程子冠)을 쓴 훈장과 머리를 길게 땋아 늘인 학동들과 함께 『계몽편(啓蒙編)』, 『명심보감(明心寶鑑)』, 『소학』, 『대학』, 『논어』, 『맹자』 등을 차례로 공부했다. 책이 한 권씩 끝날 때마다 요즘 말로 책거리라고 하는 책씻이를 행하였다. 서당에서 허헌은 상대적으로 훈장의 말을 잘 듣고 공부도 잘한다는 소문이 자자한 장래가 촉망되는 소년이라는 평을 받았다.

서당에서 허헌을 비롯한 일부 학동들은 훈장의 회초리나 담배통을 감추는 등의 개구쟁이 짓을 종종 했으며 이 일로 허헌도 회초리를 맞은 적이 있었다. 그럼에도 불구하고 허헌은 서울에 올라온 후에도 고향에 갈 때마다 윤창훈을 찾아뵙고 끝까지 스승에 대

19 혼마 규스케가 연재했던 기사들을 중심으로 간행된 『조선잡기(朝鮮雜記)』라는 책에서 그리고 있는 서당의 모습은 훈장은 두꺼운 보료 위에 담뱃대를 물고 비스듬히 누워있으며 아이들은 뒤돌아 앉거나 장난만 치는 모습으로서, 전통적인 훈장과 학동 간의 규율과는 거리가 멀다(혼마 규스케 저, 최혜주 역주, 『일본인의 조선정탐록-조선잡기』, 김영사, 2008; 송찬섭, 「일제강점기 改良書堂의 형성과 실상-사진자료를 중심으로」, 『역사연구』 27호, 역사학연구소, 2014, 205~206쪽).

한 예를 갖추었다. 이러한 점에서 당시 윤창훈은 적절하게 위엄을 가지고 훈육하면서도 학생들에게 인자한 스승이었을 것으로 짐작된다. 1931년 윤창훈이 83세를 일기로 세상을 떠났을 때 허헌은 손수 스승의 비문을 써서 읍성 성문 밖에 송덕비를 세우기도 했다.

 1891년 일곱 살의 나이에 허헌은 책을 하나하나 떼고 책씻이 잔치를 치른 후 향교(鄕校)로 진학하여 과거시험을 준비했다. 그러던 중 어린 나이에 향교에서 실시한 소과 초시에 응시하여 당당히 급제하는 쾌거를 이뤘다. 동네 어른들이 향교에 모여 어머니가 손수 준비한 음식을 들면서 합격을 축하해주었다. 훈장 윤창훈은 허헌에게 더 열심히 공부해서 소과 복시(覆試)를 거쳐 성균관(成均館)으로 진학하라면서, 끝까지 지조를 지키며 기개를 갖춘 선비의 길을 걸으라고 당부했다고 한다. 허헌 역시 자신의 앞날을 예측할 수 없었던 어린 나이에 스승과 부친의 당부대로 올곧은 선비의 길을 걸으면서 벼슬길에 오르겠다는 꿈을 키워갔다.

첫 상경과 신학문의 만남

1894년 말경 허헌은 어릴 적부터 꿈꿔온 한양 땅을 처음으로 밟게 되었다. 아버지 허추가 서울로 올라오게 되면서 장남과 함께 서울의 중심인 광화문통(光化門通)으로 이사한 것이었다. 경원부사는 아니었다 하더라도 허추가 함경도 일대에서 비교적 높은 직위의 관리로 근무한 것이 사실이었다면, 갑오개혁이라는 최초의 법제적 근대화 과정에서 어떻게 갑자기 서울 중심부로 진출하게 되었는지가 궁금해진다. 더구나 조선시대에 함경도는 '서북 출신'이라는 오명 속에서 지속적으로 중앙 정계에서 소외되어온 형편이었다. 상경 이후 허헌이 서울에서 공부하는 동안 각별한 보살핌을 받았던 같은 명천 출신의 이용익(李容翊)이 중앙 정계에서 영향력을 행사할 수 있었던 것도 1897년 내장원경(內藏院卿)에 발탁되면서부터였으므로 그의 도움을 받았을 가능성도 거의 없다.[20]

20 부친 허추와 이용익의 관계 때문에 허추의 중앙 진출을 당연하게 생각한 연구도 있다. 이이화는 "그런데 어떤 연유로 이런 줄을 잡았을까? 당시는 세도가에 줄을 대거나 뇌물을 듬뿍 쓰지 않으면 이런 자리를 얻을 수 없는 부정이 판을 치는 세상이었다. 그 해답은 쉽게 찾을 수 있다."라고 하면서 그 해답을 이용익을 통해 찾고 있으나(이이화, 앞의 책, 2009, 338쪽), 이는 지나친 추측이다.

더구나 기존에 허헌과 관련된 연구나 자료들을 통해 볼 때 이 시기 허추의 성향에서 개화 지식인의 지향이나 그와 관련된 활동을 발견하기는 더더욱 어렵다. 서울로 이주한 후에도 허추가 아들 허헌을 신학문 교육기관에 보내려는 의지가 있었던 것 같지 않고 오히려 1895년에 치러질 식년시의 소과 복시를 준비하도록 한 것을 볼 때 알 수 있다. 따라서 허추가 어떤 경로를 통해 갑오개혁 이후의 새로운 물결 속에서 한성부 내직으로 올 수 있었는지는 여전히 의문으로 남는다.

이유야 어찌되었건 이때부터 소년 허헌의 서울 생활이 시작되었다. 함경도 명천 땅 외에는 밟아본 곳이 없었던 어린 소년에게 한양까지의 여행 경로와 처음 맞닥뜨린 서울의 모습은 생소하면서도 신비로웠을 것이다. 한양에 와서도 허헌은 부친의 바람대로 곧바로 이듬해에 치러질 소과 복시를 준비를 계속하였다. 그러던 중 부친을 통해 개혁 추진 과정에서 과거제도가 폐지되었음을 알게 되었다. 이때부터 허헌은 과거 이외의 다른 길을 모색할 수밖에 없었고, 결국 부친의 결정에 따라 서양식 관립학교에 다니기로 하였다.

이 과정에도 여전히 의문은 남는다. 어린 나이의 허헌은 급변하고 있던 당시 정세에 관심을 둘 나이는 아니었으나, 부친 허추의 경우는 달랐다. 성리학을 공부하고 관직 진출만을 선비의 길로 알고 있었던 전통적 지식인 허추가 너무나 쉽고 당연하게 자신의 장남을 신학문의 길로 인도하고 있다는 점이다.[21] 이 역시 앞에서

21 허헌에 대한 연구가 거의 없고 일부 연구는 1945년 8·15 이후 활동에 치중되어 있기 때문에 그의 생애나 집안에 대해 파악하기는 쉽지 않다. 기존의 심지연이나 허근욱의 저서에서도 이 부분에 대해 거의 언급하지 않고 있다. 필자의 의문 역시 단지 허근욱의 저서(32쪽 전후) 행간에서 느껴진 것에 불과하다.

언급했던 부친의 관직 이동, 서울로의 진출 경위 등에 대한 의문점과 마찬가지로 여전히 미지수이지만 현재로서는 이에 대해 파악할 수 있는 자료는 찾기가 어렵다.

1895년 2월 고종이 발표한 「교육입국조서(敎育立國詔書)」에 따라 초-중-고의 근대식 학제가 마련되고 외국어학교나 사범학교 등의 관립학교들이 설립되기 시작했다. 이 과정에서 허헌은 열한 살의 나이에 1895년 8월 30일 설립된 관립 계동소학교(이듬해 재동소학교로 변경) 심상과(尋常科)에[22] 입학하였다. 1897년경에는 재동소학교 고등과로 진학하여 1899년경 졸업하였다.[23] 이때는 대한제국이 선포되고 이른바 광무개혁(光武改革)이 추진되고 있던 상황이었다. 이 과정에서 1899년 4월 4일 「중학교관제」가 공포됨에 따라, 이듬해인 1900년 10월 3일에 종로구 화동(花洞)에 있던 김옥균(金玉均) 집터에 처음으로 관립중학교(官立中學校)가 문을 열었다. 허헌 역시 1900년에 이 관립중학교에 입학한 것으로 보인다.[24]

이렇게 하여 허헌은 10대 청소년기를 서울에 있는 관립학교들에 다니면서 처음으로 여러 지역에서 온 학생들과 교류할 수 있었

[22] 1895년 8월 설립 당시에는 서울 계동(桂洞)에 있어서 '계동소학교'였으나 그해 9월에 재동으로 이전하여 재동소학교(齋洞小學校)로 개칭되었다. 재동소학교는 3년제 심상과와 2년제 고등과를 두었으며, 8세부터 15세까지의 학생이 입학하였다(『한국민족문화대백과사전』, '서울재동초등학교' 항목).
[23] 허근욱, 「나의 아버지 허헌과 언니 허정숙」, 『역사비평』 28호, 역사비평사, 1994, 213쪽.
[24] 오늘날 경기고등학교의 최초 전신이라 할 수 있는 관립중학교는 1906년에 한성고등학교로 개칭되었기 때문에 관립 한성중학교로도 불리었다. 기존 저술들에서 허헌이 1899년에 한성중학교에 입학했다고 서술하고 있는데(허근욱, 앞의 책, 2001, 41쪽), 이는 관제 공포를 기준으로 한 것이어서 관립중학교가 개교되기 이전이므로 1900년에 입학했을 것이다. 이 점으로 인해 허근욱을 비롯한 기존 연구들이 부친 허추의 사망 시기나 허헌의 이후 행적에서 다소 오류를 보이게 된 것 같다.

다. 그리고 자연스럽게 당시 청과 일본에게 억눌리고 있던 조선의 국제적 상황, 개화의 과제에 직면한 국내 상황에 대해서도 눈을 뜨게 되었다. '민비를 폐서인한다'는 벽보 등을 보면서 참담한 심경을 느끼기도 했다. 서울에서 신학문을 공부하고는 있었으나 한학에도 조예가 깊었던 허헌은 10대 중반의 어린 나이부터 이따금 신문 잡지에 한시를 싣는 등의 활동을 했다. 열다섯 살인 1899년에 보수적인 황국협회에서 발행한 『시사총보(時事叢報)』에 장지연(張志淵) 등과 함께 한시를 싣기도 했다.[25]

이 시기 허헌이 서울에서 신학문을 공부하고 근대 문명에 관심을 갖게 되는 과정에 가장 큰 영향을 주었던 인물은 이용익이었다. 자신보다 서른 살 이상 많은 '어른' 이용익을 처음 만난 것은 상경 직후 처음으로 맞은 새해, 즉 1895년 초였다. 서울 광화문에 자리를 잡은 허추는 아들의 손을 잡고 오궁동(五宮洞) 이용익의 집으로 새해 문안인사를 갔다. 오궁동은 오늘날 중구 예관동과 충무로 4가에 걸쳐 있던 동네였는데, 일찍부터 이재(理財)에 밝았던 이용익은 당시 오궁동에서 제일 큰 궁궐 같은 집에 살았다고 한다.

같은 명천 출신이기는 하나 이용익은 평범한 서민 집안 출신으로서 보부상을 거쳐 함경남도 단천에서 금광 개발에 투자하여 거부가 된 인물이었다. 또한 그는 1882년 임오군란 과정에서 민영익(閔泳翊)과 가까워져서 그의 천거로 고종의 신임을 얻게 되었으며, 단천감역(端川監役)에까지 제수되어 금광을 관리하였다. 이 과정에서 능력을 인정받은 이용익은 1897년 내장원경에 임명되

---

[25] 국사편찬위원회, 『한민족독립운동사 2 – 국권수호운동 Ⅱ』, 1987, Ⅳ장의 8절 5항 (언론활동의 제약과 그 탄압) 참조.

었고 이후 탁지부 대신까지 지내면서, 당시 열악했던 대한제국 황실의 재정을 총괄하여 이를 늘리는 일을 책임졌다.[26] 부와 권력을 모두 쥐게 되었다고 해도 당대 사회에서 이용익은 지나치게 탐욕스럽다거나 부정한 축재를 했다고 평가받던 인물은 아니었다. 오히려 그 반대였다. 당시 정치적으로 이용익을 비난했던 『매천야록』의 저자 황현조차 그를 청렴한 인물로 묘사한 데서도 알 수 있다.[27]

허헌이 처음 방문했을 당시 이용익은 함남병마절도사(咸南兵馬節度使)로 북청에 머물면서 이따금 서울 집에 들렀다. 허헌은 훗날 기록에서 자신은 소년시절 이용익으로부터 많은 총애를 입었다면서, 몇 가지 일화를 통해 그를 "진정한 의미의 충신"이라고 회고한 바 있다.[28] 첫 방문 날 허헌은 이용익의 손자인 동갑내기 이종호(李鍾浩)와도 처음 만났다.[29] 이때부터 이들은 함께 신학문을 공부하고 어울리면서 이후 막역한 벗이 되었다. 이용익의 집에 자주 드나들면서 허헌은 당시 그곳을 드나들던 인물들의 정치적 분위기나 반일적인 젊은이들의 움직임을 직접 목격할 수 있었다. 그리고 이를 통해 막연하게나마 조선의 운명이 심각한 방향으로 흘러가고 있다는 분위기 정도는 느꼈던 것 같다.

재동소학교 과정을 모두 마치고 관립중학교에 막 입학했을 즈음

26 『한국민족문화대백과사전』, '이용익' 항목 참조.
27 고려대학교 100년사 편찬위원회, 『고려대학교 100년사』 I, 고려대학교출판부, 2008, 19쪽.
28 許憲, 「交友錄」, 1935.8, 74쪽. 이용익이 어떤 시골 관원으로부터 송아지에 인삼과 녹용을 넣어 달인 송아지국을 받자마자 이를 고종에게 보낸 일화를 들고 있다.
29 이용익은 슬하에 자식이 없어서 형 이연익(李然翊)의 차남인 이현재(李賢在)를 양자로 들였는데, 이종호는 이현재의 아들이었다(허근욱, 앞의 책, 2001, 49쪽의 주 37 참조).

인 1900년 10월경부터 허헌은 혼자 서울에 남게 되었다. 1897년 가을 고종황제 즉위식을 다녀온 뒤부터 가슴통증 등을 호소하며 건강이 나빠지기 시작한 부친은 결국 1900년[30] 가을 무렵에는 관직을 모두 내려놓고 고향인 명천으로 낙향하였다. 자신의 앞날을 준비하고 있었던 부친은 그해 추석 차례를 지낸 뒤 허헌을 데리고 장박(張博)과 이용익의 집을 차례로 방문하여 홀로 서울에 남게 될 아들을 부탁했다고 한다.

함경도 경성 출신의 장박은 1883년 박문국(博文局) 사사(司事)가 되어 최초의 근대 신문인 『한성순보』를 발간했으며 김홍집(金弘集) 내각 당시에는 법부대신을 지냈던 인물이다. 1896년 2월 아관파천 이후 '명성황후 시해사건'으로 알려져 있는 을미사변의 주범으로 체포령이 내려져 유길준(兪吉濬), 조희연(趙羲淵)과 함께 일본으로 망명하였다.

다카타니 요시(高谷義)라는 이름을 사용하며 10여 년간 일본에서 망명생활을 하다가 1907년 8월 귀국했으며, 귀국 직후 초대 통감 이토 히로부미에 의해 특별사면되었다. 이후 본격적인 친일협력의 길로 접어들었으며 1909년 3월에는 이름을 장석주(張錫周)로 개명하였다. 1910년 일제강점 후에는 이른바 '조선귀족'으로서 남작(男爵)의 작위까지 받고 조선총독의 자문기구인 중추원(中樞院) 고문 등으로 활동했으며, 1919년 3·1운동 때는 조선총독에게 시위군중을 무력으로 진압하라는 건의문까지 제출했던 인

---

30 허근욱의 책에서는 1899년으로 서술하고 있으나(41~43쪽), 앞서 언급했듯이 이는 당시 허헌이 한성중학교(1900년 10월 개교)에 재학 중이었다는 서술과는 맞지 않는다. 당시 허헌이 한성중학교 재학 중이었다는 게 더 개연성이 있다고 보아, 부친의 사망을 1900년으로 보았다.

물이다.[31]

위 내용에서 알 수 있는 것은 허추가 아들 허헌을 장박에게 소개한 것이 1900년 무렵은 아니었을 것이라는 점이다. 왜냐하면 1900년 무렵 장박은 일본에 있었기 때문이다. 따라서 부친이 장박에게 아들 허헌을 처음 소개한 것은 아마도 서울로 올라온 직후, 그러니까 이용익에게 처음 인사를 시켰던 1895~1896년경이었을 것으로 추정된다.

부친이 낙향한 뒤부터 허헌은 이용익의 오궁동 집 사랑채에서 살게 되었다. 그렇게 생활한 지 한 달 남짓 되던 어느 날 밤 아버지가 위중하다는 소식을 받고 다음 날 아침 일찍 이용익이 마련해준 여비를 챙겨 말을 타고 명천으로 향했다. 이렇게 하여 그는 부친의 임종을 지킬 수 있었고, 유교적인 상례(喪禮)에 따라 장남으로서 상주(喪主) 노릇을 했다. 매일 아침저녁으로 전(奠)을 올리고 상식(上食)을 올린 후 장례를 치르고 재덕산(在德山) 조부의 묘 옆에 부친을 모셨다.[32]

자식의 도리로서 3년 동안 봉상(奉喪)을 해야 한다는 종조부의 권유로 부친의 삼년상을 치르던 중[33] 허헌은 1901년 열일곱의 나이에 호주가 되었다. 허헌의 호적[34]을 보면, "호주 허추 사망으로

31 이상과 같은 활동으로 인해 장석주는,「일제강점하 반민족행위 진상규명에 관한 특별법」에 의거하여 2006년 대통령소속 친일반민족행위 진상규명위원회에서 그의 행위가 '친일반민족행위'로 인정되었다(『한국민족문화대백과사전』, '장석주' 항목;『친일반민족행위 진상규명 보고서』 Ⅳ-15, 대통령소속 친일반민족행위진상규명위원회, 2009, 434~448쪽).
32 허근욱의「나의 아버지 허헌과 언니 허정숙」(1994, 213쪽)과 심지연의『허헌 연구』(1994, 16쪽)에는 허헌이 아홉 살인 1894년에 양친을 여의고 졸지에 고아가 되었다고 서술되어 있는데, 이는 잘못된 것이다.
33 「緣分泰平記(下)」,『野談』 4권 7호, 1938.7, 145쪽. 유광렬의「許憲論」에도 허헌이 고향에서 삼년상을 치렀다고 서술되어 있다(38쪽).
34 허근욱, 앞의 책, 2001, 20쪽.

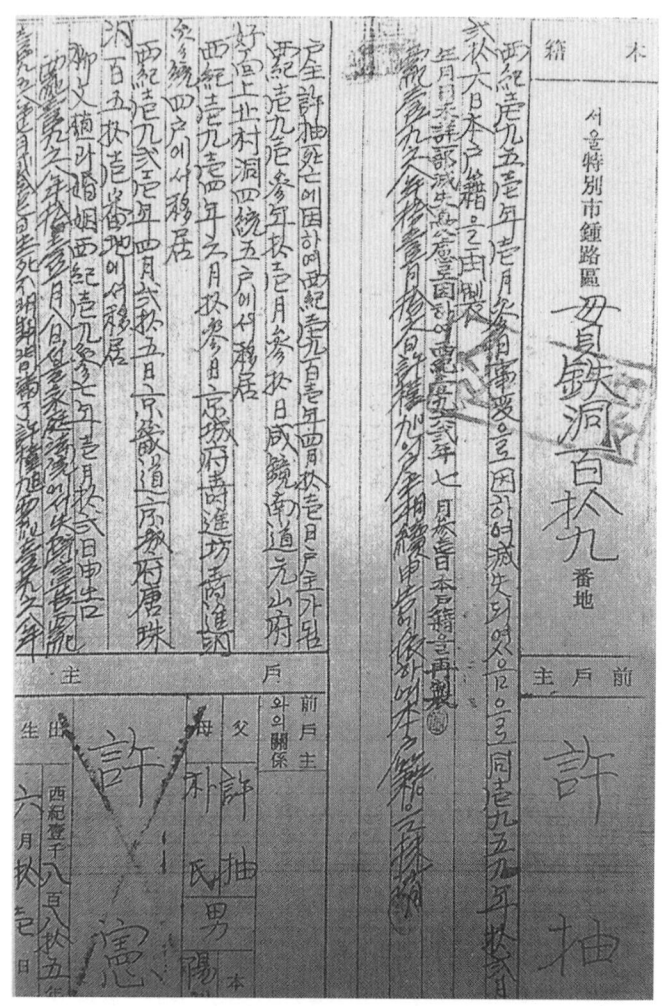

허헌의 호적

인해 서기 1901년 4월 11일 호주가 됨"이라고 기재되어 있다. 이 제까지 아버지를 정신적 지주로 삼고 살아온 허헌은 이때부터 호주로서의 무게감, 장남으로서의 책임감을 상당히 느꼈던 것 같다. 어린 동생 허훈(許壎)을 돌봐야 한다는 부담감도 컸다.[35] 어머니는 다시 서울로 가서 공부를 계속하라고 권유했으나, 이를 그대로 받들기에는 여러 가지 생각이 많을 수밖에 없는 10대 중후반의 청년이었던 것이다.

허헌은 집안 걱정, 나라 걱정으로 밤낮을 뒤척이다가 결국 어느 친척의 권유로 러시아 극동의 블라디보스토크로 갈 결심을 하였다. 블라디보스토크에서 금광 개발 일을 하던 집안 친척이 어느 날 인편을 보내, 노무자를 모집하여 함께 그곳으로 와서 서기 일을 맡아보면 어떻겠는가 하는 제안을 해온 것이다. 허헌은 넓은 러시아 땅으로 가서 견문을 넓히는 것도 좋겠다는 생각으로, 만류하는 어머니를 끝내 설득하여 블라디보스토크로 향했다. 500여 리나 되는 길을 걸어서 국경을 건너 포시예트까지 간 뒤 거기에서 목선(木船)을 타고 블라디보스토크로 갔다.[36] 생애 최초의 해외여행이었던 셈이다. 혼자라면 청진항(淸津港)에서 배를 타고 곧바로 블라디보스토크까지 갈 수도 있었으나, 노무자들과 함께 여러 명이 이동해야 했기 때문에 경비 문제 등으로 어려웠던 것 같다. 당시 허헌이 블라디보스토크까지 간 여정을 추적해보면 위 지도와

---

35 허근욱은 허헌의 동생 이름을 許壎으로 기록하였다(허근욱, 앞의 책, 2001, 394쪽). 그런데 최근 허헌의 장남 허영욱이 북한에서 출판한 『나의 아버지 허헌』에는 허헌의 동생 이름을 '허원'으로 기록하고 있다(허영욱, 『나의 아버지 허헌』, 평양출판사, 2015, 9쪽). 족보를 보면 허훈이 맞다. 이 책은 국립중앙도서관 국회도서관(독도통일정보센터)에 소장되어 있다.
36 柳光烈, 「許憲論」, 1932.8, 38쪽.

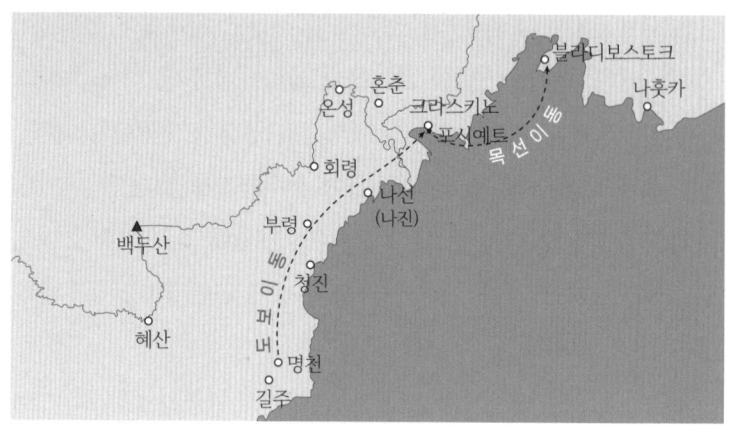

1901년 허헌이 러시아 블라디보스토크까지 간 경로

같다.

이렇게 먼 길을 거쳐 간 블라디보스토크는 러시아 극동의 최대 항구도시이자 군항(軍港)으로서, 1903년 시베리아 횡단열차의 전체 노선이 개통된 후에는 모스크바에서 출발한 열차의 종착지가 된 곳이다. 또한 1860년 중국과 베이징조약을 맺은 뒤부터는 조선인의 연해주 이주도 시작되어 허헌이 방문한 1901년경에는 이미 한인사회가 형성되어 있었고, 일제의 강제병합 전후로는 연해주 항일독립운동의 핵심이 된 곳이다. 이러한 블라디보스토크라는 낯선 도시를 통해 열일곱의 나이에 허헌은 처음으로 서양의 도시와 문화를 접하게 된 것이었다.

여기서 오는 설렘과 호기심도 잠시뿐, 사실상 광산의 서기 일을 본다는 것은 매일매일 같은 일이 반복되는 단순한 일상의 연속이었다. 이미 신학문의 맛을 본 10대 중후반의 청년 허헌에게 이러한 생활은 지루함으로 다가왔을 수밖에 없다. 때문에 허헌은 그곳에 그리 오래 머물지는 못하였다. 전후 상황을 종합해보면 실제로 그가 블라디보스토크에서 머물렀던 기간은 한 달 남짓에 불과했을 것으로 추측된다. 블라디보스토크에서의 생활은 오히려 허헌에게 하루빨리 귀국해 서울로 가서 신학문 공부를 계속해야겠다는 결심의 계기로 작용했다.

블라디보스토크에서 혼자 돌아올 때는 곧바로 청진항으로 들어오는 배를 탔다. 도중에 부친에게 가끔 인사를 오던 청진의 토호(土豪)인 부령강씨(富寧姜氏)를 [37] 찾아가 인사를 드렸다. 허헌이 한양에 가서 신학문을 계속 공부하겠다는 포부를 밝히자, 그는 당나귀 두 마리와 엽전 한 자루를 학자금으로 내줬다고 한다. 명천으로 돌아온 허헌은 그 당나귀를 팔아서 다시 서울로 갈 준비를 했다.

고향으로 돌아오자마자 어머니와 종조부의 권유로, 부친이 살아있을 때 집안에서 정해두었던 경주정씨(慶州鄭氏) 집안과 혼례를 올렸다. 1901년 초여름경 함흥 토호인 정종언(鄭宗彦) 가문의 한 살 위인 정보영[鄭寶榮, 후에 긍자(兢慈)로 개명]과 함흥에서 결혼식을 치렀다. 그리고는 부인과 함께 서울로 와서 광화문 집에서 신혼생활을 시작했으며, 1903년 5월 첫딸 정자(貞子)를 얻었다. 훗날 유명한 여성 사회주의운동가가 된 허정자는 나중에 '子(코)'라는 글자가 일본식 이름에 많이 쓰인다는 이유로 정숙(貞淑)으로 개명하였다.

[37] 허근욱, 앞의 글, 1994, 213쪽; 허근욱, 앞의 책, 2001, 53·89쪽. 오늘날 '부령강씨'라는 본관은 잘 확인되지 않는다. 부령감씨나 부령동씨의 오류일 수도 있다. 허근욱의 인터뷰 조사에 따르면, 전후 북한 관료를 지내다가 모스크바로 망명한 강상호(姜尙昊)의 집안이라고 하는데, 정확한 사실은 알 수 없다.

보성전문학교 입학과 관직 생활

　러시아에서 돌아온 후 허헌은 외국어 공부가 절실함을 깨닫고 독일어와 일본어, 영어를 공부하는 데 몰두했다. 1903년에는 관립 독일어학교(德語學校, 후에 관립 한성외국어학교로 통합)에 정식으로 입학하여 공부했으며, 밤에는 야학을 다니며 일본어와 영어를 공부했다. 1880~1890년대 사이에 조선은 청과 일본뿐 아니라 서양 각국과도 차례로 통상조약을 체결했는데, 이 모든 조약이 '불평등조약'이었다. 1876년 일본과 맺은 조일수호조규(일명 강화도조약)가 악질적인 불평등조약의 전형이라는 것은 이미 잘 알려진 사실이다. 이렇게 첫 단추를 잘못 끼움으로 인해 이후 주로 청국의 중개로 체결된 서양 각국과의 조약 역시 모두 불평등조약으로 일관될 수밖에 없었다. 이러한 당대 현실에 눈을 뜨게 된 허헌은 외국과 맺은 국제조약과 국제법에 대한 지식을 쌓을 필요가 있다고 생각했다. 그리고 이를 위해서는 외국어가 중요하다고 생각하여 먼저 외국어 공부를 시작했던 것이다.

　이렇게 다시 신학문을 공부하면서 그는 사회적 불의에 대해서는 참지 못하고 이를 바로잡기 위해 자신의 의견을 피력하는 일을

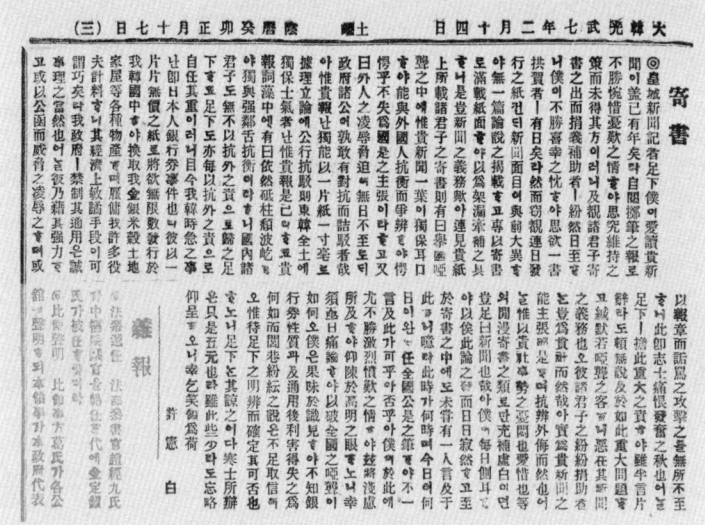

허헌이 『황성신문』에 투고한 기사(『황성신문』, 1903.2.14)

게을리하지 않았다. 한 예로 1903년 허헌은 애독자의 입장에서 언론의 역할을 다하지 못한 『황성신문』을 질타하는 내용의 글을 투고했다.[38]

당시 일본 은행권의 조선 침탈에 대해 대한제국정부가 전혀 대응하고 있지 못하고 민족적인 신문이라 일컬어지는 『황성신문』조차 제대로 사실을 보도하거나 논평하고 있지 않은 상황에 대해, 독자의 입장에서 언론이 제 기능을 다하지 못한다고 신랄하게 비판하는 내용이다. 이 글은 한시를 제외하고는 국한문 혼용체로 언론매체에 최초로 공개된 허헌의 글로 보인다. 비록 만 열여덟 살로서 아직 본격적으로 신학문을 공부하기 전이지만, 청년 허헌의

---

38 許憲, 「奇書」, 『皇城新聞』, 1903.2.14.

순수한 사고와 열정, 성격 등을 잘 보여준다.

2년제의 관립 독일어학교를 마친 허헌은 1905년 4월 개교한 사립 보성전문학교(普成專門學校) 법률학전문과에 입학하여 1907년 4월에 졸업함으로써 제1회 졸업생이 되었다.[39] 그는 이종호와 함께 이용익이 보성전문학교를 설립하는 과정을 가까이에서 지켜보았다. 이용익은 러일전쟁 때 일본 도쿄에 억류되어 있다가 1904년 12월 28일 귀국하여 곧바로 학교 설립에 착수하였다. 그는 일본에 있으면서 보성전문학교 설립을 구상하고, 약 3만 원 상당의 문명개화에 필요한 서적과 인쇄기계 등을 구입해서 돌아왔다고 한다.[40]

보성전문학교 법률학전문과는 처음 입학할 때는 주야(晝夜) 구분 없이 38명의 학생이 입학했으나, 1학년 2학기부터 법률학전문과와 법률학전문야학과로 나뉘었다.[41] 법률학전문야학과는 당시 한성법학교(漢城法學校)에서 이탈한 학생 22명이 집단 전학을 청원하여 1905년 9월에 신설되었다.[42] 허헌은 윤익선(尹益善), 유치영(兪致永) 등과 함께 주간인 법률학전문과를 졸업한 것으로 확인된다.[43]

설립 당시 법학 관련 과목을 가르치던 강사진에는 석진형(石鎭衡), 장도(張燾), 유문환(劉文煥), 신우선(申祐善), 이면우(李冕宇),

39 법률학전문야학과 학생들은 1907년 2월에 졸업하였다(『法政學界』1호, 1907.5.5, 普成專門學校 發行, 校友會 編輯, 63쪽).
40 「三千里機密室(The Korean Black Chamber)」, 『三千里』7권 3호, 1935.3, 19쪽; 許憲, 「交友錄」, 1935.8, 75쪽.
41 『法政學界』1호, 1907.5.5, 55쪽. 여기에 실린 '1학년 1학기 각과 시험성적표'와 '1학년 2학기 각과 시험성적표'를 대조해보더라도 쉽게 알 수 있다.
42 「本校에서 漢城法學校專門科學員等의 請願을 因하야」, 『皇城新聞』, 1905.9.20.
43 『法政學界』1호, 1907.5.5, 64쪽.

홍재기(洪在祺), 유치형(兪致衡), 장헌식(張憲植) 등 당대 이름난 지식인이 대거 망라되어 있었다.⁴⁴ 이들 가운데 일부는 나중에 친일협력의 길로 들어선 인물도 있지만, 대부분은 당시 조선사회 내에서 서양의 법학 관련 서적을 번역 소개하거나 집필했던 저명한 학자들이었다. 일본 책의 번역본인 유치형의 『헌법(憲法)』(1907), 석진형의 『평시국제공법(平時國際公法)』(1907) 등은 당시 교재로 널리 활용되었다.

보성전문학교에서 1학년생에게 개설했던 과목은 법학통론, 민사소송법, 형사소송법, 재정학, 물권법, 형법총론, 상법총론, 민법총론, 경제학, 채권법, 회사법, 평시국제공법, 경찰학, 국가학, 헌법, 은행론, 화폐론, 세계론(歲計論), 일어(日語), 산술 등이었다. 1905년 개교 당시의 입학생들이 곧바로 이러한 수업을 듣고 학점을 이수하는 게 쉬운 일은 아니었던 것 같다. 1학년 1학기에 법률학전문과 38명의 학생 가운데 약 70%에 해당되는 26명이 낙제생이 된 데서 알 수 있다.⁴⁵ 이러한 현상은 이후 조금씩 나아져 갔다.

학교 재학 중에 허헌은 학생들의 자치활동에도 적극적으로 참여하였다. 설립 초기 보성전문학교 내에서 가장 두드러진 활동을 보인 조직은 보전친목회(普專親睦會)였다. 이 친목회는 1906년 11월 2일 허헌을 비롯해 최병찬(崔炳瓚), 이항종(李恒鍾), 윤성희(尹成熙) 등 4인이 발기하였다. 곧바로 임시회장 최병찬, 임시서기 유각겸(兪珏兼), 이항종 등을 비롯해 회칙 제정위원 및 각 학년

44 고려대학교 100년사 편찬위원회, 앞의 책, 2008, 46쪽.
45 『法政學界』1호, 1907.5.5, 55~56쪽 참조. 법학전문과뿐만 아니라 경제학전문과의 경우도 1학기 낙제생이 50%를 웃돌았다.

별 조사위원 14명도 선정하였다. 이후 회칙 등을 마련한 다음 그해 12월 6일 교내에서 정식으로 창립총회를 개최하였다. 총회에는 학생들뿐만 아니라 교수진과 학교 관계자 등도 대거 참여하였다. 이 자리에서 회장 조성구(趙聲九), 부회장 윤익선(尹益善), 총무 윤성희, 간사 김규병(金奎炳), 남형우(南亨祐) 등 다수의 간부진과 평의부원 20명, 도서부원 11명이 선출되었다. 그리고 친목회 임시사무소를 이용익의 손자이자 허헌의 절친한 벗인 이종호의 자택에 두었다.[46]

총회에서 평의부원으로 선정된 허헌은 이날 저녁 곧바로 평의부 회의를 개최하여 회보『친목(親睦)』발행 등에 대해 논의하였다. 설립 직후 보전친목회의 활동 가운데 가장 중요한 것이 바로 『친목』을 발행하는 일이었다. 1907년 3월『친목』창간호에 실린 창립 취지문을 보면, 보전친목회는 단순히 회원 상호 간의 친목 도모에만 목적을 둔 것이 아니라 "토론과 연설 등으로 지식을 교환하고 학문을 발달시켜 국가정신을 굳건히 함으로써 열국 경쟁의 시기를 맞아 국권을 고수"하려는 데 있었음을 알 수 있다.[47] 허헌도 이 창간호에 사사조(四四調)의 한시를 실어 창간을 축하하였다.

보전친목회의 회원 자격은 재학생뿐만 아니라 졸업생도 참여할 수 있도록 하였다. 이 점에서 졸업생이 배출되기도 전에 발족한 보전친목회의 진정한 취지가 교내 자치활동보다는 이후 배출될 1회 졸업생의 사회 활동을 염두에 둔 것임을 미루어 짐작할 수 있다. 이를 발판으로 허헌을 포함한 제1회 졸업생이 배출된

46　고려대학교 100년사 편찬위원회, 앞의 책, 2008, 179~180쪽; 高麗大學校校友會, 『校友會八十年史』, 1991, 63~65쪽.
47　고려대학교 100년사 편찬위원회, 위의 책, 181쪽.

1907년 3월 24일에 보전교우회(普專校友會)가 정식으로 조직되었다. 교우회가 조직된 후에도 보전친목회는 한동안 활동을 계속하다가 1908년 말경 정식으로 해산한 것으로 보인다. 보전친목회의 유산은 보전교우회로 정식 계승되었다.[48]

보성전문학교 제1회 졸업생의 경우 관직에 진출하는 경우가 많았는데, 이들 졸업생 명부는 모두 법부(法部)와 탁지부(度支部)에 바로 전달되었다.[49] 법률학전문과 졸업생의 경우는 자신의 전공을 살려서 재판소 등으로 진출하는 사례가 많았다. 하지만 이러한 현상도 잠시뿐이었고 이듬해인 1908년부터는 졸업생들 대부분이 이를 거부하여 실제로는 2명만 임용되었다고 한다. 당시 법부에서 재판소 서기 임용을 위해 보성전문학교에 요청한 인원이 9명이었음에 비추어보면 훨씬 못 미치는 수치이다.[50] 그 이유는 당시 통감부에서 관립 법관양성소 출신들과 사립학교 출신들 간에 차별 대우를 했기 때문이었다. 게다가 1907년 7월 이른바 정미7조약으로 불리는 한일신협약이 체결되어 그해 12월부터 대한제국의 사법권이 침탈당했기 때문에, 이에 대한 거부의 표시도 있었을 것으로 해석된다.

그런데 뒤에서 자세히 살펴보겠지만, 1회 졸업생 허헌은 졸업 후 재판소로 진출하지 않고 곧바로 변호사 사무실을 개업하였다. 허헌은 보성전문학교에 입학하기 전부터 이미 관직에 첫발을 들여놓았고, 재학 중에 정식으로 관료가 되어 일한 경험이 있었다. 기존의 연구들에서 그가 규장각(奎章閣) 주사(主事) 등 관직에 진

---

48 위의 책, 184쪽.
49 「卒業生報部」, 『皇城新聞』, 1907.5.29.
50 「卒業需用」, 『大韓每日申報』, 1908.5.19.

출한 시기를 잘못 서술하고 있기 때문에, 여기서는 1차 자료에 기초하여 먼저 허헌의 관직 활동에 대해 간략히 정리해두고자 한다.

허헌이 블라디보스토크에서 돌아와 고향에서 결혼을 한 후 서울 광화문 집에서 신혼살림을 시작한 것은 1901년 가을 무렵이었다. 한 집안의 호주이자 가장이 된 그가 서울에서 마냥 유식(遊食)했을 리는 없다. 여러 자료를 종합해볼 때 아마도 그는 서울로 온 직후 잠시 지계아문(地契衙門)에 다녔던 것 같다. 그러면서 야학에서 일본어와 영어를 공부하다가 1903년 관립 독일어학교에 입학하였다. 일제강점기부터 현재까지 허헌의 일생을 기록하고 있는 여러 글들에서 서술하고 있는 내용, 즉 그가 규장각과 법무아문(法務衙門)에서 주사로 근무했다는 것은 아마 이때쯤의 일을 기록한 것으로 보인다. 그런데 이렇게 1901~1904년 사이에 허헌이 관직에서 일한 것은 『관보』 등 당시의 어떠한 관헌자료에 남아 있지 않다. 따라서 이때는 주사로 정식 임용되어 일한 게 아니라 계약직으로 일했을 것이다.

훗날 1937년 1월 1일 신년을 앞두고 어느 대중잡지에서 실시한 설문조사에서 허헌은 자신이 30년 전 스물두 살 때 규장각 주사로 있다가 그해부터 법부 주사로 전직했으며 밤에는 영어야학에 다녔다고 회고한 바 있다.[51] 그런데 그때로부터 30년 전인 1906~1907년경이면 그는 보성전문학교에 재학 중이거나 막 졸업할 무렵이다. 그가 야학에서 영어를 공부한 것은 1901~1904년 사이였으므로 아마도 이때의 일과 혼동한 것 같다. 그런데 그가 직접 자신의 과거를 회고하며 언급한 이 기사로 인해 허근욱, 심

---

51 「著名人物一代記」, 『三千里』 9권 1호, 1937. 1, 29쪽.

지연 등 이후의 연구들이 모두 허헌의 초기 활동의 연대기적 서술에 오류를 보인 것 같다.

허헌은 1905년 4월 보성전문학교에 입학한 뒤 1학년 때까지는 학업에만 전념한 것으로 보인다. 왜냐하면 입학 당시에는 야간과가 없었기 때문이다. 그런데 앞서 살펴보았듯이 1학년 2학기 9월부터 법률학전문야간과가 생기면서 야간에 수업을 들을 수 있는 길이 생겼다. 그래서 졸업을 몇 개월 앞둔 1906년 11월부터는 정식 규장각 주사로 임용되어 서기(書記)로 근무할 수 있었던 것 같다.[52] 그런데 당시 주간인 법률학전문과 2학년에 재학 중이던 허헌이 낮에 규장각에서 일하면서 계속 학교에 다닐 수 있었던 데에는 작은 '배려'가 있지 않았을까 추측해본다. 이때는 국내에 없던 이용익을 대신하여 이종호가 학교 운영에 관여하고 있었으므로 그리 어려운 일은 아니었을 것이다. 그가 정식으로 규장각을 사직(辭職)한 것은 보성전문학교 졸업 후 제1회 변호사시험에 합격하고 법률사무소를 연 직후인 1907년 9월 초였다.[53]

52 『大韓帝國官報』 3068호, 1906.11.12; 『承政院日記』, 1906.11.8.
53 『大韓帝國官報』 3861호, 1907.9.4. "규장각 서기 의원면직"이라고 기록하고 있으므로 적어도 1907년 8월까지는 규장각에서 근무하였다.

허헌이 겪은 국권침탈의 전야

서울에 와 본격적으로 학업에 전념하면서 허헌은 이종호와 더욱 가깝게 지냈다. 나이도 같고 고향도 같고 한때는 한집에 살았던 경험도 있으니 친할 수밖에 없었다. 1902년 당시 이용익은 이상재(李商在), 민영환(閔泳煥) 등의 '개혁당운동'에 뜻을 같이하고 있었고, 이종호는 이들 사이에서 연락 역할을 하고 있었다고 한다. 허헌은 이용익의 집을 자주 드나들면서 추정(秋汀) 이갑(李甲)이나 성재(誠齋) 이동휘(李東輝) 등과 인사할 기회도 가졌는데, 이때의 인연이 계기가 되어 일제강점 이후에도 이들과 계속 관계를 이어갈 수 있었다.

친러반일(親露反日)의 정치적 입장을 고수해온 이용익은 러일 전쟁이 일어나기 직전인 1904년 1월 21일 고종이 전시국외중립을 선언하는 데 관여하였고, 전쟁 중「한일의정서(韓日議定書)」가 체결되자 이를 반대하는 활동을 했다. 이러한 일들로 인해 이용익은 서울 남산의 왜성대(倭城臺)에 있던 일본공사관으로 붙잡혀갔다가 일본으로 압송되었다. 일본에서 온갖 압박과 회유를 받았으나 굴복하지 않았으며, 거의 1년간 억류되어 있다가 전쟁이 일본

의 승리로 끝날 즈음에야 풀려났다. 그리고 귀국 후 곧바로 보성전문학교를 설립했던 것이다.[54]

이용익이 일본공사관에 연행되었다가 일본으로 송환되기 직전에 허헌은 이종호와 함께 집에서 양복 등을 챙겨서 공사관으로 가져다줬다. 이때 이용익은 이들에게 자신은 일본의 근대교육제도를 잘 돌아보고 올 터이니, 그 사이 이종호와 허헌의 후사를 부탁해둔 이준(李儁)을 자주 찾아뵈라며 당부했다고 한다. 이용익은 곧바로 인천에서 일본군함에 실려 도쿄로 압송되었다가 1904년 12월 28일에야 귀국하였다.

1905년 들어 러일전쟁의 전세가 일본의 승리 쪽으로 기울고 그해 4~5월 영국과 미국이 막대한 차관을 제공함으로써 일본의 승전이 확실시되었다. 결국 일본은 그해 7월 29일 비밀리에 미국과 '가쓰라-태프트 밀약'을 체결함으로써 제국주의 국가들 사이에서 일제의 한반도 강점이 '암묵적으로 승인'되었다. 이어서 8월 12일 영-일 간의 공수동맹(攻守同盟)인 제2차 영일동맹이 체결되고 9월 5일 러-일 간의 강화조약인 포츠머스조약이 체결되었다. 이로써 러일전쟁은 일본의 승전으로 끝을 맺었으며, 결국 일본의 한반도 강점은 세계열강의 승인을 받은 셈이 되었다.

러일전쟁 직전 이용익의 노력으로 대한제국이 중립을 선언하기는 했으나 이미 시기를 놓친 상태여서 실질적인 효과를 거두는 데는 역부족이었다. 1876년 개항 이후 한반도가 세계열강의 각축장이 되어가자 한반도 중립화에 대한 논의가 유길준 등 몇몇 인사와 러시아 측에 의해 제기된 바가 있었으나, 그때까지만 해도 국

54 『한국민족문화대백과사전』, '이용익' 항목 참조.

가 차원에서 적극적이고 주체적으로 고려하지는 않았다. 그러다가 결국 러일전쟁이 눈앞에 펼쳐지는 상황에서 처음으로 고종이 국외중립을 선언한 것이었으므로, 국제사회에서 대한제국의 입김이 작용하기는 어려운 상황이었다.

러일전쟁이 개시되자 일본은 1904년 2월 23일 강제로「한일의정서」를 체결하여 한반도 강점에 착수했으며, 전쟁 중 그해 8월 22일에는 제1차 한일협약을 체결하여 대한제국의 국정 전반을 좌우하기 시작했다. 그리고 포츠머스조약 체결 직후인 1905년 10월 외무대신 고무라 주타로(小村壽太郎)와 주한일본공사 하야시 곤스케(林權助), 총리대신 가츠라 다로(桂太郎) 등이 한-일 간의 보호조약 체결을 모의하였다. 이어서 11월 추밀원장(樞密院長) 이토가「한일협약안」을 한국정부에 제출하여 고종에게 압박을 가하였다. 이에 참정대신 한규설(韓圭卨), 탁지부대신 민영기(閔泳綺) 등의 반대가 심해지자, 결국 고종은 참석하지 않은 어전회의에서 학부대신 이완용(李完用), 군부대신 이근택(李根澤), 내부대신 이지용(李址鎔), 외부대신 박제순(朴齊純), 농상공부대신 권중현(權重顯) 등 이른바 '을사5적'의 찬성 아래 강제로 을사늑약을 체결하였다. 이로써 20세기 들어서까지 자주적으로 근대 국민국가를 수립하지 못한 조선은 황제주권의 나라인 '대한제국'의 상태에서 결국 일본의 '보호국'으로 전락한 것이었다.

국제법에 관심을 가지고 보성전문학교에서 법학 공부에 열중하던 허헌은 당시 한국 정계의 핵심 인물로 활동하던 이용익 주변에 있으면서 이러한 국권침탈의 과정을 비교적 생생하게 지켜볼 수 있었다. 1905년 9월 5일 러시아와 일본이 강화조약을 비준 교환하였다는 보도가 신문지상에 대서특필되자 허헌은 곧바로 이용

1907년 3월 17일 보성전문학교에서 개최된 이용익 추도회 장면
(고려대학교 박물관 소장)

익의 집으로 갔다. 그리고 그 자리에 있던 이용익과 이준으로부터 조만간 민영환 집에서 열리는 만찬에서 '한미공수동맹'을 제성(齊聲)할 계획이라는 이야기를 들었다.

이준이 돌아간 뒤 이용익은 이종호와 허헌을 따로 불러놓고 이러한 계획이 미국의 루즈벨트 대통령에게 전달되려면 한 달 이상 걸릴 것이므로 자신은 조만간 중국 상하이(上海)로 가서 주불공사(駐佛公使) 민영찬(閔泳瓚)을 만나 국제 여론에 호소하는 절차를 밟겠다고 일러두었다. 그리고 자신은 장차 어찌 될지 알 수 없으니 이후 보성전문학교의 운영은 손주인 이종호에게 맡겼고, 이종호와 친형제나 다름없던 허헌에게도 법학 공부에 힘써 인재 양성을 도와줄 것을 부탁하였다.

이용익은 일행 7명과 함께 곧바로 중국을 향해 출발하여 그해 9월 11일 상하이에 도착하였다.[55] 이후 이용익에 대해서는 여러 가지 흉흉한 소문이 나돌았으나, 그는 프랑스·러시아 등을 돌며 활동하다가 1907년 2월 24일 아침에 블라디보스토크에서 사망하였다.[56] 국내에는 그해 3월 9일 자 『대한매일신보』와 『황성신문』의 보도를 통해 이용익의 서거 소식이 알려졌다. 그의 사후에 고종은 그에 대한 모든 징계를 사면하고 충숙(忠肅)이라는 시호를 내렸다. 허헌은 이종호와 함께 보성전문학교 차원의 추도회를 준비하였다. 그리고 3월 17일 학교 교정에서 창립자 이용익 추도회가 거행되었으며, 이 자리에서 손자인 이종호가 보성전문학교 2대 교장으로 추대되었다.

55 國史編纂委員會, 『高宗時代史』, 1967, 1905년 9월 11일 기사 참조.
56 『西友』 5호, 西友學會, 1907.4.1(원 책은 1월 1일 발간으로 잘못 인쇄됨), 40쪽. 『西友』 5호의 표지를 보면 5호가 '광무 11년 1월 1일'에 발행된 것으로 되어 있다. 그래서 지금까지는 1907년 1월에 발행한 것으로 기록해왔으나 이는 당시 표지 인쇄가 잘못된 것이다. 『西友』는 월간지이며 4호가 3월 1일, 6호가 5월 1일에 발행되었으므로 5호는 1907년 4월 1일에 발행된 것이다. 이용익의 서거 소식은 2월 16일부터 3월 15일까지의 시보(時報)를 수록한 내용에 포함되어 있다.

2장

인권변호사로 첫발을 내딛다

제1회 변호사시험 합격과 새 출발

1907년 2월 보성전문학교를 졸업한 허헌은 한동안 계속 규장각에 다니면서 변호사시험을 준비하였다. 그 결과 그해 6월 24일 대한제국의 법부(法部)에서 시행한 제1회 변호사시험에 합격하여 변호사로서 새 출발을 하게 되었다. 허근욱이나 심지연, 이이화 등 기존 연구들에서는 모두 허헌이 1907년 졸업 후 일본 메이지대학으로 유학을 갔으며, 유학 도중인 1908년 7월 「광무변호사법」에 의거한 제1회 변호사시험에 합격한 것으로 서술하고 있다. 하지만 이는 완전히 잘못된 것이다.[1] 뒤에서 자세히 밝히겠지만, 이 1년이라는 시간의 오차로 인해 기존 연구들에서는 허헌의 일본 유학, 변호사 개업과 제명 징계, 단체 활동 등의 시기나 선후

---

[1] 법학계의 논문들에서는 제1회 변호사시험과 허헌의 합격 날짜가 바르게 되어 있는 편이다(김효전, 「허헌과 변호사 징계」, 『시민과 변호사』, 서울지방변호사회, 2000, 94쪽; 손경찬, 「한국 변호사제도의 기원과 의의」, 『법학논고』 33호, 2016, 314쪽). 최근 출판된 『법률가들』에서도 1907년으로 바르게 서술되어 있다(김두식, 『법률가들』, 창비, 2018, 112쪽). 이 책에서는 허헌을 일제강점기와 해방 후 1947~1949년에 시행된 조선변호사시험 출신들 모두의 '아버지뻘'이라고 서술하고 있다(109쪽).

관계가 모두 잘못 서술되어 있다.[2]

원래 대한제국은 1905년 11월 8일 법률 제5호로「변호사법」을 제정하고, 11월 14일 법부령(法部令) 제3호로「변호사시험규칙」을 반포하였다.[3] 이「광무변호사법」에 의하여 우리나라 최초로 변호사제도가 시작된 것이었다. 이로써 1895년 갑오·을미개혁 과정에서 대인제도(代人制度)가 도입된 이래 10여 년 만에 대인(代人)은 변호사인 대인과 변호사가 아닌 대인으로 구분되었다. 그리고 후자는 훗날 사법서사(司法書士) 등으로 불리게 되었다.[4]

그런데「변호사법」이 공포된 뒤에도 1906년에는 시험이 치러지지 않았다. 1906년 2월 초의『대한제국관보』에는 그해 2월 18일 변호사시험을 실시한다는 공고가 게시되었다. 하지만 곧바로 2월 5일 법부에서는 부득이한 사유로 인하여 잠시 정지한다고 공시하였다.[5] 그러다가 허헌이 졸업한 해인 1907년 6월 24일에 처음으로 변호사시험이 치러졌다. 당시 시험 과목은 민사소송법, 형사소송법, 상법, 행정법, 국제공법, 국제사법 등이었다.[6] 제1회 시험에는 모두 80여 명이 응시하여 최종적으로 6명이 합격하였다.[7] 허헌을 비롯하여 이항종, 장택환(張宅煥), 옥동규(玉東奎), 계

---

[2] 심지연과 허근욱, 이이화의 책 외에도, 예컨대 박원순의『역사가 이들을 무죄로 하리라: 한국인권변론사 - 가시밭길을 선택한 변호사들』(두레, 2003, 110~112쪽) 에서도 허헌이 보성전문학교를 졸업한 후 법부대신 장박의 권유로 일본 메이지 대학에 편입했으며, 메이지대학을 수료한 후 귀국하여 변호사시험에 합격했으나 이갑의 권유로 서북학회 부총무로 일하다가 나중에 변호사 개업을 했다고 서술하고 있는데, 이 역시 잘못된 것이다.
[3] 자세한 내용은『大韓帝國官報』3293호(1905.11.10)·3294호(1905.11.17) 참조.
[4] 손경찬, 앞의 글, 2016, 305쪽.
[5] 『大韓帝國官報』3370호, 1906.2.7.
[6] 『大韓帝國官報』3783호, 1907.6.4.
[7] 손경찬, 앞의 글, 2016, 304, 322쪽.

최초의 변호사 사무실 개업 광고
(『大韓每日申報』, 1907.8.27)

명기(桂命夔), 이종성(李鐘聲) 등이었는데,[8] 모두 보성전문학교 제1회 졸업생이었다.

변호사시험에 합격하자 곧바로 허헌은 변호사 사무실 개업을 준비하였다. 그리고 1907년 8월 말경 법률학전문야간과를 졸업한 동기생 옥동규와 함께 서울 한복판에 합동 법률 사무소를 열었다. 평양 출신의 옥동규는 허헌보다 나이가 열일곱이나 위인 만학도였다. 그는 보성전문학교 재학 중인 1906년에 과거 한성재판소 검사이자 법관양성소장을 지냈던 이면우(李冕宇)의 변호사 사무소에서 일한 경험도 있었기 때문에 처음 법률 사무소를 열기에는 아주 좋은 동료이자 어른이었다.[9] 당시 『관보』에는 "9품 허헌과 6품 옥동규가 「변호사법」 제2조 제2항 자격에 해당하기로 변호사

8   『高宗實錄』, 1907.7.1; 『大韓帝國官報』, 1907.7.4; 「陸人被選」, 『大韓每日申報』, 1907.7.2.
9   김효전, 앞의 글, 2000, 94쪽.

를 인가하고 명부에 기록하였기에 이에 공고함"이라고 기록하고 있다.[10] 이로써 허헌은 우리나라의 11호 변호사로 등록되었다.

광고에서 보듯이 이들은 '변호사 옥동규, 변호사 허헌'이라고 나란히 이름을 내걸고『대한매일신보』1907년 8월 27일 자를 시작으로 지속적으로 신문에 광고를 게재하였다. 같은 시기『황성신문』에도 광고를 하기는 했지만,『대한매일신보』만큼 지속적으로 광고를 하지는 않았다. 앞의 1장에서 1903년 허헌이『황성신문』에 대해 일본의 경제침탈을 제대로 다루지 않는 등 언론의 사명을 다하지 못함을 독자 입장에서 비판적으로 투고한 내용을 소개한 바 있는데, 아마도『황성신문』에 대한 불신감이 약간 있었던 게 아닐까 추측해본다. 이 광고란에 실린 사무실 주소는 '한성 서서(西署) 송교(松橋) 신작로(新作路) 43통 2호'로 되어 있다. 송교동은 오늘날의 광화문 근처 세종로 일대에 위치한 동네였으므로, 광화문 근처 허헌의 집과 그리 멀지 않은 곳에 사무실을 열었던 것이다.

1907년 9월 초 규장각을 정식으로 사임한[11] 허헌은 옥동규와 함께 변호사로서의 업무를 활발하게 시작하였다. 그해 9월 23일에는 동료 변호사들과 함께 오늘날 서울지방변호사회의 효시가 되는 우리나라 최초의 변호사단체인 한성변호사회(漢城辯護士會)의 창립에도 참여하였다.[12]

허헌은 원래 국제법에 대한 관심에서 법학을 공부하기로 결심

10 『大韓帝國官報』3859호, 1907.8.31.
11 『大韓帝國官報』3861호, 1907.9.4.
12 허근욱,「나의 아버지 허헌과 언니 허정숙」,『역사비평』28호, 역사비평사, 1994, 213~214쪽. 다만 이 글에서는 한성변호사회의 창립을 1908년 9월 23일로 서술하고 있는데, 이는 잘못된 것이다.

했지만, 공부를 해가면서 점차 일반 민중들의 억울한 사연을 해결해주는 인권변호사로서 자신의 임무를 자각해갔던 것으로 보인다. 관직에 몸담으며 학교를 다녔음에도 불구하고 졸업 후 자신의 진로를 재판소로 정하지 않고 곧바로 변호사시험에 응시한 데서 짐작할 수 있다. 변호사 업무를 시작하고 첫 광고를 게재한 당일 『대한매일신보』에서 "변호사 옥동규, 허헌 양씨가 합동하여 법률사무소를 개설하였는데, 법리(法理)의 해석이 명쾌하고 사무의 처리가 신속하므로 인민이 그 억울함을 신장하고자 하여 날로 더욱 왕성"할 것이라고 보도하기도 했다.[13]

변호사로서 첫발을 내딛은 허헌이 근대의 법에 대해 어떠한 생각을 가지고 있었는지는 그가 1907년 10월 『법정학계』 6호에 실었던 「민(民)이 알아야 하는 법률」이라는 글에 잘 드러나 있다.

> 무릇 법률이라는 전체 개념은 유독 법률을 강구(講究)하는 자에만 한정할 뿐 아니라 일국의 신민(臣民) 된 이상은 반드시 그 국법의 대체(大體)를 통달하여 이해하지 않으면 안 된다. 무엇인가. 우리의 공사(公私) 생활은 다 법률이 통어(通御)하는 바이다. 따라서 생명, 신체, 자유, 영예 및 재산은 모두 법률의 보호를 받아야 안전함을 얻기 시작하니, 바라건대 일국의 신민 된 자는 자국법의 범위를 벗어나지 못함은 천지간에 만물이 물리(物理)상의 원칙을 벗어나지 못함과 같다. 삼라만상이 그 외형은 각기 달라도 모두 일정한 질서가 있어서 춘생추살(春生秋殺)하며 하장동장(夏長冬藏)하여 그 성질이 서로 다르나 물질적 자연계의 원칙을 벗어나 춘거동래(春去冬來)하고 동거

---

13 「辯護開設」, 『大韓每日申報』, 1907. 8. 27.

하래(冬去夏來)할 수 없는 것처럼, 인류도 천차만별한 개개인은 그 성질이 각기 다르나 규칙적 법률계의 원칙을 벗어나 각 개인이 각자의 욕망을 제멋대로 다 드러낼 수는 없음이 이와 무엇이 다른 점이 있으리오.

(중략)

국가가 있고 인민이 있으면 법률이 없을 수 없다. 법률이 있으면 인민 된 자는 강하지 않을 수 없으니, 만일 우리가 이를 포기하여 연구하지 않으면 자기의 고유한 권리를 상실할 뿐 아니라 자국의 권리를 타락하여 가국(家國)이 반드시 망하게 될 것이니, 어찌 경계하지 않으리오. 그러므로 우리는 국가의 사상을 뇌리에 폭주(瀑注)하여 잠시라도 법률의 개념을 잃지 말고 각자의 고유한 자유를 잃지 않으면 국권의 회복과 인권의 신장을 머지않아 기대할지로다.[14]

위 글에서 사용하고 있는 개념 등은 대부분 기존 한학의 표현을 따르고 있지만, 그 내용은 근대 국민국가에서 법의 의미, 개인과 국가의 관계, 인민이 법을 알아야만 하는 이유 등을 나름대로 논리정연하게 설명하고 있다. 그리고 이를 통해 국권의 회복과 인권의 신장을 도모해야 함을 피력하고 있다. 흥미로운 점은 글의 도입부에서는 제목의 '민(民)'을 '신민(臣民)'으로 표기하다가 후반부에서는 '인민(人民)'으로 쓰고 있다는 것이다. 신민에서 인민으로 개념과 의식이 발전해가던 한말 지식사회의 성격과 한계를 그대로 보여준다.

1907년 5월 5일 자로 창간된 『법정학계』는 우리나라 최초의

---

14 許憲, 「爲民者ㅣ 不可不知法律」, 『法政學界』 6호, 1907.10, 1~4쪽.

법률·정치·경제 등을 아우르는 종합지인데, 보성전문학교에서 발행하고 보전교우회에서 편집한 학술지였다.[15] 보성전문학교 1회 졸업생들이 중심이 되어 만든 잡지이므로 허헌 역시 여기에 적극적으로 관여했을 것이다. 1907년의 이 논설은 앞에서 살펴보았던 1903년의 신문 투고 글을 제외하면 그가 공식적으로 발표한 첫 논설이다.[16]

15 최덕교 편저, 『한국잡지백년』 1, 현암사, 2004, '법정학계' 항목 참조.
16 이 글은 허헌의 저작을 모아놓은 한인섭의 『항일민족변론자료집』 1(관악사, 2012)에는 수록되어 있지 않다. 여기서는 1920년 2월 『서울』 2호에 실린 「공정(公正)」이 최초의 글로 수록되어 있다.

변호사 허헌의 초기 변론 활동

허헌과 옥동규가 개설한 법률 사무소는 문을 열자마자 상당히 성황을 이루었던 것으로 보인다. 불과 2개월도 되지 않은 상황에서 당시 『대한매일신보』는 이들의 변론 활동을 다음과 같이 소개하고 있다.

변호사 허헌, 옥동규 양씨(兩氏)가 송교(松橋)에 사무소를 확장함은 이미 보도했거니와 전해들은즉, 양씨가 신·구법의 학식이 풍부할 뿐만 아니라 사무의 처리가 민속하여 무릇 법정에 나가서 한 번도 패소(敗訴)하지 않았다는데, 본보(本報)에 광고되었던 마포지단(麻浦地段) 일도 이 양씨가 위임 변론하여 승소 판결을 얻어냈고 기타 다수의 사건을 계속 승소하여 인민의 억울함을 신장하므로 명성과 칭찬이 있다 하더라.[17]

1907년 허헌이 변호사 활동을 시작하면서부터 1910년 일제 강제병합 전까지 그의 변론 활동을 살펴보기로 하겠다. 아쉽게도 현

---

[17] 「辯護有譽」, 『大韓每日申報』, 1907.10.18.

재 법원도서관에는 '구한말 민사판결문'만 일부 남아 있기 때문에 이를 토대로 살펴보고자 한다. 이 시기 허헌과 관련된 민사판결문은 총 41건이 확인된다.[18] 이 가운데 〈표 1〉에서 보이는 1910년 7월 29일의 「약속어음금 청구에 관한 건」과 11월 25일의 그 항소심은 허헌 자신이 원고가 된 사건이므로 변호사로서의 활동이라 보기는 어렵다.[19] 따라서 초기 허헌의 변론 활동에 해당되는 사례는 이 2건을 제외하면 총 39건이다. 아래에서는 이를 정리하여 이 시기 허헌의 변론 활동을 개략적으로 파악해보고자 한다.

다음과 같은 39건의 판결 요지를 통해 보면, 승소(勝訴) 23건, 패소(敗訴) 15건, 합의 1건으로 나타난다. 즉 60% 정도의 승소율을 보이고 있다. 뒤에서 상세히 설명하겠지만, 〈표 1〉에서 1908년도의 판결문이 없는 이유는 허헌이 변호사 제명 징계를 당해 변론활동을 할 수 없었기 때문이다. 그런데 징계를 당한 1908년 1월 이전까지 4개월여 사이의 판결을 보면, 총 6건 사례 가운데 단 1건을 제외하면 모두 승소했음을 알 수 있다. 이러한 상황과 앞서의 언론보도 등을 통해 미루어보면 변호사 허헌의 초기 변론 활동은 꽤 '성공적'이었던 것 같다. 당시로서는 제법 '잘 나가는' 변호사였던 것이다.

18 구한말 민사판결문은 현재 법원도서관 홈페이지의 귀중본자료실에서 검색할 수 있다. 여기에서 '허헌'을 검색해보면 총 44건이 확인되는데, 이 가운데 3건은 같은 사건이 중복된 것이므로 제외하였다. 또한 이 사이트의 '허헌' 검색 기록에서 1905년과 1906년으로 기재된 것은 1909년과 910년 것이 잘못 기재된 것임을 유의해야 한다. 구한말 형사판결문은 현재 국가기록원에 극히 일부가 소장되어 있는데, 여기서는 허헌 관련 자료를 찾을 수 없었다. 〈표 1〉의 승소, 패소 등은 판결의 내용을 보고 필자가 정리한 것임을 밝혀둔다.
19 이 사건은 1907년 1월 25일 피고 서상득(徐相得)의 부친 서구순(徐九淳)이 김홍량(金鴻亮)에게 발행한 약속어음 5,292엔 중 일부에 대해 허헌이 지불 변제를 청구한 것으로서, 다카하시 쇼노스케(高橋章之助) 변호사가 소송 대리인으로 나섰으나 승소하지 못하였다. 이에 항소를 제기하였으나 역시 패소하였다.

〈표 1〉 한말 허헌이 변론한 민사판결 사례(1907~1910년)

판결일	사건명	원고 / 피고	재판소	판사	판결 요지	결과
1907. 10.7	어음전 (於音錢)에 관한 건	강염조 (姜炎祖, 농민) / 김학필 (金學弼, 商民)	평리원 재판소	홍종억(洪鍾檍), 박제선(朴齊璿), 송진옥(宋振玉), 박만서(朴晩緖), 박용태(朴瑢台)	원고 청구는 기각하고, 피고는 이준경(李俊景) 의 어음을 추심한 후 원 고에게 갚아야 함.	승소 (원고 측 代言人)
1907. 10.15	토지소송에 관한 건	강창희 (姜昌熙, 前 參領) / 이주국 (李柱國, 前 敎官)	위와 같음	위와 같음	1심 판결 폐기. 피고는 원고 청구에 따라 전매한 시유지 밭 1일 반경을 그 선조가 하사받은 터라 하 니 침탈해서는 안 됨.	승소 (원고 측)
1907. 11.23	채권·채무 소송[債訟] 에 관한 건	최순환 (崔舜煥, 前 議官) / 김재식 (金在植, 前 郡守)	한성 재판소	이시영(李始榮), 피상범(皮相範), 이원국(李源國), 최진(崔鎭)	피고는 원고 청구에 따 라 전당 채무 담당금 원금 합계 2만 1,500냥 을 약정이자(원금액을 초과할 수 없음)에 따라 계산하여 함께 변상해 야 함.	승소 (원고 측)
1907. 11.23	논 소송 [畓訟]에 관한 건	윤상오 (尹相五, 농업) / 김종한 (金宗漢, 秘書院卿) / 김성진 (金聲振, 前 郡守)	평리원 재판소	홍종억, 박제선, 송진옥, 박만서, 박용태	원고가 피고 김종한에 대한 원심 재판소 판결 과 본원 전의 판결은 모 두 폐기함. 피고 김종한 은 원고를 위하여 대신 물어주고 찾아 맡아온 논 93석 12두 5승락을 원고에게 반환해야 함. 원고는 피고 김종한이 대신 물어준 전당(錢當) 합계 5만 냥을 피고 김 종한에게 갚고 논을 찾 아가야 함. 원고의 피고 김성진에 대한 청구는 기각함.	승소 (피고 측)
1907. 12.7	논 소송에 관한 건	홍우응 (洪祐應, 농업) / 김명제 (金明濟, 奉常司長)	위와 같음	위와 같음	원고 청구는 기각함.	패소 (원고 측)

판결일	사건명	원고 / 피고	재판소	판사	판결 요지	결과
1907. 12.17	논 소송에 관한 건	권동진(權東鎭, 평민) / 이종성(李鍾星, 冊肆)	위와 같음	위와 같음	1심 판결서는 폐기. 피고는 원고가 을미년에 매입한 논 2석 5두락을 환급해야 함. 피고는 해당 논을 잘못 매입한 후 경자년(庚子年)부터 지금까지 8년 동안 이 논에서 수확한 곡식을 각 연도마다 추수한 기록에 의하여 원고에게 지급할 것.	승소 (원고 측)
1909. 7.12	대금(貸金) 청구에 관한 건	김주병(金洀炳) / 박희대(朴熙大)	경성지방재판소 민사제2부	境長三郎, 김철현(金喆鉉), 鎌田裕	원고의 청구를 기각함.	패소 (원고 측)
1909. 7.21	어음전 청구에 관한 건	최용순(崔鏞舜) / 이흥조(李興祚)	위와 같음	위와 같음	피고는 원고에 대하여 당전 2만 6,860냥(537원 20전) 및 이에 대한 1909년 6월 23일부터 본안 판결 집행 때까지의 원금을 한도로 한 연리 20%의 이자를 가산하여 지급해야 함.	승소 (원고 측)
1909. 9.4	환전(換錢) 청구에 관한 건	이희병(李希炳) / 이익호(李翼鎬)	위와 같음	위와 같음	피고는 원고에 대하여 일금 720원(鄕葉錢 3,600냥) 및 이에 대한 1907년 음력 5월 1일부터 본 건 판결 집행 완료 때까지 연리 20%의 이자와 함께 일금 1,020원에 대한 1906년 음력 12월 1일부터 1907년 음력 4월 29일까지 연리 20%의 이자를 가산하여 지불해야 함.	승소 (원고 측)
1909. 9.6	송추값[松楸價] 청구에 관한 건	이영규(李永奎) / 정학영(鄭學永)	경성지방재판소 민사제3부	橫田俊夫, 齋藤宗四郞, 정구창(鄭求昌)	피고는 원고에 대하여 손해금 21원 60전을 배상해야 하고, 그 나머지의 청구는 이를 기각함.	패소 (피고 측)

판결일	사건명	원고 / 피고	재판소	판사	판결 요지	결과
1909. 9.22	입환금(立換金) 청구에 관한 건	김후경(金厚慶) / 민영옥(閔泳玉)	위와 같음	위와 같음	피고는 원고에 대하여 일금 2,530원 4전 2리에 대해 1909년 7월 1일부터 본 건 판결 집행 완료일까지 연리 20%의 이자를 원금액을 초과하지 않는 범위 내에서 더하여 변상해야 함. 기타 원고의 청구는 이를 기각함.	승소 (원고 측)
1909. 9.22	손해배상 청구에 관한 건	김성태(金聖泰) / 이강흡(李康洽)	위와 같음	위와 같음	원고의 청구는 이를 기각함.	패소 (원고 측)
1909. 10.14	환전 청구에 관한 건	이희병(李希炳) / 이익호(李翼鎬)	경성지방법원 민사제2부	境長三郎, 김철현(金喆鉉), 鎌田裕	'화해조서'	합의 (원고 측)
1909. 10.25	회사 해산 청구에 관한 건	양한묵(梁漢默) / 최석창(崔錫彰), 민건식(閔健植)	경성지방재판소 민사제3부	橫田俊夫, 齋藤宗四郎, 정구창	원고의 청구를 기각함.	패소 (원고 측)
1909. 10.28	대금 청구에 관한 건	김성태 / 오선엽(吳善燁)	경성구재판소	鎌田裕	피고는 원고에 대하여 일금 100원(當錢 5천 냥) 및 이에 대한 1909년 음력 2월 14일부터 본 안 판결 집행 때까지 원금을 초과하지 않는 한도에서 매월 3푼의 이자를 가산하여 변상해야 함.	승소 (원고 측)
1909. 10.30	토지 및 가옥[家舍] 인도 청구에 관한 건	조동희(趙同熙) / 이재면(李載冕)	경성지방재판소 민사제1부	塚原友太郎, 中村時章, 김의균(金宜均)	피고는 원고에 대하여 아래에 기재한 경기도 시흥군 논 2,194두 7승락, 밭 98일(日) 1식조전경(息朝前畊), 기와집 93칸, 초가 21칸, 풀밭 3,600평 가량, 산판(山坂) 10만 6천 평 가량 및 경기도 안산군 논 131두락, 밭 5일조전경(日朝前畊)을 반환해야 함.	승소 (원고 측)

판결일	사건명	원고 / 피고	재판소	판사	판결 요지	결과
1909. 11.5	대금 청구에 관한 건	장수환(張壽煥) / 김창원(金昌源)	경성지방 재판소 민사제2부	境長三郞, 橫田俊夫, 김의균	피고는 원고에 대하여 일금 296원과 이에 대한 1909년 음력 5월 17일부터 본 건 판결 집행 완료일까지 매월 3푼의 이자를 갚아야 함. 단 이자 총액은 원금액을 초과할 수 있음.	승소 (원고 측)
1909. 11.12	답토(畓土) 소유권 확인 및 인도 청구에 관한 건	윤성배(尹聖培) / 윤자희(尹滋禧)	경성 공소원 민사제1부	三宅長策, 山口貞昌, 함태영(咸台永)	본 건 항소는 이를 기각함.	패소 (원고 측)
1909. 11.30	어음전 청구에 관한 건	이흥조(李興祚) / 최용순(崔鏞舜)	경성 공소원 민사제2부	島村忠次郞, 유동작(柳東作), 水野正之丞	본 건 항소는 이를 기각함.	승소 (피고 측)
1909. 12.7	손해배상 청구 항소에 관한 건	김성태 / 이강흡	위와 같음	위와 같음	원심 판결을 취소함. 피항소인은 항소인에 대하여 일금 300원 및 이에 대한 1909년 음력 8월 1일부터 본 안 판결 집행일까지 위 원금액을 초과하지 않는 범위에서 연리 20%의 비율로 금액을 배상해야 함.	승소 (원고 측)
1909. 12.9	입환금 청구 항소에 관한 건	민영옥 / 김후경	위와 같음	島村忠次郞, 水野正之丞	본 건 항소는 이를 기각함.	승소 (피고 측)
1909. 12.18	가옥 전당권 확인 청구에 관한 건	김성태 / 함문교(咸文敎)	경성구 재판소	鎌田裕	피고는 원고에 대하여 피고 소유의 경성 남부 두모방(豆毛坊) 두모포(豆毛浦) 8통 1호 소재의 가옥에 대한 원고의 전당권이 존재함을 인정해야 함.	승소 (원고 측)
1909. 12.20	늑탈전(勒奪錢)에 관한 건	차운봉(車運鳳) / 민경호(閔京鎬)	위와 같음	多田吉鍾	원고의 청구는 이를 기각함.	패소 (원고 측)

판결일	사건명	원고 / 피고	재판소	판사	판결 요지	결과
1910. 2.8	늑탈전에 관한 건	차운봉 / 민경호	경성지방 재판소 민사제2부	境長三郎, 長野一郞, 권태전(權泰銓)	본 건 항소는 이를 기각함.	패소 (원고 측)
1910. 2.15	조합 해산 청구에 관한 건	손병희(孫秉熙) / 민건식, 최석창	위와 같음	위와 같음	피고 등은 보문사(普文社)를 해산해야 함.	승소 (원고 측)
1910. 3.12	가압수(假押收) 취소 청구에 관한 건	이성모(李聖模) / 함만성(咸萬成)	경성지방 재판소 민사제1부	橫田定雄, 寺川三藏, 谷多喜磨	1909년 10월 29일 경성지방재판소의 명령에 기초하여 경성 동부 인창방(仁昌坊) 왕십리계(往十里契) 하감정동(下甘井洞) 1통 1호 초가 16칸에 대하여 소외(訴外) 최순학(崔順學)의 소유가 아니라 하여 행한 가압수는 피고가 이를 취소해야 함.	승소 (원고 측)
1910. 3.19	책값[冊價金] 청구 항소에 관한 건	손병희 / 최석창, 민건식	경성공소원 민사제2부	島村忠次郞, 함태영, 水野正之丞	본 건 항소는 이를 기각함.	패소 (원고 측)
1910. 3.28	대금에 관한 건	김경수(金暻秀) / 김정섭(金鼎涉)	경성공소원 민사제1부	三宅長策, 함태영, 山口貞昌	본 건 항소는 이를 기각함.	승소 (피고 측)
1910. 3.31	산지(山地) 반환에 관한 건	현창원(玄昌源) / 허백(許伯), 허필(許弼)	위와 같음	위와 같음	본 건 항소는 이를 기각함.	승소 (피고 측)
1910. 4.5	손해배상 청구 항소에 관한 건	이형근(李亨根), 전영환(全永煥) / 최 소사(崔 召史)	경성공소원 민사제2부	島村忠次郞, 水野正之丞, 박기준(朴基駿)	원 판결 중 항소인 패소의 부분을 취소함. 피항소인의 청구를 기각함.	승소 (원고 측)
1910. 4.30	전당권(典當權) 확인 청구에 관한 건	이영조(李永祚), 정국인(鄭國仁), 유긍환(劉肯桓), 이윤중(李允仲), 김윤수(金胤洙), 백인규(白寅圭), 손창식(孫彰植), 박정하(朴晶夏), 정중일(鄭重鎰) / 김 소사(金 召史)	경성구재판소	原正鼎	피고는 원고 등에 대하여 일금 80원의 채권에 대한 원고 등의 경성 서부 반송방(盤松坊) 경구계(京口契) 71통 7호 초가 11칸 반의 전당권을 인정해야 함.	승소 (원고 측)

판결일	사건명	원고 / 피고	재판소	판사	판결 요지	결과
1910. 5.19	가옥 전당권 확인 청구에 관한 건	이영조, 정국인, 유긍환, 이윤중, 김윤수, 백인규, 손창식, 박정하, 정중일 / 김 소사	경성구 재판소	多田吉鍾	피고는 원고 등에 대하여 경성 서부 인달방(仁達坊) 내수사계(內需司契) 27통 2호에 있는 가옥에 대하여 전당권을 설정하는 것을 인정해야 함.	승소 (원고 측)
1910. 6.24	조합 재산 청구에 관한 건	손병희 / 민건식, 최석창	경성지방 재판소 민사제3부	橫田俊夫, 齋藤宗四郞, 박태병(朴台秉)	피고 2명은 원고의 청구에 따라 원고와 함께 상당기간 내에 조합 보문사(普文社)의 청산을 해야 함.	승소 (원고 측)
1910. 6.28	전당권 확인 청구에 관한 건	이영조, 정국인, 유긍환, 이윤중, 김윤수, 백인규, 손창식, 박정하, 정중일 / 김 소사	경성구 재판소	鎌田裕	1910년 민제296호 전당권 확인청구 사건에 대하여 1910년 4월 30일 당 재판소가 행한 궐석판결은 이를 폐기함. 원고 등의 청구를 기각함.	패소 (원고 측)
1910. 7.7	손해배상에 관한 건	박준하(朴準夏) / 한성공동창고 주식회사	경성지방 재판소 민사제1부	橫田定雄, 寺川三藏, 김의균	원고의 청구는 이를 기각함.	패소 (원고 측)
1910. 7.29	약속어음금 [約束手形金] 청구에 관한 건	허헌(許憲) / 서상득(徐相得)	경성지방 재판소 민사제3부	橫田俊夫, 齋藤宗四郞, 박태병	원고의 청구는 이를 기각함.	패소 (본인이 원고, 변호사 高橋章之助)
1910. 7.30	전당권 확인 청구에 관한 건	김인홍(金引弘) / 이영조, 정국인, 유긍환, 이윤중, 김윤수, 백인규, 손창식, 박정하, 정중일	경성지방 재판소 민사제2부	境長三郞, 長野一郞, 권태전	원심 판결은 이를 취소함. 피항소인의 청구는 이를 기각함.	패소 (피고 측)
1910. 8.12	부당이득금 반환 청구에 관한 건	주성준(朱性俊) / 이교영(李喬永)	경성지방 재판소 민사제3부	橫田俊夫, 齋藤宗四郞, 박태병	원고의 청구를 기각함.	패소 (원고 측)

판결일	사건명	원고 / 피고	재판소	판사	판결 요지	결과
1910. 9.29	가옥 전당권 확인에 관한 건	이영조, 정국인, 유긍환, 이윤중, 김윤수, 백인규, 손창식, 박정하, 정중일 / 김 소사	경성지방재판소 민사제2부	境長三郞, 原正鼎, 권태전	원심 판결은 이를 취소함. 항소인 등의 신청을 각하함.	패소 (원고 측)
1910. 10.21	약속어음금 청구에 관한 건	김창오(金昌旿) / 정치철(鄭志喆)	경성지방재판소 민사제3부	橫田俊夫, 谷多喜磨, 권태전	피고는 원고에 대하여 일금 750원 및 이에 대한 1910년 7월 30일부터 본 건 판결 집행 완료일까지 연리 20%의 이자를 원금액을 초과하지 않는 범위 내에서 변상해야 함. 기타 원고의 청구를 기각함.	패소 (피고 측)
1910. 11.25	약속어음금 청구 항소에 관한 건	허헌 / 서상득	경성공소원 민사제2부	橋本寬, 水野正之丞, 박기준	본 건 항소는 이를 기각함.	패소 (본인이 원고)

* '결과'의 표기는 변호사 허헌을 기준으로 작성한 것이며, 괄호 안은 그가 변론한 측을 가리킴.

    물론 〈표 1〉에 제시된 사례가 제명 징계를 당하기 전 4개월 동안 허헌의 변론 활동 전체는 아니다. 당시 언론에 보도된 것만 보더라도, 앞의 『대한매일신보』 기사에서 언급했던 '마포지단 사건' 외에 몇몇 건이 눈에 띈다. 대표적인 사례로서 한말에 국채보상운동을 주도했던 국채보상기성회(國債報償期成會) 총무 오영근(吳榮根)의 횡령 사건을 들 수 있다. 국채보상운동은 1907년 당시 대한제국 정부의 외채 부담금 약 1,300만 원을 상환하고 국권을 회복하고자 한 범국민적 운동이었으며, 대구에서 시작된 이 운동을 보다 효과적으로 전개하기 위해 1907년 2월 22일 조직된 단체가 바로 국채보상기성회였다. 그런데 이 기성회를 설립하고 총무 일을 맡아오던 오영근이 모금액 가운데 4천여 원과 각종 물품을 건몰

(乾沒)하여 1907년 12월 구속되는 사건이 일어났다. 그에게서 환수한 돈과 물품을 추완(追完)하는 일체의 업무를 허헌과 옥동규가 위임받아 처리하였다.[20]

---

20 당시 신문에서는 "再昨夜 吳榮根氏가 警廳에 被囚ᄒᆞ얏ᄂᆞᆫ대 其事實인즉 李東暉 鄭永澤 等諸氏가 吳氏로 某處親交家에서 逢着ᄒᆞ야 吳氏가 國債報償期成會를 成立ᄒᆞ고 會長總務之任을 自薦爲之ᄒᆞ야 巨額을 盜喫ᄒᆞ고 破散會名ᄒᆞᆫ 事件을 李鄭兩氏等이 質問論責ᄒᆞᆫ즉 橫說堅說에 反出無理之說ᄒᆞᄂᆞᆫ 故로 卽時該設會時任員의 調査ᄒᆞᆫ 바 爲先吳氏의 欠縮發竟條를 據ᄒᆞᆫ즉 金額이 四千餘圜이오 正租가 一百石이오 銀金佩物屬이 四十餘兩重也라 吳氏가 掩跡不得ᄒᆞ야 一切自服ᄒᆞᄂᆞᆫ지라 兩氏가 熱血이 激昂奮發ᄒᆞ야 逃躱之慮가 不無ᄒᆞᆷ으로 兩氏가 警視廳에 拿去ᄒᆞ고 金額與物品을 推完ᄒᆞᆯ 터인대 辯護士 許憲 玉東奎 兩氏가 委任處理ᄒᆞ다더라"라고 전하였다(「吳氏拿囚」, 『大韓每日申報』, 1907.12.31).

'하미전 사건'과 최초의 변호사 제명 징계

 허헌의 초기 변론 활동에서 가장 유명한 사건은, 사건 담당 판사 송진옥(宋振玉)을 고소하면서 대립하다가 결국 변호사 사무실을 개업한 지 4개월여 만에 변호사직에서 물러나야만 했던, 세칭 '하미전(下米廛) 사건'이었다. 하미전은 육의전(六矣廛)과 함께 운영되던 종로의 싸전으로서 지금의 종로 4가 근처에 형성되어 있었다. 이 사건은 당시 한성의 아동 졸개[走卒]라도 알 만한 유명한 사건이었다.[21] 오늘날 법학계에서는 이 사건을 "불의에 항거한 허헌 변호사의 기개를 보여주는 사건, 오늘을 사는 우리들에게도 하나의 귀감으로서 기억할 만한 일"로[22] 평가하고 있다.
 '하미전 사건'의 시작은 상당히 오랜 시간을 거슬러 간다. 그 발단은 1904년 원고 김주현(金周鉉)이 피고 김동혁(金東赫)에게 종로 싸전의 창고를 반환할 것과 그 사용료를 급부할 것을 청구하는 소송을 제기한 데서 비롯되었다. 당시 한성재판소의 1심 판결과 평리원(平理院)의 상소심 판결에서는 모두 김동혁이 승소하였다.

21 柳光烈, 「許憲論」(「登場한 二人物」 중에서), 『三千里』 4권 8호, 1932.8, 39쪽.
22 손경찬, 앞의 글, 2016, 317쪽; 김효전, 앞의 글, 2000, 98쪽.

하지만 이를 받아들일 수 없었던 김주현이 법부에 청원하여 재심리를 하게 되었고, 1907년 9월 30일 평리원에서 다시 이 사건을 판결하여 이번에는 김주현이 승소하였다. 이 판결에서는 김동혁이 싸전을 샀다는 것이 명문(明文)으로 되어 있지 않다는 것을 이유로 같은 평리원 판결임에도 불구하고 뒤집어진 것이었다. 그런데 얼마 뒤 사건을 담당했던 평리원 판사 중 송진옥이 다시 '하미전 상인 5~6명은 김주현에게 쌀 600석을 변제하라'는 내용의 결정서를 작성하여 상인들을 압박함으로써 문제가 발생되었다.[23]

당시 『대한매일신보』는 이 사건을 여러 차례 보도하였다. 1908년 1월 30일에는 '변호사 허헌 사건'이라 칭하면서 그때까지 관련 사건의 전말에 대해 상세히 소개하기도 했다. 먼저 사건 전말에 대한 이해를 돕기 위해 당시 『대한매일신보』 기사들 가운데 주요한 내용을 몇 가지 소개하고자 한다.

평리원 판사 송진옥 씨가 김주현, 김동혁 소송안에 대하여 이미 판결하였거늘, 피고의 지위에 있지도 않은 하미전 도중(都中)에게 쌀 600여 석을 징출하라고 김주현의 사촉(私囑)을 받았던지 그 청구가 없음에도 불구하고 결정서를 작성하여 이 거대한 전미(錢米)를 징출하고자 하여 하미전 상인 5인을 한천냉옥(寒天冷獄)에 오랫동안 구류하므로, 이 미전(米廛)에서 모두 철시(撤市)하며 아이들과 부인은 울부짖어서 그 참혹한 광경은 차마 눈 뜨고 보고 들을 수 없는지라. 이처럼 법관이 인민을 압제하여 재판도 하지 않고 인민을 늑수(勒囚)함은 법률을 크게 위반하는 것이라 하여, 이 사안을 변호사 허헌, 옥동

23　손경찬, 앞의 글, 2016, 315쪽.

규 양씨가 하미전의 위임을 받아 죄인을 가두라는 이의신청서를 제출하였다. 접수한 지 10여 일 동안 처리하지 않고 있다가 돌려보내어 변호사 허헌 씨가 변호사 직권으로 법률상 의견을 진술한즉, 송씨가 도리어 무례한 언동을 행하거나 혹은 위임을 해제하라고 강권하거나 혹은 쌀은 죽어도 징수할 것이라 하면서 신청서를 퇴각했으므로 변호사가 법관의 법률 위반과 법권 남용을 법부에 고소한다 하며, 변호사회에서도 논의가 있다더라.[24]

1) 지난번에 변호사 허헌 씨가 하미전 시민에게 소송 위임을 받고 위임장을 평리원에 제출한 지 거의 보름 만에 소송 재판장에 허 씨가 들어간즉, 평리원에서는 위임장을 퇴각축출(退却逐出)함에 법관의 불공정함을 힐책한 일이 있는데, 평리원 재판장이 허 씨의 행동거지가 해괴망측하다며 법부에 보고하였다더라.
2) 별항(別項)과 같거니와 평리원 판사 송진옥 씨가 법을 어긴 일에 대하여 변호사 허헌 씨가 한성재판소에 고소하여 명백하게 재판한다더라.[25]

… 허헌 씨가 지난 12월 27일에 이의신고서(異議申告書)를 제출하였는데, 담당 판사 송 씨가 이 쌀은 재판장 이하 모두 징수할 계획이니 위임을 해제하라고 강권하였다. 허 씨가 말하기를 이 사건은 제1심 재판소에서 수리할 것이고 또 피고도 아니고 재판도 아니하고 무고한 상민(商民)을 오랫동안 가둬둠은 크게 법률을 위반한 것이라 한즉, 송 씨가 말하기를 이 쌀은 죽어도 징수할 것이라 하고, 큰 소리를

24 「平官不平」, 『大韓每日申報』, 1908.1.18.
25 「論報辯護」·「許方訴宋」, 『大韓每日申報』, 1908.1.23.

치면서 말하기를 변호사보다 더한 사람이라도 소용없다 하므로 신청서만 제출하고 돌아온지라.

며칠 후 송 씨가 위임한 변호사에게는 한마디도 알리지 않고 직접 하미전 상인을 불러 모은 후 강제로 쌀 600여 석을 실어가려 하므로 허 씨가 평리원에 가서 법률상 의견을 진술한즉, 송 씨가 변호사에게 하등대우(下等待遇)로 '해라' 하거나 혹 '나가거라' 하며 결국 법률을 몇 달 견습해가지고 너처럼 변호사 하다가는 망국(亡國)하겠다고 했다 한다. 송 씨로 논하면 법률을 3일도 배우지 않았으니 법률을 위배하며 인민을 압제함은 흥국(興國)이 될는지 국가에서 공인한 변호사에게 그 언행이 어찌 이토록 패려(悖戾)하냐며 허 씨가 한성재판소에 고소하였다. 한성재판관은 이 재판을 반드시 이치에 맞게 판결하여 바로잡아야 하거니와[雌黃을 不招홀여니와], 송 씨는 스스로 돌이켜 볼 줄을 모르고 변호사를 허위 날조하여 법부에 보고하였다. 법부에서는 이 보고가 있은 후 송 씨가 법부대신에게 어떻게 운동하였는지 법부대신이 세 군데 전화하여 이 보고를 올려 끝내 제명하였다 한다. 변호사의 행동이 과연 정당하지 않다 할지언정 출정하게 할 수도 있고 벌칙을 내릴 수도 있거늘 갑자기 변호사의 직권(職權)을 해제함은 법리에 어떠할지.[26]

위의 내용을 보면, 판사 송진옥의 결정에 대해 상인들이 반발하고 허헌이 이들의 입장을 대변하여 그 법적 해결을 위해 나섰던 과정을 상세히 보여주고 있다. 송진옥의 결정서에 대항한 상인들은 엄동설한에 며칠 동안 평리원에 구류되었으며, 이에 불복해 하

---

[26] 「辯護士許憲事件顚末」, 『大韓每日申報』, 1908.1.30.

미전의 다른 상인들까지 가세하여 철시운동(撤市運動)을 전개했던 것이다. 그러자 구금된 상인의 가족들은 허헌과 옥동규의 사무실을 찾아가 사건을 위임하며 억울함을 풀어달라고 호소하였다. 이에 허헌은 1907년 12월 27일 이의신청서를 작성하여 평리원에 제출하였으나 평리원에서는 10여 일이 지나도록 처리하지 않고 있다가 결국 각하하였다.

허헌은 "법률적으로 하미전 상인들은 소의 당사자(피고)가 아닌데 판사가 임의로 변제하라고 하는 것은 잘못이며, 제1심 재판소에 소를 제기해 수리하여 재판해야 할 것"이며, "무고한 상인들을 며칠간 구류함도 법률을 크게 위반하는 것"이라는 의견을 피력하였다. 그러자 송진옥은 허헌에게 무례하다면서 위임계약을 해제하라고 강권했고, 평리원 재판장은 이 사건을 법부에 보고하였다. 이에 맞서 허헌은 송진옥을 법률위반과 직권남용으로 고소하였다. 법부에서는 평리원에 변호사제도를 둔 이유는 법관들을 편리하게 하고자 함인데 도리어 변호사가 법관에게 무례하게 하므로 「변호사규칙」을 제정하라고 훈령하였다. 또한 사건 진행 과정에서 송진옥은 허헌에게 "법률을 수개월 견습해서 변호사가 되면 나라가 망하겠다."고 비난했으며, 이에 맞서 허헌은 "송 씨로 말하자면 법률을 3일도 배우지 않았으니 법률을 위배하며 인민을 압제함은 과연 나라를 흥하게 하는 것이 되는가?"라고 반박하였다. 이에 분노한 송진옥이 법부대신에게 보고함으로써 결국 허헌은 변호사직에서 제명을 당하기에 이르렀던 것이다.[27]

이렇게 오랜 기간을 끌어온 '하미전 사건'은 '변호사 허헌 사건'

---

27 손경찬, 앞의 글, 2016, 315~316쪽.

으로까지 비화되었고, 허헌은 개업한 지 불과 5개월 만인 1908년 1월 25일부로 변호사직 '제명'이라는 가장 무거운 징계를 당하였다. 오늘날 법학계에서는 이 사건을 우리나라 최초의 변호사 제명 징계 사건으로 보고 있다. 당시『관보』에서는 이 일을 다음과 같이 기록하였다.

> 변호사 허헌이 법관에게 패설모매(悖說侮罵)에 거조해당(擧措駭瞠)이라 하기로「변호사법」제33조에 의하여 본월 25일에 제명 징계함.[28]

패설모매(悖說侮罵)란 '사리에 어긋나게 말하고 업신여겨 꾸짖음'이라는 의미이며, 거조해당(擧措駭瞠)이란 '행동거지가 소란스럽고 건방짐' 정도로 해석할 수 있겠다. 앞에서 살펴본 신문보도에 의하면, 허헌이 법리적 해석으로 주장하는 데 대하여 오히려 송진옥이 그에게 하대하면서 무례하게 굴었던 게 사실로 보인다. 그럼에도 불구하고 허헌의 행동이나 말투가 '패설모매에 거조해당'하다는 구실로 그를 변호사직에서 제명 처리한 것은 누가 보아도 부당한 처사로밖에 보이지 않는다.

이 사건의 진행 과정에서 법부에서는 변호사가 재판관의 허가를 얻지 못하면 재판소 사무실에 들어가지 못한다는 훈령을 내렸다.[29] 상황이 이렇게 전개되자 당시 사회 일각에서는 송진옥과 법부대신 조중응(趙重應)에 대한 비난 여론이 들끓었다. 다음 기사를 살펴보자.

---

28 『大韓帝國官報』 3982호, 1908.1.30.
29 「法訓平院」, 『皇城新聞』, 1908.1.28.

전(前) 법부대신 이하영(李夏榮) 씨는 이준(李儁) 사건에 대하여 압제 세력으로 태형(笞刑)을 늑가(勒加)하더니, 현(現) 법부대신 조중응 씨는 허헌 씨 사건에 대하여 또한 압제 세력으로 제명을 강행하니, 한국조정[韓廷]의 법관은 사법(司法) 아니라 사법(私法)인즉, 애달프다, 이 인민이 어찌 버텨낼 것인가 하여 여론이 비등하더라.[30]

전임 법부대신 이하영이 이준 등의 '헤이그 특사 사건' 관련자들에게 행했던 처사에 빗대어 법부대신 조중응을 비난하면서 대한제국의 사법부 전체를 사법(私法)을 휘두른다고 공격한 내용이다. 대한제국의 법부대신과 농상공부대신을 지낸 조중응은 1907년 한일신협약 체결 과정에서 '정미7적(丁未七賊)', 1910년 일제에 의한 강제병합 조약 체결 과정에서 '경술국적(庚戌國賊)'으로 불리는 등 한말의 대표적인 친일 인물 가운데 한 사람이다. 그리고 이러한 그의 반민족적인 행위는, 2004년 3월 제정·공포된 「일제강점하 반민족행위 진상규명에 관한 특별법」제2조 제6·7·9·13·19호에 해당하는 친일반민족행위로 규정되어, 2009년에 대통령소속 친일반민족행위진상규명위원회에서 최종 결정된 바 있다.[31]

이러한 부당한 처사에 대항하여 허헌은 법부대신 조중응을 상대로 재판을 청구하였다. 하지만 한성재판소에서는 이를 차일피일 미루면서 재판을 진행하지 않아 허헌은 재차 소송을 제기하려

---

30 「司法私法」,『大韓每日申報』, 1908.1.31.
31 이와 같은 조중응의 반민족적인 행위는『친일반민족행위진상규명보고서』Ⅳ-17 (대통령소속 친일반민족행위진상규명위원회, 2009), 163~187쪽에 상세히 기록되어 있다.

하였다.³² 그리고 변호사 명패를 내리지도 않고 신문광고도 그대로 계속해나갔다. 그러자 평리원 검사 장도가 1908년 3월 4일 변호사 이면우를 불러 허헌이 불법을 저질렀다면서 변호사 사무소 문패를 철거하라고 명령을 내렸다.³³ 이렇게 허헌이 제기한 소송이 판결도 나지 않은 상태에서 송진옥은 도리어 허헌을 고소하였다. 이에 허헌은 4월 1일 한성재판소 감옥에 수감되었다가 3일에야 풀려났다.³⁴ 하미전 상인 80~90명도 변호사 허헌의 억울함을 풀겠다고 연대하여 법부에 공소를 제기하기도 했다.³⁵

허헌의 변호사직 제명으로 마무리된 '하미전 사건'에 대해 최근 법학계의 한 연구에서는 이 사건의 전말에 세밀한 법리적 해석을 가하여 허헌 변호사의 법리는 타당한 것이라고 결론내린 바 있다. 당대 법률에 기초한 사건의 객관적 이해를 돕기 위해 이 논문에서 정리된 내용을 소개하고자 한다.

100년 전 사건의 사실관계를 지금 명확히 판단하기 어려워 단정하기는 조심스럽지만, 이 사건에서 허헌 변호사의 주장이 타당하다고 생각된다. 이 사건의 발단은 원고 김주현이 피고 김동혁에게 창고 반환 및 창고사용료 반환을 청구하는 소송이었다. 해당 사건에서 김주현이 승소하였고 피고 김동혁은 창고 및 그 사용료를 반환하면 된다. 그렇지만 소송의 당사자가 아닌 하미전(下米廛)의 상인 5~6명이 600석의 쌀을 김주현에게 변제하라는 송진옥 판사의 결정서는 법리

32 「許氏決意」, 『皇城新聞』, 1908.2.8; 「許氏雙訴」, 『皇城新聞』, 1908.2.20.
33 「名牌命撤」, 『大韓每日申報』, 1908.3.6; 「撤去辯護門牌」, 『皇城新聞』, 1908.3.6.
34 「許氏押囚」, 『大韓每日申報』, 1908.4.3; 「許氏保放」, 『大韓每日申報』, 1908.4.4; 「許氏被囚」, 『皇城新聞』, 1908.4.3.
35 「米商控所」, 『大韓每日申報』, 1908.4.8.

에 맞지 않다. 하미전의 상인들에게 쌀을 변제하게 하려면 다시 원고인 김주현이 소를 제기하여 법적 판단을 거친 뒤에 판결에 의해 하여야 한다. 그런데 소의 제기도 없이 하미전 상인들에게 판사의 직권으로 변제하는 명령을 내리는 것은 타당하지 않다. 해당 사건에서 하미전 상인들은 소송참가인으로 소송에 참가하지도 않았다. 또한 민사소송의 당사자는 감옥서에 구류할 수 없는 것이 당시의 법규정이었다. 종래 조선시대에 민사피고, 증인 등을 구류하기도 하는 악습이 있었다. 이것이 척폐의 대상이 되었으며, 1907년부터는 평리원 및 한성재판소에서는 민·형사를 물론하고 죄인을 구류하는 것은 혁파하고 죄수를 가둘 경우 감옥서에 가두기로 결정하였다. 그리고 1907년 6월 27일 법률 제1호로 「민사·형사 소송에 관한 건」이 반포되었는데, 이 법에 의하면 판결선시(判決宣示)를 하기 전에는 소송관계인을 구류하지 못하였다(동법 제6조). 즉 1908년 당시의 규정에 의하면 확정판결을 받지 않은 당사자는 구류하지 못하였다. 그런데 해당 사건에서 하미전 상인들은 확정판결을 받은 소송당사자가 아니었으므로, 이들을 구류한 송진옥 판사의 결정서는 규정을 명백히 어기는 것이었다.[36]

이렇게 허헌은 '하미전 사건과 변호사직 제명'이라는 일련의 과정을 통해 민중의 권리를 대변하는 '인권변호사'로 한걸음 나아가게 되었다. 자신의 사욕만 채우는 친일적인 법부와 법관들에 대해서는 강한 저항심과 환멸마저 느꼈던 것으로 보인다. 변호사 허헌의 관점에서 보면, 이 하미전 사건은 국가가 국민을 법이라는 테

---

[36] 손경찬, 앞의 글, 2016, 317쪽.

두리 내에서 어떻게 보호해야 하는지에 대한 법리적 고민을 한층 더 성숙시키는 계기로 작용했음이 분명하다. 그리고 이러한 인간의 권리에 대한 치열한 고민과 누구보다 꼼꼼한 그의 법 해석력은 이후 1919년 3·1운동 재판 과정에서 세간을 떠들썩하게 했던 '공소불수리(公訴不受理) 신립(申立)'의 성공이라는 성과를 거두게 한 밑거름이 되었다고 할 수 있다.

최근의 한 연구에서는 허헌을 변호사시험 출신들 모두의 '아버지' 뻘이라고 소개한 바 있다. 우리 역사에서 변호사시험은 크게 네 차례, 즉 1) 대한제국의 변호사시험, 2) 1922~1945년 조선총독부의 변호사시험, 3) 1947~1949년 세 차례 실시된 변호사시험, 4) 2009년 법학전문대학원 도입 이래 2012년부터 시행되고 있는 변호사시험이 있는데, 첫 번째 변호사시험 출신으로서 우리 근현대사에 족적을 남긴 허헌을 이들 모두의 아버지라고 본 것이다. 덧붙여 이 책에서는 허헌의 삶은 가장 주류에서 출발했으나 어느 시점부터 비주류로 밀려난 특정 세력을 상징한다고 정리하였다.[37] 바로 그 '비주류로 밀려난 상징'의 출발점이 된 것이 바로 '하미전 사건'으로 인한 최초의 변호사 제명 징계라고 볼 수 있다.

---

[37] 김두식, 『법률가들』, 창비, 2018, 108~109쪽.

계몽단체 활동과 일본 유학

　허헌이 보성전문학교에 입학한 해인 1905년 11월 을사늑약이 체결되자, 조선사회에서는 개화자강세력이 주도하는 실력양성운동의 일환인 이른바 '애국계몽운동'이 활발히 일어났다. 역사적으로 볼 때 이 운동은 을사늑약에 대한 개화지식인층의 반성과 자각에서 출발한 것이었다. 허헌 역시 당대 사회에서 개화지식인층에 속했던 인물이었고 지인이나 교우관계 등 그를 둘러싼 주변 환경도 그러했다. 따라서 그도 애국계몽운동 단체들이 대거 결성되던 1906년경부터 보성전문학교 학생 신분으로 여기에 참여하여 활동하였다.

　기존 연구들에서는 모두 허헌이 보성전문학교 입학과 졸업 → 일본 메이지대학 유학 → 변호사시험 합격 → 애국계몽단체 활동 → 변호사 사무실 개업과 제명 징계의 수순을 밟았다고 서술해 왔다. 그런데 앞에서 여러 차례 언급했다시피 이는 잘못된 부분이 많다. 실제로 허헌은 보성전문학교 입학과 졸업(애국계몽단체 활동 시작) → 변호사시험 합격 → 변호사 사무실 개업과 제명 징계 → 일본 메이지대학 유학(단체 활동 계속)이라는 순서로 활동하였다.

또한 기존 연구들에서는 변호사시험에까지 합격한 허헌이 나름대로 뜻한 바가 있어서 곧바로 개업을 하지 않고 서북학회(西北學會) 등 단체 활동에 주력했다고 서술하고 있다. 예컨대 허헌이 반일독립운동에 매진하기 위해 변호사 활동을 하지 않은 것처럼 서술한 경우도 있다.[38] 기존 연구들이 이렇게 서술한 이유는 허헌이 훗날 기록한 「교우록」에서, 도쿄에서 공부를 마치고 돌아온 그에게 이갑이 찾아와서 함께 국내 정세를 이야기하면서 나누었다는 내용 때문인 것으로 보인다. 당시 이갑은 허헌에게 "지금 이 좋은 철을 맞는 우리들 청년들로 어찌 국가 사회의 일을 잊으랴. 변호사 개업할 생각을 끊고 나와 같이 일하자."라면서 서북학회를 위해 몸 바쳐 달라고 이야기했고 자신은 이를 승낙했다고 회고한 바 있다.[39] 이를 근거로 허근욱 역시 이갑이 허헌에게 "궁인도 변호사 개업을 할 생각 말고 나와 같이 서북학회를 위해 몸 바쳐 일합시다."라고 권유했다고 서술했다. 이는 허헌이 변호사직에서 제명되어 1년간 도쿄로 유학을 갔다가 돌아온 뒤인 1909년 4월경의 상황일 것이다. 그렇다고 해도 일본에서 귀국할 당시 허헌은 자신의 변호사 제명 징계가 곧 해지될 것을 예측하지 못했으므로, 전후 맥락이 생략된 이 내용 자체는 이후의 서술들과는 좀 다르다. 하지만 일본에서 돌아온 허헌에게 이갑이 서북학회 일에

---

38 "이미 변호사 자격을 획득하고 등록까지 했는데도 그가 곧바로 변호사 활동을 하지 않고 반일운동에 매진한 것은 상징적인 의미가 있다. 근본적으로 그는 변론 활동 그 자체보다 민족의 안위를 더 중요하게 생각했던 것이다. 이것은 또한 그가 나중에 변호사 활동보다 독립운동 그 자체에 나서게 되는 이유이기도 하다."(박원순, 앞의 책, 2003, 111~112쪽).
39 許憲, 「交友錄」, 『三千里』 7권 7호, 1935.8, 72쪽.

힘써달라고 한 것은 사실이었던 것 같다.

이처럼 기존에 허헌에 관한 서술들은 역사적 사실 면에서 보면 잘못된 부분이 많이 있다. 허헌의 애국계몽단체 활동에 대한 서술 역시 그 가운데 하나로서, 그가 애국계몽운동에 첫발을 들여놓는 것은 일본에서 귀국한 후가 아니라 그보다 훨씬 전부터였다. 그의 애국계몽운동 단체 참여로 제일 먼저 확인되는 것은 1906년 11월의 「대한자강회(大韓自强會) 회원 명부」이다. 이 명부에 등재된 인원은 "입회 인증을 영유(領有)하여 회원 자격이 완전한 사람으로만 한함"이라는 단서가 명시되어 있으므로, 허헌은 1906년 당시 대한자강회의 정식 회원으로 활동했음은 분명하다.[40]

대한자강회는 1905년 5월 이준, 양한묵(梁漢黙) 등이 조직한 헌정연구회(憲政硏究會)를 확대 개편하여 1906년 4월경 조직된 단체로서, 국민교육을 고양하고 식산(殖産)을 증진해 부국강병을 이루어 장차 독립의 기초를 마련하기 위한 목적으로 조직되었다. 회장 윤치호(尹致昊), 고문 오가키 다케오(大垣丈夫)였던 것만으로도 많은 한계를 가진 조직이었음을 알 수 있지만, 1907년 8월 이완용(李完用) 내각에 의해 강제 해산될 때까지는 강연회 개최, 기관지 발행 등 활발히 계몽 활동을 전개한 단체였다.[41]

대한자강회가 해산된 뒤 오가키 고문이 이토 통감의 내락을 얻어 1907년 11월 대한협회(大韓協會)가 창립되었다. 1908년 5월 대한협회의 본회 회원 명부에도 허헌이 포함되어 있는 것으로 보아,[42] 그가 대한협회에도 계속 관여했음을 알 수 있다. 하지만 대

---

40 『大韓自强會月報』 5호, 1906.11.25, 65쪽.
41 『한국민족문화대백과사전』, '대한자강회' 항목 참조.
42 「會員名簿」, 『大韓協會會報』 2호, 1908.5.25, 70쪽.

한자강회나 대한협회에서 허헌은 간부직을 맡아 적극적으로 활동하지는 않은 것으로 보이며 그냥 일반회원으로 참여한 것으로 확인된다.

허헌이 단체 활동에 본격적으로 뛰어든 것은 그가 변호사직에서 제명되기 직전인 1908년 1월 2일에 조직된 서북학회부터였다. 서북학회는 약육강식(弱肉强食), 우승열패(優勝劣敗)의 논리만 적용되는 시대에서 살아남는 길은 '실력양성'밖에 없다는 인식에 기초하여, 국권 회복과 인권 신장을 통한 근대 문명국가 달성을 목표로 했다. 이후 항일독립운동의 핵심 지도자가 된 이동휘·안창호(安昌浩)·박은식(朴殷植)·이갑·유동열(柳東說) 등이 모두 서북학회의 주요 임원으로 참여했으며, 1909년 이후 신민회(新民會)와 함께 국외로 건너가 독립군기지 건설에 주력했던 한말의 대표적인 항일운동단체였다.[43]

서북학회는 당시 서울에 있던 관서(關西)·관북(關北) 출신 인사들로 조직된 단체로서, 각각 조직되어 있던 서우학회(西友學會)와 한북흥학회(漢北興學會)가 1906년 10월 통합한 조직이었다. 서우학회는 평안도와 황해도 등 관서지역 출신들이 중심이었으며, 한북흥학회는 함경도 즉 관북지역 출신들이 중심이 되었다. 서우학회에는 허헌이 가깝게 지냈던 이갑이나 옥동규가 중심인물로 참여했고, 한북흥학회 역시 막역한 벗인 이종호가 설립 때부터 주도적으로 참여하였다. 따라서 허헌도 한북흥학회에 관여했을 것으로 추정되나, 현재로서는 정확한 사실을 확인할 수가 없다.

하지만 서우학회와 한북흥학회가 통합하여 서북학회로 발족할

---

[43] 『한국민족문화대백과사전』, '서북학회' 항목 참조.

때에는 처음부터 허헌도 적극 참여한 것으로 확인된다. 설립 직후인 1908년 1월 18일 개최된 서북학회 특별총회에서는 평의원 39인을 천거해 투표로 19명을 선출했는데, 이때 허헌은 오상규(吳相奎, 1909년 회장으로 선출), 박은식, 유동열 등과 함께 평의원으로 선출되었다.[44] 게다가 그는 그해 1월 25일 변호사직에서 제명되었기 때문에 이후에는 서북학회 활동에 더욱 전념했던 것 같다. 이때부터 3개월 정도 허헌은 평의원으로 활동하다가, 1908년 4월 11일 제2회 특별총회에서 평의원직을 사직하고 일반회원으로만 남았다. 그 이유는 이즈음 허헌이 도쿄 유학을 앞두고 있었기 때문이다. 물론 일본에서도 허헌의 단체 활동은 계속되었으며, 1년 뒤 귀국했을 때는 이갑의 권유로 서북학회 부총무가 되어 더 적극적으로 활동하였다.

허헌이 일본 유학을 떠난 정확한 날짜는 확인되지 않는데, 1908년 4월 11일 서북학회 평의원직을 사임한 직후일 것으로 추정된다. 왜냐하면 그가 그해 6월 무렵에는 도쿄 유학생들 중심의 단체들에서 활동하고 있기 때문이다. 학문에 대한 욕구가 많았던 허헌으로서는 유학을 가서 법학을 더 깊이 공부하고 싶다는 생각이야 이전부터 있었겠지만, 보성전문학교 졸업 후 곧바로 변호사 사무실을 열고 인권변호사로 활동하다 보니 실제로 여유를 갖기가 어려웠을 것이다. 변호사 제명이라는 징계 조치가 개인적으로는 그에게 이러한 여유를 제공해준 셈이었다.

기존 연구들에서는 모두 허헌이 1907년 2월 보성전문학교를 졸업한 뒤 그해 4월 초쯤 도쿄로 유학을 간 것으로 잘못 서술되어

---

[44] 「西北學會組織會錄」, 『西友』 15호, 1908. 2, 43쪽.

있다고 앞서 언급하였다.⁴⁵ 그 근거가 된 「교우록」을 보면, 허헌은 날마다 규장각을 드나들던 20대 초반의 어느 날 법부대신 장박(장석주)이 자신에게 도쿄 유학을 권했다고 회고한 바 있다. 당시 장박은 "얘야, 뜻을 크게 가져라. 벌써 사관에 연연해서야 쓰겠느냐. 지금 동양에 있어 신문명은 동경에서 흘러나다시피 하니, 동경에 들어가 공부하고 오너라."라고 이야기하면서 그에게 도쿄 유학을 권했다고 한다. 이처럼 장박이 그에게 도쿄 유학을 권했고, 허헌 자신도 크게 깨달은 바가 있어서 이럭저럭 학비로 천여 원을 만들어 유학을 떠났다는 것은 사실일 것이다.⁴⁶

그런데 그가 장박으로부터 도쿄 유학을 권유받은 시기는 두 가지로 정도로 추정해볼 수 있다. 앞의 1장에서 언급했다시피 장박이 유길준 등과 함께 일본으로 망명했다가 10여 년 만에 귀국한 것은 1907년 8월경이었으므로, 허헌이 그에게서 일본 유학을 권유받은 것은 빠르면 변호사 사무실을 막 열 무렵인 1907년 8월 말부터 9월 초 사이일 것이다. 아니면 그가 5개월 만에 변호사직에서 제명되고 일본 유학을 떠나기 전인 1908년 1월 말부터 4월 사이일 터인데, 이때는 허헌이 규장각을 다닐 때가 아니므로 「교우록」의 회고 내용과는 맞지 않다. 이런 정황으로 볼 때 그가 도쿄 유학을 권유받은 시기는 막 변호사 업무를 시작하고 규장각을 정식으로 그만둘 무렵이었을 것으로 보인다.

허헌은 1908년 4월경 일본 메이지대학으로 유학의 길을 떠났다. 부산으로 가서 관부연락선(關釜連絡船)을 타고 일본 시모노세

---

45 심지연, 『허헌 연구』, 역사비평사, 1994, 27쪽; 허근욱, 『민족변호사 허헌』, 지혜네, 2001, 82~83쪽; 박원순, 앞의 책, 2003, 110~111쪽; 이이화, 『끝나지 않은 역사 앞에서』, 김영사, 2009, 341~342쪽.
46 許憲, 「交友錄」, 1935.8, 71쪽.

키(下關)에 도착한 뒤 다시 기차를 타고 도쿄로 향했다. 그리고 메이지대학 부근 오차노미즈역(お茶の水驛) 근처의 하숙집으로 갔다. 1903년 일본의 「전문학교령」에 따라 1920년 이전까지 메이지대학의 정식 명칭은 메이지전문학교였다. 그러니까 정확히 말하면 허헌은 메이지전문학교 법학부 1부(주간부)에 다녔던 것이다.

메이지대학은 원래 프랑스에서 법률을 공부한 일본 법학자 3인이 1881년 메이지법률학교를 설립한 것이 그 출발이었던 만큼, 법학을 공부하고자 했던 허헌에게는 가장 적합한 곳이었다. 또한 니혼대학(日本大學), 주오대학(中央大學)과 더불어 일제강점기 내내 조선인이 가장 많이 유학했던 일본의 대학 중 하나였다. 그런데 당시 조선인이 이 사립대학들에 특히 많이 유학했던 이유로는 정식으로 입학하기 전부터 청강생으로 공부할 수 있기 때문이기도 했다. 허헌 역시 정식으로 입학한 게 아니라 청강생으로 약 1년간 법학과 영어, 일본어 등을 공부하다가 돌아온 것으로 보인다.[47] 한국에서 변호사직을 제명당했기 때문에 일본에서 법률 공부에 더욱 전념하여 다시 변호사가 되어야겠다고 생각했을지도 모르겠다.

유학 생활 중에도 허헌은 당시 도쿄 유학생들이 중심이 된 각종 단체에서 활발히 활동하였다. 대표적으로 대한학회(大韓學會), 연학회(硏學會), 대한흥학회(大韓興學會) 등을 들 수 있다. 대한학회는 1908년 1월 대한유학생회(大韓留學生會)가 낙동친목회(洛東親睦會) 및 호남학회(湖南學會)를 통합하여 설립한 유학생들의 친

---

[47] 허헌이 메이지대학에서 청강생으로 공부했다는 것은 『倭政時代人物史料(6)』에 기록되어 있는데, 여기에서도 허헌이 1907년부터 2년간 법과에서 수학했다고 잘못 기록하고 있다.

목단체이자 학회였다. 대한흥학회는 1년 뒤인 1909년 1월 대한학회와 태극학회(太極學會)가 중심이 되어 공수학회(共修學會), 연학회 등을 통합하여 발족한 도쿄 유학생들의 통합 단체였다. 두 단체 모두 지덕계발(知德啓發) 등을 표방한 친목단체였지만 실제로는 국권 회복을 지향한 정치단체의 성격을 띠고 있었으며, 따라서 국내의 애국계몽운동에도 일정한 영향을 주고 있었다.[48]

대한학회에서 허헌의 활동이 처음 확인되는 것은 1908년 6월 29일 총 21명이 참가한 임원회에서 토의 안건에 대해 '동의, 제청' 등의 발언을 하고 있는 모습이다.[49] 이날 임원회에 참가하고 있는 것으로 보아, 그 이전 즉 일본으로 건너가자마자 대한학회에 가입하여 활동을 시작했고 곧바로 임원이 되었다고 볼 수 있다. 허헌은 국내의 서북학회에서와 마찬가지로 대한학회에서도 평의원으로 활동하였다. 그런데 그해 10월 4일 85명의 회원이 참석한 가운데 열린 제5회 정기총회에서 허헌은 사면청원서(辭免請願書)를 내고 평의원직을 사임하였다.

이때 그가 왜 대한학회의 평의원직을 그만뒀는지에 대해서는 정확히 알 수는 없다. 다만 대한흥학회가 발족할 즈음인 1909년 초에 허헌은 그동안 위장병으로 상당히 고생하다가 완쾌되었다고 했는데,[50] 아마도 이때부터 병이 시작되었던 게 아닐까 한다. 또한 훗날 허헌은 유학한 지 반년쯤 지나서 학비가 완전히 떨어졌다고 회고한 바 있는데,[51] 사임한 시기가 정확히 반년쯤 지난 시점

48 『한국민족문화대백과사전』, '대한학회' 및 '대한흥학회' 항목 참조.
49 「任員會錄」, 『大韓學會月報』 6호, 1908.7.25, 90~93쪽.
50 「彙報」, 『大韓興學報』 1호, 1909.3.20, 74쪽. "本會會員 許憲氏는 胃病으로 多日 苦楚ᄒ더니 近日에는 全快ᄒ엿다더라."라고 기록하고 있다.
51 許憲, 「交友錄」, 1935.8, 71쪽.

이니 혹시 이러한 상황과도 관련이 있을 수도 있다. 학비와 생활비가 모두 떨어지고 병까지 얻은 유학생 처지에서, 원래 딸깍발이 샌님 같은 성격과 기질을 지닌 그로서는 학회 임원으로 활동을 계속하기는 어렵다고 판단했을 것이다.

허헌은 일본에서 학업을 계속하기 위하여 단짝 친구인 이종호에게 400~500원 정도의 지원을 요청하는 내용의 편지를 썼다. 하지만 당시 이종호는 여러 지역을 돌아다니면서 활동하고 있었기 때문에 허헌은 이 편지를 이갑에게 보내 이종호에게 전달해달라고 부탁했다. 당시 이종호는 보성전문학교뿐만 아니라 서울의 서북협성학교(西北協成學校), 강화의 보창학교(普昌學校), 청주의 보성학교(普成學校) 등을 운영하고 안창호(安昌浩)를 도와 평양의 대성학교(大成學校)를 설립했으며 보성사(普成社)라는 출판인쇄소를 통해 수많은 서적과 교과서를 간행하여 전국에 무료 배급하는 등 활발히 교육사업을 전개하고 있었다. 허헌의 편지를 받은 이갑은 "그만한 돈을 이종호 군에게까지 말할 것 있느냐. 내게 있어 보내니 받고, 아무 근심 말고 공부에만 착심(着心)하오."라는 답신과 함께 돈 400원을 넣어 보내줬다고 한다.[52]

이 일화에서 한말의 뜻 있는 인사들이 조선 청년의 배움을 위해서라면 계몽운동 차원의 조직적인 교육 활동뿐만 아니라 개인적 차원에서도 언제든 지원을 아끼지 않았음을 알 수 있다. 문명개화와 국권 회복이라는 대의명분 앞에서 내 자식 남의 자식을 가리지 않고 사재(私財)를 털어 큰돈을 쾌척하는 일을 보람으로 느꼈던 유지들, 또 이를 너무나 자연스럽게 받아들이는 청년들의 모

---

52 위의 자료.

습에서 당시의 시대적 상황과 조선사회의 한 단면을 엿볼 수 있다.

'싹이 보이는 청년에게 투자하는 일'은 비단 개화지식인이나 계몽운동가에게만 국한된 것은 아니었다. 허헌의 경우 이미 10대 때 이용익 집에 의탁하여 공부한 경험도 있었고, 또 블라디보스토크에서 돌아와 다시 서울로 가서 공부를 계속하고자 마음먹었을 때에도 청진의 부호였던 '부령강씨'가 엽전 한 자루와 당나귀 두 마리를 그에게 학자금으로 제공하자 이를 당연하게 받아들고 명천으로 돌아왔음을 앞에서 언급한 바 있다. 배움이라는 명분과 의지 앞에서는 모두가 겸손하게 받아들이는 전통이 내려오고 있었음을 알 수 있다. 뿐만 아니라 공부하려는 의지를 가진 청년학생들도 자신의 배움이 단지 개인을 위한 것이 아니라 집단과 사회를 위한 것이라는 생각이 자연스럽게 배어들어가 있는 분위기였음도 짐작할 수 있다.

'청년에게 투자'한다는 것 자체를 개인의 이익을 얻기 위한 것이 아니라, 장차 미래에 발생할 공공의 이익과 이것이 가져다줄 가치에 대한 특정한 사회적 합의로 해석되었다는 점이 매우 흥미롭다. 청년들 스스로도 자신을 위한 타인의 도움을 자연스럽게 받아들였던 분위기 역시 이를 개인적 의미가 아니라 사회적·국가적 의미로 해석하고 받아들였기 때문에 가능했을 것이다. 이러한 사회적 분위기였기 때문에 일제강점 이후 청년층이 자연스럽게 항일운동과 독립운동에 뛰어들 수 있는 마음가짐이 생겼다고 할 수 있다. 그리고 이 청년들이 다시 중장년층이 되었을 때 이들은 또다시 차세대를 위해 자신의 사재를 털어 교육사업에 투자하는 좋은 풍습이 지속될 수 있었던 것이다.

어찌 보면 요즘보다 더 '기부의 문화'가 일상화되어 있던 시절이었다고도 할 수 있다. 그 속에서 서로 도움을 주기도 하고 받기도 했으며, 이를 모두가 자연스럽게 받아들이는 사회 분위기였던 것이다. 일본 유학시절 허헌은 이러한 이갑의 호의에 대하여 진심으로 고마움을 느꼈으며, 자의건 타의건 이 일은 그가 귀국 후 이갑을 도와 서북학회 일에 몰두하는 계기로 작용했을 것이다.

이렇게 유학생 생활을 이어갈 수 있게 된 허헌은 1909년 1월 10일 도쿄 내 유학생 단체들의 통합 단체로 대한흥학회가 창립될 때 간접투표로 다시 평의원에 선출되었다. 당시 회장은 채기두(蔡基斗), 부회장은 최린(崔麟)이었다. 허헌은 그날 저녁 20명의 평의원이 참석한 가운데 열린 임시평의회에서 의장이 되어 회의를 이끌기도 했다. 이 회의에서는 기존의 네 학회들의 청산 보고 방법과 역할에 대해 논의했는데, 허헌이 연학회에 대표로 통지하기로 결정된 것을 보면 그가 이전부터 연학회와도 관련을 맺고 있었음을 알 수 있다.[53]

그런데 이때까지만 해도 허헌의 병이 완전히 쾌유되지는 않았던 것 같다. 1주일 뒤인 1월 17일에 열린 제2회 임시평의회에는 허헌이 병 때문에 의장으로 참석하지 못하여 부의장인 김지간(金志侃)이 회의를 진행했다는 기록에서 알 수 있다. 1월 31일 열린 제1회 정기평의회 때는 다시 허헌이 의장으로 참석하여 회의를 이끌었다.[54] 대한흥학회의 정기평의원회는 한 달에 1회씩 월말쯤 개최되었는데, 허헌은 그해 2월과 3월에도 평의원회 의장으로 계속 활동하였다.[55]

---

53 『大韓興學報』 1호, 1909.3.20, 78~85쪽.
54 위의 자료.
55 『大韓興學報』 2호, 1909.4.20, 68쪽, 74쪽.

귀국과 변호사 복직

1909년 3월에 허헌은 1년간의 유학생활을 접고 귀국하였다. 허헌이 귀국한 여정은 당시 일제 경찰이 '요시찰인(要視察人)의 동정'을 보고한 문건을 통해 상세히 알 수 있다. 귀국 무렵 허헌이 거주하던 곳은 도쿄시 고이시카와구(小石川區) 조시가야정(雜司ヶ谷町) 141번지로 기록되어 있다.[56] 고이시카와구는 당시 조선인이 다수 거주하고 있었고, 1919년 2·8독립선언을 했던 조선기독교청년회관이 나중에 관동대지진으로 소실되자 이곳으로 이전하기도 했던 곳이다.[57] 이곳에서 허헌은 유춘길(柳春吉)·이월송(李月松) 등의 조선인과 함께 기거했다. 이들이 어떤 인물인지는 분명하지 않으나, 허헌과 함께 요시찰인으로 감시받고 있는 걸 보면 당시 민족운동에 관여했던 인물일 것으로 보인다.

---

[56] 「兵發秘第110號 要視察韓國人之來神ニ就テ[柳春吉·李月松·許鋠人의 神戶 來着]」, 1909.4.5(兵庫縣 知事가 외무대신에게 보낸 문서), 『要視察韓國人擧動』 3(국사편찬위원회 한국사데이터베이스). 이 문서에는 당시 허헌의 나이가 29세로 기록되어 있는데 이는 당시 일제 당국이 잘못 알았던 것 같다. 이름 역시 본명이 아닌 아호로 기록한 것을 보면 정확한 신상 파악은 되지 않았던 것으로 보인다.

[57] 독립기념관 홈페이지, '국외 독립운동 사적지' 설명 참조(http://oversea.i815.or.kr/book/).

허헌은 1909년 4월 3일 유춘길·이월송과 함께 도쿄를 출발해 밤 9시가 넘어서야 고베역(神戶驛)에 도착하여 센슈루(千秋樓)라는 여관에 함께 묵었다. 다음 날인 4월 4일 저녁 유춘길과 이월송은 효고현(兵庫縣) 스마촌(須磨村)에 머물고 있던 저명한 중국 사상가 량치차오(梁啓超)를 만나러 갔다가 거절당하고 돌아왔다. 허헌이 왜 이들과 동행하지 않았는지는 모르겠으나, 그의 평소 성격으로 미루어보건대 선약도 없이 무작정 방문하는 것에 반대했을 가능성이 높다. 4월 5일 저녁 허헌과 이월송은 귀국길에 오르기 위해 시모노세키행 열차를 탔고, 유춘길은 다시 도쿄로 돌아갔다. 4월 6일 오전 11시에 시모노세키에 도착하여 그날 밤 10시 관부연락선을 타고 부산으로 귀국하였다.[58] 이와 같이 허헌 등의 동정에 대해 당시 일제 당국이 실시간으로 감시하여 외무대신에게 보고하고 있었던 점으로 미루어볼 때, 그가 어떻게 유학생활을 보냈을지 짐작할 수 있다.

1909년 4월 서울 광화문 집으로 돌아온 허헌은 이갑의 바람대로 초기에는 서북학회 일에 전념하였다. 그해 4월 17일 49명의 회원이 참석한 가운데 개최된 서북학회 임시통상회(臨時通常會)에서 부총무원(副總務員)으로 선출되어 활동하였다.[59] 이때 서북학회에서 함께 활동했던 김립(金立)은 일본 유학시절 서로 의형제를 맺고 지냈을 정도로 친한 사이였다. 같은 명천 출신인 김립은 나

---

58 「兵發秘第110號 要視察韓國人之來神ニ就テ[柳春吉·李月松·許憲人의 神戶 來着]」, 1909.4.5(兵庫縣 知事가 외무대신에게 보낸 문서);「兵發秘第115號, 要視察韓國人ノ出發ニ就テ[李月松·許憲人·柳春吉의 動靜]」, 1909.4.7(兵庫縣知事가 외무대신에게 보낸 문서);「高秘第4570號, 要視察人ノ件[李月松·許憲人의 動靜]」, 1909.4.8(山口縣知事가 외무대신에게 보낸 문서).
59 「會事記要」,『西北學會月報』12호, 1909.5, 46~49쪽.

이는 허헌보다 다섯 살 위였으나 보성전문학교 법과는 3회 졸업생으로 후배였다. 이들은 유학시절 각자 이름의 립(立)과 헌(憲)을 따서 장차 조선을 입헌군주국(立憲君主國)으로 만들자는 농담을 할 정도로 돈독한 사이였다고 한다.[60]

변호사 일을 할 수도 없었던 상황에서 허헌은 이종호가 초대 교장으로 있던 서북협성학교(西北協成學校)에서 잠시 교편을 잡았다.[61] 서북협성학교는 원래 1907년 1월 서우학회와 한북흥학회에서 각각 자매학교로 설립한 서우사범학교(西友師範學校)와 한북의숙(漢北義塾)에 연원을 두고 있다. 두 학교 모두 각 학회와 마찬가지로 관서와 관북 지역에 기반을 두고 서울에 설립된 초등교원 양성기관이었다. 서우사범학교는 이갑·박은식·유동열 등을, 한북의숙은 이종호·김주병(金澍炳)·이준 등을 중심으로 설립되었다. 1908년 1월 두 학회가 서북학회로 통합됨에 따라 그해 11월 3일 두 학교 역시 서북협성학교로 통합되었던 것이다.[62]

그런데 허헌이 귀국한 지 한 달 정도 지난 1909년 5월 17일 그의 변호사직 제명 징계가 면제되었다.[63] 그리고 그의 청구로 5월 27일 법부의 변호사 명부에 등재되었으며,[64] 6월 8일에는 경성지

---

60 반병률, 「金立과 항일민족운동」, 『한국근현대사연구』 32호, 한국근현대사연구회, 2005, 65~66쪽; 이균영, 「김철수 친필유고」(1970~1973년경 작성), 『역사비평』 7호, 1989, 350쪽.
61 간혹 허헌이 오성학교(五星學校) 강사를 했다는 기록을 발견할 수 있는데(「許憲」, 『東光』 39호, 1932.11, 41쪽), 이때 서북협성학교에 출강했던 일을 말하는 것이다. 서북협성학교는 1910년 10월부터 오성학교로 교명을 바꾸었다.
62 『한국민족문화대백과사전』, '서북협성학교' 항목 참조. 이후 서북협성학교는 1909년 말까지 전국 각지에 63개의 지교(支校)를 설치하여 민족교육운동에 주력하였다. 1910년 강제병합 이후 서북학회가 강제 해산을 당하자 서북협성학교는 그해 10월 1일 오성학교로 개명해 운영하다가 1918년 총독부에 의해 폐교 조치를 당하였다.
63 『大韓帝國官報』 4381호, 1909.5.20.
64 『大韓帝國官報』 4389호, 1909.5.29.

방재판소(京城地方裁判所) 검사국에서 청구하여 변호사 명부에도 등록되었다.[65] 1908년 1월 25일부로 제명된 지 대략 1년 4개월 만이었다. 당시 『황성신문』에서는 그의 복직에 대해 다음과 같이 보도하였다.

> 변호사 허헌 씨는 보성전문학교 졸업생으로 변호에 임하여 인민소송사건에 법률상 정리(正理)에 근거하여 유력가의 강압을 받아들이지 않아서 면임(免任)이 됨에 일반사회가 그 억울함을 일컫더니, 씨(氏)가 일본에 유학하여 일본어와 법학을 다시 연구하고 이번에 귀국하여 변호의 복임(復任)을 얻었다더라.[66]

다시 변호사로 돌아온 허헌은 곧바로 서울 청진동에 사무실을 열었다. 당시 주소로는 '한성 중부(中部) 외상사동(外相思洞) 25통 7호'였다. 그리고 1909년 6월 5일 자 『황성신문』을 시작으로 '변호사 허헌'이라는 이름을 단독으로 내걸고 "민·형사상의 대리, 변호와 기타 제반 법률사무를 신속 간독(簡篤)히 처리함"이라고 광고하였다.[67] 청진동에 변호사 사무실을 개업한 직후 허헌은 청진동에 새로 집을 짓고 이사를 하였다.

이렇게 변호사 업무가 본격적으로 시작되자 허헌은 1909년 5월 21일 서북학회 임시통상회에서 부총무직을 물러나겠다고 청원하였지만, 회원들이 반대하여 뜻을 이루지 못하였다.[68] 부총

---

65 『大韓帝國官報』 4405호, 1909.6.17.
66 「許氏復任」, 『皇城新聞』, 1909.5.25.
67 『皇城新聞』, 1909.6.5.
68 「會事記要」, 『西北學會月報』 14호, 1909.7, 54쪽.

무 일을 시작한 지 한 달여밖에 되지 않은 상태였음을 볼 때, 당시 허헌은 변호사로 복직될 것에 대해 전혀 예상하지 못했던 것 같다. 본인이 성실히 맡은 임무를 다하지 못할 상황이 되면 언제든 곧바로 스스로 나서서 사임을 청하는 걸 보면, 그가 일처리에서 맺고 끊는 것이 분명하고 그냥 대충 넘어가는 일이 없는 성격이었음을 짐작할 수 있다. 또한 그가 변호사라는 직분에 얼마나 애착을 가지고 있었는지도 알 수 있다. 이로써 허헌은 당분간 변호사 일을 하면서 서북학회 부총무 일을 계속할 수밖에 없게 되었다. 1909년 8월 평안남도 순천군(順川郡)·성천군(成川郡) 일대에 큰 수해(水害)가 일어나자, 허헌은 서북학회회관에서 최재학(崔在學) 등과 만나 논의하여 구휼금 모집에 발 벗고 나섰다. 이와 같이 활동하다가 결국 그해 8월 19일 열린 서북학회 임시통상회에서야 허헌의 사임 청원이 가결되었다.[69] 그러니까 실제로 허헌은 4개월 정도 서북학회 부총무 일을 한 셈이었다.

변호사 복직 후 허헌은 변론 활동을 이전보다 더 활발히 전개하였다. 이는 2장의 〈표 1〉을 보면 잘 알 수 있다. 앞에서 제시한 사례들 중 1907년 10월부터 12월 사이의 6건을 제외하면, 나머지 30여 건은 모두 1909년 7월부터 1910년 11월까지 1년여 사이의 것들이다. 변호사 제명이라는 징계까지 당하면서 민중의 권리를 대변한 일이 신문에도 연일 오르내렸고 일본 유학까지 다녀와 다시 복직했으므로 이전보다 그의 명망이 더 높아졌을 것이다. 허헌의 일생에서 순수하게 변호사로서의 활동을 가장 활발히 펼친 것은 바로 이 시기였던 것 같다.

---

[69] 「의호구제」, 『大韓每日申報』, 1909.8.18; 「會事記要」, 『西北學會月報』 16호, 1909.10, 63쪽.

3장

3·1운동 시기 항일변호사로 맹활약하다

일제강점의 충격 속에서 낙향

일본에서 돌아온 허헌에게 서북학회의 일들을 맡겨놓고 이갑은 신민회 활동으로 매우 바쁘게 보냈다. 특히 1909년 봄부터 신민회에서는 일제의 탄압으로 퇴조해간 의병운동을 이어 국외에 독립군 양성을 위한 무관학교 설립과 독립군기지 창건을 본격적으로 논의하기 시작했다. 당시 허헌으로서는 이러한 사실을 전혀 알지 못했지만, 이갑과 이종호 등은 이때부터 국외의 독립군기지 건설을 주도적으로 고민하고 있었다. 유학시절 허헌과 친하게 지냈던 김립도 신민회원의 1차 망명 즈음에 국외로 망명하여 블라디보스토크에서 이갑, 이종호 등과 함께 권업회(勸業會)를 조직했으니, 이러한 상황을 일찍부터 알고 있었을 것이다.

1909~1910년 무렵 허헌을 둘러싼 주위의 상황을 좀 더 자세히 살펴보기로 하겠다. 1909년 10월 26일 중국 하얼빈에서 안중근이 이토 히로부미를 저격한 사건이 일어났다. 그러자 의병운동 탄압을 위해 강화되었던 일본군사령부는 이 의거의 국내 배후 인물을 조사한다면서 그해 11월 안창호를 비롯해 이갑, 이종호 등 신민회 중진들을 모두 잡아 가뒀다. 허헌은 동지들의 뒷바라지와 석방

운동을 전개하였다. 이들은 3개월 정도 구금되어 있다가 1910년 2월 19일에야 석방되었다. 허헌은 서북학생친목회 회원들과 함께 이종호 등을 위해 명월관(明月館)에서 출옥위안회를 베풀었다.[1]

석방된 신민회 동지들은 일제의 강제병합이 눈앞에 다가왔음을 예측하고 준비해오던 국외 독립군기지 건설을 본격화하였다. 이를 위해 1910년 4월 몇몇 신민회 간부들이 1차로 중국 칭다오(靑島)를 거쳐 노령(露領) 연해주로 망명하였다. 이 대열에는 안창호·유동열·신채호를 비롯하여 허헌과 아주 가까웠던 이종호·이갑·김립 등도 포함되어 있었다. 그런데 앞서 언급했다시피 이때까지 허헌은 이러한 사실을 잘 알지 못하였다. 일본에 있다가 돌아와 새로 변호사 사무실을 개업하여 한창 성황을 이루고 있었고 또 새집으로 이사하여 이제 막 새로운 생활을 시작한 상황이었다.

이갑과 이종호는 망명하기 전날 허헌의 청진동 집으로 찾아와 함께 술자리를 가졌다. 아마도 마지막 인사차 온 것이었을 텐데, 이때도 허헌은 전혀 눈치를 채지 못했다고 한다. 당시 이갑은 "허군은 남아 있는 게 옳겠군. 이렇게 집도 새로 큼직하게 장만하였고, 또 뒷일도 있으니까."라고 이야기했다고 한다. 아무래도 이 말이 마음에 걸렸던 허헌은 다음 날 아침에 바로 수소문을 해보았으나 이들은 이미 종적을 감춘 상태였다. 사흘 뒤에야 이들의 망명 사실을 알게 된 허헌은 자신의 아둔함을 탓하였고, 이때의 일은 그에게 평생을 두고 마음의 짐으로 남았다. 그날의 술자리가 결국 이갑과는 마지막 대면이었던 셈이다.[2] 훗날 그는 한 잡지사의

---

[1] 「리씨가 잡혀」,『大韓每日申報』, 1909.11.9; 許憲,「交友錄」,『三千里』7권 7호, 1935.8, 73쪽; 고려대학교 100년사 편찬위원회,『고려대학교 100년사』I, 2008, 108~109쪽.
[2] 이갑은 1917년 러시아에서 병사했다고 한다.

좌담회 자리에서 당시의 상황과 심경을 다음과 같이 토로하였다.

> 허헌: 하루 저녁은 이갑 씨와 이종호 씨가 둘이서 나의 집을 찾았습니다. 무슨 할 이야기가 있어서 왔었겠지요. 그러나 그들은 내 집을 보고 '집도 훌륭하게 잘 지었는데' 하고는 그냥 선걸음으로 갈려고 하였습니다. 굳이 만류하여 저녁은 같이 먹었지만은. 그때에 사실은 나보고도 조선을 떠나서 일을 도모하자고 왔었지만, 내 집을 와서 보니 변호사를 개업하고 집도 짓고 편안히 먹고 있어 그런 생각이 나지 않을 것이라 추측하고 그냥 가버린 것이었습니다. 그날 저녁, 그들은 한마디 간다는 작별인사도 안 하고 해외로 나가고 말았습니다.
>
> 기자: 그때에 그럴 듯한 눈치도 없었습니까?
>
> 허헌: 없었지요. 그때에 그들이 침묵을 지켰다는 교훈은 나의 일생을 통하여 잊히지 않습니다. 그러고 나는 그들이 나를 찾아왔던 것을 영영 잊을 수 없습니다.[3]

이렇게 그동안 믿고 의지하던 많은 동지들이 국외로 망명한 것을 안 허헌의 마음은 매우 참담하면서도 허망했을 것이다. 그는 자신도 그들의 뒤를 따라야 할지 이갑의 말대로 남아서 뒷일을 도모해야 할지 고민할 수밖에 없었다. 하지만 무엇보다도 허탈한 심정이 가장 앞섰을 것이다. 이렇게 동지들이 잇달아 망명하고 연이어 망국(亡國), 즉 일제에 의해 강제병합까지 당하게 되자, 허헌은 결국 짧은 서울의 새 생활을 정리하고 고향인 명천으로 돌아가기

---

3 「許憲氏 個人座談會」, 『東光』 39호, 1932.11, 32쪽; 許憲, 「交友錄」, 1935.8, 73~74쪽.

로 결심하였다. 이때까지만 해도 고향에서 신변을 정리하고 동지들을 따라 망명길에 오르려 했던 것 같다.

1910년 9월 중순경, 허헌은 변호사 사무실을 정리하고 가족들을 모두 데리고 서울을 떠났다. 당시는 아직 경원선(京元線)이 개통되기 전이어서[4] 육로로 걸어가지 않는 이상 명천으로 가려면 경부선 열차를 타고 부산으로 갔다가 다시 배를 타고 원산항으로 가야 했다. 부산에 도착해 여관을 잡고 머무르는데 잠시 화장실에 갈 때도 형사가 따라붙었다고 한다.[5] 참고로, 당시 가족들을 데리고 낙향하던 허헌의 심정에 대해 유광렬의 「허헌론」에서는 다음과 같이 기록하고 있다.

이렇게 정계의 명류(名流)가 속속 망명한 후 일한(日韓) 병합이 되니 씨는 곧 변호사 문패를 떼고 문을 첩첩히 닫은 후 부인과 애녀(愛女) 허정숙 양을 데리고 부산을 거쳐 해로(海路)로 좇아 초연히 그의 고원(故園)인 명천으로 향하였다. 이때 그의 심경이 '전피남산(田彼南山), 무예불치(蕪에不治)'였든지[6] '전원무(田園蕪), 호불귀(胡不歸)'였든지[7] 아는 사람이나 알 것이다. 배 안에서까지 군경(軍警)의 미행은 자못 엄중하였었다.[8]

4   경원선은 1914년 9월에 전 구간이 개통되었다.
5   「許憲氏 個人座談會」, 『東光』 39호, 1932.11, 33쪽.
6   정확한 것은 '田彼南山, 蕪穢不治'인데, 중국 양휘(楊輝)의 시에 나오는 구절이다. "저 남산 밑에 개간을 했는데 황폐해져서 돌보지 않는다."는 뜻으로서 구슬픈 심정을 표현한 것이다.
7   도연명(陶淵明)의 「귀거래사(歸去來辭)」에 나오는 구절로서 정확한 표현은 '田園將蕪, 胡不歸'이다. "전원이 장차 황폐해져가는데 어찌 돌아가지 않겠는가."라는 뜻이다.
8   柳光烈, 「許憲論」(「登場한 二人物」 중에서), 『三千里』 4권 8호, 1932.8, 39쪽.

원산에 도착한 허헌 가족은 함흥의 처가를 먼저 들렀다가 명천으로 가기로 하고 잠시 원산 시내에 머물렀다. 시내를 배회하던 허헌은 우연히 운집한 사람들 사이에서 연설하고 있는 이동휘를 발견하였다. 함남 단천 출신의 이동휘는 이갑 등과 함께 서북학회와 신민회의 지도자로 활동했기 때문에 허헌도 친분이 두터운 인물이었다. 그는 1909년 이후 캐나다 장로교선교회 전도사가 되어 함경도 일대에서 전도 활동을 하고 있었는데, 1910년 8월 초 일제 당국에 의해 구금되었다가 강제병합 이후에야 풀려나 원산에서 계속 전도 활동을 하던 중이었다.

낯선 원산이란 곳에서 자신보다 열두 살이나 위인 이동휘와의 우연한 만남은, 그동안 믿고 의지하던 동지들을 모두 떠나보내고 허탈한 심정으로 낙향하던 허헌으로서는 마치 구세주를 만난 것 같았을 것이다. 연단의 이동휘는 손을 들고 자유와 평등을 부르짖으며 기독교를 선전하고 있었다. 그러고는 "지우(知友)를 잃고 고향으로 돌아오는 사람이니 반드시 조선을 떠나려고 한다."는 허헌에게 "아우님, 예수교를 믿으오."라고 설득하여 끝내 그를 "기독교인으로 만들고야" 말았다고 한다.[9] 유광렬의 「허헌론」에서는 이때의 상황을 "맘 붙일 길 없어 애쓰는 허 씨를 위하여 이 씨는 정리(情理)가 함께 흐르는 나 많은 형이 어머니 잃고 우는 동생을 위로하듯이 노파심으로" 전도했다고 쓰고 있다.[10]

결국 허헌은 이동휘로부터 기독교라는 새로운 가치관의 영향을 받아 신자가 되었으며, 이후 고향과 서울에서 교회나 학교를 세우는 데 물심양면으로 지원을 아끼지 않았다. 만약 당시 원산에

9 「許憲氏 個人座談會」, 『東光』 39호, 1932. 11, 33쪽.
10 柳光烈, 「許憲論」, 1932. 8, 40쪽.

서 만난 이동휘가 허헌에게 함께 연해주로 망명하자고 했다면, 아마도 이 제안 역시 쉽게 받아들이고 따라나섰을 것이다. 그런데 때마침 허헌은 계몽운동과 기독교 전도에 열중하던 이동휘를 만났던 것이다. 잘 알려져 있다시피, 이동휘는 이후 이른바 '105인 사건'에 연루되었다가 풀려난 뒤 1913년에 국외로 망명하여 무장독립운동의 지도자로 활동했으며, 이후 대한민국임시정부의 국무총리까지 맡았다.

함흥 처가를 잠시 들렀다가 고향인 명천군 하우면 장골마을로 돌아온 허헌은 오랜만에 어머니와 동생을 만났다. 열다섯 살이 된 동생 허훈은 명천에서 농업보습학교(農業補習學校)에 다니고 있었다. 동생이 어머니를 모시면서 집안일을 돌보고 있었기 때문에 늘 미안한 마음이 앞설 수밖에 없었다. 장남은 서울 등 대도시로 나가 공부해 관리로 일하고 차남이 고향에서 부모님을 모시면서 집안의 전답(田畓)과 대소사를 관리하는 것은 1960~1970년대까지만 해도 우리 농촌사회에서 흔히 볼 수 있던 모습이었다. 허헌은 오랜만에 존경하던 스승 윤창훈도 찾아뵙고 중국 망명에 대한 고민을 털어놓았다. 그러나 그는 나라를 잃었다고 모두 국외로 나가면 나라 안의 백성은 누가 지키겠냐며 만류했다고 한다. 오랜만에 아버지와 조부모 등을 모신 선산에도 다녀왔다.

낙향을 한 지 얼마 지나지 않은 1910년 10월 중순경 허헌은 어머니마저 여의었다. 장례를 치르고 재덕산 부친의 묘 옆에 어머니를 모시면서 상주로서의 도리를 다하였다. 당시 대부분 그러했듯이 기독교 신자가 되었다고 해도 성묘나 제사 등은 유교식 풍습에 따라 지내는 게 일반적이었다. 오늘날에도 이런 경우가 종종 있는 걸 보면, 상례(喪禮)나 제례(祭禮)는 인류의 문화 풍습 가운데 가장 변하지 않고 오래 지속되는 습속이라 할 수 있겠다. 허헌은 한동안 고향에 머물면서 그곳에 교회를 세우는 일과 교육 활동에 전념하였다. 변호사 활동으로 벌어들인 수입은 거의 교육에 투자했다. 그리고 나머지 일부는 민중 구제 등 각종 구호사업에 수시로 성금을 기부하는 데 사용했는데, 이는 일일이 열거할 수 없을 정도이다.

구한말 이래 일제강점기 한국사회에서 '성금 모금'이나 '기부의 문화'가 일반화되어 있었음은 앞에서도 설명한 바 있다. 허헌도 국채보상운동 때부터 시작하여 평생 동안 수시로 여러 곳에 성금을 내거나 기부를 했다. 학교 재정이 열악하여 문 닫을 위기에 처했다거나 어떤 학생이 학비가 없어서 공부를 계속할 수 없다는 이야기를 들으면 전국 어디라도 서슴없이 사재를 털어서 후원을 아끼지 않았다. 예컨대 동지들이 망명을 하고 낙향을 결심한 순간까지도 그의 서울 생활에서 확인되는 것은 교육 사업에 기부했다는 내용이 대부분이었다.[11] 교육뿐만 아니라 가뭄이나 수해 등 재해가 발생해도 어디든 작은 금액이라도 자주 성금을 내곤 했다. 이처럼 당시 신문지상에 언급된 것만 해도 일일이 열거할 수 없을 정도였다.

명천에 교회를 세우고 함흥·원산 등지로 나가 이동휘 등과 교류하면서 청년 교육에 주력하던 1911년에 이른바 '105인 사건'이 일어났다. 조선을 강제로 병합한 일제가 신민회 간부들을 탄압하기 위해 확대 조작한 사건이었다. 이 일로 이동휘를 비롯하여 윤

11 『大韓每日申報』1910년 4월 20일 기사, 『皇城新聞』1910년 8월 26일 기사 등에서 알 수 있다. 전자는 단천 출신으로 협성학교에 다니던 허도성(許道成)이라는 학생이 학비가 없어서 퇴학을 결정했다는 소식에 학비를 부담하기로 한 것이며, 후자는 경북 안동의 협동학교(協東學校)에 기부한 내용이다.

치호·이승훈(李昇薰)·양기탁(梁起鐸)·유동열 등 105인이 검거되었는데, 결국 이들 중 99명은 '무죄'로 풀려났다.

정확한 시기를 알 수는 없으나 이즈음 허헌은 함흥에서 변호사 사무실을 개업하였다.[12] 일제 당국에 의해 다수의 동지들이 구속되는 것을 보면서 변호사로서 자신의 할 일을 다시 한번 자각했을 것이다.

이 씨(이동휘-필자) 역시 망명을 하며 허 씨를 여러 차례 위로한 결과 그는 전주·군산·함흥 등에 다시 변호사 문패를 걸게 되고 한때는 수만 원의 돈도 벌었으나, 금전에 담박(淡泊)한 씨는 모두 개인적으로 청년 교육비 보조에 썼다는 것은 씨에게 숨어 있는 한 미담(美談)이다.[13]

위 내용을 보면 허헌은 함흥뿐만 아니라 전주·군산 등지에도 사무실을 개업했던 것 같다. 허헌의 성격상 아마도 규모가 큰 변론 사건을 의뢰받으면 직접 그곳에 내려가 한동안 거주하면서 몰두하다 보니 사무실 개업으로까지 이어졌던 것으로 보인다. 한 예로 전북 부안(扶安) 출신의 독립운동가이자 초기 사회주의운동가로 유명한 김철수(金綴洙)의 부친인 김영구(金永九)의 소송을 맡은 적이 있었다. 그 집안은 부안의 소지주(小地主)로서 쌀 위탁판매업도 하고 있었는데, 지역의 엄청난 거부 김성수(金性洙) 집안과 토지 문제로 재판을 하게 되었다. 그때 김영구가 서울에서 데려온

---

12 앞의 1장에 제시한 허헌의 호적을 보면 이동휘가 망명하던 1913년 당시 허헌의 거주지는 원산부(元山府)로 확인되는데, 그가 원산에서도 변호사 사무실을 열었는지는 분명하지 않다.
13 柳光烈, 「許憲論」, 1932. 8, 40쪽.

변호사가 바로 허헌이었다. 허헌에 대한 김영구의 신뢰는 상당히 높았던 것 같다. 당시 신학문 공부를 계속하고 싶었던 김철수가 허헌을 찾아와 자신을 상급학교에 보내도록 아버지를 설득해달라는 부탁을 했을 정도였다.

허헌의 도움 덕분인지 몰라도 김철수는 1912년 일본 와세다대학으로 유학을 떠났으며, 학업을 중단하고 귀국한 뒤에는 항일비밀결사 조직에 앞장서는 인물이 되었다.[14] 김철수는 1920년 6월 서울에서 비밀결사 사회혁명당(社會革命黨)을 조직하였다. 사회혁명당의 연원은 1911년 주시경(周時經) 등이 결성한 비밀결사 '배달모음'과 이 구성원 가운데 일부가 중국·타이완 등지의 유학생들과 함께 1915년 도쿄에서 결성한 국제적 반일단체 신아동맹단(新亞同盟團)으로까지 거슬러 올라간다. 국내의 '배달모임'은 신아동맹단의 한국지부로 간주되었다. 허헌의 도움으로 이 무렵 일본 유학 중이었던 김철수도 신아동맹단 결성에 적극 참여했으며, 귀국 후 서울에서 사회혁명당을 결정한 것이다.[15] 그리고 1921년 5월 김철수는 사회혁명당을 대표하여 중국 상하이에서 열린 고려공산당 창립대회에 참석하여 중앙위원이 되었으며, 1926년에는 국내 조선공산당(제3차)의 책임비서까지 역임하였다.

이렇게 일찍이 허헌과 김철수가 맺은 인연은 이후 김철수 중심의 사회혁명당과 임시정부의 국무총리 이동휘 중심의 고려공산당(상해파)의 연결고리로도 작용했다고 한다. 아마도 1921년 10월 국제변호사대회에 참가하기 위해 중국 베이징을 방문한 허헌이 김립에게서 통지문을 건네받아 이를 국내의 김철수 등에게 전달

14 이균영, 「김철수 연구」, 『역사비평』 5호, 1988, 242쪽.
15 임경석, 『한국 사회주의의 기원』, 역사비평사, 2003, 120~121쪽.

한 것으로 추측된다.[16] 일본 유학시절 허헌과 절친하게 지냈던 김립은 당시 이동휘의 비서실장이자 고려공산당(상해파)의 핵심 인물로 활동하고 있었는데, 1922년 2월 김립이 암살을 당했으니 그와의 만남도 이것이 마지막이었을 것이다.

16 이균영, 「김철수 친필유고」(1970~1973년경 작성), 『역사비평』 7호, 1989, 350쪽; 李賢周, 「社會革命黨과 '上海派 內地部'에 관한 연구(1920~1922)」, 『한국학연구』 11, 인하대 한국학연구소, 2009, 174~175쪽.

함흥의 3·1운동에 참여

1914년 7월부터 시작된 제1차 세계대전의 종결, 즉 제국주의 열강들의 힘의 팽창 과정에서 일어난 대규모 충돌이 1918년 11월 독일의 항복으로 마무리되면서 세계 정세는 급격히 변화해갔다. 한반도와 인접한 러시아에서는 전쟁 중이던 1917년 '10월 혁명'이 성공하여 세계 최초로 사회주의 정권이 들어섰으며, 1919년 6월에는 베르사유 강화조약이 체결되어 전후 처리를 둘러싼 여러 문제가 결정되었다. 패전국인 독일에게는 거액의 배상금이 부과되어 세계의 식민지를 모두 잃는 한편, 전승국들은 위임통치 등의 명목으로 영토를 확보하는 등 더 많은 이익을 챙겼다. 전쟁 마지막 순간에 전승국 대열에 합류한 일본 역시 중국 산둥성(山東城)의 독일 이권을 물려받고 남양제도의 위임통치령을 얻어내는 '성과'를 거두었다. 중국은 이러한 일본의 이권 획득에 반대하여 강화조약에 조인하지 않았으며, 이러한 문제들은 추후 '워싱턴회의'로 넘겨졌다.

이러한 세계정세의 급격한 변화는 식민지 조선에도 큰 영향을 미쳤다. 특히 전후 처리 과정에서 미국의 윌슨 대통령이 제안하고 영국·프랑스·미국을 중심으로 한 연합국 사이에서 합의된 민족자결주의 원칙, 러시아혁명 성공 후 레닌이 주창한 전 세계 약소민족의 자결권 획득 등은 '민족자결'이라는 문구만으로도 식민지 조선인에게 희망의 빛을 던져주었다. 이러한 민족자결주의의 영향을 받아 1919년 3·1운동이 일어났다는 것은 오늘날 초등학생도 알 정도의 역사적 사실이 되었다. 그런데 윌슨의 민족자결주의 원칙은 어디까지나 이전에 패전국이 보유했던 식민지에만 해당되는 것이었으므로, 승전국 일본의 식민지인 조선에는 전혀 해당되지 않는 원칙이었다. 당시 조선의 지식인들이 이러한 사실을 몰랐을 리는 없겠지만, 어쨌든 엄청난 전쟁을 치른 뒤 분출하고 있는 전 세계의 반전·평화 여론과 민족자결의 분위기를 조선 독립에도 적극 활용하려 했다. 당시 중국 상하이 신한청년당(新韓靑年黨)의 여운형(呂運亨) 등은 1919년 파리강화회의에 김규식(金奎植)을 한국 대표로 파견하여 국제사회에 조선의 독립 의지를 천명하고, 내부적으로는 2·8독립선언과 3·1운동을 준비하였다.

사실상 강제병합 당시 전 세계의 어떤 열강도 일본의 한반도 지배에 반대하지 않고 묵인했으며, 그때까지만 해도 경제적·정치적으로 열악했던 일본은 사실상 영·미의 절대적인 도움을 받으면서 제국주의국가로 '성장'해갔다. 서구 제국주의국가들이 식민지를 획득하는 과정에서 모두 그러했듯이, 일본 역시 당시 국제사회를 향해 조선인은 일본의 지배를 원하고 있고 일본은 조선을 경제적·문화적으로 발전시킬 것이라는 허위적인 여론을 조성해갔다. 그리고 강제병합과 동시에 무려 1만 명의 조선인에게 '한국병합기념장'을 수여하고 '조선귀족'과 중추원(中樞院) 의원을 두는 등으로 국내의 반발 여론을 잠재우고자 했다.

하지만 실질적으로는 헌병경찰제를 실시하여 모든 조선인을 군권통치의 공포에 떨게 만들었으며, 전국적으로 토지·임야 조사사업을 실시하여 소작권마저 확보하지 못한 조선인을 대거 양산하면서 한반도를 일본인을 위한 영구적인 식량공급기지로 만들려 했다. 또한 「회사령(會社令)」을 발포하여 일본인 자본이 조선에 진출하는 동안 조선인 자본의 성장을 억제했으며, 「사립학교령(私立學校令)」 등으로 조선인의 교육 기회를 박탈하는 정책을 펼쳤다. 오늘날에는 이러한 일제의 통치를 한마디로 무단통치, 즉 무력을 사용해 가차 없이 처단한 통치방식으로 이해하고 있다. 이렇게 일제강점 이후 폭압에 억눌려온 민심에 반전·평화와 민족자결이라는 국제적 환경이 가해져서, 결국 거족적인 만세시위운동의 물결이 1919년 내내 한반도를 뒤덮게 되었다.

서울에서 변호사 활동과 청년교육에 주력하고 있던 허헌은 3·1운동의 거사 계획을 비교적 일찍 알 수 있었던 것 같다. 허헌은 1910년대 초반부터 함흥 등지에 변호사 사무실을 개업하고 전국을 무대로 활동하였다. 함흥에서 자리를 잡은 뒤 1910년대에 전주·군산 등 여러 곳에 변호사 사무실을 열었던 만큼, 원래 서울을 근거로 변호사 활동을 했던 그로서는 당연히 서울에서도 활동을 이어갔을 것이다. 뒤에서 자세히 살펴보겠지만, 1913년 당시 허헌이 경성제2변호사회의 임원으로 선출된 것이 확인되는 데서 알 수 있다.[17] 또한 앞서 살펴본 허헌의 호적을 보면, 1913년 11월 30일 함남 원산부 호면 상북촌동에서 경성부 수진방 수진동으로 이거했다. 이후 1914년 6월 13일 당주동으로 이주했으니,

---

17 「辯護士會職員改選」, 『每日申報』, 1913.1.21.

3·1운동 당시의 주소지는 서울이었다. 하지만 1910년대에 허헌은 서울과 함흥 양쪽 모두에 근거를 두고 활동을 이어나간 것으로 추측된다.

1919년 2월 초순경 허헌은 도쿄 유학시절에 함께 대한흥학회를 조직하는 등으로 친분이 있던 최린(崔麟)을 통해, 도쿄 유학생들이 '2·8독립선언'을 준비하고 있고 천도교계의 손병희(孫秉熙)의 지시로 최남선(崔南善)이 독립선언서 초안을 작성하고 있다는 것을 들었다. 당시 최린은 3월 1일 서울의 만세시위 계획을 알려주면서 허헌에게 미리 함경도로 가서 같은 날 그곳에서도 만세시위운동을 하도록 요청했다. 이에 허헌은 그에게 함경도 방면 교회의 전도사와 학생들을 책 판매원으로 위장시키고 연락망을 취하는 등으로 사전에 준비하겠다고 답하였다. 최린은 허헌에게 "거사 후에 민족대표의 변론과 그 가족들의 보호 소임이 막중"하니 각별히 조심하라고 당부하고 수표교회(水標敎會) 전도사들의 연락망을 건네줬다고 한다.[18]

허헌은 독립선언서 사본을 구두 밑창에 감추는 등 치밀하게 준비한 뒤 함남 함흥의 처가로 향했다. 한동안 그곳에 머물면서 영생학교(永生學校) 및 교회 등과 긴밀히 연락하면서 비밀모임을 갖고 거사 계획을 준비하였다. 그 결과 함흥에서 3월 2일[19] 정오를

[18] 허헌이 함흥의 3·1운동 계획과 추진에 참여한 사실은 『한민족독립운동사』 3(국사편찬위원회, 1988), Ⅲ장의 2절 5항(함경남도의 3·1운동) 등에서 확인된다. 이에 관한 상세한 내용은 허근욱이 1974년 9월 당시 3·1여성동지회 회장이던 전창신(全昌信)의 증언, 1999년 1월 23일 전 서울대 법대 교수 최태영(崔泰永)의 증언, 1999년 1월 8일 성균관대 명예교수 이명영(李命英)의 증언 등을 통해 확인한 내용을 참고하였다(허근욱, 『민족변호사 허헌』, 지혜네, 2001, 147~151쪽).
[19] 허근욱의 책에는 함흥의 거사일이 3월 3일로 기록되어 있으나(148쪽), 『한민족독립운동사』 3에는 3월 2일로 기록되어 있어서 이를 따랐다.

기해 시내 정거장에서 시위를 벌이기로 합의하였다. 그리고 책 판매원으로 위장한 전도사들을 통해 홍남·홍원·북청·단천 등 함경도 각지에도 비밀리에 거사 계획을 전달하였다. 허헌은 직접 북청으로 가서 이명영(李命英)의 백부이자 변호사였던 이근(李槿)을 만나 독립선언서 사본을 전달하고 만세시위운동을 일으킬 것을 당부하였다. 법관양성소 6기생인 이근은 북청읍에서 변호사로 활동하던 중 변호사의 일본어 사용을 거부하다가 자격을 박탈당해 당시는 사법서사로 일하고 있었다고 한다.

그런데 함흥지역에 독립선언서를 전달한 루트는 허헌만 있었던 것은 아니었다. 당시 원산의 남촌동 교회 목사로 재직 중이던 정춘수(鄭春樹)[20]는 이른바 민족대표 33인의 한 사람으로 독립선언서에 서명했으며 당초 그가 중앙과의 연락을 맡았다고 한다. 그래서 원산에서는 원래 중앙과 약속된 3월 1일에 3천여 명이 참석한 가운데 만세시위운동이 일어났고 90여 명이 현장에서 체포되었다. 원산 시위의 계획 과정에서 광석동(廣石洞) 교회 장로 이순영(李順榮)이 도내 연락책임을 맡았는데, 그가 2월 28일 밤부터 3월 1일 사이에 함흥 시내의 함흥고등보통학교, 함흥농업학교, 영생중학교 학생들이 중심이 된 함산학우회(咸山學友會)에 독립선언서를 전달했다는 것이다.

20 정춘수는 3·1운동으로 투옥되었다가 풀려난 후에도 계속 기독교 목사로서 사회활동에 참여하였다. 그런데 1938년 5월 '홍업구락부 사건'에 연루되었다가 그해 9월 '전향성명서'를 발표하고 풀려난 뒤부터는 국민정신총동원조선연맹, 국민총력조선연맹 등에 참여하면서 기독교단의 친일화에 앞장섰다. 이러한 그의 행위는 2009년 「일제강점하 반민족행위 진상규명에 관한 특별법」 제2조 13호 및 17호에 해당되는 친일반민족행위로 규정되었다(자세한 내용은 『친일반민족행위진상규명 보고서』 Ⅳ-16, 대통령소속 친일반민족행위진상규명위원회, 2009, 497~537쪽 참조).

하지만 여러 정황으로 미루어볼 때 허헌이 이순영보다 먼저 함흥에 도착했던 것으로 보인다. 어쨌든 이들이 합세하여 준비한 끝에 함흥에서도 장날인 3월 2일에 3천여 명이 운집한 가운데 대규모 만세시위운동이 일어났다. 그리고 원산과 함흥의 만세시위운동은 곧바로 정평(定平) 등 함남 각지로 확산되었다.[21]

이와 같이 1919년 3월 1일을 기점으로 서울과 각지의 도시에서 독립을 선언하고 평화적인 만세시위운동을 전개함으로써, 일제의 강제병합 이후 처음으로 세계만방에 조선인이 일제에 지배받기를 원하지 않고 있으며 독립하고자 한다는 의지를 강력히 천명하였다. 만세시위운동의 여파는 철도연선을 따라 전국의 주요 중소도시로 확산되면서 상인·노동자 등 광범위한 참여가 이루어졌다. 그리고 농촌지역에서는 장날마다 1919년 내내 농민들을 중심으로 만세시위운동을 전개하면서 식민통치기관을 습격하는 등의 투쟁으로 이어졌다. 원래 33인이 발표한 독립선언서에는 일제 강점 이후 토지조사사업 등으로 조선민중이 얼마나 피해를 당했는지에 대한 언급이 없었음에도 불구하고, 당시 경찰 추산으로 시위운동에 참여한 연인원은 200만 명이나 되었다. 1919년 당시 조선인 총 인구가 1,700만 명도 채 되지 않았음에 비춰보면,[22] 또 노인이나 어린아이, 부녀자 등을 제외하고 보면 사실상 엄청난 참여율이라고 볼 수 있으니, 가히 전국적·전 민족적 운동이었다고 평가할 만하다. 이러한 3·1운동의 결과는 일본이 승전국으로 마무리된 제1차 세계대전의 전후 처리에서는 '전 민족적인 강력한

21 『한민족독립운동사』 3, Ⅲ장의 2절 5항(함경남도의 3·1운동) 참조.
22 『朝鮮總督府統計年報』에 따르면, 1919년 조선의 총 인구수는 1,714만 9,909명이며, 이 가운데 조선인은 1,678만 3,510명으로 집계되어 있다(송규진·변은진·김윤희·김승은, 『통계로 본 한국근현대사』, 아연출판부, 2004, 90쪽, 〈표 2-1〉 참조).

독립 의지의 표명'으로 끝날 수밖에 없었지만, 훗날 일제가 패전국으로 종결된 제2차 세계대전의 전후 처리 때에는 3·1운동에서 보여준 조선인의 독립 의지가 전후 조선의 독립 보장에 크게 기여하는 요소로 작용하였다.

이와 같은 조선인의 항일운동에 맞서서 일제 당국은 헌병경찰을 동원하여 무차별 살상과 방화·파괴를 자행하였다. 그럴수록 시위 군중은 더욱 폭동화하여 사실상 민중들의 피해가 가장 극심했다. '무저항·비폭력'으로 상징되는 평화시위가 3·1운동의 기본 노선이었지만, 실상은 폭력시위가 34.5%에 달하였다. 이 과정에서 7,500여 명의 조선인이 피살당하고 4만 6천여 명이 검거되었으며, 수많은 인원이 부상을 당하고 교회·학교·민가가 소실되었다. 수용시설이 턱없이 부족하여 일제 당국은 감옥을 급조해야만 했다.[23] 이러한 민중의 피해가 바탕이 되어 우리 역사상 최초의 공화주의정부인 대한민국임시정부가 수립되었으며, 만주와 연해주에서는 무장독립운동이 본격화될 수 있었다.

23 형무소 재소자 연인원 가운데 형사피고인의 수가 1918년에 남 35만 2,563명, 여 2만 428명이었는데, 1919년에는 남 116만 9,144명, 여 3만 1,557명으로 급격히 증가하였다(위의 책, 306쪽, 〈표 2-151〉 참조).

사법당국도 굴복시킨 '공소불수리론'

독립선언서에 서명한 민족대표 33인은 서울시내 음식점 태화관에서 독립선언서를 낭독하는 등 간략한 행사를 치르고 모두 경찰에 자진 체포되었다.[24] 이어서 실무를 담당했던 최남선·송진우(宋鎭禹)·현상윤(玄相允) 등 28명도 체포되었다. 1919년 6월 초순경 경찰의 취조는 일단락되어 일건기록과 함께 예심판사에게 회부되었다. 당초 일제 당국은 이 사건을 '보안법 및 출판법 위반'으로 간주하여 경성지방법원 예심판사 나가시마 유조(永島雄藏)가 심리(審理)하였다. 그런데 약 6개월에 걸쳐 심리가 진행되는 가운데 오히려 만세시위운동이 전국적으로 확대되고 그 파장은 더욱 커져갔다. 예심에 회부된 인원만도 360명이나 되었는데, 6월 말에는 555명으로 늘어났다.[25]

나가시마는 1919년 8월 1일 일단 48인에 대해 먼저 예심을 종

---

24 33인 가운데 김병조(金秉祚)는 중국 상하이로 피신하여 체포되지 않았다.
25 한인섭, 『식민지 법정에서 독립을 변론하다』, 경인문화사, 2012, 74쪽. 이하 3·1운동 재판 과정과 허헌의 공소불수리 신립 사건에 대한 기본적인 내용은 이 책의 74~109쪽을 참조하여 정리했으며, 부분적으로 허근욱의 저서 등을 참조했음을 밝혀둔다.

결하고 재판에 회부하였다. 원고지 14만 매의 방대한 분량으로 작성된 이 심리문서의 결론은, 이 사건을 조선 독립을 목적으로 하는 폭동을 야기함에 이르는 사실로 정리하고 이는 형법 제77조의 '내란죄'에 해당하는 만큼 고등법원 형사부에서 공판되어야 한다는 것이었다. 일제의 형법에서 내란죄는 국토를 참절(僭竊)하거나 기타 조헌(朝憲)을 문란케 할 목적으로 폭동을 야기할 것이 요구되며, 조선 독립은 제국 영토의 일부분인 조선을 제국의 통치로부터 이탈시켜 일개 독립국을 건설할 것을 목적으로 하는 것이었다. 이러한 '폭동'의 요건을 충족시키기 위해 예심판사는 만세시위가 일어난 지역 가운데 상대적으로 폭동의 수위가 높다고 판단되는 황해도 수안군, 평안북도 의주군 옥상면, 경기도 안성군 양성면·원곡면 등지의 대표자 1명씩을 함께 피고인으로 회부하였다.

고등법원은 이를 인계받아 예심판사가 사건을 검토한 뒤 1919년 12월 20일 고등법원장에게 「의견서」를 제출하였다. 그런데 문제는 고등법원 예심판사가 이 문제를 바라보는 시각은 달랐던 것이다. 서류에 첨부되어 있는 고등법원 검찰국의 의견은 나가시마와 마찬가지로 이 사건을 '내란죄'로 보고 처벌하는 게 타당하다는 입장이었던 반면, 실제로 「의견서」를 작성한 예심판사는 피고인들의 행위는 독립의 의사를 발표하여 조선 독립을 격려 고무함에 그치며 폭동을 수단으로 교사한 '내란교사죄'에는 해당되지 않는다는 입장이었다. 일부 지방에서 폭동적 행위가 있었다 해도 이것이 33인의 탓은 아니며 폭동행위자의 자발적 의사에서 나온 것이라는 입장으로, 손병희 등의 행위는 독립을 선언하고 선언서를 인쇄 배부한 것, 시위운동을 일으킨 것, 일본제국정부 등에 독립

의견서를 제출하고 미국 윌슨 대통령에게 청원서를 보내려고 계획한 것이므로 '폭동의 교사'라고 할 만한 구체적인 증거는 없다는 의견이었다. 또한 실제로 폭동이 일어난 지역의 경우에도 그것이 반드시 내란을 목적으로 한 것인지는 면밀히 따져봐서 내란죄를 적용해야 한다는 입장이었다.

'내란죄'가 성립되지 않는다면 적용 가능한 법은 이른바 「보안법(保安法)」, 「1919년 제령(制令) 제7호(정치에 관한 범죄 처벌의 건)」, 「출판법」 등이었다. 그리고 내란죄가 아니라면 고등법원에서 이 사건을 다룰 수는 없고 다시 경성지방법원으로 내려보내야 하는 것이었다. 그래서 1920년 4월 고등법원 예심종결서의 주문에는 "경성지방법원을 본 건의 관할재판소로 지정함"이라고 기록되었다. 이에 따라 사건 기록은 다시 경성지방법원으로 송치되어 재판이 진행되었다. 이들에 대한 변호는 조선인으로는 허헌을 비롯해 정구창(鄭求昌)·최진(崔鎭)·김우영(金雨英)·신석정(申錫定)과 일본인 하나이 다쿠조(花井卓藏)·오쿠보 마사히코(大久保雅彦)·고노 부스노스케(木尾虎之助) 등으로 정해졌다.26

33인을 비롯한 3·1운동 주역들에 대한 공판은 붙잡힌 지 만 1년 4개월여 만인 1920년 7월 12일부터 거의 날마다 개정되었다.27 재판 하루 전날 저녁부터 방청권을 얻기 위해 수천 명이 모여들어 재판정은 혼잡을 이루었다. 첫 공판에서 오쿠보와 최진 변호사는 "이 사건은 현행 법령 중 어떠한 조문에도 해당되지 아니

---

26 「四十七人公判과 一萬八千頁의書類」, 『東亞日報』, 1920.6.26. 하나이 다쿠조는 '데라우치 총독 암살 사건' 공판 때 윤치호를 변론하여 이름을 떨쳤던 인물인데, 3·1운동 재판을 위해 일본에서 건너왔다.
27 「孫秉熙一派의大公判」, 『每日申報』, 1920.7.13. 첫 공판일이 7월 13일로 서술된 경우도 있는데(한인섭, 앞의 책, 2012, 80쪽), 이는 잘못된 것이다.

한다."면서 공소불수리(公訴不受理)를 신청하였다. 사건이 '보안법 및 출판법 위반'으로 제기되었는데, 이 두 법률은 모두 구한국시대인 1907년에 제정된 것이므로 적용할 수 없다는 것이었다. 일제는 강제병합과 동시에 1910년 8월 「제령 제1호」를 통해 '당분간' 조선총독이 발한 명령으로서 효력을 갖도록 하였다. 「제령 제1호」는 '천황'의 긴급칙령에 근거해 발포된 것인데 이 긴급칙령은 일본 '제국의회'의 승낙을 얻지 못하여 1911년 그 효력이 상실되었으므로, 결국 「제령 제1호」에 근거한 구한국시대의 「보안법」 및 「출판법」도 효력이 상실되었다는 논리이다. 공판이 시작되자마자 제기된 이러한 주장은 곧바로 파장을 불러일으켰지만 재판부는 이에 대한 판단은 유보한 채 심리를 계속하였다. 피고인 신문의 초점은 '폭동에 대한 교사'의 유무와 조선 독립 달성을 위한 방법으로 모아졌다.

그런데 다섯 번째 공판에서 허헌은 이전의 주장과는 다른 논리로 공소불수리를 신청했다. 허헌의 신청은 결국 받아들여져 국내뿐만 아니라 일본에까지 크게 파장을 미쳤다. 1920년 7월 16일 오전 9시부터 정동(貞洞) 철도부 내에 있는 특별법정에서 열린 이날 공판도 방청석은 만원을 이뤘다. 재판이 시작되자마자 허헌은 바로 일어나서 다음과 같이 공소불수리를 신청하였다.

> 이 사건의 공소는 수리치 아니할 것으로 생각하오. 그 이유로 말하면, 이 사건은 지방법원에서 고등법원에까지 올라가서 고등법원의 예심결정으로 지방법원에서 재판을 하게 되었으나 고등법원의 결정서를 본즉 그 주문에 "이 사건은 고등법원의 관할에 속하지 아니하므로 경성지방법원으로 관할재판소로 지정함"이라 하였을 뿐 이 사

건을 경성지방법원에 송치한다는 말이 없은즉, 형사소송법 제315조 제2항의 "그 사건을 지방재판소나 구 재판소의 권한에 속한다고 결정한 경우에는 관할재판소를 지정하고 그 사건을 '송치'할 것이오, 만약 특별재판소의 권한에 속하는 것이라고 인정할 경우에는 결정으로써 관할이 틀렸다고 언도를 할 것이다."에 의하여 공소를 수리치 아니함이 합당하겠으며, 만약 그대로 이 사건을 심리해나간다면 마치 민사관계에 원고가 기소치 아니한 것을 경찰이나 재판소에서 피고를 호출하여 심리함과 같은 것이라. 이에 본 변호는 이 사건의 공소를 수리치 않기를 신립하노라.[28]

변호인단의 일원으로 변론을 맡은 허헌은 1920년 4월 고등법원이 예심종결서를 제출한 이후 3개월 동안의 기록들을 꼼꼼히 검토한 결과, 또 다른 법률상의 오류를 발견한 것이었다. 앞서도 언급했다시피 당초 일제 당국은 이 사건을 '보안법 위반'으로 간주하여 지방법원에서 심리하려고 했으나, 독립운동이 전국적으로 확대되자 '내란죄'로 기소하기 위해 고등법원 검사국으로 송치하였다. 당시의 재판소구성법에 따르면 내란죄는 고등법원이 1심 재판기관이기 때문이었다. 하지만 고등법원의 예심판사는 사실상 법리 해석에도 맞지 않을 뿐만 아니라 '내란죄'라는 중대한 판결로 이들을 사형에 처하게 되면 국내외적인 충격이 너무 클 것이라 보았던 것 같다. 그래서 다시 지방법원으로 내려보내는 과정에서 중대한 '실수'를 범했던 것이다. 관할재판소만 지정했을 뿐 제대로 된 정식 송치 절차를 밟지 않고 사실행위로만 기록을 송치한

---

28   「問題가再燃된公訴不受理, 朝鮮民族代表四十七人의公判」, 『東亞日報』, 1920.7.17.

것이었다.[29] 예상 밖으로 퍼져나간 조선인의 항일독립운동을 목도한 일제 당국이 여러 측면에서 우왕좌왕했음을 잘 보여준다.

일제 당국의 이러한 허점을 예리하게 착안해낸 허헌은, 이제 이 사건은 고등법원에서도 지방법원에서도 수리할 수 없으므로 심리를 받을 필요 없이 즉시 석방되어야 한다고 주장하였다. 갑작스런 허헌의 공소불수리 논리는 당시 재판부와 검찰에 심각한 타격을 주었다. 앞서 오쿠보 마사히코나 최진 변호사가 제기했던 공소불수리 논리는 법의 적용 단계에서 문제시될 부분이었지만, 허헌의 논리는 형식적인 요건을 제대로 갖추지 않아 재판 자체가 성립되지 않는다는 주장이었기 때문이다.

허헌에게 결정적인 허점이 잡혀버린 검사 측은 곧바로 반론을 제기하였다. 변호사의 공소불수리 신청도 합당하지 않은 것은 아니라고 하면서도 다음 두 가지로 반론을 펼쳤다. 하나는 고등법원 결정서의 주문에 비록 '사건을 송치'라는 구절이 빠졌다 해도 그 이유 부분에서 '송치'라는 말이 있다는 점, 다른 하나는 만약 공소불수리가 받아들여진다면 이미 1년 반이나 미결감옥에서 고생한 피고들의 재판이 다시 처음부터 절차를 밟아 진행해야 하기 때문에 피고인들에게 매우 불이익이 될 것이라는 점을 들어서 반박했다. 사실 두 번째 부분은 허헌도 여러 차례 깊이 고민한 흔적이 보이지만, 그럼에도 불구하고 그는 원칙론적인 입장에서 문제를 제기하기로 결심한 것이었다. 검사의 주장에 허헌이 다시 강경한 어조로 반박하자 재판장은 매우 당황할 수밖에 없었다. 결국 재판장은 이 문제에 대해 좀 더 깊이 생각한 뒤 다음 날 다시 결정하자며

---

29   심지연, 『허헌 연구』, 역사비평사, 1994, 36~38쪽.

개정한 지 30분 만에 제5회 재판을 마무리했다.

7월 17일 9시 30분에 열린 제6회 공판에서 재판장은 오쿠보와 최진 변호사의 공소불수리 신청 건은 일단 제외하고 허헌의 신청 건에 한정해서만 재판을 하겠다고 선언했다. 이에 동의하여 오쿠보와 최진도 이전의 신청을 자진 철회했다. 문제의 중심에 선 허헌은 다음과 같이 이야기를 시작했다.

본 건은 가장 중대한 사건이다. 따라서 이와 같은 중대 사건은 조선인 전체는 물론 세계인이 주시하는 터이다. 그런데 본 건에 대하여 어제 본 변호사가 신청한 것은 과연 이 사건이 법률의 수속을 밟아 지방법원에서 처리하는 것이 법률에 적합한가 아닌가를 결정하는 문제이다. 본 건을 고등법원에서 특별사건으로 결정하여 지방법원으로 송치한 것인데, 이 사건이 고등법원에서 지방법원으로 송치한 것이 이 사건을 이 재판소에서 심리하는 기초 조건이다. 그런즉 본 사건은 고등법원에 계속(繫屬)한 사건인가, 지방법원에 계속한 사건인가? 고등법원에서는 이 사건은 고등법원에서 처리할 것이 아니라 하여 지방법원으로 보냈다. 그러나 주문에 송치한다는 말이 없기 때문에 기록으로는 이 재판소에 왔으나 사건으로는 오지 않았다. 그런즉 수속법상 즉 형식상으로는 이 재판소에 온 것이 아니오, 그러면 이 사건이 고등법원에 있느냐 하면 그렇지도 아니하니, 왜 그러냐하면 이 사건이 고등법원에서 지방법원으로 날아온 것은 아니니까, 고등법원에서는 이 사건을 지방법원으로 보낸다고 보낸 것이다. 즉 보내는 마음으로 보낸 것이다. 그런즉 이 사건은 고등법원에도 있지 아니하다. 어제 사카이 검사가 논박할 때 주문에는 송치한다는 말이 없으나 사건을 송치하는 것은 주문만 가지고 해석할 것이 아니라 이유서와 주문을 종합하여 해석할 것이라 주장하나, 이 사건을 이송하는 데 대하여 주문으로 사건의 이용 여부를 판단함은 종래의 판례에 의거해 명백하고 법조계의 정평이다. 그런즉 이 사건을 지방법원에서 수리하여 판결하지 못할 것은 물론이요, 검사의 변론은 형사소송법 305조를 무시하는 언론이다. 그러면 이 사건을 어떻게 처리할 것인가? 고등법원에서는 이 사건을 그대로 보지(保持)할 수가 있다고 할런지 모르나 고등법원에서는 이미 보낸 사건이니까 고등법원으로 다시 송치할 수도 없는 일이오, 또 고등법원에서 다시 보내달라고 청구할 권리도 없는 것이다. 그런즉 고등법원이나 또는 지방법원에서 처리할 수가 없는 사건이라면, 당연히 공소를 수리치 말고 피고를 방면하게 될 것이라.[30]

허헌의 이 같은 주장에 대해 사카이 검사는 자신의 공소수리 신립을 각하해달라는 이유는 전날 말한 것 외에 더는 없음을 인정하였다. 그러면서도 그는 다음과 같이 재차 반박하였다.

허 변호사가 제출한 공소불수리 신청은 법률문제가 아니라 기록 해석의 문제이다. 고등법원에서 이 사건이 송치되었는가 아닌가를 해석할 여부에 있으니, 주문에는 사건을 송치한다는 말이 없으나 이유서 끝에 지방법원으로 보낸다는 말이 있으니까 고등법원에서 지방법원으로 보낸 것으로 해석할 수 있을 것이다. 즉 형사소송법 제315조에 의거한 요건이 포함된 것이라 할 수 있으며, 허 변호사가 사건을 송치하지 않았다고 주장하는 데 대하여 허 변호사는 사건이송

---

[30] 「公訴不受理問題로公判中止, 朝鮮民族代表四十七人의公判」, 『東亞日報』, 1920.7.18.

과 기록이송을 혼동하는 것이다. 사건이송과 기록이송은 따로따로 구별하여 해석하는 것이니까 본직은 절대적으로 반대하고 그 신립이 무효가 될 줄 밀노라. 만일 이 공소불수리의 신청을 인용(認容)한다면 본 건과 동일한 사건이 만일 있으면 장차 어떻게 처리하며, 길게 끌면 피고에 대하여 미안하지 아니한가. 그런즉 이 신청은 채택하지 아니하는 것이 옳겠다. 그런데 이 사건은 이번에 공소는 할 수 있으나 다시 고등법원으로 도로 보낼 수는 없다. 그러나 본직도 다시 공소치는 아니하겠노라.[31]

즉 검사는 허헌이 제기한 문제는 법률문제가 아니라 기록 해석의 문제이며 허헌이 사건이송과 기록이송을 혼동하고 있다는 입장이었다. 이러한 검사 측 주장에 대해 허헌은, 이 문제를 법률문제가 아니라고 한 것은 잘못된 것으로서 이는 수속법(手續法)상의 법률문제이며 검사는 오히려 법률을 무시하는 언사를 하고 있다고 반박하였다. 그리고 피고는 모두 즉시 방면하라고 주장하였다. 검사와 변호사 간의 이와 같은 설전, 특히 변호사 측의 '통쾌한 변론'에 재판장은 매우 곤혹스러울 수밖에 없었다. 결국 재판장은 피고들에게 의견을 물었다. 오화영(吳華英)·오세창(吳世昌)·강기덕(康基德)·안세환(安世桓) 등 피고들은 모두 자신들이 민족대표로서 이미 1년 반을 철창에 있었는데 시일이 길고 짧음이 무슨 의미가 있겠냐면서 정당한 법률에 의해 재판받기를 바란다는 취지로 답하였다.[32] 매우 역설적이게도 검사는 피고들을 위한다는 명분을 내걸고 오히려 피고들은 법대로 해달라고 주장하는 우스꽝

31 위의 자료.
32 위의 자료. 각 피고들의 발언 내용은 이 신문기사를 참조하기 바란다.

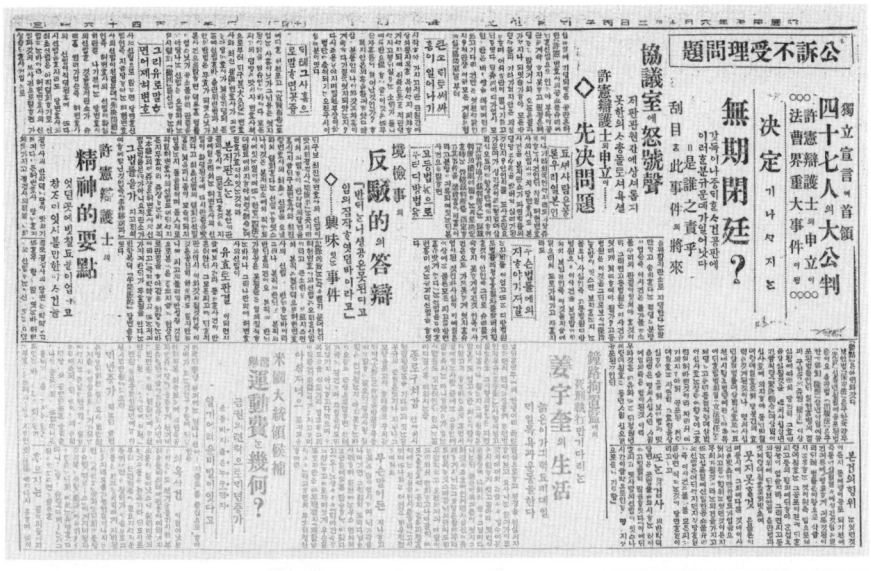

허헌의 공소불수리 신청을 연속 보도한 『매일신보』 기사
[『每日申報』, 1920.7.17(위);『每日申報』, 1920.7.19(아래)]

스러운 상황이 연출되었던 것이다. 이로써 결국 법리문제만 남게 되자, 재판장은 이 문제만 따로 판결하는 기일을 정해서 발표하겠다고 선언하고 폐정하였다.

허헌이 제기한 공소불수리 신청 문제에 대한 공판은 20여 일이 지난 1920년 8월 9일에 열렸다. 판결의 주문은 "본 건 공소는 이를 수리하지 아니한다."는 단 한 줄만으로 허헌의 편을 들어준 것이었다. 하지만 논지는 방대하고 세밀한 법리 논쟁으로 이루어져 매우 난해하다. 그 핵심 내용은 재판소는 적법하게 계류된 사건에 대해서만 재판할 수 있으므로 기록이 송치되었다고 해서 재판할 권리구속까지 이전된 것은 아니라는 것이다. 그리고 관할재판소를 지정한다는 문구가 송치한다는 의미를 담고 있다고는 보기 어렵고, '이유'로부터 '주문'을 도출할 수는 없다는 것 등으로 요약할 수 있다.

재판장이 미리 준비해온 이 긴 내용의 판결서를 읽고 일본인 통역관이 우리말로 통역하는 방식으로 진행되다 보니, 푹푹 찌는 무더위에도 불구하고 공판은 무려 2시간 동안 계속되었다. 긴 시간 판결문 낭독을 마친 후 재판장은 "결국 그 뜻을 말하면 경성지방법원에서 판결원은 있으나 송치의 결정이 없기 때문에 본원에서는 법률에 적당하게 이를 수리할 것이 아니라"고 보충 설명을 한 뒤에 폐정하였다.[33] 결국 재판장은 허헌의 공소불수리 신청을 받아들여 공소 기각의 결정을 내릴 수밖에 없었던 것이다.

허헌의 공소불수리 논리가 재판부에서 받아들여짐에 따라 그 파장은 일파만파로 퍼져갔다. 왜냐하면 이와 유사한 방식으로 처리된 동종의 다른 사건들에 영향을 미칠 수밖에 없었기 때문이었다. 예컨대 당시 '손병희 일파에 대한 내란사건'으로 묶어서 예심에 회부된 사건만 해도 총 10건이었는데, 고등법원 특별형사부

---

[33] 「可觀할 高等法院의 面目」, 『東亞日報』, 1920.8.10.

허헌의 공소불수리 신청을 받아들여 공소를 기각한다는 판결 내용과
「무력한 사카이 검사」라는 기사(『每日申報』, 1920.8.10)

에서 사건을 병합한 결과 총 6건으로 되어 있었다. 이 6건은 모두 내란죄가 아닌 「보안법」 위반 사건에 해당되어 경성지방법원에 관할재판소 지정을 받은 사건들이었다. 수일간의 법리 검토 결과 재판장은 이미 8월 9일 이전에 공소 기각으로 가닥을 잡았기 때

문에, 사실상 8월 7일부터 '수안 사건', '창원 사건', '신의주 사건' 등 3·1운동 관련 재판에서 공소불수리를 받아들이는 결정을 내리기 시작했다. 이어서 8월 9일과 10일 재판에서도 같은 결정이 이루어졌다. 피고들 중에는 "그럼 어디 가서 재판을 받습니까?"라고 질문하는 사람도 있었다고 한다. 다시 말해서 3·1운동과 관련된 주요 사건들에서 그때까지의 형사소추행위가 무효화되는 엄청난 일이 벌어졌던 것이다.

이 사건으로 인해 당시 피고들의 재판 절차나 시일은 다소 늦춰질 수밖에 없었다 해도, 또 당시 조선민중들이 어려운 법리에 대해 상세히 이해하기는 어려웠다 해도, 조선인이 일제 당국에 뭔가 크게 통쾌한 일격을 가했다는 것만은 모두가 느낄 수 있었다. 그것만으로도 조선인이 느끼는 기쁨은 엄청났다. 패소한 사카이 검사가 복도에서 재판장의 멱살을 잡고 격투하는 촌극까지 벌어졌다고 한다. 그리고 이후 재판에 참여했던 판사들은 경질되거나 좌천되었다. 당시 언론에서는 "(사법당국이-저자) 세간의 큰 웃음거리가 되어 사법의 권위가 땅에 떨어진 감이 있음에 그 후 얼마 못 가서 조선 사법계에 대도태(大淘汰)가 이루어졌다."고 평하였다.[34] 하지만 정작 당사자인 허헌은 승소한 당일에도 평정심을 잃지 않는 모습이었다고 한다. 재판 당일에 처음으로 허헌을 만났다는 어느 기자는 훗날 그 인상을 다음과 같이 언급하였다.

나는 동아일보 때 48인의 공소불수리 문제가 요란하게 일어나던 날 재판소에서 허헌을 처음 만났는데, 세상에서는 그렇게 떠들었지만

34　一記者, 「庚申年의 거둠(下)」, 『開闢』 7호, 1921.1.1, 91쪽.

그때 내가 받은 인상은 퍽이나 '온후한 신사구나' 했어. 이 첫인상은 지금도 한 모양이야.[35]

하지만 3·1운동 재판에 참여하면서 허헌이 결심한 각오는 대단했던 것 같다. 그는 이 재판을 맡은 뒤 3개월 동안 다른 사건을 일체 사절하고 함흥에 칩거하면서 수만 매에 달하는 30여 책의 기록을 연구했다고 회고한 바 있다.[36] 그리고 "죽을 때까지 잊을 수 없는" 이때의 결의에 대해 다음과 같이 설명하였다.

마침내 합병 이후 처음 보는 이 공판 날은 당도하였는데, 나는 일생에 이 재판 하나만은 이겨놓고 죽는다는 굳은 신념으로 편협한 재판장이 되어 만일 법률을 무시하고 그 공소를 수리한다면 그 재판장까지 기피하여 버리려 하여, 기피신청서까지 미리 써서 손에 쥐고 법정에 나타나 피고 모두를 즉시 석방하라고 일대의 정력을 다 들여 열렬히 부르짖었습니다.[37]

허헌의 부인 정보영 역시 당시 남편의 모습을 생생하게 기억하면서 다음과 같이 증언하였다.

지금 생각나는 것은 3·1운동 때 일입니다. 어떤 사람들이 말하기를 3·1운동의 공로자로서 이쪽 편은 허헌이고 저쪽 편은 모모라고 합니다.

35 「天下大小人物評論會」, 『三千里』 8권 1호, 1936.1.1, 35쪽.
36 許憲, 「나의 追憶(11) 己未運動當時를 回顧하는 許憲氏」, 『朝鮮日報』, 1928.12.22.
37 許憲, 「나의 追憶(12) 己未運動當時를 回顧하는 許憲氏」, 『朝鮮日報』, 1928.12.23.

그때 일은 조금도 잊히지 않고 기억에 남아 있습니다. 허는 변호사였기 때문에 어떻게 하면 죄를 가볍게 할까, 어떻게 하면 석방시켜 줄까 하고 몹시 애를 태우고 다녔으며 때때로 고단해하고 우는 때도 많았습니다. 그리고 사건의 공판이 가까워오면 밤을 새어가면서 「육법전서」를 손에 들고 미친 사람 모양으로 공판날 법정에서 할 이야기를 혼자서 떠들고 있습니다.[38]

지금 생각하면 허헌의 주장은 지나친 무데뽀의 논리로 보일 수도 있다. 하지만 이 단순한 논리가 일제 사법당국으로 하여금 치밀한 법리 해석을 하게끔 만들었고, 결국 그들을 꼼짝 못하게 하는 무기가 될 거라고는 아무도 짐작하지 못했을 것이다. 이것이 가능했던 이유는 바로 3개월 동안 함흥에 틀어박혀 두문불출하고 밤잠을 설쳐가며 고민했던 변호사 허헌의 노력이 있었기 때문이었다.

1심 재판에서 승소했다고 해서 물론 재판을 완전히 이긴 것은 아니었다. 사카이 검사가 제기한 항소심에서 경성복심법원 판결의 주문은 "원 판결은 이를 취소한다. 원심 및 당심에서 피고 변호인 측에서 한 공소불수리의 신립은 모두 이를 각하한다."는 것이었다. 그리고 앞서 오쿠보와 최진 변호사가 제기한 쟁점인 구한국의 「보안법」 및 「출판법」의 적용 여부 문제도 '당분간' 적용하는 것은 여전히 유효하다는 결론이 내려졌다. 다시 말해 최종적으로는 변호인단 측에서 제기한 공소불수리론은 모두 패소로 결론이 났다. 하지만 허헌이 제기한 공소불수리론이 1심에서 받아들여짐

---

38 鄭寶榮(許憲夫人), 「男便을 獄中에 보내고, 嚴冬바람을 압두고」, 『三千里』 3권 11호, 1931.11, 43쪽.

에 따라, 3·1운동 주력들에 대한 재판에서 중한 처벌을 할 수 있는 실질적인 동력은 한풀 꺾였다고 할 수 있다. 여러 가지 다른 이유도 있었겠지만, 이 점 역시 당시 '민족대표'들이 이례적으로 예상보다 낮은 형량을 받는 배경으로 작용했을 것으로 보는 게 일반적이다.

최종 결과와는 상관없이 위에서 살펴본 바와 같이 3·1운동 재판 과정에서 허헌이 보여준 열정적인 모습에 대해, 관련 연구들은 다음과 같이 평하고 있다.

이것은 독립운동에 대한 변론이 단순히 관련 피고인의 인권을 옹호하고 그 대의를 지지하는 것일 뿐만 아니라 그 자체가 하나의 독립운동의 방식이라는 점을 분명히 하는 하나의 사건이었다. 이로써 허헌도 민족변호사로서 위치를 확고히 하는 계기가 되었다.[39]

이와 같이 3·1운동 재판에서 허헌은 법률가로서의 최대의 역량을 쏟아내었고, 그로부터 항일·민족변호사로서 자신의 법률가적 사명을 확실히 자각하게 되었다. 이후 하나의 변호사로서의 모델을 다른 변호사들에게 제시하였고, 앞장서 개척해간다. 법정을 통해 민족에 헌신하는 모델을 인상 깊게 창출해낸 것이라 할 수 있다.[40]

위 글들을 보면, 일제에 강제로 점령당해 식민통치를 받고 있던 조선의 현실에서 독립운동에 대한 변론은 그 자체가 독립운동의 한 방식이며, '항일·민족변호사'라는 새로운 모델을 창출해낸

39 박원순, 『역사가 이들을 무죄로 하리라』, 두레, 2003, 117쪽.
40 한인섭, 앞의 책, 2012, 48쪽.

의미 있는 사건이라고 평가하고 있다. 어쨌든 단순하지만 허점을 찌르는 공소불수리 신청 논리가 1심에서 받아들여짐에 따라, 변호사계뿐만 아니라 식민지 조선사회 전반에서 허헌의 입지는 더욱 굳건해졌다.

4장

3·1운동 이후 활발한 사회 활동을 펼치다

1920년대 사회 변화와 경제계 활동

독립의 쟁취라는 최종 목표에는 도달할 수 없었다 해도 3·1운동이 조선사회에 가져다준 변화는 매우 컸다. 피부에 와 닿는 가장 큰 변화는 바로 일제의 식민통치가 이른바 '문화정치'를 표방하면서 민족분열통치의 방향으로 전환되었다는 것이다. 이러한 변화에 따라 일제 당국은 이른바 민의(民意)를 청취한다는 명목 아래 총독관방이 직접 나서서 전국의 지방을 순시하며 지방사회 유력자들의 의견을 수합하기 시작했다. 1920년 6월 6일 총독관방에서는 함흥의 한 여관에 인근의 유지들을 모아놓고 조선독립운동, 총독정치, 지방개발 등에 관한 의견을 청취하는 자리를 가졌다. 1910년 낙향한 이래 10년 정도 함흥에 본거를 두고 변호사 활동을 하면서 지역 유지로 살아온 허헌도 이 자리에 초청되었다.[1] 1920년대 이후 허헌의 활동 반경이 이전보다 훨씬 넓어질 것임을 암시하고 있다.

1921년 9월에는 미국에서 열릴 일명 '워싱턴회의'에 대비해 미

---

1 「當局의民意聽取」, 『東亞日報』, 1920.6.11.

주지역에서 결성된 대한민족대표단이 워싱턴회의에 제출한 문서의 372명 명단에도 허헌이라는 이름과 서명이 올랐다. 그런데 이 명단에 대해서는 그 진위 여부 등에 대해 학계에서 논란이 많다. 말하자면 허헌 등 많은 인사들이 여기에 직접 서명을 했거나 사전 동의를 얻었는가 하는 문제이다. 허근욱의 책 등 기존 연구에서는 너무나 당연히 허헌 등이 '서명했다'고 서술하고 있기 때문에,[2] 여기서는 잠시 워싱턴회의와 이를 둘러싼 조선인의 외교활동, 그리고 쟁점이 되는 문제 등에 대해 먼저 소개하고자 한다.

1921년 11월 12일부터 이듬해 2월 6일까지 개최된 워싱턴회의는 제1차 세계대전 종전 이후 전후 질서의 재편 과정에서 국제사회의 문제를 전반적으로 논의하기 위해 개최된 군축회의이다. 여기에는 전승국을 대표하여 미국·영국·일본·프랑스·이탈리아·중국·벨기에·네덜란드·포르투갈 등 9개국이 참석하였다. 종전 후 기존의 유럽 열강은 쇠퇴한 반면 미국과 일본이 국제무대에 새롭게 부상했는데, 특히 일본의 급부상은 주목할 만한 것이었다. 이에 따라 워싱턴회의는 아시아·태평양지역에서의 세력균형을 전면 재조정해야 할 필요성의 대두에 따라 열린 회의라는 성격을 지니고 있었다. 그리고 이 회의를 통해 형성된 새로운 국제질서는 이후 '워싱턴체제'라고 불릴 정도로 중대한 의미를 갖게 되었다.

중국 상하이에 있던 대한민국임시정부는 일찍부터 이 회의에 큰 기대를 갖고 국제사회에 조선 독립을 호소할 수 있는 기회로 파악하였다. 이에 미국계라 할 수 있는 이승만을 단장, 서재필을 부단장으로 대표단을 파견해 회의에 참석한 열강을 상대로 독립

---

2   허근욱, 『민족변호사 허헌』, 지혜네, 2001, 173쪽.

을 청원하는 활동을 벌였다. 3·1운동의 결과 출범한 대한민국임시정부는 흔히 외교독립론자로 알려진 이승만이 대통령이 되었지만, 사실상 독립의 기본 방략은 무장독립론을 채택하고 있었다. 그래서 대표적인 무장독립론자인 이동휘가 국무총리직을 맡아 1920년대 초반 간도와 연해주의 무장독립운동을 주도했던 것이다.

이승만을 단장으로 한 대표단은 1921년 12월 1일 「워싱턴군축회의에 드리는 한국의 호소(Korea's Appeal to the Conference on Limitation of Armament)」를, 1922년 1월 25일 「한국의 호소: 속편」을 제출하였다. 그리고 국내의 종교·사회단체 대표와 13도 260군의 지역대표 372명이 서명한 「한국인민치태평양회의서(韓國人民致太平洋會議書, The Memorial from Korea to the Conference on Limitation of Armament, 이하 「치서」로 약함)」를 제출하였다.[3] 이와 같은 활동에도 불구하고 사실상 한국대표단은 전혀 소기의 성과를 거두지 못한 것으로 알려져 있다.

그런데 가장 논란이 된 문제는 바로 이 「치서」에 등장한 대한민족대표단 372명의 명단과 서명이다. 여기에는 허헌뿐만 아니라 변호사 최진·이승우(李升雨)·김병로(金炳魯)도 포함되어 있다. 이 건의서는 국내의 이상재와 연락하여 만들었다고 전해지고 있다. 하지만 당시 총독부에서도 이 문서를 입수해 조사한 결과, 이 연명은 본인의 의사와는 상관없이 임시정부에서 '위조'한 것이라고 결론내린 바 있다. 일제 당국은 서명자의 필적, 수록 인명에 대한 자체 내사 결과, 당연히 서명해야 할 반일인사가 포함되지 않은

---

[3] 「치서」의 전문은 우남이승만문서편찬위원회, 『雩南李承晚文書: 東文篇』 8(중앙일보사, 1998), 391~403쪽 참조.

점, 사망자까지 망라한 점 등을 근거로 이렇게 판단한 것이었다.[4] 따라서 이 명단에 수록되었다는 이유로 국내에 있던 어느 누구도 피해를 받지는 않았다. 단장인 이승만이 「치서」 연명자의 공개 여부를 놓고 혹시 모를 불이익을 우려해 고심했다는 점으로 미루어 볼 때, 이승만 자신은 서명자들을 그대로 믿었던 것으로 보인다.

하지만 예컨대 기독교계 대표로 명단에 올라있는 윤치호(尹致昊)조차 그의 일기에서 서명 사실을 기록하고 있지 않으며, 심지어 워싱턴회의에 기대를 갖는 것은 터무니없는 생각이고 워싱턴회의에서 누군가가 일본에게 조선을 포기하도록 압력을 행사한다는 건 도저히 상상할 수 없는 일이라고 일축하였다.[5] 이러한 점 등을 근거로 유추해볼 때 「치서」의 연명자 가운데는 자발적으로 직접 서명하지 않은 인물이 상당수 포함되었을 가능성이 매우 높다. 허헌을 비롯한 경성조선인변호사회 소속 변호사들 역시 본인이 직접 서명하지 않았을 개연성이 높다고 하겠다.

3·1운동 이후 1920년대 허헌의 사회 활동은 교육계를 비롯해 언론계·경제계 등 여러 방면에 걸쳐졌다. 이 가운데 언론계 및 교육계 활동은 다음 절에서 상세히 살펴보기로 하고, 여기서는 주로 그의 경제적 처지와 경제 활동을 중심으로 살펴보고자 한다. 그런데 사실상 허헌의 경제 활동과 교육계 및 언론계 활동은 밀접히 연관되어 있었다. 그가 대주주로 참여하거나 거금을 쾌척하는 것은 대부분 언론·출판 관련 회사 또는 학교나 교육단체들이었다. 그 외의 경제 활동은 대부분 변호사라는 직업상 감사 역할을

4 「華府会議ニ對スル朝鮮人ノ独立請願運動ノ眞想」, 1922년 3월 2일, 『齋藤實文書 9: 民族運動(1)』, 고려서림 편, 1999, 629~632쪽.
5 「尹致昊日記」, 1921년 8월 11일, 9월 27일(국사편찬위원회 한국사데이터베이스).

맡는 정도였다.

1920년대 허헌의 경제 활동을 본격적으로 살펴보기에 앞서 먼저 그의 경제적 처지를 알아보는 게 순서일 것이다. 식민지 조선 사회에서 허헌의 경제적 처지는 상당히 넉넉한 편이었다. 그가 일제강점기 내내 학교 설립을 비롯해 여러 사회 활동에 기부를 하거나 성금을 낼 수 있었던 데에는 그만큼의 경제적 안정이 뒷받침되었기에 가능했다고 할 수 있다. 이것은 그의 집안이 대대로 내려오는 갑부여서라기보다는 변호사라는 그의 직업 덕분이었다.[6] 1장에서 살펴보았듯이 그의 집안은 함경도의 산골마을의 향반으로서 일반 민중들에 비하면 좋은 편이었다고는 해도 대단한 갑부라 할 정도는 아니었던 것 같다. 왜냐하면 부친이 사망한 뒤 장남으로서 집안 형편 등을 고려해 학업을 중단하고 블라디보스토크까지 가서 경제 활동에 종사하려 했던 데서도 짐작할 수 있다.

오늘날과 마찬가지로 식민지 조선사회에서 변호사란 직업은 상당한 수입을 보장해주었고 이러한 경제적 기반을 바탕으로 지역사회의 유지로 대접받았다. 1934년 당시 조선인·일본인을 합해 활동 중인 변호사 317명의 평균 연수입은 2,896원에 달했으며, 경성의 경우 3,639원이나 되었다. 대략 3,000원 정도를 기준으로 잡아보면 월수입이 250원 정도가 된다. 당시 전문직 월급이 의사 100원 이상, 판검사 초봉 100원, 식산은행원 95원, 금융조합 이사 70원, 신문기자 70원, 초등교원 55원, 목사 50~60원이었다고 하니, 이에 비해 변호사의 평균 수입은 상당히 높았다. 그래서 총독부의 조선인 사법관들도 퇴직하면 대부분 변호사 개업을

---

[6] 『倭政時代人物史料(6)』에는 허헌의 재산이 동산과 부동산을 합해 '3만 엔 정도'라고 기록되어 있는데(27쪽), 어느 시점의 상황인지는 알 수 없다.

했다고 한다.⁷

처음부터 사법관이 아닌 변호사로 출발한 허헌은 일찍부터 나름 인권변호사·항일변호사로 명망이 있었다. 물론 이러한 사안들은 대부분 무료 변론이어서 경제적으로는 마이너스를 가져왔겠지만, 허헌은 이 외의 일반 민사사건도 전국에서 의뢰받고 활동했기 때문에 위에서 본 평균 정도의 수입은 올렸을 것으로 보인다. 후배 변호사 이인(李仁)의 증언대로 허헌의 주머니에는 돈이 남아날 새가 없었고 세계여행 때 구매한 명품시계는 늘 전당포 신세를 졌다 해도, 식민지 조선이라는 상황에서 허헌과 그의 집안은 사회적·경제적으로 상층에 속했음은 분명하다.

1910년대 변호사 활동을 통한 수입을 바탕으로 허헌은 1920년대에 회사나 언론사 설립할 때 주주로 참여하는 등 경제계 활동을 전개하였다. 그리고 허헌은 이렇게 번 돈을 교육 등 여러 곳에 기부하는 것으로도 유명했다. 허헌이라는 인물이 경제적 욕심이 전혀 없는 매우 소박한 인물이었다는 것, 조금만 돈이 모여도 늘 동포 구제와 청년교육 등을 위한 기부에 돈을 쏟아부었다는 것은 일일이 거론할 수 없을 정도로 여러 기록들에서 확인된다. 허헌이 1920년대 10년 내외 사이에 약 30만 원(?)의 거금을 직업의 보수로 모아 사회에 바쳐버렸다는 언급도 있다.⁸ 1930년대에 「허헌론」을 썼던 유광렬이 허헌이 한창 변호사로 명성을 떨치던 젊은 시절 각 신문에서는 함북 명천 출신인 그를 두고 「북방지강(北方之强)」이라는 사설까지 실었으며, 상당한 재산을 모았음에도 불구

7 전병무, 『조선총독부 조선인 사법관』, 역사공간, 2012, 192~195쪽; 전병무, 「일제하 한국인 변호사의 자격 유형과 변호사 수입」, 『한국학논총』 44호, 2015, 332쪽.
8 滄浪客, 「法廷에 선 許憲·洪命熹, 民衆大會 公判 光景을 보고」, 『三千里』 15호, 1931.5, 15쪽.

하고 금전에 욕심이 없고 사회를 위해 희생을 아끼지 않았던 인물이라고 묘사한 것도 같은 맥락이라 할 수 있다.[9]

변호사 활동 외에 허헌의 경제 활동 참여가 처음 확인되는 것은 1919년 한성도서주식회사 설립 과정에서이다. 1920년 3월 28일 "우리의 진보와 문화의 증장(增長)을 위하여 시종 노력하기를 자임하노라."라고 선언하고 설립된 한성도서주식회사는 장도빈(張道斌) 등 서북지역 인사들을 중심으로 설립된 인쇄출판회사이다. 1919년 11월 허헌은 장도빈·이종준(李鍾駿)·한규상(韓奎相) 등 12인과 함께 한성도서주식회사 설립에 발기인으로 참여하여 인가 신청을 진행하였다.[10] 대표는 이봉하(李鳳夏)가 맡았으며, 허헌은 이종준·한규상과 함께 이사에 선임되었다. 자본금 30만 원(실제 불입금은 8만 7,620원)으로 설립된 이 회사에서 허헌은 1920년대 내내 200~300주의 주식을 보유한 10대 주주에 속했으며, 회사의 이사 또는 감사를 역임한 것으로 확인된다.[11] 민족계몽운동의 일환으로 설립된 이 회사는 그 설립 추진 시기가 3·1운동이 일어난 뒤 일제가 1920년 4월 1일부로 「제령 제7호」를 발해 「회사령(會社令) 폐지에 관한 건」을 선포하기 전이었다는 점에서 주목된다.

이 외에도 허헌은 1920년 3월 조선식산은행(朝鮮殖産銀行)에 감사역(監査役)으로 선임되었으며,[12] 그해 5월 17일 민병석(閔丙奭)

9   柳光烈, 「許憲論」(「登場한 二人物」 중에서), 『三千里』 4권 8호, 1932.8, 40~41쪽. 유광렬이 언급한 「北方之强」이라는 제목의 신문 사설을 찾아보았으나 발견하지 못했다.
10 「漢城圖書會社, 認可申請中」, 『每日申報』, 1919.11.15.
11 『朝鮮銀行會社要錄』, 東亞經濟時報社, 1921~1925년판 참조.
12 「人事消息」, 『每日申報』, 1920.3.30.

을 대표로 설립된 조선제사주식회사(朝鮮製絲株式會社)에도 동료 변호사 이기찬(李基燦)·윤태영(尹泰榮)과 함께 감사로 참여하였다.[13] 이렇게 그가 주주로 참여하지 않으면서도 여러 회사에서 감사역을 맡은 것은 변호사라는 그의 직업과 타고난 꼼꼼함이나 성실함이 사회적으로 인정받고 있었기 때문이라 할 수 있다.

허헌은 주식회사 동아일보사가 설립된 1920년 9월 제1회 취체역(取締役) 회의 때부터 1924년 4월까지 감사역(監査役)으로도 참여한 것으로 확인된다. 그리고 이인환(李寅煥)이[14] 사장을 맡게 된 1924년 5월부터 1929년 12월 체포될 때까지는 동아일보사의 취체역으로 활동하였다.[15] 1920년 7월 제2대 동아일보사 사장으로 취임한 김성수(金性洙)는 신문사의 재정적 기초를 다지기 위해 지방 유지들을 모아 동아일보사를 주식회사로 만드는 작업에 본격 착수하였다. 그 결과 1921년 9월 14일부로 주식회사 동아일보사가 되었고, 김성수는 사장직을 다시 송진우에게 넘겼다. 서울시내 명월관에서 개최된 창립총회에서 허헌은 현준호(玄俊鎬)·장희봉(張熙鳳)·박용희(朴容喜)·이충건(李忠健)과 함께 감사역에 선임되었다.[16] 민족 언론을 표방하고 출범한 동아일보사에 허헌은 처음부터 7,935원을 출자하여 70여 명의 대주주 명단에 포함되었다.[17]

13 『朝鮮銀行會社要錄』, 1923년판, 1925년판 참조.
14 이인환은 이승훈(李昇薰)의 본명이다.
15 이는 주식회사 동아일보사에서 나온 『取締役會決議錄』에 따른 것이다. 이 자료는 동아일보사가 설립한 신문박물관(PRESSEUM)에 소장되어 있다고 한다. 여기서는 장신, 『조선·동아일보의 탄생』(역사비평사, 2021)에 수록된 〈부록 1〉을 참조하였다(242~275쪽).
16 「本社創立總會」, 『東亞日報』, 1921.9.20.
17 崔民之·金民珠, 『日帝下民族言論史論』, 일월서각, 1978, 46쪽. 허헌은 1926년 9월 22일에 5주를 김연수(金秊洙)에게 매도했다고 한다(장신, 앞의 책, 2021, 90쪽).

직접적인 경제계 활동 외에도 허헌은 1920년대에 지속적으로 여러 사회단체에 관여하면서 사회운동을 전개하였다. 제일 먼저 확인되는 것은 1921년 10월 2일 "농사에 관한 연구 조사와 농업 증진 발전을 도모하고자" 설립된 흥농회(興農會)에 발기인으로 참여한 것이다.[18] 하지만 이후 흥농회 활동에서 허헌의 이름은 더 이상 확인되지 않는다. 자신의 이름을 걸고 어떤 직분을 맡으면 반드시 책임감을 갖고 성실히 참여하는 성품이었던 허헌은 흥농회에는 발기인으로만 참여했다가 곧바로 발을 뺀 것으로 보인다.

또한 허헌은 1920년대 초부터 물산장려운동을 주도했던 조선물산장려회(朝鮮物産獎勵會)에 참여하였다. 1928년 4월 제6회 정기대회에서 당시 함께 신간회에서 활동하던 안재홍(安在鴻)·이종린(李鍾麟)·한용운 등과 함께 조선물산장려회 이사로 선임된 것이 확인된다.[19] 하지만 물산장려운동에도 허헌은 적극적으로 참여하지 않았던 것 같다. 조선인의 토산 장려와 생산 증식을 목적으로 했던 물산장려운동은 사실상 처음 계획만큼 성공적이지는 않았다. 초기에는 잠시 전국적으로 열렬한 호응을 얻는 듯했으나, 토산품 가격의 급등으로 기업과 상인에게는 큰 이익이 되었던 반면 일반 서민들은 손해를 보게 되자 그 열기는 금방 사그라져갔다. 물산장려운동이 쇠퇴한 이후에도 조선물산장려회는 1930년대까지 계속 활동하였다.

허헌은 1928년 1월 31일에는 문화 계몽을 목적으로 최남선·이능화(李能和)·문일평(文一平)·정인보(鄭寅普) 등이 1918년에 조직한 계명구락부(啓明俱樂部)의 평의원으로 선임되었다. 당시 계몽

18 「興農會組織」, 『東亞日報』, 1921.10.2.
19 「物産獎勵會 第六回定總」, 『東亞日報』, 1928.5.4.

구락부는 유교 문화의 상징인 족보(族譜)를 폐지하는 등 구정(舊正)을 쇄신하는 활동을 전개하고 있었다.[20] 계몽구락부는 1927년부터 주시경(周時經)·이규영(李奎榮) 등의 '말모이' 원고를 인수하여 『조선어사전』을 편찬하는 작업도 추진함으로써 이후 조선어연구회의 모체가 된 단체이기도 했다. 이러한 활동의 연장선상에서 허헌은 1929년 10월 31일 이극로(李克魯) 등이 중심이 되어 한글 통일을 위해 조선어사전편찬회(朝鮮語辭典編纂會)가 조직될 때 발기인으로도 참여하였다.[21]

---

20 「族譜와舊正廢止」, 『東亞日報』, 1928.1.31.
21 「朝鮮語辭典編纂會의 創立」, 『東亞日報』, 1929.11.2;「正音頒布四百載에 辭典編纂의 大計」, 『中外日報』, 1929.11.2.

부당함에 맞서며 헤쳐나간 언론계 활동

언론계 활동은 1920년대에 허헌이 주도적으로 참여한 사회 활동 가운데 하나이다. 허헌은 일찍부터 언론의 사회적 역할에 대해 관심을 갖고 있었다. 1장에서 서술했다시피, 그가 10대 후반의 학생시절인 1903년에 일본은행권의 조선 침탈을 제대로 보도하고 논평하지 않는 『황성신문』을 질타하는 내용의 「기서(寄書)」를 직접 투고했던 데서도 알 수 있다. 1910년대 내내 민족언론이라 할 만한 조선인의 신문·잡지를 전혀 갖지 못했던 상황에서 3·1운동 이후 어느 정도 그 숨통이 트이자, 허헌이 언론에 관심을 갖게 된 것은 지극히 당연했다. 이는 1920년대에 그가 대주주로 참여한 회사가 인쇄출판업종인 한성도서주식회사와 동아일보사라는 점에서도 잘 드러난다.

일제강점하에서 최초의 기업적인 인쇄 출판사로 출범한 한성도서주식회사는 1920년대에만 종합잡지 『서울』(1919, 4~9호), 월간학생잡지 『학생계』(1920), 최초의 시 전문 동인지 『장미촌』(1921), 최초의 사회주의 종합잡지 『신생활』(1922), 종합시사지 『조선지광(朝鮮之光)』(1922), 평양에서 발간된 종합시자지 『공영

(共榮)』(1922), 조선물산장려회 기관지『산업계』(1923), 여성잡지 『부녀지광(婦女之光)』(1924), 문예잡지『조선문예』(1924), 불교잡지『불교』(1924)와『불일(佛日)』(1924), 체육잡지『조선체육계』(1924), 종교잡지『신통(申通)』(1925)과『진생(眞生)』(1925), 사회교화를 표방한 종합잡지『신민(新民)』(1925)과 그 부록지『농촌호(農村號)』(1926), 수양동우회 기관지『동광(東光)』(1926), 보성친목회에서 발행한 종합잡지『시종(時鍾)』(1926), 학술문예지『여시(如是)』(1928), 경성제대 법문학부 출신들의 종합학술지『신흥(新興)』(1929) 등 무수히 많은 잡지를 인쇄 출판하였다. 성격 면에서 일반 종합잡지에서부터 문예지·종교지·학술지 등에 두루 걸쳐 있었으며, 지역적으로는 한반도 전역뿐만 아니라 일본과 미국 등을 망라한 국내 총판매소 역할도 했다. 또한 연희전문학교를 비롯한 여러 학교의 교지나 친목회지를 인쇄 출판하기도 했다.[22]

이처럼 1920년대에 한성도서주식회사의 인쇄 출판 활동은 조선인에 대한 민족계몽운동의 성격을 띠고 있었다. 이는 나중에 이 회사를 설립했던 장도빈이 잡지『동광』에서 실시한「만일 내가 다시 20살의 청년이 될 수 있다 하면」이라는 설문에서 '나의 경험에 비추어'라고 하면서 다음과 같이 이야기하고 있는 데서도 알 수 있다.

마침 기미운동(己未運動) 이후에 나는 경성에서 민족적 문화운동에 착수하였다. 그러나 나는 한결같이 희생주의로 모든 일에 임하여 아무리 내게 관계 많은 사업이라도 나는 결심하고 그 사업의 존재를

[22] 임경석,『동아시아 언론매체 사전(1815~1945)』, 논형, 2010, 각 항목들 참조.

위하여 내가 희생하였다. 그 결과는 마침내 나의 생활기초까지 전혀 파멸되고 말았다. 당시에 나는 재차 가정을 구성하였던 중이다. 그러나 생활의 곤란으로 가족은 나의 심성과 처사에 불평을 품어 나는 다시 일가 분산의 비참한 지경을 당하였다. 당시에는 조선인의 발달을 위하여 출판·교육·언론의 세 기관이 필요하다 하여 도서회사·협성학교·조선지광사를 창립하였다. 그러나 나는 마침내 위 3개 기관을 다 간섭하지 않기로 결심하였다. 그는 나의 희생주의로 출생한 작품이었다. 그때 나로 인하여 희생한 동지가 많지만 그 중에 나는 허헌 씨를 잊지 아니한다. 당시 허헌 씨는 우리 유일한 지기지우(知己之友)로 내가 하는 모든 일에 힘껏 희생한 이다.[23]

3·1운동 이후 조선인의 출판·교육·언론기관이 필요하다고 판단해 그 출판기관으로서 한성도서주식회사를 만들었음을 알 수 있다. 장도빈은 이 세 기관에 자신의 전 재산을 털어 넣어 결국 가정까지 두 차례나 파탄의 지경에 이르게 된 참담한 심경을 서술하고 있는 것이다. 그리고 이와 같은 장도빈의 문화계몽운동에 허헌이 가장 적극적으로 도왔음을 알 수 있다. 위에서 장도빈이 말한 '희생'의 핵심 내용은 바로 자신의 사재(私財)를 털어 넣는 행위를 말한다. 이처럼 허헌이 자신의 재산을 털어서 아낌없이 투자한 회사는 평소 그가 관심을 갖고 있던 민족계몽 관련 부분이었던 것이다. 『동아일보』에 대한 투자 역시 같은 차원이었을 것이다. 1920년대 이후 식민지 조선사회의 민족언론으로서 『동아일보』가 갖는 위상이나 역할은 굳이 언급하지 않아도 익히 잘 알려져 있는

---

[23] 「만일 내가 다시 20살의 청년이 될 수 있다 하면」(설문), 『東光』 8호, 1926.12, 17쪽.

사실이다.

한편 허헌은 일제 당국이 조선인의 언론을 탄압한 사건에 대해서는 단호히 저항하였다. 대표적으로 이른바 '『신생활』 필화사건'에 대한 결의문 채택과 무료 변론을 들 수 있다. 『신생활』 필화사건은 1922년 11월, 일제 당국이 박희도(朴熙道) 등이 중심이 되어 발간한 사회주의 계통의 월간지 『신생활(新生活)』을 탄압한 사건이다. 신생활사에서는 러시아혁명 5주년 기념호를 발간하면서 「러시아혁명 5주년 기념」(金明植), 「5년 전의 금일을 회고」(辛日鎔), 「자유노동조합 결성의 취지」(李恒發), 「민족운동과 무산계급의 전술」(兪鎭熙) 등 사회주의 및 노동운동 관련 기사를 실었는데, 이로 인해 11월 20~25일 사이에 관련자들이 구속되고 유죄를 받게 된 사건이다. 이 사건은 우리나라에서 일어난 최초의 사회주의 관련 재판으로 알려져 있다.

이 사건의 진행 과정에서 허헌 등은 두 가지 방식으로 대응하였다. 하나는 언론계나 법조계의 유지들과 함께 언론자유를 쟁취하기 위한 결의문을 발표하는 것이었다. 법조계에서는 허헌을 비롯해 박승빈(朴勝彬)·최진·김찬영(金瓚泳)·변영만(卞榮晚) 등이 참여하였다. 언론계에서는 염상섭(廉想涉, 『동명』)·이재현(李在賢, 『개벽』)·최국현(崔國鉉, 『조선일보』), 남태희(南泰熙, 『시사평론』)·김원벽(金元璧, 『신생활』)·오상은(吳尙殷, 『신천지』)·송진우(『동아일보』) 등이 참여하였다. 1922년 11월 27일 이들은 "언론 단속에 속한 신천지사와 신생활사의 필화사건에 대한 당국의 처치가 매우 가혹하다고 판단된다고 생각함. 우리는 언론의 자유를 옹호하기 위하여 협동 노력함을 기함"이라는 내용의 결의문을 공동명의로 발표하였다.[24]

또 다른 대응 방식은 이 필화사건에 대해 공동변호인단을 꾸려 무료로 변론하는 것이었다. 여기에는 허헌을 비롯해 결의문 발표에 참여했던 변호사 5인과 더불어 이승우·이한길(李漢吉)·강세형(姜世馨) 등 일제강점기의 저명한 변호사들이 대거 참여하였다. 이들은 공동변호인단을 구성하여 무료로 변론을 진행하였다. 하지만 1923년 1월 8일 방청까지 금지시키면서 개정된 제2회 공판에서 검사는 박희도·김명식 등 관련자들에게 모두 징역형을 구형하였다. 재판 과정에서 허헌은 증인들을 동원하여, 사실상 잡지 『신생활』은 당시 신생활사에 있던 4대의 인쇄기 가운데 사륙배판 1대만으로 인쇄했는데 국판 등 기계 4대를 모두 압수한 것은 잘못되었다면서 따져 물었다.[25] 허헌 특유의 단순하면서도 꼼꼼하고 논리적인 변론의 성격이 여기서도 잘 드러난다. 당시 일제 당국은 급속도로 전파되던 사회주의 사상을 막기 위해, 이 사건을 빌미로 아예 신생활사 자체를 문 닫게 할 생각이었던 것으로 보인다. 여러 노력에도 불구하고 한국 최초의 사회주의 잡지인 『신생활』은 자진 폐간 형식을 빌려 끝내 폐간되었고, 관련자는 모두 유죄 판결을 받았다.

조선총독부의 언론·집회에 대한 탄압은 1923년 9월 일본의 관동대지진 이후 더욱 강화되었다. 『신생활』뿐만 아니라 잡지 『신천지』나 『개벽』, 『동아일보』나 『조선일보』 등에 대해서도 일제 당국은 검열의 칼날을 들이대어 수시로 기사를 삭제하거나 압수 및 정지 처분 등을 내리기 일쑤였다. 예컨대 1924년 1~6월에

24 「言論의 擁護를 決議, 법조계와 언론계가 련합하야」, 『東亞日報』, 1922.11.29; 「當局의 言論壓迫과 民衆의 輿論激昂(言論의 擁護를 協同決議한 法曹界와 言論界)」, 『開闢』 30호, 1922.12, 90쪽.
25 「機械全部押收는 無理, 許憲氏가 證人訊問을 申請」, 『朝鮮日報』, 1923.1.9.

만 『동아일보』는 13회, 『시대일보』는 9회, 『개벽』은 3회, 『조선지광』은 7회나 압수를 당했다. 집회 역시 그해 3~6월 서울에서만 13회가 금지되었다. 게다가 이른바 '각파유지연맹'이라는 친일단체가 만들어져 『동아일보』의 송진우·김성수 등 언론인에게 테러를 가하는 사건도 계속되었다.

이러한 분위기를 타개하는 과정에서 동아일보사에서는 기자 등 사원들을 중심으로 개혁운동이 일어나 경영진과 대립하였다.[26] 물론 결과적으로는 좌절되었지만, 이 과정에서 사장 송진우가 물러나고 1924년 5월 14일 이인환(이승훈)이 제4대 사장에 취임하였다. 이인환이 취임하기 전까지 약 20일 동안은 감사역인 허헌이 잠시 사장 직무대행을 맡았다.[27] 그리고 이인환이 취임하자 감사역을 그만두고 취체역을 맡아 실질적으로는 부사장 역할을 수행하였다.[28]

허헌이 대주주이자 간부로 참여했던 『동아일보』 역시 수시로 일제 당국의 탄압을 받아 필화사건에 휘말렸다. 예를 들어 1926년 3월 5일부터 『동아일보』는 「국제농민조합으로부터 동아일보를 통하여 조선농민에게 전하는 글월」이라는 기사가 게재된

26 자세한 내용은 장신, 앞의 책, 2021, 2장 참조. 이 책에서는 "임시 주주총회에서 선출되거나 유임된 중역 중 홍명희를 제외한 윤홍렬, 양원모, 허헌 등 나머지 중역은 철저히 김성수의 사람들이었다."고 했지만(86쪽), 허헌을 '김성수의 사람'으로 보기는 어렵다고 생각된다. 앞서도 언급했다시피 1910년대 초 대지주인 김성수 집안과 소지주인 김영구(김철수의 부친) 집안의 토지 분쟁 때 김영구 측의 변호사로 활약했으며, 수차례의 보성전문학교 분규 때도 반드시 김성수 측의 입장을 대변하지는 않았다. 처음부터 동아일보사의 주주이자 감사역으로 참여한 허헌은 1924년 5월 16일 중역회의에서 사직서를 낸 사원들의 퇴사를 만류하는 유일한 '권유위원'이 되어 노력한 것으로 기록되어 있다(東亞日報社史編纂委員會, 『東亞日報社史(1920~1945)』 권1, 東亞日報社, 1975, 237쪽).
27 東亞日報社史編纂委員會, 위의 책, 235쪽. 1924년 4월 25일 임시중역회의에서 결정되었다.
28 「五月과 世界, 4월 21일부터 5월 20일까지」, 『開闢』 48호, 1924.6, 37쪽.

것을 구실로 탄압을 받았다. 관련 기사에 따르면 국제농민조합은 모스크바에 있던 48개국 연합 조직으로 소개되어 있다. 이로 인해 그 책임자로 지목된 주필 송진우, 편집 겸 발행인 김철중(金鐵中)이 이른바 '보안법 및 신문지법 위반'으로 기소되었다. 이에 허헌을 중심으로 김병로·김용무(金用茂)·이인·이창휘(李昌輝) 등이 적극적으로 변론에 임했으나 끝내 상고까지 모두 기각되고 말았다.[29] 1928년 2월 『중외일보(中外日報)』가 필화사건에 휘말렸을 때에도 허헌은 김병로·김태영(金泰榮)·김용무·이승우·강세형 등과 함께 적극적으로 변론에 나섰다.[30]

일제 당국의 심각한 언론 탄압 국면에 정면으로 맞서기 위해 언론단체인 무명회(無名會)와 조선청년총동맹(朝鮮靑年總同盟)을 비롯한 31개 단체 100여 명의 대표들은 1924년 6월 7일 '언론집회압박탄핵대회'라는 모임을 결성하였다. 허헌을 비롯한 이들은 대회를 열고자 했으나 이 역시 금지당했고 관련자도 구속되었다.[31] 여기에 굴하지 않고 무명회 등에서는 1925년 4월 '전조선기자대회'를 개최하여 탄압에 맞섰다. 하지만 총독부 당국의 언론 탄압은 강화되어가기만 했다. 잡지 『개벽』도 특집으로 독립운동 관련 기사를 게재했다가 1926년 8월호를 마지막으로 폐간당하였다. 일제의 언론 탄압에 맞서는 이러한 행동은 허헌이 신간회운동에 뛰어든 1920년대 후반까지 계속되었다.

한편 사상단체 화요회(火曜會) 주도 아래 사회운동의 조직적 통

---

29 「畢竟은鐵窓으로 讀者와一時離別」, 『東亞日報』, 1926. 11. 9.
30 박찬승, 『(한국독립운동의 역사 33) 언론운동』, 한국독립운동사편찬위원회·독립기념관 한국독립운동사연구소, 2009, 346쪽.
31 『한국민족문화대백과사전』, '언론집회압박탄핵대회' 항목 참조.

탄핵회장 앞의 군중과 기마 순사의 모습
(『조선일보』, 1924.6.22)

'언론집회압박탄핵대회'에 참가한 변호인단과 기자들.
앞줄 오른쪽부터 김병로, 허헌, 후세 다츠지, 왼쪽 끝이 이인
(『조선일보』, 1964.4.11)

일과 기본방침 토의를 위해 1925년 4월 20일 열릴 예정이었던 '전조선민중운동자대회'가 바로 전날인 19일에 갑자기 금지를 당한 사건이 일어났다. 이 대회에는 전국의 425개 단체 대표 508명이 참가하기로 예정되어 있었다. 이렇게 무리한 집회 금지에 대항하여 대의원 등 200여 명이 20일 밤 종로에서 '경찰의 무리한 압박에 반항하자', '민중운동자 만세' 등을 외치며 시위를 전개하였다. 경찰은 현장에서 시위 주도자 8명을 검거했으며, 이 광경을 취재하려던 시대일보사 등 신문사 사진반 기자들을 구타하기까지 했다. 이에 다음 날인 21일 곧바로 무명회 간부를 비롯해 허헌 등 법조계 인사들이 모여 긴급회의를 개최하였다. 이 자리에서는 일단 22일 경찰당국에 사진반 구타사건의 자초지종을 질문해보기로 하고, 질문의 대상을 경무국과 경기도경찰부, 기타 소관 경찰서로 정하였다. 허헌은 김병로·송진우·민태원(閔泰瑗)과 함께 질문을 담당할 위원으로 선정되어 활동하였다.[32]

허헌이 언론계 활동에 특히 주도적으로 참여한 데에는 평소 언론의 사회적 역할에 대해 분명한 나름의 철학과 소신을 갖고 있었기 때문이다. 1930년대에 감옥에서 나온 직후 허헌은 모 잡지사의 질문에 대해, 식민지 조선의 현 상황과 언론의 사명에 대한 소신을 다음과 같이 피력하였다.

> 신문 본래의 사명이란 어느 정당의 주장·강령이라든지 한 민족의 주의·사상을 전달하여 민중의 여론을 지도하는 것이 목적이건만, 현 조선사회제도하에서는 외국의 정당과 같은 기관이 없고 또한 그

32 「無理한集會禁止와 寫眞班毆打件으로 法曹와無名會奮起」, 『朝鮮日報』, 1925.4.23.

렇다고 대중의 주의·사상을 그대로 전달할 만한 자유도 없는 터이니까, 말하면 신문 본래의 사명을 이행하고 있지 못하는 셈이지요. 현하 조선에서 시행되고 있는 검열제도도 문제려니와, 그보다도 이러한 ××한 검열제도 때문에 글 쓰는 사람들이 무의식중에 자겁하여 스스로 견제되는 것을 생각한다면 덮어놓고 저네들만 그르다고 할 수도 없는 것 같습니다.

내가 조선 신문에 대하여 한 가지 바라는 것은 신문 경영자로서 기업과 편집을 엄밀히 독립시켜 어디까지든지 기업은 기업, 편집은 편집으로 구별하였으면 하는 것입니다. 기업자가 그들의 사소한 이해 타산으로 편집에까지 참견을 하게 되어 '민중의 공기(公器)'로 하여금 편벽된 길을 걷지 않도록 하였으면 좋겠습니다.[33]

일제강점 아래에서 조선의 신문이 본래의 사명을 다하지 못하고 있다고 언급하면서, 신문사라는 기업과 신문이라는 언론은 구별되어야 함을 역설하고 있다. 그는 "기업과 언론을 구별하라"는 분명한 주장을 펼치면서 사측이 편집권에 관여해서는 안 된다, 즉 편집권의 독립을 주장한 것이다. 허헌의 이러한 생각은 1920년대에 줄곧 동아일보사라는 언론계 활동을 하면서 더욱 확고해진 소신이라 할 수 있다.

---

33 「企業과 編輯을 區別하라」, 『批判』 2권 8호, 1932.9, 20쪽.

벅찬 가슴으로 펼쳐나간 교육계 활동

허헌은 장차 민족의 장래를 책임질 교육 사업, 특히 청년교육에 관심이 많았다. 일제강점기의 대표적인 잡지 『삼천리』에서는 조선 사회에 인재를 많이 배출한 사학(私學)인 보성전문학교의 첫 번째 인재로 허헌을 거론하면서, 구한말 허헌이 "여명기에 든 반도를 위하여 청년회도 만들어" 청년계몽운동을 했다고 소개한 바 있다. 허헌은 변호사 활동으로 벌어들인 수입을 거의 모두 청년교육과 계몽 활동에 소비했다는 기록이 많다. 일찍부터 허헌은 전주·함흥 등 각지의 소학교 설립에도 관여했다고 하는데,[34] 이는 대부분 재정적 후원이었던 것으로 보인다. 그는 길거리에서 학생복을 입은 조선인 학생을 보기만 해도 반갑고 들뜬 마음이 가득해졌다고 한다. 그리고는 마음속으로 학생들에게 "배워라! 힘껏 배워라!"라고 부르짖었다는 것이다. 어린 학생들이 마음껏 배울 수 있는 시기라는 점에서 일단 기쁘고, 그들이 배움을 토대로 장차 조선의 미래를 이끌어갈 수 있을 것이라는 생각에 벅차올랐을 것이다.

---

34 「許憲」, 『東光』 39호, 1932.11, 41쪽.

나는 길거리에서 학생들을 볼 때마다 기쁜 마음이 가득해진다. 그리고 '공부를 많이 하여라! 지금이 너희의 때다. 공부를 많이 하여라!' 하고 속으로 부르짖는다. 옛 삶의 말을 되풀이하는 것 같으나 나는 여러분에게 '배워라! 힘껏 배워라! 나중에 후회할 때가 있다.' 하는 평범한 말이 나온다.[35]

1920~1930년대에 『삼천리』에서 수시로 실시한 여러 설문조사에서 허헌이 시종일관 똑같은 내용으로 대답한 데서도 그가 얼마나 지속적으로 청년교육에 관심을 갖고 있었는지를 잘 알 수 있다. 설문에 대한 그의 답변 내용을 몇 가지 소개하면 다음과 같다.

설문 : 돈 10만 원이 있다면?

답변 : 나는 그런 돈 10만 원이 내 손에 들어온다면 조선에서 수재라고 일컫는 인물 30~40명을 뽑아서 영국·미국·프랑스·독일·러시아·이탈리아·아일랜드·터키·인도·스위스·체코슬로바키아·호주 등 각국에 2~3명씩 파견하여, 그 나라의 국가나 사회의 제도라든지 인정풍속이라든지 산업상태, 국민정신 등을 정밀히 조사 연구하게 하겠습니다. 가령 일본에서는 터키 같은 나라에도 매년 유학생을 많이 보냅니다. 일본이 터키로부터 무엇을 배울 것이 있어서 그러겠습니까만 그 나라의 독특한 무엇이 있으므로 그것을 알려고 그러는 것이외다. 더구나 내가 각국을 돌아다니며 본 바에 의하면 노농러시아에서는 매년 우수한 조선소, 기계공장의 기술자 수십 명을 영·미 각국에 파견하고 있으며 그밖에 영·미·

---

35 『學生』 2권 1호, 1930.1, 8쪽(허근욱, 앞의 책, 2001, 127쪽에서 재인용).

독·일 등 각국에서도 서로 우수한 인물을 뽑아서 저쪽 나라의 문명을 탐색 연구하게 합니다. 더구나 우리같이 모든 것이 뒤져있는 처지에서는 각국의 문명 정도를 정확히 알아둘 필요가 시급함이 있는 동시에 우리 형편도 저쪽에 충분히 알려주어야 할 터인즉 그런 인물을 각국에 파송(派送)하는 것이 아주 급무인 줄로 알고, 그런 돈이 생긴다면 준재 파견에 다 써버릴까 합니다.36

설문 : 채권에 1만 원이 맞는다면[이번 보국채권(報國債券)에 선생에게 1등, 1만 원이 맞는다면 그 돈을 무엇에 쓰시려 합니까?]
답변 : 돈 1만 원이라면 큰돈은 아니지만 될 수 있는 대로 그 돈이 세민층(細民層) 불쌍한 사람 손에 뽑혀져서 그 돈이 생업의 자금으로 유용하게 쓰이기를 바랍니다만, 만일 그리 되지 않고 내게 내려진다면 교육 사업 같은 일에 쓰고자 생각합니다.37

1929년에 각계 명사들에게 '돈 10만 원이 있다면?'이라는 질문으로 설문조사를 할 때 그는 서슴없이 "준재(俊才) 수십 명을 구미 각국에 파견하겠다."고 하여 청년들의 해외 유학에 모두 쓰겠다고 답하고 있다. 일제가 침략전쟁을 하던 1940년에도 '채권(債權)에 1만 원이 맞는다면', 요즘 식으로 말하면 '복권에 1등으로 당첨된다면'이라는 설문조사에서도 역시 "교육 사업에 쓰고자 생각한다"고 답하고 있다. 여기서 알 수 있듯이 청년교육에 대한 관심과 지원은 허헌으로서는 일생의 사업이었다 해도 과언이 아니다. 또

---

36 「돈 十萬圓이 잇다면?」(설문), 『三千里』 1호, 1929.6.12, 2쪽.
37 「設問, 債券에 一萬圓이 마저 난다면(이번 報國채권에 선생에게 1등, 1만원이 마저 난다면 그 돈을 무엇에 쓰시려 합니까.)」, 『三千里』 12권 6호, 1940.6.1, 194쪽.

1926~1927년 세계 각국을 여행하면서 서구의 정치·경제적 발전상을 본 뒤부터는 특히 조선 청년의 해외유학 필요성을 누구보다 강조하고 있는 점도 눈에 띈다.

허헌은 1921년 3월 29일 함흥에 있는 영신학교(永信學校) 교장으로 부임하였다.[38] 영신학교는 박희도가 설립한 기독교계 사립학교이다. 당시 캐나다인 교장 맥도널드(都栗林, Donald. W. MacDonald)가[39] 안식년을 맞아 고국으로 돌아가자 그 후임으로 허헌이 부임하게 된 것\이다. 그동안 여러 학교에 후원은 많이 했어도 직접 교육계에 뛰어든 것은 1909년 일본에서 돌아온 직후 잠시 서북협성학교(1910년 오성학교로 개칭)에 출강했던 외에는 없었다. 교장직을 제안받았을 때까지만 해도 허헌은 여전히 함흥에 본거를 두고 있었기 때문에, 평소 교육에 높은 관심을 보였던 그로서는 쉽게 이를 수락했던 것 같다.

그런데 허헌은 영신학교 교장이 된 지 1개월도 채 되지 않아 서울로 완전히 본거를 옮겼다. 물론 앞에서 살펴보았다시피 허헌은 1910년대에 함흥과 서울에 본거를 두고 전국 각지를 오가며 변호사로 활동하였다. 그러다가 그가 함흥의 일들을 완전히 정리하고 서울을 중심으로 활동하게 된 것은 1921년 4월 26일이었다. 하루 전날인 4월 25일 밤 함흥의 여러 단체와 시민들은 기독교청년회관에서 그를 위해 송별연회를 베풀었다. 이에 보답하여 허헌은 '공익사업기본금'이란 명목으로 함흥의 여러 단체와 교회에 기부

---

38 「新任校長許憲歡迎」, 『東亞日報』, 1921.4.4.

39 都栗林은 함남 일대에서 선교사로 활동하며 1919년 9월 신흥읍 교회를 설립한 인물이다(『조선예수교장로회사기』 하권, 한국기독교역사연구소, 2002, 332~333, 438쪽). 『朝鮮總督府官報』 1052호(1916.2.8) 등에는 함흥에서 포교계(布敎屆)를 제출한 都栗林이 일본어로는 'デイ、ダブリユ-、マクドナルド'로 기재되어 있다.

함흥 영신학교의 전경(1928년, 독립기념관 소장)

금을 냈다.[40]

이와 동시에 허헌이 곧바로 영신학교 교장직도 사임했는지는 분명하지 않지만, 어떤 일이든 절대 대충 처리하지 않는 그의 성격으로 미루어볼 때 완전히 정리했을 것으로 보인다. 다소 다혈질 기질이 있기는 해도 평소 매우 신중하고 철저한 편이었던 그가 왜 갑자기 서울행을 결심했는지에 대해서는 명확히 알 수 없다. 3·1운동 이후 확보된 '문화정치'라는 공간에서 민족운동의 중심은 서울이었고 이미 서울의 여러 사회 활동에도 관여하고 있었으며, 또 3·1운동 재판으로 명성이 높아진 그를 서울로 불러들이려는 요청도 많았을 것으로 짐작된다. 허헌 자신도 서울에서 교육사업을 본격적으로 추진해보고 싶은 욕심이 있지 않았을까 하는 생각도 든다. 이후 허헌의 행보가 민립대학 설립운동과 보성전문학교 재건운동에 적극 참여한 데서 짐작된다.

---

40 「許憲氏惜別宴」, 『朝鮮日報』, 1921.4.30.

서울에 정착한 허헌의 활동 가운데 가장 먼저 확인되는 것 역시 교육계 활동이었다. 1918년 4월 1일 일제에 의해 강제 폐교된 오성학교 자리에 오성강습소(五星講習所)를 재건하기 위해 1921년 4월 1일 최시준(崔時俊)·장도빈 등 여러 유지들과 함께 발기회를 조직하였다. 그해 6월 초에 문을 연 오성강습소는 교육기관 부족과 학비 문제 등으로 학교에 입학하기 어려운 소년들을 대상으로 영어·일어·수학 등 일반 교과목을 가르치는 학교였다. 초기의 강사진은 이장하(李章夏)·임규(林圭)·이원철(李源喆)·김억(金億) 등이었다.[41] 이후 1922년 4월 오성강습소가 협성학교(協成學校)로 부흥될 때도 허헌은 적극 기여하였다.[42]

또한 허헌은 1921년 5월 2일 제2회 교육조사위원회 실행위원장 조종구(趙鍾九)를 중심으로 각계의 여러 유지들이 참여하여 「조선교육개선 건의안」을 제출할 때에 발기인으로 참여하였다. 이 개혁안은 조선의 초등교육부터 고등교육까지 그 개선의 방향, 경비 마련 등에 이르기까지 방대한 내용을 담고 있는데, 『매일신보』에서는 4회에 걸쳐 의견서 전문을 수록하였다. 특히 고등교육 기관에 해당되는 전문학교·대학·고등사범학교의 세 기관은 전적으로 국고 부담으로 해야 한다고 되어 있다.[43] 이 외에도 그해 9월 허헌은 고향인 명천군 출신으로 경성 유학을 하는 고학생들을 위해 기숙사를 마련하는 등 각종 지원을 위한 기성회를 발기하고,

41 「五星講習所開設」, 『東亞日報』, 1921.5.31.
42 「開校 初日의 入學生」, 『每日申報』, 1922.4.21. 원래 정식 고등보통학교 설립을 목표로 출범한 협성학교는 이후 협성실업학교(1927), 재단법인 사립협성학교(1934), 광신상업학교(1941)로 변천되었다. 현 학교법인 광신학원의 광신중학교와 광신정보산업고등학교(광신상업고등학교)로 계승되었다.
43 「敎育改善建議案(1)~(4)」, 『每日申報』, 1921.5.3~5.6.

1922년 4월에는 고학생갈돕회의 기숙사를 짓기 위한 기부금 모금에도 참여하는 등[44] 여러 교육 사업에 주도적으로 참여하였다.

3·1운동 이후 민족교육을 지향하는 실력양성운동 가운데 가장 대표적인 것은 바로 '민립대학 설립운동'이었다. 허헌은 여기에도 적극적으로 참여하였다. 민립대학 설립을 최초로 주창한 단체는 조선교육협회(朝鮮敎育協會)였으며, 그 사회적 확산은 1922년 4월 조선청년연합회에서 의무교육과 민립대학의 조속한 설립을 결의한 데서 비롯되었다. 사회단체들뿐만 아니라 동아일보사나 조선일보사 등 언론사들도 가세하였다. 그 결과 그해 11월 23일 발기인 47명이 참석한 가운데 '조선민립대학 기성준비회'가 결성되었다. 여기에는 이상재·현상윤·고원훈(高元勳)·한용운·이승훈·김성수·송진우·장도빈 등 조선사회의 명망가들이 두루 망라되었는데, 허헌도 이 준비회 결성 과정에 적극 참여하였다.[45]

'조선민립대학 기성준비회'에서는 전국 170여 군에서 1,000여 명에 달하는 발기인을 선정하고, 1923년 3월 29일부터 3일간 462명의 발기인이 참석한 가운데 조선민립대학기성회 창립총회를 개최하였다. 이 자리에서는 문화 발달과 생활 향상은 고등교육 기관인 대학교육에 있음을 선언하는 「민립대학 발기취지서」와 예산·부지 등 세부사항을 포함한 민립대학 설립계획서를 결정하였다. 그리고 민립대학기성회 지방부를 설치한 후 전국 각 도와 만주·하와이 등 해외 동포들에게까지 모금운동을 전개하였다. 하지만 조선인 본위에 의한 고등교육을 결코 허용할 수 없었던 일제

---

44 「明川學生寄宿舍」, 『每日申報』, 1921.9.25;「갈돕會寄附金, 苦學生寄宿舍資金」, 『每日申報』, 1922.4.27.
45 「民立大學을建設코저 긔성준비회를새로히조직」, 『東亞日報』, 1922.11.30.

조선민립대학기성회 창립총회 기념(1923년 3월 30일, 독립기념관 소장)

당국의 방해공작으로 실패하고 말았다. 조선인의 이와 같은 열기를 무마하기 위해 일제는 자산가나 유지층을 회유하여 관립대학인 경성제국대학을 설립하는 방식으로 대응했던 것이다.[46]

그런데 사실 이러한 민립대학 설립운동의 적실성 여부에 대해서는 당대 사회에서도 어느 정도 논란이 있던 사안이었다. 식민지배 아래서, 그것도 10여 년 동안 가혹한 무단통치하에서 일제의 「사립학교령」 등으로 인해 조선인 절대다수가 전혀 배움의 기회

[46] 김형목, 『(한국독립운동의 역사 35) 교육운동』, 한국독립운동사편찬위원회·독립기념관 한국독립운동사연구소, 2009, 204~217쪽에서 정리.

를 얻지 못하고 있던 상황에서, 과연 고등교육의 최고기관인 대학을 설립하는 것이 시급한 과제냐는 문제가 대두했던 것이다. 사회주의계열의 민족운동가들은 대학의 설립도 필요하지만 그것보다 더 시급한 것은 절대다수를 문맹으로부터 구제할 수 있는 초등교육기관을 다수 설립하는 것이라고 보았다. 심각할 정도로 상호 논쟁이 진행되었던 것은 아니었지만, 민족운동을 주도해가는 입장에서는 전술적으로 고민해볼 만한 사안이었다고 생각한다.

민족주의의 입장에서 문화계몽운동과 실력양성운동에 주로 참여해온 허헌의 입장에서 민립대학의 설립이란 무척 반갑고 가슴 뛰게 하는 소식이었을 것이다. 특히 청년교육과 관련된 사안이었으니 무조건 지지하고 지원하며 적극적으로 참여했음은 확실하다. 그리고 이것이 좌절되었을 때 자신도 또 한 번 좌절하면서 청년교육의 중요성을 다시금 되새겼을 것이다. 이러한 그의 생각은 나중에 딸 허정숙과 함께 세계일주 여행을 다녀온 뒤에는 더욱 절실해졌다.

한편 1915년 일제의 「전문학교규칙」 및 「개정 사립학교규칙」에 따라 보성전문학교도 '사립 보성법률상업학교'로 격하되었다. 이에 1919년 3·1운동 이후의 유화적인 분위기를 타고 보성법률상업학교에서도 전문학교로 승격하려는 움직임이 일어났다. 1920년 2월 교장 윤익선이 『조선독립신문』을 발행한 문제로 투옥된 뒤 6대 교장으로 취임한 고원훈이 총독부에 전문학교 승격을 타진하는 한편, 김병로·이승우 등이 재단법인 기성회를 조직하고 각계 유지들의 호응을 촉구하였다. 왜냐하면 개정된 사립학교규칙에 따르면 반드시 일정한 재산을 가진 재단법인이 되어야만 전문학교로 될 수 있었기 때문이다. 그래서 1915년 규칙 반포 직후 사립학교로는 기독교 계통의 연희전문학교와 세브란스의학전문학교 두 곳만 1917년에 정식 인가를 받았을 뿐이었다.

기성회 활동의 결과 경남 진주의 부호 김기태(金琪邰)가 15만 원의 거금을 출연하고 박인호(朴寅浩)를 중심으로 한 천도교 측에서 현금 5만 원과 건물 및 부속토지(송현동의 천도교회 본부 건물과 대지)를 출연하는 등 각계에서 성금이 답지하였다. 허헌도 현금 2,000원을 기부하였다. 2,000원은 당시 봉급으로는 상당히 고액에 속했던 보성전문학교 교수 연봉 1,800원보다[47] 많은 금액이므로, 현재의 가치로는 수천만 원에 해당된다고 할 수 있다. 기부금이 총 43만 3,000원에 달하자 1921년 11월 28일 김기태 이하 58명의 설립자 연명으로 관계당국에 재단법인 설립 허가 신청서를 제출하였다. 그리고 한 달 뒤인 12월 28일 관계당국으로부터 허가를 받았다. 이듬해인 1922년 1~2월 사이에 대표이사와 이사진 등을 선임했으며, 그해 여름 교사(校舍)를 송현동으로 이전하였다. 설립자 58명 전원이 평의원회를 구성했는데, 1922년 2월 12일 열린 제1회 평의원회에서 허헌 등 5인이 감사로 선출되었다. 재단법인 사립 보성전문학교로 정식 인가된 것은 1922년 4월 1일이었다.[48]

그런데 법인화 이후 보성전문학교는 지속적으로 이사진 내의 재단 분규와 학생들의 동맹휴학에 시달렸다. 이사회 내에서 거액

---

[47] 고려대학교 100년사 편찬위원회, 『고려대학교 100년사』 I, 고려대학교출판부, 2008, 266, 273쪽. 한편 허근욱의 『민족변호사 허헌』에는 허헌이 현금 1만 원을 기부한 것으로 서술되어 있다(186쪽). 이후에 추가로 더 기부했을 수도 있겠으나 이를 정확히 확인할 수가 없어서 여기서는 2,000원으로 기록하였다.
[48] 고려대학교 100년사 편찬위원회, 위의 책, 263~275쪽에서 정리. 이하 보성전문학교 분규에 관해서는 같은 책의 276~288쪽에서 정리했음을 밝혀둔다.

을 출연했던 김기태와 박인호 사이에 갈등이 불거졌고, 또 설립자들로 약정된 기부금이 제때 들어오지 못함으로써 학교 경영이 불안해졌던 것이다. 결국 1923년 10월 20일 교장 고원훈이 사표를 제출하기에 이르렀다. 이 사실이 10월 23일 자 신문에 보도되자 학생들은 고원훈 교장의 유임을 요구하면서 동맹휴교에 돌입하는 등 갈등이 표면화되었다. 이에 이사회에서는 후임 총장으로 주정균(朱定均)을 내정했으나 학생들은 또 다시 불만을 표출했고 교우회에서도 주정균에 대해 반대 의사를 표명하였다. 걷잡을 수 없이 분규가 악화되자 재단 측에서는 11월 21일 이사회에서 제2후보자로 허헌을 내정하였다. 그 결과 허헌은 1923년 11월 24일 정식으로 보성전문학교 제7대 교장에 취임하였다.[49]

허헌이 신임 교장으로 취임하자 학생이나 교우들도 어느 정도 받아들이는 분위기로 선회하였다. 당시 『조선일보』에서도 "재야 법조계에 혁혁하던" 허헌의 취임으로 "금후는 제반 문제가 원만히 해결"될 것으로 보았다.[50] 1922년 4월 보성전문학교가 재단법인화됨에 따라 그해 5월 총독부 고시로 보성전문학교 졸업생도 판임문관이나 중등학교 교원이 될 수 있는 자격을 얻었다. 이에 허헌은 취임하자마자 1924년 3월 졸업할 상과 약 26명, 법과 약 28명의 취직을 주선하기 위해 여러 방면으로 뛰어다니는 등 학교의 안정화를 위해 노력하였다.[51]

허헌이 교장으로 취임했다고 해서 재단 내의 분규까지 완전히

---

49 허헌의 교장 취임 시기에 대해 1927년으로 잘못 기록된 경우가 많다. 한국민족문화대백과, 위키백과 등 인터넷 사전들의 '허헌' 항목에도 1927년 취임으로 잘못 기재되어 있다(2019년 7월 23일 검색).
50 「普成專門校長得入」, 『朝鮮日報』, 1923.11.26.
51 「許校長의 努力」, 『朝鮮日報』, 1924.1.18.

成普！레후！레후

삼十年의 긴 歷史를 가진
普成專門學校는 金祺中・金眠中氏 門
中의 돔捨로세 曙光을 바라보게
되엿다

校主 李容翊氏 追悼會光景 (上)
〔光武十一年三月十七日〕
普成專門 創立者 故 忠蕳公 李容翊氏 (中)
歷代校長 (右로부터) 俞星濬・高元勳 許 憲・朴勝彬 (下)

보성전문학교 소개 사진. 아래줄 왼쪽에서 두 번째가 총장 허헌
(『동광』 34호, 1932.6)

사라진 것은 아니어서 이사회 내 두 파의 대립은 여전히 지속되었다. 이 와중에 허헌 자신도 기부금 문제를 둘러싼 김기태 측의 성의를 불신하기에 이르렀다. 결국 허헌은 취임한 지 1년도 안된 1924년 7월 8일 사표를 제출하고, 언론을 통해 '사기증서'라고까지 운운하면서 이사회 분규의 내막을 폭로하였다. 그해 8월 18일 이사회에서는 허헌을 비롯한 고원훈·김병로·서광설(徐光卨)·오동준(吳東俊)·장길상(張吉相) 이사의 사표를 수리하였다.⁵² 그리고 8월 19일 교수회의에서는 허헌의 후임으로 서상환(徐相懽)을 교장대리로 추대하였다. 허헌의 사임 소식이 전해지자 학생들 내에서는 약간의 동요 분위기가 있었으나 이전과 같이 큰 파장으로 번지지는 않았다. 하지만 보성전문학교 이사회의 분규는 1930년대까지도 계속되었다.

보성전문학교가 분규에 휩싸여있던 동안에도 허헌은 교육사업에 대한 지원을 게을리 하지 않았다. 1924년 8월 8일에는 고원훈·유성준(兪星濬)·현상윤 등 여러 유지들과 함께 경영난에 빠진 조선여자강습원을 후원하기 위해 '조선여자강습후원회'를 조직하였다.⁵³ 또 1925년 2월 1일에는 조선 아동의 보통학교 입학난 구제 대책을 위해 김상옥(金尙沃)·김태영·이항종(李恒鍾)·현상윤·최규동(崔奎東) 등 다수의 유지들과 함께 경성유지 긴급부민대회 개최를 위해 준비위원회를 조직하였다.⁵⁴

교육에 대한 허헌의 의지는 그가 국내 민족운동의 중심인물로 부상되는 1920년대 중후반 이후에도 계속되었다. 1925년 들

52 「普成專門理事會 리사와교댱의사임을수리하고」, 『東亞日報』, 1924.8.20.
53 「朝鮮女子講習後援會」, 『東亞日報』, 1924.8.11.
54 「入學難救濟府民大會」, 『東亞日報』, 1925.2.2.

어 협성학교의 경영난이 심해지자 현상 유지를 위해 노력했으며, 1928년 11월 24일에는 중동학교후원회의 위원으로 선정되어 활동하기도 했다.[55] 앞서도 언급했듯이 허헌은 1923년 민립대학 설립운동 때부터 조선교육협회에도 관여하여, 한창 신간회 경성지회 부회장으로 활동하던 때인 1928년 6월까지도 조선교육협회 평의원으로 선출되는 등으로 활동하는 모습을 볼 수 있다.[56] 일명 조선교육회로도 불리던 조선교육협회는 민립대학 설립운동이 좌절된 뒤에도 교육에 관한 조사·연구, 야학 등을 위한 교재 발간, 조선어강습회 및 각종 운동회 개최, 일본인 교사 축출운동 등을 지속적으로 전개하고 있었다. 앞서도 언급했다시피 1926~1927년 미국과 서유럽을 중심으로 한 세계여행에서 돌아온 뒤 허헌은 조선 청년들도 구미 유학이 필요함을 더욱 절실히 깨닫고 교육에 더 많은 관심을 쏟게 되었다.

허헌은 일찍부터 여성교육에도 관심이 많았다. 1923년 12월 1일에는 조선여자청년회에서 개최하는 부인강좌에서 '시대의 추이와 주부의 상식'이라는 제목으로 열변을 토하였다.[57] 1929년 11월 28일 『조선일보』의 「당신의 가정관과 연애관(6)」에서 허헌은 자본주의가 발달한 서양과 그렇지 않은 동양의 가정관을 비교하면서 가정이나 자녀교육 등에서 개량해야 할 점이 많다고 주장하였다. 살림은 간단히 하여 시간의 여유를 가져야 하고 가정은 단출해야 하며 결혼은 연애 위에서 해야 하지만 연애와 정욕은 다

---

55 「中東學校後援會 第2回定總」, 『東亞日報』, 1928.11.29.
56 「朝鮮敎育協會에서 定期總會開催」, 『東亞日報』, 1928.6.18.
57 「昨夜의婦人講座」, 『朝鮮日報』, 1923.12.2.

르다고 자신의 견해를 밝혔다.[58] 1934년에는 차미리사(車美理士)를 도와 윤치호·김성수·장덕수(張德秀) 등과 함께 부인야학강습소를 주·야간의 본격적인 여성교육기관인 근화학원(槿花學院)로 발전시키기는 데에도 참여하였다.[59]

이렇게 청년교육과 여성교육에 관심이 많았던 허헌이 자신의 딸인 허정숙의 교육을 소홀히 했을 리 없다. 그는 허정숙을 민족교육자로 유명한 이만규(李萬珪)가 교장으로 있던 기독교계 배화여자고등보통학교에 입학시켰다. 허정숙은 당시 배화학교의 사감 차미리사의 영향 등으로 민족의식이 강해졌다고 한다. 게다가 그녀는 봉건적인 가족 구조 속에서 희생당하는 어머니의 모습을 보고 자라서인지 이에 대한 비판의식이 강하고 성격도 비교적 자유분방한 편이었다. 허근욱의 언급에 따르면, 허정숙의 이러한 성격으로 인해 이따금 아버지와 충돌을 빚었고, 성격이 모나지 않고 포용성이 많은 아버지였지만 가정에서 때때로 활극을 연출하기도 했다.

그렇다고 해서 허헌이 자신의 딸을 전통적인 여성상으로 키우고자 했던 것은 아니었다. 근대 학문을 익힌 당당한 여성으로 키우고 싶어 했다. 이보다 좀 뒤의 시기이기는 하나 1932년 잡지 『만국부인(萬國婦人)』에서 신여성이 남자 같은 복장을 하고 다니는 것에 대해 어떻게 보는가를 물었을 때, 허헌은 "씩씩하고 쾌활해 보여서 좋습니다. '여자가 남장 한다'는 것은 남자가 하는 일을 능히 할 수 있다는 것을 표현하는 것 같이 보입니다."라고 긍정적

---

[58] 「당신의＝가뎡관과련애관(六)」, 『朝鮮日報』, 1929.11.28.
[59] 「黎明의 開拓者들(23) 車美理士 : 日帝下 新敎育일군 女性운동의 햇불」, 『京鄕新聞』, 1984.8.25. 근화학원은 덕성여자대학교의 모태이다.

으로 답한 바 있다. 물론 그가 1926년 딸과 함께 세계일주 여행을 한 뒤 여성에 대한 생각이 좀 더 진취적으로 변했겠지만, 그 이전이라고 해서 자신의 딸이 전통적인 현모양처나 요조숙녀의 모습으로 성장하기를 바라지는 않았다.

하지만 전통 유학과 근대 학문을 동시에 습득한 허헌으로서는 당시까지만 해도 허정숙의 모습이 지나치게 자유분방한 것으로 비춰졌던 것 같다. 그래서 1918년 배화여고를 졸업한 열여섯 살의 큰딸을 직접 일본 고베(神戶)로 데리고 가서 신학교에 입학시켰다. 당시 허정숙은 신문사의 시 경연대회에서 입상하는 등 매우 영특하여 세간에서 '천재소녀'라 불릴 정도였다고 한다. 이런 허정숙에게 신학교의 엄격한 규율이 맞을 리 없었다. 학교생활을 매우 힘들어 하던 허정숙은 결국 3·1운동 뒤인 1920년 여름에 학업을 중단하고 귀국의 길을 택하였다. 이듬해인 1921년 중국 상하이로 유학했다가 건강 문제 등으로 귀국하여 국내의 여성단체에서 활동하였으며, 1925년 1월부터 『동아일보』 최초의 여기자가 되었다.[60] 허헌과 허정숙의 관계에 대해 유광렬은 다음과 같이 묘사한 바 있다.

씨의 영양(令孃) 허정숙 씨가 조선 사회운동의 한 맹장(猛將)인 것은 세간이 주지하는 일이다. 그러나 사회에 대한 태도에 있어서는 부녀가 서로 그 길을 달리한다. 허 씨를 갑오(甲午) 이래에 감상(感傷)과

60 허근욱, 「나의 아버지 허헌과 언니 허정숙」, 『역사비평』 28호, 1994, 217쪽. 허정숙이 우리나라 최초의 신문사 여기자로 알려져 있기도 하나, 우리나라 최초의 여기자는 개벽사의 김경숙(金慶淑)이었으며, 신문사로는 허정숙보다 2개월 먼저 조선일보사에 입사한 최은희(崔恩喜)가 있었다. 동아일보사 입사 당시 허정숙이 이미 사회적으로 널리 이름이 알려져 있었기 때문이었다고 한다(「女記者群像」, 『開闢』 신간4호, 1935.3, 70쪽; 鄭晋錫, 『한국현대언론사론』, 전예원, 1985, 386쪽).

분노로 물들인 애족(愛族)의 사(士)라 하면, 영양은 순연한 마르크스주의 색채가 농후한 여장부다. 그러나 조선민족에게 행복과 광명을 주려는 데에는 일치할 것이다. 다만 영양이 급진하는 도덕률이 허씨의 원만 평탄한 성격에 부딪힐 때는 씨는 눈물을 흘리며 타이른다는 말이 있다. 허 씨가 누구에게 말할 때는 '우리 정숙이, 우리 정숙이' 하여 마치 어린아이같이 부르며 그 영양도 어리광을 부리듯이 부친을 대한다. 이 부녀는 몇 해 전 미국 여행 때에도 동행하였고, 광주학생사건에도 부녀가 같은 사건으로 같은 감옥에 들어간 것은 그 부녀로 하여금 눈물겨운 자애(慈愛)의 정을 한층 깊어가게 하는 것이다.[61]

허헌이 서울에 다시 자리를 잡은 1920년대 이후 허헌의 집에는 수많은 항일운동가들이 드나들었고 이들은 수시로 허헌의 도움을 받았다. 앞서도 언급했다시피 후배 변호사 이인에 따르면, 허헌의 주머니에는 돈이 남아날 새가 없었고 외국여행에서 사온 값비싼 시계는 백 번도 더 전당포 신세를 졌다고 한다. 이러한 가정 분위기는 허정숙이 여성 항일운동가로 성장하는 데 좋은 조건으로 작용하였다.

비단 자기 자식만이 아니라 조선의 모든 청년들이 열심히 공부하여 민족사회와 독립에 기여하기를 바랐던 허헌은 어려운 여건으로 배우지 못하는 청년들에게는 언제나 개인적 차원에서라도 발 벗고 나서서 도왔다. 앞서도 언급했다시피 여기에는 유교문화의 전통을 지닌 조선사회에서 내 자식 남의 자식 가리지 않고 지

---

[61] 柳光烈, 「許憲論」, 1932.8, 40~41쪽.

원해주는 문화가 있었고, 젊은 시절 허헌 자신도 그러한 도움을 많이 받으면서 공부했다는 배경이 일정하게 작용했다고 할 수 있다. 게다가 허헌은 국외로 망명해 독립운동을 하던 동지들에게 평생 마음의 빚을 안고 살았다. 망명 전날 이종호와 함께 허헌의 집을 방문했던 이갑이 '뒷일'도 있으니까 허헌은 국내에 남는 게 좋겠다고 했던 말도 늘 그의 뒷목을 잡고 있었을 것이다. 물론 당시 이갑은 변호사라는 허헌의 직업을 고려하여 항일운동가들의 재판과 그들에 대한 지원을 염두에 두고 했던 말이었을 것이다.

실제로 허헌은 해외에서 고생하는 독립운동가의 자식들이 국내에서 공부하고 정착할 때 그 이면에서 이들을 돕는 역할도 하고 있었다. 한 예로 1920년대 초 일본의 외무대신이 노령의 블라디보스토크 총영사에게 보낸 기밀문서에 따르면, 이동휘의 아들 이우석(李隅石)과 딸 이경순[李敬橓, 예순(藝橓)이라고도 함]이 서울에서 공부할 수 있도록 허헌이 돕고 있었다고 한다. 이는 일제 당국이 가족과 이동휘 간의 서신 교환을 탐지해 알아낸 정보인 것 같다. 1921년 4월부터 이우석이 경성에서 공부하는데 학자금은 변호사 허헌이 대주기로 했다는 보고 내용이 있으며, 또 다른 문서에는 이경순이 정신여학교에 입학하는 것을 서울의 변호사 허헌이 도왔다는 보고 내용이 있다.[62] 이를 보면, 우연히 원산에서 만나 허헌을 기독교로 인도했던 이동휘가 1913년 국외로 망명한 뒤부터 허헌은 줄곧 그 가족과 연락하면서 자식들의 교육에까지 신경을 쓰고 있었던 것으로 보인다.

62 「機密第16號 鮮人ノ行動ニ關スル件」(1921.2.25) 및 「機密第32號 鮮人ノ行動ニ關スル件」(1921.4.19), 內田康哉(외무대신) → 菊地義郎(블라디보스토크 총영사), 『不逞團關係雜件-朝鮮人ノ部-在西比利亞 11』(국사편찬위원회 한국사데이터베이스).

세계여행에서 목도한 신문명과 사람들

허헌은 1926년 5월 31일 허정숙과 함께 세계여행의 길에 올랐다. 원래는 그날 오전 10시에 출발할 예정이었으나 '사정에 의하여' 오후 9시 50분 경부선 기차로 출발하였다.[63] 허헌의 출발일에 대해 그 자신의 기행문에서부터 오늘날의 연구들에 이르기까지 5월 30일이라고 서술된 곳이 많은데,[64] 이는 잘못된 것으로서 31일에 출발한 게 맞다.

당시 언론에서는 허헌의 여행을 주로 '구미만유(歐米漫遊)' 또는 '구미 유학'으로 보도하였다. 즉 여행이기도 하고 유학이기도 했던 것이다. 왜 이렇게 보도되었을까를 생각해보면, 일단 허정숙은 처음부터 미국 유학을 목적으로 출발한 것이었고, 허헌 자신도 당초 3년을 계획하고 다음과 같이 둘 다를 염두에 뒀기 때문인 것 같다.

---

63 「人事消息」, 『朝鮮日報』, 1926.5.31.
64 심지연, 『허헌 연구』, 역사비평사, 1994, 53쪽; 성현경 엮음, 『경성 에리뜨의 만국유람기』, 현실문화, 2015, 63쪽. 허헌이 직접 집필한 여행기의 경우도 「東西十二諸國을 보고 와서」(『別乾坤』 7호, 1927.7)에는 30일로, 「世界一周紀行(제1신), 太平洋의 怒濤 차고 黃金의 나라 美國으로! 布哇에 잠감 들러 兄弟부터 보고」(『三千里』 1호, 1929.6)에는 31일로 다르게 기록되어 있다.

이번 여행은 별안간 가게 된 것이 아니라 전부터 벼르고 벼르던 것을 이제 와서야 실행하게 된 것이외다. 지금 생각으로는 한 3년 동안 두고 미국을 필두로 영국·독일·프랑스 등 유럽 각지를 두루 구경하고 돌아올 예정이외다만은 어떻게 될런지요. 용무는 무엇이냐구요? 그저 만유이니까 선진문명국의 문물제도나 구경하고 어학이나 공부하면서 유명한 사람들의 말이나 듣고 바람 쏘이다 오는 것이지요. 그리고 직업이 직업이니까 외국의 배심제도 같은 것도 구경하려 합니다. 어학에 대하여 그 아이(영양)는 염려 없겠지만 내가 이 나이에 어학이 잘될는지 걱정이외다.[65]

유학의 예정은 약 3년간으로 작정하였으나 혹은 3년의 예정이 5년으로 될는지 또는 건너가 봐서 만사가 뜻 같지 않으면 3년의 예정이 2년으로 축소될는지 알 수 없습니다. 처음에는 미국으로 건너가서 약 2년간은 그곳에 있으며 먼저 어학을 배워 언어의 부자유함이 없게 된 뒤에는 다시 유럽으로 건너가서 약 1년 동안 체재할 예정인데, 그동안에 서양 각국의 배심재판제도라든가 그밖에 여러 가지 진보된 법률과 정치의 연구는 물론이요, 제반 문물의 제도며 사회 상태를 낱낱이 시찰하는 한편, 구미 각국의 유명한 신문사를 역방하여 신문에 관한 연구도 상당히 할 터이며, 또한 위대한 인물들도 될 수 있는 대로 찾아보아 더욱 나의 지식을 수양할까 합니다.[66]

위 『조선일보』와 『동아일보』의 인터뷰 내용을 종합해보면, 허헌이 구미만유를 결심한 목적은 1) 서양의 문물과 제도에 대한 시

65 「許憲氏歐米漫遊」, 『朝鮮日報』, 1926.5.27.
66 「許憲氏歐米漫遊」, 『東亞日報』, 1926.5.30.

찰, 2) 어학 공부, 3) 서양 각국의 유명 인사들과의 만남, 4) 서양의 배심제도 등 진보한 법과 정치 공부, 5) 서양의 유명 언론기관 탐방 등으로 정리된다. 즉 시찰과 탐방 등을 목적으로 한 여행이기도 하고 공부를 목적으로 한 유학이기도 했다. 당초 3년 정도를 계획했으나 실제로 허헌 자신은 가장 오래 체류한 미국과 러시아를 포함해 12개국을 돌아보고 약 1년 만인 1927년 5월 12일에 서울로 돌아왔다.[67] 허정숙은 뉴욕에서 컬럼비아대학에 입학하려 했으나, 학생 여권도 아닌데다가 건강도 좋지 않아 1년 반 만인 1927년 말경에 귀국하였다.

위와 같은 여러 목적이 있었지만, 허헌 부녀가 이 시기 세계여행을 결심한 데에는 또 다른 직접적인 배경이 있었다. 당시 사위 임원근(林元根)은 허헌이 변론을 맡고 있던 조선공산당 제1차 탄압사건에 연루되어 투옥되었고, 허정숙은 간신히 구속을 면하였으나 '조선공산당(제2차)'에 참여하여 북풍회(北風會) 계열의 송봉우(宋奉瑀)와 동거를 시작하였다. '조선의 콜론타이'로 불리던 허정숙과 송봉우의 연애는 당시 공산당 내 분열 문제와 겹치면서 사회 여론의 거센 비난을 받게 되었다. 이에 심적 충격을 받은 부녀는 삶의 새로운 전기를 마련하기 위해 미국 유학과 세계여행을 결심한 것이었다. 기계문명이 최고조로 발달한 자본주의국가 미국에 대해 좋은 인상을 갖고 있지 않았던 사회주의운동가인 허정숙은 당시 다음과 같은 소회를 품고 미국으로 향했다고 한다.

---

[67] 허헌의 귀국일이 기존 연구들에서 5월 10일로 기록되어 있는데(심지연, 앞의 책, 1994, 54쪽; 한인섭, 『식민지 법정에서 독립을 변론하다』, 경인문화사, 2012, 242쪽), 당시 신문기사를 확인해보면 그가 서울로 돌아온 것은 5월 12일 밤이다.

어떤 까닭인지 어렸을 때부터 미주에 대하여는 좋은 감상을 가지지 않았습니다. 그래서 여러 번 유학의 길이 열리었어도 가지 않고 있었습니다. … 나에게는 양행(洋行)의 기쁨이나 외국 유람의 즐거움이란 것은 없었습니다. 그저 돌에 맞은 듯한 무거운 머리와 수습할 수 없는 혼탁한 정신을 가지고 여정에 오른 것이었습니다.[68]

3년 여행을 계획한 허헌은 출발 2개월 전부터 영어 개인교습도 받고,[69] 집안의 땅까지 팔아서 경비도 1만 2,000원이나 마련하였다.[70] 앞서도 언급했듯이 일제강점기에 최고 수입을 자랑하는 변호사의 평균 연봉을 3,000원 정도로 보면 그 4배에 해당되는 금액이니, 지금으로 치면 수억 원에 달한다. 또 당시 허헌의 재산이 동산과 부동산을 합해 "3만 엔 정도 소유"했다고 본다면,[71] 전 재산의 1/3 이상을 세계여행에 투자할 정도로 강한 열정과 기대를 갖고 있었던 것이다.

이미 식민지 조선의 명망가 반열에 올랐을 뿐만 아니라 일제 당국의 '갑종요시찰인(甲種要視察人)'으로 지목된[72] 허헌 부녀의 장

68 許貞琡, 「울 줄 아는 人形의 女子國, 北米印象記」, 『別乾坤』 10호, 1927.12.20, 74쪽.
69 일본 메이지대학에서 법학을 전공하고 보성전문학교 교수로 일하던 최태영(崔泰永, 1900~2005)에게 영어를 배웠다고 한다(허근욱, 앞의 책, 2001, 276쪽의 각주 2).
70 許憲, 「世界一周紀行(제3신), 復活하는 愛蘭과 英吉利의 姿態」, 『三千里』 3호, 1929.11, 19쪽. 이 가운데 미국과 아일랜드에서 3,000여 원을 쓰고 딸의 학비로 1,000원을 주었다고 한다. 한편 뒷날 『삼천리』에서 자비로 세계일주를 한 최린, 허헌, 김성수의 비용을 소개한 기사를 보면, 허헌은 허정숙과 함께 2만 원을 썼다고 기록되어 있다(「世界一週의 旅費」, 『三千里』 5권 9호, 1933.9, 56쪽).
71 『倭政時代人物史料(6)』, 27쪽.
72 1926년 7월 19일 호놀룰루 총영사(桑島主計)가 외무대신(幣原喜重郎)에게 보낸 기밀문서에 따르면, 일본 외무성이 그해 3월 12일 자 '기밀합 제248호' 통신으로 허헌의 사찰에 대해 통지했고, 이에 따라 '갑종요시찰인'인 허헌이 하와이에 도착했음을 외무성에 알리고 있다(「甲種要視察人許憲寄港ニ關スル件」, 『不逞團關係雜件-朝鮮人ノ部-在歐米』 8).

허헌의 구미 유람과 명월관 송별연 장면을 보도한 기사
(『동아일보』, 1926.5.30)

기 세계여행은 국내외 관민(官民) 모두로부터 큰 주목을 받았다. 이들의 여행은 출발 전부터 중앙 일간지에 오르내렸고, 위 사진에서 보듯이 출발 3일 전인 5월 28일에는 시내 명월관 본점에서 여러 인사가 참여한 가운데 송별연도 열렸다. 이 자리에서는 김성수·송진우 등의 송별사와 허헌의 답사가 이어졌다.

허헌 부녀는 1926년 5월 31일 서울역에서 경부선 기차를 타고 부산으로 가서 다시 일본으로 건너갔다. 그리고 6월 16일 요코하마에서 일본우선(日本郵船) 보쿠요마루(墨洋丸)를 탔고 29일에 하와이 호놀룰루에 도착하였다.[73] 이후 7월 8일 하와이를 떠나 14일 샌프란시스코 항구에 도착하여 미국의 여러 도시를 돌아보고, 1927년 1월 15일 아일랜드를 향해 출발했다. 그러니까 허헌은 전체 여행 기간의 절반 이상인 6개월을 하와이를 포함한 미국에 머물렀던 셈이다. 서구 자본주의 문명 시찰, 영어 공부, 딸의 유학 등 여러 목적이 겹쳐 있었기 때문일 것이다. '갑종요시찰인'인 '불령선인(不逞鮮人)' 허헌의 일거수일투족은 호놀룰루에 도착하면서부터 미국 땅을 돌아보는 내내 현지 영사관에 감시되어 「갑종요시찰인 허헌의 동정에 관한 건」 등의 제목으로 일본 외무성과 조선총독부 등에 보고되었다.[74]

1927년 5월 12일에 귀국한 허헌은 그해 7월에 발간된 『별건곤(別乾坤)』 7호에 첫 여행기인 「동서(東西) 12제국(諸國)을 보고 와서」를 실었다.[75] 이후 1929년 6월 잡지 『삼천리』가 창간될 때 허

---

[73] 허헌은 일본 기선 다이요마루(太洋丸)를 탔다고 회고했지만, 위의 기밀문서에 따르면 "허헌은 6월 29일 보쿠요마루(墨洋丸)로 당지(當地)에 기항(寄港)"했다고 쓰여 있다(「甲種要視察人許憲寄港ニ關スル件」, 1926.7.19). 당시 허헌 부녀가 탔던 배가 어느 쪽인지 불분명하지만, 호놀룰루 총영사가 당일 보쿠요마루 내에서 허헌이 현지 동포들에게 전보하고 다수가 보쿠요마루로 직접 마중 나온 상황 등에 대해 상세히 보고하고 있는 것으로 보아, 보쿠요마루를 탔을 가능성이 높다.
[74] 일본 외무성 기록 가운데 『不逞團關係雜件 – 朝鮮人ノ部 – 在歐米』 8에는 미국 체류 기간 중 허헌의 사찰과 관련하여 다음과 같은 문서들이 포함되어 있다. 「甲種要視察人許憲寄港ニ關スル件」, 1926.7.19; 「甲種要視察人許憲寄港ニ關スル件」, 1926.8.13; 「甲種要視察人許憲ノ動靜ニ關スル件」, 1926.11.1; 「甲種要視察人許憲ノ米國旅行ニ關スル件」, 1926.11.29; 「甲種要視察人許憲ノ動靜ニ關スル件」, 1926.12.15.
[75] 귀국 직후 작성한 이 여행기는 여행의 기간, 경로, 비용 등을 개략적으로 밝힌

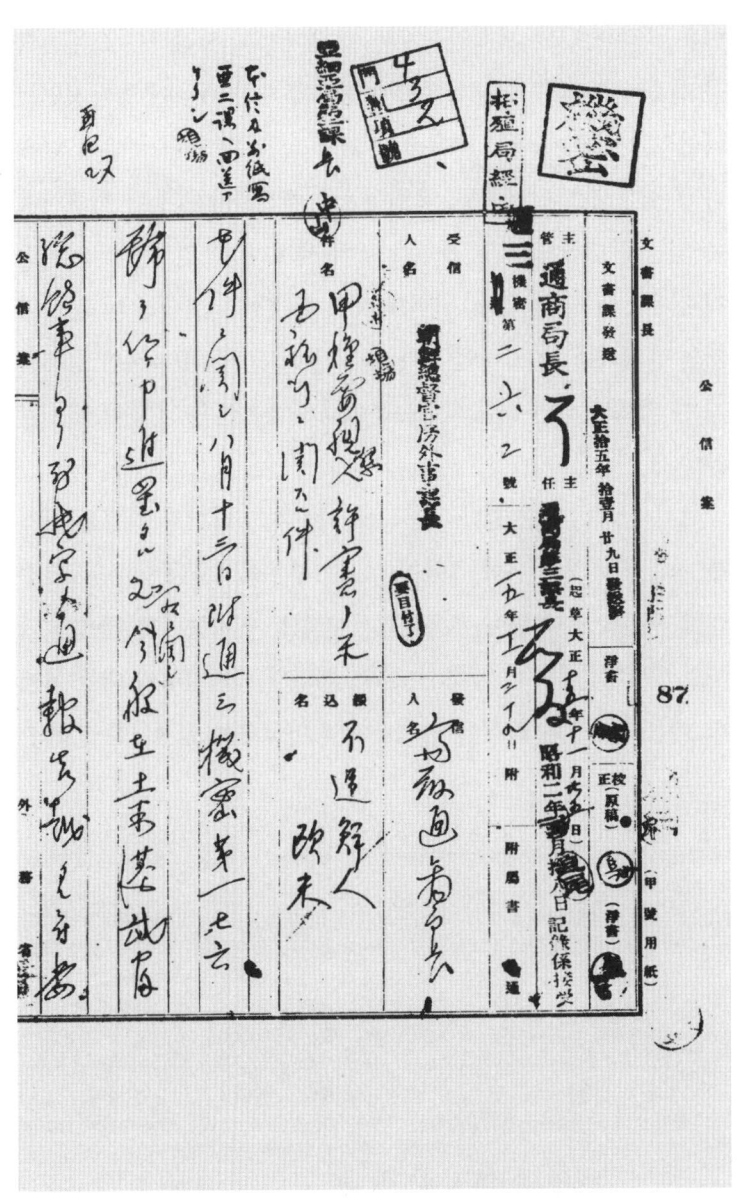

여행 중인 허헌의 동정을 사찰하여 상세히 보고한
「갑종요시찰인 허헌의 미국 여행에 관한 건」(1926.11.29)의 첫 쪽.
미국 영사관에서 일본 외무성에 보고한 내용을,
다시 외무성 통상국장이 조선총독관방 외사과장에게 보낸 것이다.

헌은 본격적으로「세계일주기행」을 연재하기 시작하여 모두 3회가 실렸다.[76] 최근 인문학에서 여행기에 대한 관심이 높아지면서 허헌의 기행문이 매우 주목을 받았고 몇 편의 관련 논문이 나왔다.[77] 한평생을 인권운동, 독립운동에 매진하다시피 한 허헌이라는 인물에 대한 학계의 관심이 그의 세계여행에만 국한되어버린 것 같은 느낌도 들지만, 허헌에 대한 본격적인 연구는 이 분야가 거의 유일하다 해도 과언이 아니다. 앞서도 언급했다시피 현재까지 이 외에는 허헌 관련 학위논문이나 학술논문은 거의 나오지 않았다.[78]

아마 삼천리사는 출범과 동시에 야심차게 허헌의 기행문 연재를 기획했던 것 같은데, 1929년 11월 광주학생운동 이후의 '민중대회 사건'으로 허헌이 투옥되면서 기행문 연재는 3회 만에 중단되고 말았다. 따라서 1926~1927년 허헌의 세계여행에 대한 상세한 내용도 1~3회에 걸친 연재물에서 미국과 아일랜드를 소개한

'일종의 여행 보고' 성격을 갖고 있다(김효주,「1920년대 여행기에 나타난 미국 인식과 표상 - 허헌·허정숙의 미국 여행기를 중심으로」,『한국민족문화』49호, 2013, 37쪽).

[76] 『삼천리』에 연재된 허헌의「세계일주기행」각각의 제목은 제1신이「태평양의 노도(怒濤) 차고 황금의 나라 미국으로! - 하와이에 잠깐 들러 형제부터 보고」(1호, 1929.6), 제2신이「꽃의 할리우드를 보고 다시 대서양을 건너 아일랜드로!」(2호, 1929.9), 제3신이「부활하는 아일랜드와 영국의 자태」(3호, 1929.11)로 되어 있다.

[77] 대표적으로 다음과 같은 연구들이 있다. 황호덕,「여행과 근대, 한국 근대 형성기의 세계 견문과 표상권의 근대 - 허헌의 구미만유(歐美漫遊)를 중심으로」,『인문과학』46집, 2010; 임경순,「한국 근대 해외 기행 문학의 양상과 의미 -『삼천리』소재 허헌(許憲)의 구미(歐美) 기행문을 중심으로」,『국어교육』137호, 2012; 류시현,「근대 조선 지식인의 세계여행과 동서양에 관한 경계 의식」,『아시아문화연구』29집, 2013; 김효주, 앞의 글, 2013.

[78] 최근 필자는 허헌의 활동과 관련하여 다음 세 편을 논문을 발표하였다.「兢人 許憲의 성장과정과 한말 변론활동 연구」,『사학연구』130호, 2018;「일제강점기 허헌의 항일변론 활동 연구」,『애산학보』47, 2020;「항일변호사 허헌의 '나눔'의 일상과 형사변호공동연구회 - 식민지 사회와 유교문화의 재코드화」,『역사연구』39호, 2020. 이 글들의 내용은 본서에 거의 다 포함되었음을 밝혀둔다.

것 외에는 알기 어렵게 되고 말았다. 이를 제외한 유럽대륙의 9개국 즉 영국·네덜란드·벨기에·프랑스·스위스·오스트리아·독일·폴란드·러시아 등의 여행에 대해서는 경로조차 알기 어렵다. 게다가 모든 언론이 일제 당국의 극심한 검열을 받고 있던 상황에서[79] 『삼천리』라는 대중잡지를 통해 허헌이 밝힐 수 있는 이야기는 매우 제한적이었던 것 같다. 그가 여행기를 통해 다음과 같이 언급한 데서 충분히 짐작할 수 있다.

> 미국에 여러 달 머무는 사이에 이 나라 민중의 기질이라든지 노농러시아와 양 극단에 있어서 세계의 문화를 풍미하고 있는 아메리카니즘을 본 것이 없는 것이 아니지만, 대개는 시사와 정치에 관계되는 것이므로 『삼천리』지를 통해 말씀드릴 자유가 없어서 그냥 지나가기로 한 것이외다.[80]

허헌이 여행한 국가는 당시 자료에는 12개국으로 소개되어 있다. 오늘날의 관점에서 보면 〈표 2〉에서 보듯이 일본과 중국을 포함해 총 13개국인데, 아마도 식민지 조선은 '일본국'에 속했기 때문에 12개국으로 표현되었을 것이다. '구미만유'라는 여행의 성격과 긴 여정 속에서 그가 동양을 넘어 서양과 조우한, 즉 심상 지리 속에서 동양과 서양을 구별하고, 동양을 벗어난 지점은[81] 바로

---

[79] 예컨대 허헌의 첫 여행기 마지막 부분이 "이하 노농러시아 방문 항목 10여 행 삭제(以下農露訪問條十餘行削)"로 되어 있는 데서도 알 수 있다(「東西 十二諸國을 보고 와서」, 『別乾坤』 7호, 1927.7, 16쪽).
[80] 許憲, 「世界一周紀行(제3신), 復活하는 愛蘭과 英吉利의 姿態」, 1929.11, 15쪽; 許憲, 「復活하는 愛蘭」, 『平和와 自由』, 三千里社, 1935, 9쪽.
[81] 류시현, 앞의 글, 2013, 68쪽.

〈표 2〉 허헌의 세계여행 여정 정리(1926.5.31~1927.5.12)

조선(1926.5.31~?)

- 1926년 5월 31일 오전 10시 서울역에서 경부선 기차를 타고 허정숙과 함께 출발.
- 부산에서 배를 타고 일본으로 건너감.

일본(1926.6.초~6.16)

- 오사카에서 배를 타고 도쿄로 감.
- 도쿄에서 기차를 타고 요코하마로 감.
- 6월 16일 아침 요코하마에서 일본 기선 보쿠요마루(墨洋丸)로 하와이로 향함. 선실에서 영어 공부.

미국(1926.6.29~1927.1.15)

- 6월 29일 아침 하와이 호놀룰루 도착. 최창덕(한인교민단장), 민찬호(중앙교회 목사), 홍한식, 김누디아, 김복순(대한부인구제회 중앙부장) 등 다수 교포들의 마중. 당일 저녁 7시 반에 한인기독교회당에서 허헌 부녀 환영회 개최, 허헌이 조선 및 일본에서의 독립운동 상황에 대해, 허정숙이 부인사회의 상황에 대해 강연함. 이후 교민단, 청년회, 교회당 등을 돌며 여러 차례 연설. 하와이 거주 동포는 7,000명.
- 미국독립기념일인 7월 4일 한인기독교회당에서「자유 독립」이라는 제목으로 연설, 7월 7일 자『국민보(國民報)』에 크게 기사로 실림.
- 7월 8일 호놀룰루에서 미국 기선 프레지던트 클리블랜드호로 샌프란시스코로 향함.
- 7월 14일 샌프란시스코 제36부두 도착. 백일규(총회장, 언론사 사장)의 마중. 샌프란시스코 재류 동포는 200여 명. 시가지를 둘러봄.
- 7월 17일경 아침에 기차를 타고 저녁에 로스앤젤레스 도착. 재류 동포 600여 명. 과거 안창호의 집, 할리우드 등을 둘러봄.
- 7월 하순 기차를 타고 동부로 가서 시카고 도착. 염광섭(도서관 간사, 허헌이 유학 비용 500원 지원) 마중. 세계적인 호화 호텔을 예약하여 낭패를 본 일화가 있음.
- 보스턴, 케임브리지 등에서 대학과 도서관 등을 둘러보고 뉴욕으로 향함.
- 뉴욕 도착. 장덕수 등 민단 관계자 만남. 맨해튼 거리, 교회, 각종 기념물, 국회의사당, 미국 독립 150년 기념 만국박람회 등 구경. 컬럼비아대학에서 허정숙의 유학 수속.
- 수도 워싱턴 도착. 백악관, 워싱턴기념탑 등 관람. 쿨리지 대통령 만남. 미국의회 참관. 상원 외교위원장 보라와 회견. 야회(夜會)에 참가하여 왈츠 춤.
- 다시 뉴욕으로. 네이던 헤일 동상 등 관람. 뉴욕 선거일(1926년 11월 11일)을 맞아 이대위(기독교청년연합회 간사)와 함께 태매니홀 등의 선거장 관람. 아일랜드 신페인당의 미국 총지부장으로부터 에이먼 데 벨레라(아일랜드자유국 대통령) 등의 소개장을 받음.
- 피서지 픽스킬로 가서 2개월 동안 영어 공부.
- 1927년 1월 15일 허정숙을 뉴욕에 남겨두고 혼자 리버풀 행 영국 기선 아라니아호를 타고 아일랜드로 향함.
- 미국인은 매우 친절하다고 생각함.

아일랜드(1927.1.22~1.27)

- 1월 22일 아일랜드의 퀸스타운 경유(8시간 정박). 캐나다 신페인당 지부장 부처와 함께 택시를 타고 시가지를 둘러봄.
- 영국 리버풀 도착 후 다시 배를 타고(4시간) 아일랜드의 킹스타운으로 향함.
- 킹스타운 도착 후 다시 기차를 타고(30~40분) 수도 더블린에 도착. 택시를 타고 데 벌레라를 만나기 위해 민립대학으로 갔으나 그의 남부지방 출장으로 만나지 못함. 다음 날 정청(政廳)으로 가서 의회, 재판소, 감옥 등 견학. 『인디펜던스』 신문사, 더블린대학 등 방문. 아일랜드 의회 참관 때 중국인으로 오해받음.
- 여성들의 적극적인 활동을 인상적으로 느낌. 소학교에서도 모두 아일랜드어만 사용하는 것을 알게 됨.

영국(1927.1.27~?)

- 1월 27일 런던 도착. 영국 유학생은 9명. 중국인 행세하는 멩주 정(정명구, 런던대학 외교과 재학생)의 도움으로 맥도널드 수상(노동당 당수)과 면담하여 중국 문제와 조선 문제 토의(30분 정도). 2~3일 후 자유당 당수 로이드 조지와 만나고 연설 청취.
- 케임브리지로 가서 케임브리지대학 견학. 박석윤(케임브리지대 법대생) 만남.
- 『런던타임스』 등 언론사 방문. 대규모 공장, 신문사, 무선전신국 등 방문. 무선으로 사진이 나오는 것도 목격.
- 선거권을 가진 학생들의 적극적인 정치 참여를 인상적으로 느낌.

네덜란드(날짜 미상)

(기록 없음)

벨기에(1927.2.9~?)

- 2월 9일 브뤼셀 도착.
- 2월 10~14일 브뤼셀에서 열린 세계약소민족대회(세계피압박민족대회)에 이극로, 이의경, 김법린, 황우일 등 조선대표단과 함께 참가. 시종일관 신문기자 자격으로 방청석에서 참관.
- "작은 나라지만 꽤 재미있게 살고" 있는 곳이라 생각함.

스위스(1927.2.중순경~?)

- 제네바의 국제연맹본부 시찰.
- 빼어난 경치에 감탄함.

프랑스(날짜 미상)

- 유학생 20명을 포함한 조선동포가 37~38명.
- 프랑스인은 활발하나 교활하고 사치스러운 사람이 많다고 느낌.

오스트리아(날짜 미상)

(기록 없음)

독일(날짜 미상)
- 모든 것이 규모적이고 독일인은 정직하고 진취적이라고 느낌. 정돈된 시가지와 무성한 삼림에 놀람. 조선인 유학생 37~38명.
- 기계공업의 발달에 놀람.

폴란드(날짜 미상)
- 조선인 1명 체재(함경도 출신 의사 유초시, 부인은 러시아인).
- 신흥국. 과거 관계로 독일 및 러시아에 감정이 좋지 않다고 느낌.

러시아(날짜 미상)
- 약 50일 체재.
- 수천 명의 조선 동포 중 학생이 400명인데 그 중 170명은 포병 또는 보병 사관학교에, 약 250명은 공산대학이나 손문대학에 재학 중. 러시아 여자와 결혼한 사람은 약 70명인데 선거권을 보유함.
- 기술자의 영·미 파견 유학을 인상적으로 봄.

중국(1927.5.4~?)
- 5월 4일 시베리아 철도로 창춘 도착. 동아일보 창춘지국 환영회 참석.
- 5월 5일 다롄으로 감. 이후 상하이로 갈 예정이었으나 와병으로 중단하고 곧바로 귀국.

조선(1927.5.12)
- 5월 12일 밤 9시 50분 서울역 도착.

6월 16일 일본 요코하마항을 출발하여 망망대해의 태평양으로 나아가면서부터였을 것이다. 서양과 만나기 위한 준비로 그는 태평양을 가로지르는 선상에서도 열심히 영어 공부에 몰두하였다. 먼저 허헌이 남긴 기행문과 기타 서술들, 언론 보도 등을 토대로 당시 그의 여행 경로, 그가 만난 사람, 보고 들은 것, 각국에 대한 단편적인 인상 등을 일정 순으로 정리해보면 〈표 2〉와 같다.

허헌은 총독부에 여행 목적을 '구미 각국의 사법제도 견학'이라 하고 여권을 발급받았다. 그리고 변호사, 보성전문학교 교수, 동아일보사 기자 등 3개의 명함을 준비하였다. 사법제도 관련 시찰 때는 변호사 명함, 대학이나 도서관 등 교육제도 시찰 때는 교수 명함, 이 외의 일반 정치·사회 관련 시찰 때는 기자 명함이 아주 유용하게 사용되었다고 한다. 앞서 살펴본 허헌의 세계여행 목적과 위 일정들에서 알 수 있듯이, 허헌은 단순한 관광 차원을 넘어서 구미 각국의 문물을 시찰하고, 현지 동포와 유학생들을 만나 국내 소식을 전하는 등의 연설을 하고, 기회가 될 때마다 각국 정치 지도자를 만나 식민지 조선 독립의 필요성을 역설하기도 했다. 이에 대해 당시 허헌의 행보는 '단순한 외유'의 의미를 넘어선 "일종의 유사 외교 행위"였으며, "조선의 문제를 제국 일본과의 관계가 아닌 세계 지평에서 구상하고자 한 정치적 기획"이었다는 평가도 있다.[82] 문물의 시찰도 단순히 아메리카니즘으로 대표되는 자본주의 물질문명의 현상을 직접 확인하는 것을 넘어서, 직접 의회정치나 선거 과정을 참관하고 사법제도와 교육·언론제도를 탐구하는 등 여러 방면에 걸쳐 있었다. 특히 국민의 직접 참여에 기초한 발달된 의회민주주의와 배심원제도를 중심으로 한 사법제도에 큰 감화를 받았다.

허헌은 첫 여행지인 하와이에서 9박 10일을 머물렀다. 당시 미국에 거주한 조선인이 약 1만 명 정도인데 하와이에만 7,000명이 살고 있어서, 배에서 내리는 순간부터 교포사회의 큰 환대를 받았다. 이후 허헌은 교민회·청년회·교회 등에서 고국의 사정과 독립운동에 대해 여러 차례 연설을 했다. 특히 1926년 7월 4일 미국독립기념일에 한인기독교회당에서 연설한 「자유 독립」은 현지 대한인국민회(大韓人國民會) 하와이지방총회에서 발행한 주간신문 『국민보(國民報)』[83] 7월 7일 자에 대서특필될 정도로 주목을 받

82 성현경 엮음, 앞의 책, 2015, 66쪽.
83 『국민보』는 1907년 10월 17일 창간된 『한인합성신보(韓人合成新報)』와 1909년 2월 15일 그 명칭을 변경한 『신한국보(新韓國報)』의 뒤를 이어 1913년 8월 1일부터 발행된 주간신문이다. 홍종표(洪宗杓)·박용만(朴容萬)·이승만 등이 주필과

왔다. 그 내용은 호놀룰루 총영사가 일본 외무대신에게 보낸 사찰 문서에도 일본어로 번역 소개되어 있다.

오늘은 미국독립기념일로 미국 민족은 환희하지 않을 수 없는 경축일이다.

미국은 국가라 해도 아직 1세기 반의 역사에 불과하지만, 현재의 정치를 언급할 때는 세계 어느 나라보다 한걸음 더 진전되어 국제적으로는 새로운 주인공으로 보인다. 그들 민족의 진보는 선진국들을 능가하여 전체 인류의 지도자가 되었음을 인정할 수 있다.

(중략)

오늘날 미국 민족은 대개 유럽 인종이다. 다시 말하면 영국의 식민으로 … 당시(독립선언 당시 - 역자) 미국인의 사상은 현재 우리 한인과 비교하여 기미년의 독립운동과 유사한 점은 없지만, 내가 말하고 싶은 것은 미국독립선언 당시의 정치가 패트릭 헨리(Patrick Henry)가 "우리에게 자유를 달라. 그렇지 않으면 죽음을 달라"고 절규한 고통스런 구절은 쉽게 상상할 수 있다. 돌이켜보건대 미국인이 1776년 독립선언을 발포한 차제에 계속 분투한 결과 오늘날 이러한 자유독립국이 되었다. 우리 한인도 항상 분투노력 매진하면 미국처럼 독립이 가능함은 의심할 여지가 없다. 미국인은 하늘로부터 향유한 자유평등을 제창하여 오늘 같은 기쁜 기념일을 맞을 수 있었다. 그렇다면 우리도 기미년의 운동을 다시 일으켜 계속하고 여러 곤란한 점을 이겨낸다면 언젠가는 독립기념일을 맞을 수 있을 것이다. 20세기 들어 한인은 시종일관 극도로 고통스럽고 비관적이었다.

제작에 참여한 교포사회의 대표적인 신문이다(한국민족문화대백과, '국민보' 항목 참조).

'한일합방(韓日合邦)'은 아무리 양보해봐도 합법이 아니다. 청일전쟁(러일전쟁의 오기로 보임-역자) 당시의 조칙(詔勅) 및 조약(條約)상으로 논해봐도 적법(適法)이라고 인정할 수 없다. 그런데 일본은 강제적 수단으로 이른바 합병을 단행하였다. 현재의 대한민족은 모두 일본 학정(虐政) 아래 있어서 도저히 생명과 재산의 보호는 바랄 수도 없다. 이외에도 이루 열거할 수 없을 정도로 수많은 실례를 들 수 있다. 우리는 경제적 파멸에 직면해 있다.

조선과 일본은 제1차 독립운동 후 휴지(休止)의 상태에 있지만 이제 다시 대두할 기운이 충만해 있다. 이것이 어디에서 기인하느냐 하면, 우리의 국토는 일본에 합병되었어도 애국의 민족적 정신은 추호도 변함이 없으며, 아무리 일본이 선정(善政)을 베풀고 민심의 완화를 유도하려 해도 독립운동 박멸은 절대 불가능하며, 기미년 독립운동은 세계적으로 일본의 악정(惡政)을 폭로한 것이었다는 데에 있다. 조선과 일본은 문화면에서도 또 그 밖의 제도면에서도 근본적으로 다르다. 일본은 총독정치를 시행하고 대한인을 동화 회유하려 해도 조선은 일본보다 오랜 역사를 지니고 있고, 오히려 조선인이 일본인을 문화로 이끌었던 옛 스승[舊師]이다. 그런데 조선은 18~19세기의 정치적 부패가 가장 큰 원인이 되어 지금 나라는 망하고 우리는 참담한 지경에 놓여 있어도, 대한민족으로서 옛날의 문명을 계승하여 지금도 여전히 찬란하게 빛나고 있다. 아무리 일본이 합방정책에 노력해도 우리의 혈관 속에 독립의 적성(赤誠)이 넘쳐나고 있음을 보라. 한-일 양 민족의 이해가 다 상반되지 아니한가. 이를 둘로 나누지 않으면 화평은 절대 바랄 수 없다.[84]

84 「甲種要視察人許憲寄港ニ關スル件」(1926.7.19) 중 '허헌의 연설 - 자유 독립(번역문)' 부분.

위 연설 내용에는 1920년대 중반 당시 '조선 문제'를 보는 허헌의 남다른 시각이 잘 드러나 있다. 첫째는 "나는 미국 역사를 자세히 알지 못한다."는 단서가 붙어 있긴 해도, 미국독립선언 당시 미국인의 사상과 1919년 3·1운동 당시 조선인의 사상은 다르다는 점을 인지하고 있다. 둘째는 러일전쟁 이후 을사늑약과 강제병합조약이 체결되는 과정에 대해, 법조인의 입장에서 도저히 적법성을 찾을 수 없다는 점을 분명히 하고 이를 국제사회에 폭로하고 있다. 셋째는 3·1운동의 가장 큰 의의는 세계에 일본의 악랄한 식민통치를 폭로한 것임을 강조하고 있다. 넷째는 국토의 병합과 민족(민족성)의 병합을 철저히 분리하고 있으며, 일본이 아무리 동화를 주창해도 역사적으로 보면 조선이 일본보다 앞선 문명과 문화의 민족임을 내세워 해외 동포사회에 민족의식을 고취하려 노력하고 있다. 또한 이 연설 내용을 통해 허헌은 지금까지 국내에서 함부로 말할 수 없었던 내용을 마음껏 쏟아내면서 스스로의 자유를 만끽하고 있음도 느껴진다.

세계여행 일정 전체를 통틀어 허헌에게 가장 놀라웠던 것은 바로 자본주의 물질문명, 즉 기계공업의 발달이었다. 특히 미국과 독일에 대해 "세계적 대 기계공장을 보고는 누구나 경탄을 아니할 수 없습니다. 보고도 알지 못하겠고 알고도 말하기가 어렵습니다."라고 밝혔다. 처음 미국 본토를 둘러보고 그는 "좌우간 나는 미국에 와서 물질문명의 절대한 위력을 깨달았다. 처음에는 남들은 이렇게 하고 사는데 우리는 … 이라는 '비관과 낙망'도 많이 했다"고 한다.[85] 허헌은 미국을 "황금의 나라, 물질문명 지상의 나

---

[85] 許憲, 「東西 十二諸國을 보고 와서」, 『別乾坤』 7호, 1927.7, 44쪽; 許憲, 「世界一周紀行(제2신), 꽃의 「바리웃드」를 보고, 다시 太平洋 건너 愛蘭으로!」, 『三千里』

「구미 명사와 회의 중인 허헌(오른쪽에서 두 번째)」라는 제목의 사진
(『삼천리』 1호, 1929.6, 8쪽)

라, 자본주의 최고봉의 나라, 여자의 나라, 향락의 나라, 자동차의 나라인 북미합중국"이라고 묘사하기도 했다.[86]

다음으로 세계여행을 통해 허헌이 경험한 중요한 것은 바로 의회정치나 선거제도, 사법제도 등 서구사회의 선진적인 정치 제도와 문화였다. 미국 의회를 참관했을 때는 하원보다는 상원을 훨씬 재미있게 구경했다고 한다. 왜냐하면 외교나 전쟁 비준 같은 국제적인 큰 사안들은 모두 상원에서 토의하고 결정하기 때문이었다.[87] '대한제국'의 상태에서 일본의 식민지로 전락한 조선의 지식인 허헌으로서는 국민주권의 근대국가, 공화주의와 민주주의 등 이론으로만 존재하던 지식들의 간접 경험이 되었던 것 같다. 이러한 자산은 그가 귀국 직후 맡게 된 '조선공산당 사건' 변론이나 정

2호, 1929.9, 25쪽.
86 許憲, 「世界一周紀行(제1신)」, 『三千里』 1호, 1929.6, 8쪽.
87 許憲, 「世界一周紀行(제2신)」, 『三千里』 2호, 1929.9, 25쪽.

치운동기관으로 탄생한 신간회 활동을 이끄는 데에도, 또 8·15 이후 해방공간에서 정치적 리더 역할을 하는 데에도 두고두고 큰 도움이 되었을 것이다.

세계여행 여정 중 절반 이상의 기간을 소요한 미국 여행도 큰 충격이었지만, 허헌에게 또 다른 감흥으로 남은 여행지는 바로 아일랜드였다. 그는 여행기 여러 곳에서 아일랜드에서 자신이 가장 '우대'를 받았다고 서술하였다. 실제로 정부청사, 의회, 법원 등 방문하는 곳마다 환대를 받았다. 아일랜드는 같은 백인종에다 같은 문화권에 속한 인접 국가인 영국인의 식민지배를 받고 있다는 점에서, 같은 황인종에다 같은 문화권에 속한 일본인의 지배를 받고 있는 조선-일본의 관계와 비견될 만한 점이 많다. 그런 아일랜드가 1919년 이래 독립전쟁의 성과로 1922년에 캐나다나 오스트레일리아처럼 영국의 자치령으로 바뀌어 '아일랜드자유국'으로 거듭났고 1923년에는 국제연맹에도 가맹했으니, 남다른 감회를 갖는 것은 당연했다. 허헌은 미국에서 아일랜드로 건너가면서 "자유공화국인 아일랜드! 나는 여기에 무한한 동경과 애모심을 가지고 리버풀 행의 기선에 오른 것이다."라고 밝혔다.[88] 다만 미국의 픽스킬에서 어학을 공부할 때 만난 신페인당 뉴욕 총지부장이 에이먼 데 벌레라(Éamon de Valera)[89] 앞으로 써준 소개장을 가지고 그를 방문했으나, 때마침 남부지방 출장 중이라 만나지 못한

---

88 許憲, 「新興自由國 愛蘭印象記」, 『彗星』 2권 4호, 1932.4, 97쪽.
89 에이먼 데 벌레라(Éamon de Valera, 영어명은 조지 데 발레로, 1882~1975)는 뉴욕 출신의 아일랜드 정치인으로서 영국에 대항해 아일랜드 독립에 힘썼으며 임시정부의 수반을 맡았다. 아일랜드공화국 대통령(1921~1922), 아일랜드자유국 대통령(1932~1937), 아일랜드 대통령(1959~1973)을 지냈다. 20세기 아일랜드 역사에서 가장 큰 영향을 끼친 인물 가운데 한 명으로 평가된다.

것만이 아쉬울 뿐이었다. 중국 문제가 주요하게 논의되던 아일랜드 의회를 참관했을 때는, 특별방청석에 아일랜드정부 관리와 함께 앉아있다 보니 중국인으로 오해받기도 했지만 그들의 모습에 기분은 매우 좋았다고 한다.[90]

아일랜드에 이어 영국을 여행하면서 수상이자 노동당 당수인 제임스 맥도널드(James Ramsay MacDonald)를[91] 만나 면담한 것은 허헌에게 아주 좋은 기억으로 남았다. 예상 외로 허름한 노동당 건물과 누추한 사무실, "일류 정치가라기보다는 질박한 시골 노인의 자태"를 풍기는 그의 첫인상과 강직한 말투도 매우 인상적이었다. 30분 정도 대화를 하면서 허헌은 조선의 정세를 설명하고 그의 질문에도 상세히 대답했다. 이후 어느 연회석상에서 자유당 당수인 제임스 로이드 조지(David Lloyd George)를 만났는데, 소박하고 검소한 맥도널드와 달리 그는 교활하다는 인상을 받았다고 한다.[92] 또한 아일랜드에서 여성의 사회 활동이 적극적인 점을 상당히 인상 깊게 보았다면, 영국에서는 선거권을 가진 18세 이상 대학생들이 정치운동에 관여하는 모습을 인상 깊게 보았다고 한다.[93]

---

90 「世界的 大會議와 各國 議會의 印象」, 『三千里』 8권 6호, 1936.6, 38~39쪽.
91 제임스 맥도널드(James Ramsay MacDonald, 1866~1937)는 영국 스코틀랜드 농민 출신의 정치가로서 1906년 영국노동당을 창당하고 당수가 되었으며, 총리(1924~) 겸 외무장관이 되어 유럽의 전후 처리와 평화 유지에 힘썼다.
92 崔麟·洪陽明·許憲·金若水·林元根, 「내가 본 東西半球의 풍운아」, 『三千里』 4권 7호, 1932.5, 6~7쪽.
93 許憲, 「參政權과 學生」, 『三千里』 4권 12호, 1932.12, 41~42쪽.

세계약소민족대회 참관 후 앞당긴 귀국

아일랜드와 영국을 돌아본 허헌은 1927년 2월 9일 네덜란드를 거쳐 벨기에로 건너갔다. 다음 날인 2월 10일부터 14일까지 브뤼셀의 에그몽 궁전에서 열리는 세계약소민족대회(세계피압박민족대회)[94] 본회의를 참관하기 위해서였던 것으로 보인다.

본회의에 앞서 2월 5~9일에 예비회의가 열렸다. 조선에서 공식적으로 참가한 대표단은 이극로(李克魯)·황우일(黃祐日)·이의경(李儀景, 일명 李彌勒)·김법린(金法麟) 등 4인이었으며, 비공식적으로 허헌과 김준연(金俊淵)이 참가하였다. 당시 이극로는 독일 베를린대학에서 철학을, 황우일은 경제학을, 이의경은 뮌헨대학에서 동물학·철학·생물학 등 이학(理學)을, 김법린은 프랑스 파리대학(소르본느)에서 철학을 각각 공부하고 있었다. 이들 가운데 대회 참가를 주도한 것은 이극로와 김법린일 것으로 추측된다.[95]

---

94 당시 언론에서는 주로 이 두 명칭으로 번역해 사용했는데, 허헌은 '세계약소민족대회'로 명명하는 경우가 많았다. 공식 영문명은 International Congress against Colonial Oppression and Imperialism으로서, 직역하면 '국제 반 식민압제·제국주의 대회'이다(조준희, 「1927년 브뤼셀 피압박민족대회 한국 관계 사료」, 『숭실사학』 25호, 2010, 389쪽의 각주 1 참조).

1926년 9월 상하이의 조선청년동맹회에서 이 대회에 출석할 대표를 위한 조사를 시작했고, 그해 12월 『동아일보』에 브뤼셀 대회가 개최된다는 사실이 보도되었다. 당시 동아일보사 기자로 근무하던 국내의 김준연이 독일의 조선인 유학생단체인 유덕고려학우회(留德高麗學友會) 핵심 인물인 이극로에게 이 소식을 알렸고, 이극로는 다시 프랑스에 있는 지인 정석해(鄭錫海)를 통해 파리한인회 회장을 맡고 있던 김법린에게 이 사실을 전달함으로써 대회 참가를 위한 직접적인 준비가 이뤄졌던 것이다.[96]

허헌이 이 대회에 한국대표단의 일원으로 참여했다는 당시의 기록이나 연구가 많이 있는데,[97] 위에서 보았듯이 이는 사실과 달랐다. 당시 언론에서조차 이러한 오류를 보인 이유는 대회 참석자들 가운데 허헌이 40대로 월등하게 연배가 높고 명망 있는 원로급이었기 때문이다. 이러한 오류는 일제 당국의 기록에서도 동일하게 드러나는데, 허헌이 이 대회에서 「일본제국주의와 정치」라는 제목으로 보고 연설한 것처럼 서술되어 있다.

1927년 2월 벨기에 브뤼셀에서 개최된 식민지압박반대 국제대회

95 한인섭, 앞의 책, 2012, 233~236쪽. 이극로와 함께 베를린대학을 다니고 귀국한 김준연이 브뤼셀 대회 참가를 위해 비밀리에 이극로에게 여비를 부쳐줬으며, 변호사 이인이 김법린에게 비밀리에 약간의 여비와 대회 참가를 독려하는 편지를 보냈다고 한다.
96 조준희, 앞의 글, 2010, 390~391쪽.
97 예컨대 1927년 2월 5일 자 『동아일보』에는 벨기에 수도 브뤼셀에서 14일까지 개최되는 '반제국침략주의대연맹'에 조선인 대표로 김법린·이의경·이극로·허헌 등 4명이 참가한다고 보도하였다. 또 허근욱의 책에서도 이호재의 글을 인용하여 "이 회의에서 허헌은 '한국에 대한 일본의 제국주의적 정치'라는 제하의 보고연설을 하고" 결의안을 제출하고 유인물을 배포하는 등 적극적으로 활동했다고 서술하고 있는데(허근욱, 앞의 책, 2001, 271쪽), 이는 이호재가 아래 일제 당국의 자료를 보고 잘못 기술한 것을 그대로 받아들였기 때문에 발생한 오류이다.

및 콜론느에서 반제국주의 및 민족독립 기성동맹 창립 제1회 대회는 코민테른이 식민지 및 반(半)식민지에 대한 혁명 조성의 수단으로 민족자치 및 모든 계급과 인종의 평등을 목적으로 개최된 것인데, 당시 조선에서는 대표로 유럽 시찰 중인 재경성 변호사이자 전 신간회 중앙집행위원장 허헌 등이 열석하여 조선에서 '일본제국주의적 정치'라는 제목으로 보고 연설하고, 조선에서 일본인을 몰아낼 결의안을 제출한 후 「조선」이라는 제목의 인쇄물을 대회장에 배포하고 ….[98]

허헌은 이 대회에 신문기자의 자격으로 참관하였다. 그래서 좌석도 위 4인의 대표단과 달리 기자석에 앉았다. 가지고 간 세 종류의 명함 가운데 처음부터 신문기자 명함을 사용하면서, 철저히 '취재'한다는 생각으로 임했다고 한다. 기자 정신에 입각해 허헌이 취재한 바에 따르면, 기본적인 대회 현황과 결의 내용 등은 다음과 같다. 이는 허헌이 귀국한 뒤인 5월 14일에 국내의 언론에 실린 것으로 기자 허헌이 언론사에 제공한 것으로 보인다. 당시 그는 기사 내용뿐만 아니라 현지에서 촬영한 다음의 사진도 함께 제공한 것으로 추측된다.[99]

지난 2월 10일부터 14일까지 베를린 브뤼셀에서 개최된 약소민족 대회는 베를린 공산당의 발기로 된 것인데, 전 세계 대표가 200여 명으로 매우 성황을 이루었던 바, 결의한 중요사항은 세계자본주의국

98　朝鮮總督府 警務局, 『最近に於ける朝鮮治安狀況』, 1933, 22~23쪽.
99　한인섭은 대회가 열린 지 3개월이나 지난 시점에서 국내 언론에 이 사진이 실린 것으로 보아, 허헌이 사진을 가지고 귀국한 뒤 각 언론에 제공한 것으로 보고 있다(한인섭, 앞의 책, 2012, 231~232쪽).

세계약소민족대회에 참석한 인물들.
왼쪽부터 차례로 황우일, 허헌, 김법린, 가타야마 센, 이의경, 이극로
(『동아일보』, 1927.5.14)

가의 총본영인 영국의 모든 운동을 저해할 것, 중국혁명은 곧 세계 혁명이니까 그것을 도와줄 것, 그 외에 인도·자바 등의 모든 혁명 운동을 도울 것 등인데, 그 결과 사회평등·민족자유라는 표어 앞에 '반항제국주의 피압박 식민지연맹'이라는 상설기관을 파리에 두게 되었습니다. 그리고 이 대회에서 특히 눈에 띄는 것은 영국노동당의 여성 대의사가 홍순(紅脣)을 열어 열변을 토한 것인데, 이 연맹은 어디까지나 국제연맹에 대항하여 약소민족의 단합을 도모하겠다는 바, 일본 대표로 가타야마 센(片山潛) 씨가 왔으며, 우리 대표로는 황우일·김법린·이의경·이극로 등 4명이 나아가서 각기 열변을 토하였습니다.[100]

이극로를 단장으로 한 대표단은 미리 「한국대표단의 결의안」

[100] 「國際聯盟對抗하는 弱小民族大會의 偉擧, 歐米漫遊 歸來한 許憲氏 談」, 『朝鮮日報』, 1927.5.14.

```
                    Resolution
                    = = = = = = = = = = = =
          der Koreanischen Delegation.
```

Durch einmütigen Kundgebungen aller koreanischen nationalen Organisationen, durch blutige Aufstände, in denen zehhtausende ihr Leben eingesetzt haben, hat Korea seinen Anspruch auf völlige Unabhängigkeit vor der ganzen Welt begründet.

Solange die japanische Regierung unsere Unabhängigkeit nicht anerkennt, werden wir gezwungen sein, den Kampf gegen den japanischen Imperialismus bis aufs äusserste fortzusetzeh. All unsere Kräfte und Mittel werden wir gebrauchen, um unser Volk von der japanischen Unterjochung zu befreien.

In festen Glauben, dass unsere Konferenz lediglich auf der Basis der nationalen Freiheit und der sozialen Gleichheit fusst, fühlen wir uns berechtigt, von der Konferenz Anerkennung der folgenden Punkte zu verlangen:

    1.) Korea ist als ein von Japan unabhängiger Staat anzusehen.

    2.) Die sämtlichen Sonderrechte, die sich die Japaner in Korea angeeignet haben, sind nichtig.

                          Brüssel, den 9. Februar 1927
                              Koreanische Delegation.

세계약소민족대회에서 채택된 「한국대표단의 결의안」 원본(조준희)

을 준비하여 공식 대회 전날인 2월 9일 자로 제안하였다. 그리고 대회 첫날인 2월 10일 일본 대표 가타야마 센(片山潛)이 기조 발표를 하고, 이어서 김법린이 조선인에 대한 일제의 압박을 규탄하는 기조연설을 하였다. 분과위원회가 조직될 때 이극로는 원동위원회(遠東委員會) 소속 정치산업부 위원이 되어, 조선 문제를 안건으로 채택할 것을 주장하였다. 하지만 대회의 주요 관심은 '반영(反英) 문제'였기 때문에 조선 문제의 상정은 3표 차이로 부결되고 말았으며, 중국·인도·이집트 문제가 중점적으로 논의되었다. 허헌 역시 브뤼셀 대회는 완전히 영국 규탄대회로 끝나고 말았다고 여러 차례 언급한 바 있다.

대회 마지막 날인 2월 14일 각 대표단의 결의안이 낭독되었는데, 이때 미리 제출한 결의안에 기초하여「한국대표단의 결의안」도 낭독되었다. 대회에서 채택된 결의의 내용은 "1) 한국은 일본으로부터 독립한 국가로 간주되어야 한다. 2) 일본인들이 한국에서 불법적으로 탈취한 모든 특권들은 무효이다."라는 두 가지이다. 그리고 아시아 문제에 대해서는 별도로 '아시아민족회'가 설치되었는데, 김법린이 조선 위원으로 선출되었다.[101]

세계약소민족대회를 참관한 뒤 허헌은 스위스로 건너가 제네바의 국제연맹본부를 시찰하였다. 이후 프랑스, 오스트리아, 독일, 폴란드 순으로 돌아보고, 러시아에서 약 50일 정도 머무르면서 이곳저곳을 둘러본 것 같다. 앞서 언급했다시피 이 기간에 대한 여행기는 남아 있지 않아서, 허헌의 구체적인 행보는 확인하기 어렵다. 다만 잡지에 실린 몇 장의 사진들을 통해 짐작해볼 수 있을 뿐이다.

러시아는 허헌이 미국 다음으로 특별한 관심을 두고 오랜 시간을 투자했던 여행지이다. 1920년대 조선의 민족운동가나 지식인에게는 최초로 사회주의혁명에 성공한 '소련'이란 곳은 사상이나 이념의 차이를 넘어서 매우 매력적인 곳으로 다가왔을 것이다. 게다가 러시아 극동의 연해주 지역은 간도와 더불어 조선동포가 다수 거주하고 있는 무장독립운동의 본거지였기 때문에 항일독립운

---

[101] 조준희, 앞의 글, 2010, 391~392쪽; 한인섭, 앞의 책, 2012, 238~240쪽. 조준희의 논문에는 김법린의 연설문 원본과 번역본도 수록되어 있다.

「야마모토(山本) 내각을 무너뜨린 동인을 이룬 유명한 독일 지멘스회사에 초대받아 간 허헌(제일 뒷줄 왼쪽)」라는 제목의 사진(『삼천리』 3호, 1929.11, 16쪽)

동가들에게는 언제나 주된 관심지였다. 귀국 직후 발표한 허헌의 글을 보면, 미국과 함께 세계의 또 다른 강대국이 되어간 양 극단의 나라인 러시아를 비교해서 자세히 살펴보고자 한 것이, 처음부터 세계여행을 계획한 목적 중 하나였음을 알 수 있다. 허헌은 이 목적을 이룬 것이 이 여행의 가장 큰 성과라고 자평하였다.

이번 여행에서 제일 성공하였다고 생각하는 것은 다 같이 청년국가인 미국과 러시아가, 하나는 자본주의국가로, 하나는 공산주의국가로 각지 건전한 발달을 하고 있는 것으로 양 극단의 두 나라의 재미있는 대조를 세세히 관찰한 것입니다.102

102 「國際聯盟對抗하는 弱小民族大會의 偉擧, 歐米漫遊 歸來한 許憲氏 談」,『朝鮮日報』, 1927.5.14.

「러시아에서 동포들과(왼쪽 중앙의 모자 쓴 이가 허헌)」라는 제목의 사진
(『별건곤』 7호, 1927.7, 45쪽)

허헌은 세계약소민족대회 당시 일본의 사회주의자이자 노동운동가인 가타야마 센의 조언에 따라 모스크바를 방문하여, 법률가이자 정치가인 안드레이 비신스키(Andrei Yanuarevich Vyshinskii) 등도 만나고 평범한 노동자나 콜호즈원의 가정도 방문하였다. 노동자를 중시하는 사회와 차별받지 않는 그들의 생활 모습을 보고 다소 충격을 받았다고 한다.[103]

한편 허헌은 러시아에 머무르는 동안 일정한 시간을 연해주에 할애한 것으로 보인다. 한말에 의병투쟁을 하다가 1913년 러시아로 망명한 이인섭(李仁燮)이 1970년대에 자필로 기록한 수기에 따르면, "노동공제회 조직 지도자 허헌은 1924~1925년도에 해삼(블라디보스토크)에 와서 이동휘를 만나고 갔는데, 홍파(洪波, 李承, 李珉煥)도 참가"했다고 한다.[104] 허헌이 조선노동공제회 회원

103 허영욱, 『나의 아버지 허헌』, 평양출판사, 2015, 32~33쪽.
104 리인섭(Ли Инсеба), 「망명자의 수기(ЗАПИСКИ ПОЛИТИЧЕСКОГО

도 아니었거니와 1920년대 중반 허헌의 행보에서 1924~1925년에 연해주까지 갔다는 기록이 전혀 없는 점을 감안해보면, 이인섭이 1927년을 잘못 기억한 게 아닐까 추측된다. 이처럼 허헌은 블라디보스토크로 가서 이동휘 등을 만나 현지의 활동을 듣고 서로 협의하는 자리를 가졌으며, 앞의 사진에서처럼 연해주의 한인 동포사회도 둘러보았다. 아마도 자신의 벗이자 이동휘의 비서였던 김립의 사망 등 그간의 정황들에 대해 보다 자세히 듣고 싶은 욕심도 컸을 것이다.

러시아 여행을 마지막으로 허헌의 기나긴 세계여행의 여정은 막을 내렸다. 그는 5월 4일 시베리아열차를 타고 중국 창춘(長春)으로 들어갔다. 서양과 조우한 약 1년의 시간을 뒤로 하고 계획보다 빨리 다시 동양으로 넘어온 것이다. 동아일보사 창춘지국에서 마련한 환영 만찬에 참석했다가 다음 날인 5월 5일 곧바로 다롄(大連)으로 갔다. 원래는 상하이까지 자세히 둘러볼 목적이었으나,105 오랜 여행으로 건강이 나빠진 허헌은 5월 12일 다롄에서 곧바로 서울로 돌아오는 길을 택하였다. 식민지 조선에서 세계여행을 하는 두 가지 방법 가운데 바다의 길로 출발해서 대륙의 길로 돌아온 것이다.106

ЭМИГРАНТА)」(독립기념관 한국독립운동정보시스템 독립운동가자료 중에서); 이인섭, 『망명자의 수기』, 한울아카데미, 2013.
105 베이징은 1921년 국제변호사대회에 참석하면서 둘러볼 기회가 있었지만, 이때까지만 해도 상하이는 자세히 보지 못해서였던 게 아닐까 한다. 귀국하고 8개월 정도 뒤인 1928년 1월경 허헌은 상하이를 방문하고 같은 달 19일에 돌아왔다 (『中外日報』, 1928.1.22). 상하이에서 조선 축구단의 경기를 두 차례 관람했다는 등의 인터뷰를 했는데(『中外日報』, 1928.1.24), 그가 왜 상하이에 갔는지 구체적인 내막은 알 수 없다.
106 두 가지 경로 중 하나는 철도로 신의주를 출발하여 시베리아를 거쳐 유럽으로 건너가는 방법이며, 다른 하나는 부산에서 일본으로 건너가 배를 타고 미주대륙으로 건너가는 방법이다. 당시 조선 지식인이 세계여행을 시작할 때, 예컨대 나혜

약 1년간의 세계여행이 이후 허헌의 여러 활동에서 큰 자산이 되었음은 그의 여러 글들 곳곳에서 묻어난다. 더욱이 국내에서 신간회 중앙집행위원장 등으로 활동한 뒤에는 자신이 둘러본 서구의 정치제도와 상황에 대해 다시 한번 더 깊이 탐구하고픈 욕심도 가졌다.[107] 어쨌든 이 세계여행 자체는 허헌에게 상당한 만족감을 줬다. 다만 아쉬웠던 것은 계획된 여정을 다 둘러보지 못하고 돌아온 것이었다. 원래는 멕시코를 포함한 남미대륙과 유럽의 이탈리아, 제1차 세계대전 후 신생 독립국이 된 중동의 터키·이집트·사우디아라비아·요르단·이란·아프가니스탄·예멘 등도 돌아볼 예정이었다고 한다. 그런데 여행 도중에 간간히 들은 국내의 소식, 특히 '조선공산당 사건' 변론, 신간회 결성 등 여러 상황들이 그의 발목을 잡았을 것이다.

석은 전자의 길을, 허헌을 비롯해 이순탁과 박인덕은 후자의 길을 택했다고 한다(류시현, 앞의 글, 2013, 68쪽).
[107] 1936년 2월 『삼천리』 8권 2호에서 '철환천하(轍環天下) 한다면'이라는 질문을 했을 때, 허헌은 "몇 해 전 세계 주유(周遊)에 나섰을 때 만나본 인물과 산하(山河)가 많았습니다만, 돌아온 뒤 생각하니 정작 보고 싶은 사람, 보고 싶은 기관을 많이 놓치고 온 듯합니다. 그러기에 이번에 나간다면 의회정치와 독재정치에 대한 각국 정계의 현황 및 인물들을 깊이 연구해보고 싶습니다."라고 답하였다(10쪽).

5장

항일변호사로
명망을 날리다

1920년대 항일변론 활동

  법조인으로서 허헌은 일찍부터 공정과 도덕을 매우 중시하였다. 그는 "공정은 사회의 생명이니라. 공정이 있어야 사회가 생존하고 공정이 있어야 사회가 진보하나니라."고 하면서, 조선사회는 오랫동안 공정이 없어서 쇠퇴하고 열패(劣敗)했으니 이제 공정을 회복하여 사회를 생존 진보시켜야 한다고 주장하였다.[1] 여기서 허헌이 말하는 '공정'은 "사회적 정의와 같은 정치적 의미를 뜻한다기보다 개인 윤리의 확립을 말하고 있다고 보아야 할 것"이며 나중에는 이를 '도덕'이라고 바꾸어 표현했다고 해석되기도 한다.[2] 이는 얼마 후 허헌이 『조선지광』 창간호에 실린 「5대가의 시국담」에서 다음과 같이 언급했기 때문이다.

  우리는 변호사의 직을 가졌으니 법조계의 출신이라. 그러나 우리 사회를 위하여 항상 사려(思慮)하는 바는 실로 법률이라는 것보다 도덕을 중시하게 되는지라. 이는 다름이 아니라 무릇 사회의 중심은 도

1 許憲, 「公正」, 『서울』 2호, 1920. 2, 38쪽.
2 李昊宰, 『韓國人의 國際政治觀』, 法文社, 1994, 453쪽.

덕에 기초를 두어야 될 까닭이라. 세인(世人)이 우리 조선인을 평하여 무엇이 부족하다 하며 무엇이 부족하다 하지만 실은 우리 사회는 도덕의 부족함이 제일 큰 문제라. 지금 우리 조선은 구 도덕은 파괴 당하고 신 도덕은 건설되지 못하여 거의 도덕률이 없는 형세라.[3]

위에서 볼 때 허헌은 1920년대 초반의 조선사회를 구 도덕에서 신 도덕으로 넘어가는 과도기로 보면서 조선사회의 당면 과제를 새로운 도덕률의 건설로 보고 있다. 그리고 법률이라는 것 역시 사회적 도덕률에 근거해야 한다고 생각하고 있었음을 알 수 있다. 그런데 당시 기독교 신자였던 허헌은 "우리는 기독교를 신봉하노니 기독의 도덕으로 우리 사회를 훈련함이 우리의 희망이라." 라고 하여,[4] 기독교의 윤리로 조선사회의 도덕률을 확립해야 한다고 생각하였다. 유교적 도덕관과 기독교적 윤리관을 바탕으로 한 이러한 허헌의 사상은 1920년대에 수많은 항일운동과 그 변론 활동을 거치면서 민족주의·사회주의 등의 신사상 수용으로 나아갔다. 그리고 이후 스스로 '양심적·진보적 민족주의자'의 길을 걷게 된다.

이처럼 허헌은 한창 3·1운동 재판을 진행하던 1920년대 초에 사회적 공정과 개인적 도덕을 중요하게 여겼다. 그는 무엇보다도 인간의 기본적 권리를 우선시하고 이에 기초하여 민족문제를 바라보았기 때문에 법의 적용에서도, 설령 그것이 '제국일본'의 법이라 하더라도 모든 인간과 사회에 대한 공정의 관점에서 접근하여 논리를 세우는 것이 그의 변론 활동 전반에서 관철되었다. 때

3 「5대가의 시국담」, 『朝鮮之光』 창간호, 1922.11, 14~15쪽.
4 위의 자료.

문에 3·1운동 재판에서의 '공소불수리 신립'과 같은 것이 가능했고, 또 일본인 재판관들에게도 논리적 설득력을 가질 수 있었다.

3·1운동 재판 과정에서 항일변호사로서의 입지를 분명히 다진 긍인(兢人) 허헌은 가인(街人) 김병로, 애산(愛山) 이인과 함께 이른바 '삼인'으로 불리면서 대표적인 항일변호사의 반열에 이름을 올렸다. '항일변호사'란 일제강점기에 식민지 법정에서 재판투쟁 등을 통해 항일독립운동가들을 변론하고 물질적·정신적으로 지원했던 변호사들을 말한다. 당시 이들은 항일변호사 외에도 '무료변호사', '사상변호사' 등으로 불렸는데, 허헌은 그 효시이자 대표적인 인물로 통했다. 항일변호사는 오늘날의 '인권변호사'에 해당된다고 할 수 있는데, 그 역사적 기원을 식민지 상황에서 발생한 인권침해로부터 보는 것이 일반적이다.[5]

1907년 대한제국의 제1회 변호사시험에 합격하면서부터 시작된 허헌의 변론 활동은 그 출발점부터 인권변호사로서의 자질과 역량을 보여줌으로써 세간의 주목을 받아왔다. '하미전 사건'의 변론과 이로 인한 변호사 제명 징계라는 초유의 사태가 보여주듯 이 변호사로서 그의 활동은 처음부터 순탄치만은 않았다. 종종 일제 당국의 주목을 받아 일찍부터 '불령선인'이자 '요시찰인'으로 분류되어 있었다. 왜냐하면 허헌의 변론은 원칙적이면서도 집요하고 세밀한 법리 해석에 기초하고 있었는데, 여기서의 '법리'란 바로 일본의 법 논리였기 때문이다. 다시 말해서 일본 스스로가 만들어놓은 법의 논리를 무기로 조선민중을 대변하는 입장에서 공격하는 경우가 많았던 것이다. 물론 그러한 활동이 늘 법적으로

5   박원순, 『역사가 이들을 무죄로 하리라: 한국인권변론사 – 가시밭길을 선택한 변호사들』, 두레, 2003, 23~24쪽.

승소했다고는 할 수 없지만, 위에서 살펴본 3·1운동 재판 과정에서 알 수 있듯이 공격 그 자체만으로 일제 당국을 혼란에 빠트리고 사회 여론을 변화시키는 계기를 만들어내기에 충분한 것이었다.

 3·1운동 재판을 통해 더욱 단단해진 입지를 바탕으로 허헌은 1920년대에 종로경찰서에 폭탄을 투척한 의열단(義烈團)의 '김상옥(金相玉) 사건', 일명 '신의주 사건'으로 불리던 '조선공산당 제1차 탄압사건'과 6·10만세운동 이후의 '조선공산당 제2차 탄압사건'의 병합재판, 1927년 이래 조선공산당 만주총국 활동으로 검거된 '제1차 간도공산당 사건' 등 일련의 굵직한 항일운동 사건에 공동변호인단으로 참여하여 또 다시 날카로운 법리논쟁을 펼쳤다. 1920년대에 허헌이 변론에 참여했던 항일운동 및 사회운동 사건을 시기순으로 몇 가지 예시해보면 다음과 같다. 거의 모두 자진변론이자 무료 변론으로 진행된 이 사례들은 어디까지나 당시 언론 등에서 확인되는 몇 가지에 불과하다고도 할 수 있다.[6]

 1920년대에 항일변호사로서 허헌이 변론한 다음 사건들 가운데 언론 필화사건에 대해서는 앞에서 설명했고, 잘 알려진 조선공산당 등 '사상사건' 관련에 대해서는 뒤에서 다시 언급할 것이다. 여기서는 일반적으로 널리 알려져 있지 않은 국외 독립군과 연결된 항일비밀결사 사례 가운데 '보합단(普合團) 사건'과 '공명단(共鳴團) 사건'을 간략히 소개함으로써, 그 항일적·민족적 성격에 대해 이해해보고자 한다.

---

[6] 〈표 3〉에 정리되지 않은 사례로서 예컨대 임시정부 군부차장이었던 '이춘숙(李春塾) 사건'의 경우, 1921년 5월의 1심 공판에서는 김병로를 중심으로 진행되었으나 이후 항소심 공판에서는 허헌을 중심으로 김우영·채용묵 등이 선임되었다(한인섭, 『가인 김병로』, 박영사, 2017, 77쪽의 각주 21 참조).

〈표 3〉 1920년대 허헌이 변론한 항일운동 재판 사례

사건	내용	재판 시기	변호인단	피고인·관련자	자료
보합단(普合團) 사건	평북 의주를 거점으로 활동한 항일무장비밀결사 보합단 활동 변론.	1921.11~1922.12	강세형, 김병로, 박승빈, 이기찬, 이기현, 이선종, 이승우, 이한길, 장도, 최진, 허헌	이광세, 이종형, 김도원, 이성규, 장석두, 조상백, 김내홍, 김내범, 이일화, 이윤성, 김병규, 심창업, 조기화, 조창화, 장정용, 김영률, 김득하, 김승옥, 조원기, 최남	『한민족독립운동사자료집』 34~35권 (예심심문조서, 복심법원 공판시말서 등), 『동아일보』, 『조선일보』 등
『신생활』 필화사건	최초의 사회주의 잡지인 『신생활』의 기사를 빌미로 일제 당국이 잡지를 폐간시키고 관련자에게 유죄를 선고한 사건 변론.	1922.11~1923.1	강세형, 김병로, 김찬영, 박승빈, 변영만, 이승우, 이한길, 최진, 허헌	박희도, 김명식, 유진희, 신일용, 이시우, 김사민	『동아일보』, 『조선일보』 등
의열단 사건 (김상옥 사건)	1923년 1월 의열단원 김상옥(金相玉)의 종로경찰서 폭탄 투척 사건 변론.	1923.5~12	김병로, 김용무, 김태영, 이승우, 이인, 이종성, 최진, 허헌 등	김한, 안홍한, 윤익중, 서병두, 정설교, 신화수, 전우진, 이혜수 등(김상옥은 사망)	『독립운동사』 7권, 『동아일보』, 『조선일보』 등
적기단(赤旗團) 사건	1923년 1월 노령의 이만에서 최봉설(崔鳳卨)을 단장으로 조직되어 그해 2월 만주로 옮겨 활동한 독립운동단체 적기단 관련자의 국내 군자금 모집 사건 변론.	1924.11~1925.3	김용무, 김찬영, 허헌	이정호(李廷鎬), 홍진의(洪震義), 문재(文榟)	판결문, 『동아일보』 등
의성단(義成團) 사건	1923년 11월 만주에서 조직된 무장독립단체인 의성단 단장 편강렬의 상고 사건 변론.	1925.3	최진, 허헌	편강렬(片康烈)	『동아일보』 등
적기(赤旗) 사건	전조선민중운동자대회가 해산되던 날 종로에서 적기를 들고 만세를 부르다가 체포된 적기 사건 변론.	1925.6	김병로, 신상직, 이인, 장도, 허헌	장순명, 전여종, 신철수, 서범석, 김상주, 서상욱, 김창준, 서학이	『동아일보』 등
『조선일보』 필화사건	1925년 「조선과 러시아와의 정치적 관계」라는 논설로 인한 필화사건 변론.	1925.9~1926.5	김병로, 김용무, 박승빈, 이인, 최진, 허헌, 橋本庄之助 등	신일용, 김동성, 김형원	『조선일보』, 『동아일보』, 『매일신보』, 경성복심법원 자료 등

사건	내용	재판 시기	변호인단	피고인·관련자	자료
『동아일보』 필화사건	1926년 3월 모스크바의 국제농민조합에서 조선 농민에게 전달하는 글을 기사로 게재했다가 탄압받은 사건 변론.	1926.3~11	김병로, 김용무, 이인, 이창휘, 허헌	송진우, 김철중	『동아일보』, 『조선일보』 등
『시대일보』 필화사건	지방부장과 함흥지국 기자에 대한 필화사건 변론.	1926.3~	김용무, 윤태영, 이종성, 허헌, 近見(상고심)	홍남표, 박기란	『시대일보』 등
조선공산당 사건(1~2차)	1925년 4월 창당한 조선공산당에 대한 그해 11월 1차 탄압사건('신의주 사건')과 1926년 6·10만세운동을 주도한 후 벌어진 2차 탄압 사건의 병합심리 재판에 대한 조선변호인단 측의 합동대응과 변론.	1927.9~ 1929.11 * 1927년 10월 이래 관련자의 '고문고소 사건' 변론도 맡음.	加藤寬一, 강세형, 古屋貞雄, 권승렬, 김병로, 김용무, 김찬영, 김태영, 武智弘方, 박응무, 森井與一郎, 野尾隣太郎, 이승우, 이인, 이종하, 이창휘, 이희적, 장도, 정구영, 조주영, 佐藤潔, 최진, 최창조, 탁창하, 布施辰治, 한국종, 한근조, 한상억, 허헌 등	김재봉, 강달영, 권오설, 이준태, 진병기, 유진희, 김약수, 홍증식, 김상주, 임원근, 전정관, 독고전, 임형관, 정운해, 신철수, 이봉수, 민창식, 박래원, 홍덕유, 송봉우, 염창렬, 박민영, 이지탁, 김경재, 윤덕병, 노상렬, 장순명, 고윤상 등 101명	『동아일보』, 『조선일보』, 경성지방 법원자료 등
간도공산당 사건	조선공산당 만주총국을 중심으로 간도의 공산주의운동에 대한 수차례의 탄압사건 중 '1차 간도공산당사건' 변론.	1927.10~ 1928.12	권승렬, 김병로, 김태영, 이인, 布施辰治, 한국종, 허헌 등	최원택, 안기성, 이주화, 김지종, 최영, 남병석, 한장순 등 20여 명	『동아일보』, 『조선일보』, 『중외일보』 등
장진의 수전(水電) 사업을 둘러싼 미츠비시의 횡포 사건	일본 미츠비시회사에서 수력발전을 위해 함남 장진군의 토지를 매입하는 과정에서 조선인 지주·주민들에게 토지수용령을 적용해 부당한 횡포를 자행하고 경찰을 동원해 위협한 사건 변론.	1927.11~	이창휘, 허헌	스즈키, 장진군수 및 경찰서장 등을 상대로 함.	『조선일보』, 『동아일보』 등
원산청년회원 충돌 사건	원산청년회를 중심으로 통일조직인 원산청년당을 조직하려다가 류우석 등의 반대로 충돌한 사건 변론.	1927.12~ 1928.7	허헌	장기욱(張基郁) 등 (徐壽鶴 참사) / 류우석(柳愚錫)의 공소 제기 변론 (상고에서 무죄판결)	『동아일보』, 『조선일보』 등

사건	내용	재판 시기	변호인단	피고인·관련자	자료
『중외일보』 필화사건	「조선에서 조선으로」라는 세계기행문에서 아일랜드공산당 당수와 회견한 내용이 문제시되어 발생한 사건 변론.	1928.2~5	강세형, 김병로, 김태영, 김용무, 김찬영, 이기찬, 이승우, 이인, 임창수, 최용묵, 한국종, 허헌 등	이정섭, 이상협	『중외일보』, 『동아일보』 등
조선공산당 사건(3차, ML당 사건)	1926년 재건된 조선공산당(일명 ML당)의 1928년 2월 탄압사건에 대한 변론.	1928.2~	김병로, 이인, 허헌(도중에 검거되어 중단함)	김준연, 김세연, 최창익, 최익한, 김남수, 하필원, 김동주, 정백, 한림, 김남수, 강대홍, 온낙중 등	『동아일보』, 『조선일보』, 경성지방 법원자료 등
나주 유림단 사건	나주 남평유림단(南平儒林團)의 부당한 전각 건립에 반대하다 신간회 나주지회원과 나주청년동맹원이 구속된 사건 변론.	1928.3~	김병로, 허헌	김창용(金昌容, 나주지회장), 양장주(梁長柱, 총무), 박준삼(朴準三, 나주청맹원), 김형호(金亨浩, 나주청맹 위원장)	『동아일보』, 『조선일보』 등
'3·1운동범' 사건	3·1운동 이후 만주로 건너가 대한독립단 등에서 활동한 후 공소시효가 끝난 줄 알고 귀국했다가 검거된 최승환 변론.	1928.3 * 과거에 궐석재판을 받았음	허헌	최승환(崔承煥)	『동아일보』 등
채그레고리 사건	러시아에서 태어나 고려공산청년회 중앙위원, 모스크바공산대학 교수 등으로 활동하고 1928년 1월 국내로 들어온 직후 신의주에서 체포된 '채그레고리 사건' 변론.	1928.6~9	김병로, 이인, 허헌	채성룡 (일명 채그레고리, 박준호)	『동아일보』 등
함흥고보 맹휴 사건	1928년 5월 이해 함흥고보생 100여 명이 조선사 및 조선어 교수, 학우회 자치 등을 요구하며 벌인 동맹휴학 사건의 항소심 변론.	1928.7~11	이창휘, 임창수, 한국종, 허헌	강금봉, 이민호, 장홍두, 도진백, 서상손	『동아일보』 등

사건	내용	재판 시기	변호인단	피고인·관련자	자료
괴산 사건	신간회 괴산지회 및 괴산청년동맹원 검거 사건 변론.	1928.10~12	권승렬, 류갑수, 류정현, 허헌	안철수, 박일양	『동아일보』 등
함남기자단연맹 사건	함남기자대회의 토의금지에 대한 항의로 '고원경찰서 탄핵연설회'를 개최하려다 경찰과 충돌한 사건의 항소심 변론.	1928.11~12	권승렬, 김병로, 이승우, 이인, 이창휘, 조헌식, 한국종, 허헌	강기덕, 함석희, 이재웅, 손홍관, 김윤해, 강규진, 한시열, 배동건, 김기환, 강영균 등 13명	『동아일보』, 『조선일보』 등
신간회 영암지회 동양정세 연설사건	신간회 영암지회 창립 1주년기념식에서 동양정세와 조선역사에 관한 연설로 구속된 사건 변론.	1929.1~	한국종, 허헌	한동석(韓銅錫, 영암지회 부회장, 상고에서 무죄판결)	『동아일보』, 『조선일보』 등
충북 진천 신문기자의 '불경죄' 사건	1928년 11월 황실에 대한 존엄을 모독했다며 '불경죄'를 언도받은 충북 진천의 신문기자의 항소심 변론.	1929.1	허헌	이규석(李圭奭)	『동아일보』 등
신간회 장성지회 사건	신간회 장성지회의 '불온' 인쇄물 등사 등을 구실로 다수를 기소한 사건 변론.	1929.1~	김명진, 김병로, 서광설, 송화실, 이의연, 허헌	송종근, 김시중, 김흥빈, 김옥, 고형주	『동아일보』 등
함북청년연맹 사건	1928년 6월 이래 함북 내 각 군의 청년단체 주요 간부들이 대거 검거된 사건 변론.	1929.1~	김병로, 이종성, 허헌	황태성, 김병민, 김양준, 김동준, 김재수, 맹두은, 방동칠, 김채용 등 32명	『동아일보』 등
무정부주의·공산주의자 연합심리 사건	동방무정부주의자연맹 간부와 북풍회 간부라는 성격이 다른 양대 사건의 연합 재판 변론.	1929.2~	김병로, 이인, 한국종, 허헌	이정규, 신철, 신용기	『동아일보』 등
조선공산당 사건(4차)	조선공산당 제3차 탄압사건 이후 계속 추적을 받던 중 조선공산당 세칙과 정치논강 등이 발각된 사건.	1929.2~	이인, 한국종, 허헌	이성태, 한명찬, 윤택근	『동아일보』, 『조선일보』 등
학생맹휴 옹호동맹 사건	학생맹휴학을 주도하고 맹휴 중인 휘문고보 등에 격문을 발송한 사건 변론.	1929.3~	김병로, 한국종, 허헌 등	이종률(李鍾律), 이수섭(李守燮), 김정수(金正洙)	『동아일보』, 『조선일보』 등

사건	내용	재판 시기	변호인단	피고인·관련자	자료
조선공산당 (일명 춘경원당) 사건	'서울파' 중심 조선공산당(일명 춘경원당)에 대한 1929년 2월 권태석 탄압 사건 변론.	1929.3~	권승렬, 김병로, 김태영, 이인, 한국종, 한상억, 허헌	권태석(權泰錫)	『동아일보』 등
공명단 (共鳴團) 사건	중국 산시성(山西省) 타이위안부(太原府)의 항일비밀결사인 공명단의 북만주 비행학교 설립 및 국내지부 설치 활동 사건 변론.	1929.4~12	이인, 이창휘, 허헌	최양옥(崔養玉), 김정련(金正連), 이선구(李善九)	『한민족 독립운동사 자료집』 41 (공판조서), 『동아일보』 등
장지운 사건	코민테른의 블라디보스토크 연락지부 파견원과 경성주재 연락원의 치안유지법 위반 사건 변론.	1929.5	김병로, 허헌	장증봉(張曾鳳, 일명 張志雲), 동승현(董承鉉)	『동아일보』 등
조한용 사건	한인청년동맹 상해지부 집행위원장으로 활동하다가 체포되어 압송된 조한용 사건 변론.	1929.6	김병로, 허헌	조한용(趙漢用)	『동아일보』 등
개성공산당 사건	1927년 조선농민사(朝鮮農人社)의 김정환을 중심으로 개성 일대에서 조직되어 활동한 제4적색대중당(개성공산당)에 대한 탄압사건 변론.	1929.6~11	김병로, 이인, 이창휘, 한국종, 허헌 등	김봉철, 서원표, 원점룡, 박동수, 이태영, 김점봉, 양준규, 변덕주, 이종익, 장삼득, 이경용, 박은양	『동아일보』, 『조선일보』 등
원산총파업 사건	1929년 4월 원산총파업 탄압 사건 관련자들의 항소심 변론. / 원산노동조합회 위원장 김경식(金瓊植) 항소심 변론.	1929.6	김병로, 이인, 赤尾虎吉, 허헌	김지오, 한만화, 유영섭, 원정상, 이명수 / 김경식	『중외일보』, 『동아일보』 등

보합단의 정식 명칭은 대한독립보합단인데, 1920년 8월경 김시황(金時晃)·김동식(金東植)·백운기(白雲起)·김중량(金仲亮) 등이 중심이 되어 결성한 항일무장독립운동 단체이다. 그 연원을 살펴보면, 서간도의 신흥무관학교 출신인 김동식이 1920년 3월 국내로 돌아와 백운기 등과 함께 대조선청년결사대(大朝鮮靑年決

死隊)라는 결사를 조직했는데, 이를 확대시킨 조직이 보합단이다. 단원이 500여 명에 달했던 보합단은 평북 의주(義州)·선천(宣川)·철산(鐵山)·용천 등지에서 활동했으며, 단장은 김시황, 총무는 김동식, 재무는 백운기, 선전은 김도원(金道源) 등이 맡았다. 평북 의주군에 있는 동암산(東巖山)을 근거지로 활약했으며, 조선 각지의 부호들로부터 군자금을 모금하고 암살대를 조직해 일본인 군인과 경찰, 친일 밀정과 민족반역자를 처단하고 식민통치기관을 습격하는 등 무장투쟁을 집중적으로 벌였다. 활동 초기에만 약 2만 5,000여 원의 군자금을 모집하여, 자체 내 무기 구입에 소요된 일부를 제외하고 대부분을 만주의 독립군에게 전달하는 활동을 했다.[7]

그러던 중 동암산 근거지가 일제 경찰에 발각되어 선천군 산면으로 이동 중이던 1920년 10월 2일, 산면 보곡사(普谷寺) 뒷산에서 추적해온 경찰대의 습격을 받았다. 경찰과 교전한 끝에 3명의 단원이 피살되고 백운기 등이 붙잡혀 조직의 문서를 빼앗기면서 그 전모가 드러나게 되었다. 검거를 모면한 단원들은 근거지를 서간도의 관전현(寬甸縣)으로 옮기고 조직을 재편한 뒤, 11월 중순경에는 국내에서 이종영(李鍾英) 등이 조직한 무장단체와 연합해 투쟁을 계속하였다. 보합단원들은 종로경찰서 순사 이정선(李廷善)의 사살 등을 계기로 1920년 12월 4~7일 사이에 다수가 일제

---

[7] 보합단에 대해서는 『독립운동사』 5(독립운동사편찬위원회, 1973), 『韓民族獨立運動史資料集』 34(國史編纂委員會, 1998)의 66~73, 288~294쪽, 『朝鮮騷擾事件關係書類』 3(陸軍省), 『朝鮮獨立運動』 I 分冊(金正明 編, 原書房, 1967), 481~485쪽, 「大韓民國臨時政府의 交通局과 聯通制」(이연복, 『韓國史論』 10, 1981)와 『東亞日報』, 『每日申報』 등을 참조해 정리하였다.

경찰에 붙잡혔다. 이때 김도원·이종영 등도 서울 운니동에서 밀정의 밀고로 붙잡혔다. 이듬해인 1921년까지 보합단원들에 대한 검거 선풍은 계속되었다.

검거된 단원들은 평양지방법원, 평양지방법원 신의주지청, 경성지방법원 등에서 재판을 받았는데, 다수가 이른바 '1919년 제령(制令) 제7호 위반', 방화죄, 소요죄 등으로 중형을 언도받았다. 김도원에게는 사형(死刑)이 선고되었고 간부 다수가 10년 이상의 징역형에 처해졌다. 검거를 피한 단원들을 중심으로 한 보합단 조직은 1923년에 서로군정서(西路軍政署)·대한독립단·광복군총영(光復軍總營) 등과 함께 대한통군부(大韓統軍部)로 통합되었다. 허헌은 이 사건 관련자들의 재판에 강세형·김병로·이기찬·이기현·이선종 변호사와 함께 변호인으로 참여하여 이들의 무죄를 변론하였다.

다음으로 정식 명칭이 대한독립공명단이었던 공명단은, 국내에서 항일운동을 하던 최양옥(崔養玉)이 만주로 망명하여 1926년 중국 산시성 타이위안부(太原府)에서 김정련(金正連)·이용화(李容華)뿐만 아니라 우리나라 최초의 비행사이자 독립운동가로 잘 알려진 안창남(安昌南) 등과 함께 조직한 항일무장독립운동 단체이다. 단장인 최양옥 등은 이듬해부터 북만주에 독립군 비행사를 양성할 목적으로 비행학교 설립을 계획하고 그 소요 자금을 국내에서 모금하는 한편, 공명단의 국내지부를 설치하기 위한 활동을 계획하였다.[8]

---

8   공명단에 대해서는 『한국민족문화대백과사전』, '공명단' 및 '대한독립공명단' 항목을 참조해 정리하였다.

그 결과 1929년 최양옥이 김정련·이선구(李善九) 등과 함께 국내로 잠입하여 서울 근교에 은신하면서 거사 대상을 탐지하였다. 그해 4월 18일 이들은 서울에서 춘천으로 향하는 일본 우편수송차를 기습할 것을 결정하고 마치고개에서 공격하였다. 이들은 차에 실었던 우편낭에서 현금을 탈취한 뒤 조선인의 우편물만 남기고 모두 소각한 다음 강원도 방면으로 은신하였다. 거사가 진행되는 동안에는 자신들의 행적이 발각되지 않도록 하기 위해 그 지점을 통과하는 모든 차량을 정차시키고 승객들을 모두 하차시켜 산속에 감금한 뒤 도주하였다.

뒤늦게야 이러한 사실을 안 일제 경찰은 경기도·황해도·강원도·충청도의 경찰력과 일본군을 동원하여 공명단원을 추격하였다. 양주의 천마산에 은신하고 있던 공명단원들은 마침내 경찰에 발각되어 1주일 동안 격전을 벌인 끝에 탄환이 떨어져 붙잡히고 말았다. 이들에게는 모두 중형이 언도되었으며, 모진 고문으로 인해 이선구는 서대문형무소에서 옥사하고 말았다. 이 사건에 대해서도 허헌은 이인·이창휘 변호사와 함께 조선인 항일무장운동에 대한 무죄를 적극 변론하였다.

이상의 항일운동 사건들뿐만 아니라 허헌은 일찍이 한말에 '하미전 사건' 등에서부터 시작했던 노동자·농민 측의 이해관계를 대변하기 위한 변론에도 누구보다 발 벗고 나섰다. 충남 당진의 소작권 이동 관련 소송이나 경성전차 종업원의 이해를 대변하는 소송 등[9] 수많은 소송사건에서 조선민중의 이해를 대변하는 인권 변호사의 모습을 보였다.

9   「作人을追窮하는地主」, 『東亞日報』, 1925.5.22;「持久戰을劃策」, 『東亞日報』, 1925.2.16.

예컨대 조선 농촌의 소작 문제 해결책에 대해서는 법률적 지식을 가진 진보적인 지식인의 입장에서, 1929년 들어 잡지 『조선지광』을 통해 지속적으로 대안을 표명하기도 했다. 소작인이 절대다수인 조선의 현실에서 그들의 조락(凋落)은 곧 조선 농촌의 조락이며 이는 농촌의 퇴폐를 초래하는 근본 원인이 된다고 지적하였다. 그리고 그 해결을 위해 소작료의 경감과 '공정 표준'을 확립할 필요가 있다고 역설하였다.[10] 또한 당대의 농촌문제 해결을 위해서는 조선농민의 경제적 결합이 필요한데, 생산을 지도하고 소비를 제약하면서 소비·생산·구매·신용 등 각 부문을 겸장(兼掌)하는 농민조합 같은 것이 필요하며 농한기에는 교양기관이 되어야 한다고도 주장하였다.[11] 결론적으로 농민 스스로가 각성해서 속지 않아야 하며 농촌청년들이 분기해야 한다는 당부도 잊지 않았다.[12]

허헌은 '조선공산당 사건'이나 '간도공산당 사건' 관련자들이 옥중에서 위중해질 때마다 변호인 자격으로 면회하고 보석을 신청하는 등의 일을 게을리하지 않았으며, 재판 비용 처리 문제 등도 앞장서 해결하였다. 1929년 신간회 중앙집행위원장직을 수행하면서도 수많은 항일 사건들의 변론에 앞장섰으나 그해 12월 13일 '민중대회 사건'으로 체포됨으로써, 더 이상 항일변호사·인권변호사로서 그의 모습은 볼 수 없게 되었다. 예컨대 1928년 6월에 검거된 조선청년총동맹 함북도연맹 관련자들은 예심이 길어지자

---

10 許憲, 「朝鮮의 小作問題와 그 解決策 如何, 問題는 두 가지에 있다」, 『朝鮮之光』 82호, 1929. 1, 58~59쪽; 「朝鮮小作問題と其の解決案(8)」, 『朝鮮思想通信』 854호, 1929. 1. 18.
11 許憲, 「當面의 課業은 經濟的 結合이 必要」, 『朝鮮之光』 87호, 1929. 9, 68~69쪽.
12 許憲, 「農村青年의 힘으로 前衛分子의 奮起를 懇望」, 『朝鮮農民』 5권 6호, 1929. 10, 17쪽.

(함북청년연맹 사건) 1929년 11월 27일 변호사 허헌에게 긴급면회를 신청하고 청년 33명이 일제히 단식투쟁에 돌입하였다. 이에 허헌은 조선변호사협회에서도 간부회의를 열고 대책을 논의하였으며, 신간회 중앙집행위원장의 이름으로 직접 조사에 착수하였다.[13] 하지만 투옥으로 인해 사건을 마무리할 수 없었다.

특히 허헌은 1929년에 일어난 '여운형 사건', '광주학생운동 사건' 등의 변론에도 적극적으로 참여하고자 했으나 이 역시 뜻을 이룰 수 없었다. 오랫동안 중국에서 활동하다가 1929년 7월 상하이에서 검거되어 국내로 압송된 여운형이 예심에 회부되자, 허헌은 김병로·이인·이창휘와 함께 제일 먼저 변호계를 제출하였다.[14] 그해 11월에 일어난 '광주학생운동 사건'도 강세형·권승렬·김병로·김용무·이인·이창휘 등과 함께 곧바로 참여 의사를 표명하였다. 하지만 두 사건 모두 재판이 열리던 1930년 시점에서 자신이 철창에 갇히는 신세가 되는 바람에 뜻을 이루지 못하였다.

사실 일제강점기에 인권변호사·항일변호사로 활동한다는 게 쉬운 일은 아니었다. 오히려 절대 다수의 변호사들은 개인적인 이익을 쫓는 경우가 많았다. 이인의 회고에 따르면, 당시 변호사들 가운데 사상사건이면 아예 회피하는 이들이 많았다고 한다.

모름지기 변호사란 돈맛을 알아서는 안 된다는 게 나의 신조이다.

---

13 「卅三人斷食事件에 在京法曹團奮起」, 『東亞日報』, 1929.11.29~30; 『中外日報』, 1929.11.29.
14 「변호사4씨 변호계제출」, 『東亞日報』, 1929.8.12. 당시 '여운형 사건'의 공판에 변론을 자청한 변호사는 허헌을 포함해 무려 20여 명에 달했다고 한다. 첫 공판정에 열석한 변호사는 김용무·김병로·권승렬·이창휘·강세형·한국종·양윤식·이종성·송영상 등 9명으로서, 당시 "항일변호사들이 거의 집결한 형세를 보였다."고 한다(한인섭, 『식민지 법정에서 독립을 변론하다』, 경인문화사, 2012, 475쪽).

억강부약(抑强扶弱)하는 것이 변호사의 성임(聖任)인데 약자에게 받아 낼만한 돈이 어디 있단 말인가. 나는 이제까지 변호사를 하여 돈 많이 번 사람을 별로 보지 못하였고 혹시 돈을 좀 벌었다 하는 자는 다른 사업으로 대개 허비가 되는 것을 보았다.

일제강점기 우리 변호사들 가운데는 사상사건이면 아예 회피하는 이들도 많았다. 일제의 사나운 눈총을 받기 싫음이다. 또 나아가서는 비루하게 중추원 참의 한 자리 얻어 한 사람도 서넛 있었다. 그러나 약자를 모른다 하고 강자에게 빌붙는다면 이미 변호사 자격이 없는 사람이나 다름이 없다.

나는 조선변호사협회를 말하면서 우리 변호사 중에도 항일투쟁에는 한사코 꽁무니를 빼거나 이름만 걸어놓고 행동은 아니 하던 이들이 있었음을 솔직하게 이야기하지 않을 수가 없다. 변협이 좀 더 과감하게 투쟁에 나섰더라면 우리의 역사가 조금은 달라지지 않았을까 하는 일말의 안타까움을 갖고 있기 때문이다.[15]

이런 분위기에서 '삼인'을 중심으로 한 항일변호사들의 활동은 우리의 항일운동사에서도, 또 한국의 초기 인권운동 차원에서도 중요한 의미를 갖는다고 할 수 있다. 특히 허헌은 3·1운동 재판의 '공소불수리 사건' 이후 당당하고 치밀한 변론 태도로 유명해져서, 그가 변론하는 재판정에서는 판사들도 긴장을 늦추지 않았다고 한다. 예컨대 위의 원산총파업 복심공판 변론 관련 보도를 보면, 다른 3명의 변호사와 달리 허헌의 경우 "재판장이 변호인의 언론을 제한한다 하여 수차 추궁"당했다고 한 데서도 알 수 있다.[16]

15 李仁,『半世紀의 證言』, 明知大學出版部, 1974, 77쪽.
16 「元山金瓊植의 覆審公判」,『中外日報』, 1926.6.6.

물론 변호사 허헌이 항일운동 사건 재판에만 참여한 것은 아니었다. 항일운동이나 사회운동 사건들에 대해서는 대부분 무료로 변론했기 때문에, 사실상 그에게 경제적으로 큰 도움을 준 것은 일반 민사사건들이었다. 일반적인 민사사건이든 형사사건이든 현재로서는 그 자료를 모두 찾아 정리하기는 어렵다. 다만 현재 법원도서관에서 제공하고 있는 『조선고등법원판결록』 36권 안에서 허헌이 변론한 12건의 사건을 정리해 제시해보면 〈표 4〉와 같다.17
이 사건들은 모두 민사사건이다. 재판 결과를 보면 12건 가운데 승소 3건, 부분 승소 2건을 제외하면 나머지 7건은 패소한 셈이다. 하지만 이상의 사건들은 모두 사실 1심과 항소심을 거쳐 최종적으로 고등법원에 상고(上告)한 사건이라는 점을 감안할 필요가 있다. 오늘날도 그러하듯이 상고심에서 그간의 판결을 뒤엎는 것은 매우 어렵고, 따라서 승소율도 매우 낮은 편이다. 이 사건들이 모두 상고심이라는 점을 감안해보면 상당히 높은 승소율이라고 할 수 있다.
이러한 민사사건은 변호사로서의 수입과 밀접한 관계를 갖고 있었지만, 사실상 식민지 조선의 상황에서 의미 있는 것은 앞서 살펴보았던 항일민족운동이나 사회운동과 관련된 사상사건, 즉 형사사건이었다. 조선인 변호사가 이러한 형사사건들을 변론한다는 것은 어찌 보면 개인적인 고민과 선택의 문제였을 것이다. 일제강점하에서 항일법정투쟁을 벌인다는 것은 결코 쉬운 일은 아니었기 때문이다.18

---

17 고등법원 판결문은 현재 법원도서관 홈페이지의 귀중본자료실에서 검색할 수 있다. 승소, 패소 등은 판결 내용을 보고 필자가 정리한 것임을 밝혀둔다.
18 전병무, 『조선총독부 조선인 사법관』, 역사공간, 2012, 196~199쪽 참조.

〈표 4〉 일제강점기 허헌이 변론한 고등법원 재판 사례

판결일	사건명	판시 사항	상고인	피상고인	소송 대리	결과	원 판결
1915.3.16	토지점유권 보존 및 소유권 침해 배제 청구에 관한 건	(삼림법 관련)	조상귀 (趙相貴)	박기철 (朴箕哲)	상고 측	패소	광주지법 정읍지청, 대구복심법원
1917.1.19	연대채무 청구에 관한 건	소송비용에 대한 상고	변규호 (邊奎浩)	이봉승 (李奉承)	상고 측	부분 승소	광주지법 전주지청, 대구복심법원
1922.8.1	계약해제보증금 및 대금 청구사건	수인(數人)공동의 가분(可分) 채무의 부담 책임	박하징 (朴夏徵)	유관영 (劉觀泳)	상고 측	부분 승소	평양지법, 평양복심법원
1922.9.22	약속어음금 청구사건	상법 중 서명해야 할 경우에 관한 건에서 말하는 날인과 무인 (拇印)	최호의 (崔浩儀)	김희모 (金熙謨)	상고 측	패소	함흥지법, 경성복심법원
1923.3.15	무고(誣告)와 위증의 건	공모의 무고죄의 경우 그 1인의 실행행위와 다른 공범자의 죄책	정경진 (鄭景鎭) 외 2인		상고 측	패소	함흥지법, 경성복심법원
1923.5.28	명예훼손의 건	형법대전의 폐지와 「신문지법」 제15조 제33조의 자연 폐지, 「신문지법」의 신문지로 인한 비훼죄와 형법 적용	김형원 (金炯元)		상고 측	패소	경성지법, 경성복심법원
1923.6.19	강제집행 이의의 건	재판상 화해의 특별위임을 받은 소송대리인과 재판 외의 화해를 할 권리	강윤엽 (姜允燁)	飯田 龜太郞	상고 측	패소	함흥지법 원산지청, 경성복심법원
1923.11.2	계약존재확인 청구의 건	도면상 면적 불확정의 경우 그 범위 확정의 요부	박석우 (朴碩禹)	박회식 (朴會植) 외 2인	상고 측	승소	평양지법, 평양복심법원
1923.11.9	손해배상 청구의 건	채무이행불능으로 인한 전보배상(塡補賠償)	정기운 (鄭基雲)	김진원 (金鎭瑗)	상고 측	패소	함흥지법, 경성복심법원
1924.9.26	손해배상 청구사건	어업조합원 상호간의 입어(入漁) 계약 효력	김만석 (金萬石) 외 55인	장영식 (張永植) 외 99인	상고 측	승소	함흥지법 북청지청, 경성복심법원
1926.3.23	가옥임대료 청구사건	임차인의 보증과 그 해제	熊谷 松太郞	이명화 (李明花)	피상고 측	패소	신의주지법, 평양복심법원
1926.7.20	계약존재확인 청구소송	문중 공유 토지의 처분	박석우	박회식 외 2인	상고 측	승소	평양지법, 평양복심법원

변호사단체 활동과 국제변호사대회 참여

　　허헌은 1910~1920년대에 일상적인 변호사 업무 외에 변호사단체에서도 적극적으로 활동했으며 관련 국제회의에도 참가하였다. 일제강점하에서 허헌을 비롯한 조선인 변호사들이 항일독립운동가나 사회운동가들을 위해 자진해서 무료 변론을 하면서 공동으로 대응논리를 세워갔던 배경에는 이들이 함께 추진했던 변호사단체 활동이 자리 잡고 있었다. 허헌은 1907년 9월 23일 우리나라 최초의 변호사단체인 한성변호사회가 창립될 때부터 참여했다고 밝힌 바 있다. 그러다가 1909년 4월 「변호사법」이 새로 공포되어 일본처럼 각 지방별로 변호사회를 조직하게 됨에 따라 일본인 중심의 경성제1변호사회가 조직되었다. 이에 대응하여 조선인 변호사들은 1913년 서울에서 경성제2변호사회를 조직하였다. 1913년 1월 21일 경성제2변호사회 정기총회에서 새로 임원진이 개편될 때 허헌은 태명식(太明軾)·박승빈(朴勝彬)·박만서(朴晩緒)·심종대(沈鐘大) 등과 함께 상의원으로 선출되어 활동하였다.[19]

19 　「辯護士會職員改選」, 『每日申報』, 1913.1.21.

이렇게 1913년부터 재개한 그의 변호사단체 활동은 모두 서울을 중심으로 이루어졌다. 이는 그가 1910년 일제강점의 충격으로 낙향한 뒤 함흥을 근거로 변호사 활동을 하면서도, 1913년 무렵에는 이미 서울을 중심으로 변호사 활동을 했음을 보여준다. 1910년대 허헌은 함흥·원산·서울 등으로 옮겨 다녔지만, 1921년 4월 25일 서울 당주동에서 관철동으로 이주하기 전까지는 주로 서울과 함흥 양쪽에 근거를 두고 전국을 오가며 변호사 활동을 했다. 어찌 보면 그가 한말부터 변호사 활동을 시작해 명성을 날린 서울과 고향인 함남에서 변론 의뢰가 많이 들어올 수밖에 없었으니, 지극히 자연스러운 일이다.

그런데 조선 내에서 변호사단체가 이렇게 둘로 나뉘게 된 데에는 조선인 변호사와 일본인 변호사 간의 알력이 있었기 때문이었다. 이 과정에 대해 훗날 허헌은 잡지사 인터뷰에서 "일본인변호사협회와 조선인변호사협회는 어떻게 관계되어 있는 것입니까"라는 질문에 대해 다음과 같이 회고하였다.

조선에는 구한국시대부터 한국변호사회라는 것이 있었는데,[20] 데라우치 총독 시대에 일본인 변호사회와 합하여 일선변호사협회(日鮮辯護士協會)를 만들게 하였습니다. 그때는 조선인 변호사의 수효가 일본인 변호사 수효보다 많았던 관계상 조선인 측에서 박승빈 씨가 회

---

20 허헌이 말하는 한국변호사회는 1907년 9월 23일 창립된 한성변호사회를 가리키는 것 같다. 앞의 2장에서 언급했듯이 허헌은 한성변호사회가 창립될 때부터 회원으로 참여하였다. '한국변호사회'라는 명칭은, 일본이 한국에 '일본제국재판소'를 설치하기 위해 1905년 9월 22일 오쿠보 등 일본인 변호사를 중심으로 '재한국변호사회'를 개설한 것 외에는 확인되지 않는다(「辯士議案」, 『皇城新聞』, 1905.9.27). 이때의 한국변호사회는 한국에 와있는 일본인 변호사회를 의미하므로, 허헌이 말한 조직은 한성변호사회로 추측된다.

장이 되었습니다. 그러나 일본인 측은 조선인이 회장되는 것을 강경히 반대하여, 드디어 회장 취임 인가의 권한이 있는 검사정(檢事正)은 오쿠보(大久保)라는 일본인 변호사를 회장으로 한 까닭에 조선인 변호사는 일치하여 대회에 출석하지 아니하여 대회는 성립하지 못하고 말았습니다.

그래서 그 당시는 일본인 변호사와 조선인 변호사는 격면하고 같은 변호사 공소(控所)에 있으면서도 서로 말도 아니하기까지 하였습니다.

그래서 할 수 없이 변호사회는 제1(일본인 측), 제2(조선인 측)로 나뉘게 되고, 그 후에 다시 '경성일본인변호사회'와 '경성조선인변호사회'로 개명하게 되었던 것입니다.

내가 경성조선인변호사회 회장으로 있을 때에 평양복심법원 검사정으로 있다가 경성지방법원 검사정으로 왔던 이가 이들을 합하려고 하였으나 그만 성공 못하고 말았습니다.[21]

당시 이미 20~30년 전의 일이라서 허헌의 기억이 모두 정확하다고는 할 수 없지만, 위의 언급을 통해 한말 이래 변호사 집단을 둘러싼 분위기는 대강 파악할 수 있다. 위 내용을 보면, 이미 한말부터 조선인 변호사와 일본인 변호사 사이에는 상당한 갈등과 알력이 있었고, 강점 직후 일제는 이를 통합하려 시도했으나 결국 실패하여 경성제1변호사회와 경성제2변호사회로 나뉘게 되었음을 짐작할 수 있다. 이후에도 일제 당국은 몇 차례 이를 통합하려 했으나 번번이 실패했음도 알 수 있다. 사실상 현재까지 1910년을 전후하여 경성제1변호사회와 경성제2변호사회로 분립되어 조

---

21 「許憲氏 個人座談會」, 『東光』 39호, 1932.11, 33쪽.

직되는 배경에 대해서는 관련 연구가 거의 없어서 상세히 알 수 없다. 따라서 1919년 3·1운동 이후의 상황에 대해 먼저 허헌의 언급과 기존 연구를 토대로 정리해보고자 한다.

1919년 3·1운동이 일어난 직후 경성지방법원 검사정은 조선인과 일본인으로 나뉘어 조직된 두 변호사회의 통합을 권고하였다. 당시 경성제1변호사회의 회원은 34명, 경성제2변호사회의 회원은 31명으로 일본인이 약간 우세했다.[22] 조선인 변호사들은 이 기회에 단결하여 조선인을 회장으로 내세우고자 했다. 그 결과 그해 4월 개최된 경성변호사회 창립총회에서 장도(張燾)가 일본인이 추천한 오쿠보 마사히코(大久保雅彦)를 한 표 차이로 누르고 회장에 선출되었다. 당황한 일본인 변호사들은 회장반대운동을 펼치는 등으로 맞섰고 결국 양측의 불화만 증폭되었다. 이에 1년 만인 1920년 4월 24일 당국은 다시 경성조선인변호사회와 경성일본인변호사회로의 분립을 허가하였다. 이렇게 조선인과 일본인이 분립된 체제는 1936년 「조선변호사령」이 공포되고 전시체제기에 들어 '내선일체(內鮮一體)' 정책이 강화되어 강압적으로 단일화될 때까지 지속되었다.[23]

분립이 허가된 1920년 4월 24일 당일 남산의 경성호텔에서 경성조선인변호사회 총회가 개최되어 회장 장도, 부회장 박만서, 상의원장 최진 등이 결정되었다. 허헌이 경성조선인변호사회의 회장으로 선출된 것은 1925년 4월 26일 제6회 정기총회에서였다.[24]

22 大韓辯護士協會, 『大韓辯協五十年史』, 2002, 46쪽; 한인섭, 앞의 책, 2012, 179쪽. 1919년 말 현재 조선인 변호사는 97명, 일본인 변호사는 90명으로서 전국적으로는 조선인이 약간 우세한 편이었다.
23 한인섭, 위의 책, 2012, 179~181쪽.
24 「朝鮮人辯護士 정기총회 역원을 개선」, 『每日申報』, 1925.4.28; 「辯護士會總會」,

그는 1년 동안 이재민 구호사업 등을 활발히 벌이다가, 1926년 4월 정기총회에서 부회장 김병로에게 회장직을 물려주었다.[25]

그런데 1920년에 경성조선인변호사회가 재조직되었다 해도 문제는 전국에 흩어져 있는 조선인 변호사 전체를 통일할 단체가 없다는 것이었다. 이에 1921년 5월 전조선변호사회 회장회의를 열고 박승빈·장도·이승우 등의 발기로 조선변호사협회를 창립하기로 하였다. 준비 끝에 그해 10월 2일 명월관에서 "정의의 발전과 인권의 옹호와 법제의 개선 및 회원의 친교 증진"을 목적으로 조선변호사협회 창립총회가 개최되었다. 협회를 대표하는 총무이사는 박승빈이 맡기로 했으며, 허헌을 비롯해 장도·이승우·윤태영(尹泰榮)·김찬영(金瓚泳)·이동초(李東初) 등 6인이 이사로, 그리고 최진·유문환·김병로·박만서 등 15인이 의원으로 선출되었다.[26]

당시 『동아일보』에서는 사설을 통해 다음과 같이 조선변호사협회의 창립에 기대하는 바를 표하였다. 다소 긴 내용이지만 담고 있는 의미가 오늘날에도 충분히 음미해볼 만한 가치가 있다고 판단되므로 소개한다.

조선사회의 요구는 자본이며 노동이라. 이는 타 국가, 타 사회와 다르지 아니하되 자본가의 자각이 결핍하며 노동자의 자각이 결핍하니 전자를 조종하고 후자를 지도하는 지식계급을 요구함은 타 국가,

『東亞日報』, 1925.4.30.
25 「辯護士會 任員改選」, 『東亞日報』, 1926.5.1.
26 「朝鮮辯護士協會」, 『東亞日報』, 1921.10.5; 「辯護士協會創立」, 『每日申報』, 1921. 10.5. 한인섭의 책에서는 '조선인변호사협회'라고 되어 있으나, 당시 언론에서 대체로 '조선변호사협회'로 쓰고 있으므로 이를 따랐다.

타 사회보다 한층 심절(深切)한지라. 그런즉 요구에 응할 자는 누구이냐. 교육가이며 언론가이며 법률가이라. 그러하나 법률가는 교육가나 언론가보다 활동적이며 또 활동함에 편의와 자유가 많다 하니, 조선사회의 현상으로는 요구하는 자가 법조계의 인물이오, 요구에 응할 자 또한 법조계의 인물이라. 다시 말하면 조선사회의 충실이 법조계의 인물을 기대하는 것이 많으며, 확대가 법조계의 인물을 바라는 것이 적지 아니하도다. 그러하나 과거를 회고하면 법조계의 인물로서 조선사회에 공헌한 바가 미미한 것은 사실이라 할지니 ….
변호사는 사회적 공직이라. 사리(私利)를 도모하는 것이 본래의 목적이 아니오, 인민의 권리를 옹호하고 사회의 공익을 도모하는 것이 본래의 목적이 되나니, 조선사회에 있어서 이 목적을 달성함은 실로 난사(難事) 중의 난사라. 개인적으로는 경제조건이 족하지 못하고 사법의 독립이 확실하지 못하니, 비록 본래의 목적을 달성하기 위하여 끊임없이 나아간다 할지라도 주위의 사정이 그 정성을 완수하지 못하게 함에 어찌하리오. 그러하나 하나의 화살[單箭]은 꺾일 수 있으되 묶여진 화살[束箭]은 꺾일 수 없는지라. 이제 법조계의 인물이 단결하여 변호사협회를 조직하고 본래의 목적을 달성코자 하나니, 성력(誠力)만 피력하면 이미 속전이 된지라, 가히 꺾지 못할지라. …
법률은 민중의 양심에서 나오는 여론을 형식화한 것이라. 고로 사회적 양심이 곧 법률이니, 그 법률이 만일 사회적 양심과 배치된다 하면 이는 법률로 존재할 가치가 없는 것이라. 무슨 까닭인가 하면, 법률은 사회생활을 율(律)함으로써 안녕질서를 보지(保持)하고 인권을 확충하는 것이니, 사회적 양심과 배치하면 사회생활을 가히 율(律)하지 못하며 또 인권을 확충치 못하기 때문이라. …
조선에서 시행되는 제령(制令)은 일본의 법률에 준한 것이오, 또 당국의 편의로 나온 것이라. 조선인의 의견은 추호도 들어가지 못하였으니, 고로 일본의 법률이 조선의 사회적 양심과 합한다 할 수 없고, 당국자의 편의 또한 조선의 사회적 양심과 합하지 못할지라. 만일 조선의 사회적 양심과 합하도록 조선의 제령을 제정한다 하면 ….
법조계의 제군이여. 법률을 해석하고 적용하는 것은 기계적 동작이라. 그 법률이 사회적 양심과 합하든지 아니하든지 강하게 이를 활용하여 민중을 강제하면 이로 인하여 인민의 고통은 실로 형상치 못할 것이니, 동회(同會)의 목적에서 든 것과 같이 가급적 법제의 개선에 힘을 써 조선의 사회적 양심을 실현케 할지어다. 우리가 촉망하는 바이오, 곧 여기에 있으며, 제군의 본래 목적이 또한 여기에 있으니 힘쓸지어다.[27]

1921년 시점에서 자본주의 사회, 식민지 사회에서 법의 사회적 역할과 법조인의 사명에 대해 매우 원론적이면서도 진솔하게 서술되어 있다. 법률은 민중의 양심에서 나오는 여론을 형식화한 것으로서 사회적 양심이 곧 법률이라고 명쾌하게 정의하고, 이에 배치되는 것은 존재가치가 없다고 날카롭게 단정함으로써 사회적 공인으로서 변호사의 역할을 강조하고 있다. 또한 조선변호사협회의 창립을 계기로 그동안 조선사회에 대한 공헌이 미미했던 법조계에 다시금 경종을 울리는 내용으로 되어 있다. 일본의 법 즉 조선사회가 아닌 일본사회의 양심에 기초하고 있는 식민지 조선의 현실적인 한계를 충분히 인지한 가운데 '가급적' 이를 개선하는 데에도 조선변호사협회가 노력해줄 것을 당부하는 점도 설득

---

27 「朝鮮辯護士協會의 創立」, 『東亞日報』, 1921.10.5.

력 있게 다가온다.

이와 같은 목적을 가진 조선변호사협회는 이후 식민지 조선사회에서 대체로 사회적 약자 편에 서서 활동하는 모습을 보였고, 그 선두에는 늘 변호사 허헌이 있었다. 한 예로, 1925년 7월 공덕동 방면에 수해가 나서 부모도 친척도 없는 고아들이 발생하자, 7월 22일 조선변호사협회 이름으로 허헌은 관철동 자택에 23명의 고아들을 임시 수용하기도 했다.[28] '임시'라고는 해도 20여 명의 아이들을 자신의 집에 거처하게 한다는 게 결코 쉬운 일은 아니었을 것이다.

조선변호사협회는 식민지 조선인의 사회적인 기대 속에서 탄생하긴 했지만 다른 한편으로는 당면한 현안에 대응하기 위해 조직된 측면이 강했다. 허헌은 "베이징에서 국제변호사대회가 열리는 것을 알고는 그해 9월에 전 조선 변호사를 대표하는 조선인 변호사협회를 만들었습니다."라고 회고하였다.[29] 1921년 10월 23일 중국 베이징에서 개최될 제2회 국제변호사대회에서 조선 변호사들의 독자적인 대표성을 확보하기 위해서는 먼저 독자적인 단체가 필요했던 것이다.

국제변호사대회는 각국 변호사들의 친목 도모와 모든 나라 민중의 권리를 정당하게 옹호하기 위해 만들어진 단체로서 1919년 필리핀 대회가 그 출발이었다. 이후 베이징에서 열릴 제2회 대회를 준비하기 위한 예비회의가 1920년 초에 도쿄에서 개최되었는데, 여기에 박승빈 등 7인의 조선인 변호사가 참석하여 대회에 조선인으로서의 대표성을 얻기 위한 교섭에 노력하였다. 그 성과를

28 「辯護士會收容 少女二名去處不短」, 『東亞日報』, 1925.7.24.
29 「許憲氏 個人座談會」, 『東光』 39호, 1932.11, 34쪽.

바탕으로 조선 전체를 대표하는 변호사 조직으로서 조선변호사협회를 만들고 대회 참여를 준비한 것이었다.[30]

도쿄에서 열린 예비회의는 일본변호사단의 발기로 1920년 4월 1일부터 3일까지 사흘 동안 개최되었다. 조선인으로는 박승빈· 장도·정구창·이종하(李琮夏) 등 7명이 참석하였다. 당시 언론에서 '원동변호사대회'라고 표현하기도 했던[31] 이 회의에 대해 박승빈은 '일종의 예비회의라고 볼 조그마한 회의'라고 표현했으며,[32] 이종하는 '일본변호사협회 임시대회 및 국제변호사협회 설립협회'에 참석했으며 각국에서 거의 천여 명이 출석했다고 기록하였다.[33] 당시 『매일신보』에서도 '국제변호사협회 설립협의회'라고 한 것으로 보아,[34] 이종하가 언급했던 이 명칭이 정식 회의명이었던 것 같다. 어쨌든 이 회의를 통해 중국 측에서는 「치외법권 철수안」을 제출할 것이고 일본 측에서는 「동양 각국에 배심재판권 사용안」을 본 회의에 제출할 것으로 예견되었다.[35] 하지만 아래에서 보듯이 베이징의 본 대회는 조선인 변호사의 독립 대표성 문제로 유야무야 종결되었다.

국제적으로 인권을 옹호하며, 만국(萬國) 공법(公法)을 시인하기를 목적으로[36] 하여 열린 제2회 국제변호사대회는 원래는 1921년 봄에 개최될 예정이었으나 실제로는 한참 늦은 그해 10월

---

30 한인섭, 앞의 책, 2012, 183~185쪽.
31 「辯護士會와 各國의 要求」, 『東亞日報』, 1920.4.7.
32 朴勝彬, 「국제변호사대회에 갓다가, 중국북평에서 개최」, 『三千里』 3호, 1929.11, 6쪽.
33 「東遊所感」, 『東亞日報』, 1920.5.2.
34 「國際辯護士協會」, 『每日申報』, 1920.4.3.
35 「辯護士會와 各國의 要求」, 『東亞日報』, 1920.4.7.
36 一記者, 「汎辛酉의回顧(下)」, 『開闢』 19호, 1922.1, 77쪽.

23일부터 28일까지 엿새 동안 중국 베이징의 중앙공원에서 개최되었다. 대략 중국 각지에서 500명, 일본인 50~60명, 상하이에 있던 미국인 4~5명, 필리핀인 15명, 러시아인 4명 등 여러 나라에서 수백 명이 참석하였다.[37] 6일 동안이나 열렸던 만큼 이후 출석자가 점점 더 늘어났던 것 같다.

조선인 변호사들도 10월 16일 밤 남대문역을 출발하여 오늘날 선양인 펑톈에서 1박을 하고 19일 베이징에 도착해 육국반점(六國飯店)에 여장을 풀었다. 참석자는 허헌을 비롯해 박승빈·장도·유문환·김찬영·변영만·이종하·윤태영·강세형·권태전(權泰銓)·김의균(金宜均)·홍재기(洪在祺)·이희철(李熙轍)·김지건(金志健)·성기영(成夔永)·이조원(李祖遠) 등 16명이었다.[38] 이렇게 16명이 공식적으로 출발했으며, 나중에 5명이 추가로 참석한 것으로 보인다. 10월 25일 열린 사법강연회에서 변영만이「사회개량과 법률관계」라는 제목 아래 영어로 강연하여 박수갈채를 받기도 했다.[39]

이와 같이 조선인 변호사들은 조선변호사협회를 조직하여 하나의 독립된 단체 대표로서 국제변호사대회에 출석하였다. 그리고 이 대회를 통해 국제변호사단체 가맹단체의 하나로 정식 인정을 받기 위해 도착 첫날부터 맹렬하게 활동했다. 허헌의 증언

---

37 「國際辯護士會」,『東亞日報』, 1921.10.29;「國際辯護士會經過」,『東亞日報』, 1921.11.1. 이 두 기사에는 각국별 참가 인원이 다르게 기재되어 있는데 후자를 기준으로 하였다.
38 「國際辯護士會出席者」,『東亞日報』, 1921.10.16;「國際辯護士會 京城出席者」,『每日申報』, 1921.10.6. 전체 인원이 16명으로 기록된『동아일보』기사에는 강세형이 빠진 15인의 명단만 수록되어 있는데, 이보다 앞선『매일신보』기사에 강세형이 있어서 그를 포함시켜 16명 명단을 확정하였다.
39 「國際辯護士會經過」,『東亞日報』, 1921.11.1.

에 따르면, 조선 안팎에서 여론을 일으키는 데 전력을 다하였으며, 베이징에 먼저 도착해 있었으므로 각국 변호사단이 도착할 때마다 정거장에 나가 사전 작업을 전개했다고 한다.[40] 대회의 대표인 국제변호사협회 회장 왕유링(王有齡)에게「가맹 요구서」를 제출하고, 각국 대표자들에게 협조를 부탁하였다. 특히 필리핀 대표는 같은 식민지 상태에 있었던 만큼 극히 동정을 표하면서 적극 찬성을 표하였고, 이듬해에 필리핀에서 열리는 제3회 대회에 독립단체로 초대하겠다는 화답도 받았다.[41]

그런데 이러한 소식을 접한 일본인 변호사 측에서 경악하면서, 일본을 이반하는 행동이라며 중국 측 대표에게 강경한 반대를 제출하였다. 이 과정에 대해 훗날 허헌은 다음과 같이 증언하였다.

조선인 측에서 먼저 결의권 요구의 제의를 하려는 것과 영, 미, 기타 각국이 조선 측 이유에 호의를 가진 것을 알고 도쿄에 있는 일본인 변호사 측에서는 미리 국제변호사대회장인 중국변호사협회장 왕유링(王有齡) 씨에게 말하고 일본공사는 중국 법부에게 말하여 대회를 열지 못하게 하였습니다. 대회를 열어 의사를 진행하면 '조선인 결의권 문제'가 나올 것이요, 그것이 가결되면 일본인 측은 탈퇴하겠다고 하여 그만 열지 못하고 말았지요.[42]

위의 내용을 보면, 만약 조선인의 독립단체를 인정한다면 일본

---

40 「世界의 大會議와 各國議會의 印象, 許憲氏의 北京辨護士大會」, 『三千里』 8권 2호, 1936.2, 30쪽.
41 한인섭, 앞의 책, 2012, 185쪽.
42 「許憲氏 個人座談會」, 『東光』 39호, 1932.11, 34쪽.

인 변호사들이 모두 탈퇴하겠다고 협박했으며 일본공사는 대회 자체를 열지 못하도록 중국 법부를 압박했음을 알 수 있다. 국제적 여론이 조선 측에 유리한 것을 알고, 조선인의 의결권 여부가 쟁점화되는 것 자체를 막겠다는 속셈이었던 것이다. 일본 측이 주장한 논리는 한 나라에 대표가 둘이 있을 수는 없다는 것이었다. 허헌은 이러한 주장에 대해 일본인이 편협하다면서 다음과 같이 세 가지 논리를 근거로 반박하였다.

> 그들이 편협하여 그렇지요. 우리가 주장하는 요점은 조선은 재판소구성법부터 법률영역이 다르다는 것, 그것보다도 국제대회가 사적(私的) 회합인 이상 한 민족으로 대표를 보내는 것이 정당하다는 것, 셋째로는 인도나 필리핀 역시 대회의 결의권을 가지고 있다는 것입니다.[43]

허헌의 주장을 좀 더 풀어서 설명해보면, 첫째는 조선은 재판소구성법에서부터 법률영역에 이르기까지 일본과 다르다는 것, 둘째는 국제대회라 하더라도 개인적으로도 참가할 수 있는 회합인 만큼 국가가 아닌 민족으로 대표를 보낼 수 있다는 것, 셋째는 영국 식민지인 인도나 미국 식민지인 필리핀의 변호사들 역시 아무 문제없이 의결권을 가지고 대회에 참석했다는 것이다. 상황이 이러하니 일본인이 편협해서 그렇다는 주장 역시 충분히 설득력 있게 다가온다.

조선인 변호사의 의결권 문제가 정식으로 국제변호사대회에

---

43 위의 자료.

상정되지는 못했지만, 결국 이 문제가 불거져서 대회 전체가 제대로 된 논의나 폐회선언도 없이 유야무야 끝나버리고 말았다. 원래 중국이나 일본 측에서 제출했던 「치외법권 철수안」이나 「동양 각국에 배심재판권 사용안」도 제대로 논의되어 가결되지 못하였다. 하지만 허헌은 훗날 1921년의 베이징 국제변호사대회에 대해 "우리들도 비상한 결심을 가지고 출석했던 것이며, 각 신문은 우리를 원호하고 베이징 재류 동포도 우리를 지지하여 대단히 뜻 있는 회의를 치른 셈"이었다고 평가하였다.[44]

이와 같이 국제변호사대회는 이상하게 마무리되었고, 조선인 변호사들은 10월 31일 귀국하였다. 그해 11월 초 친일적인 유지들의 조직인 유민회(維民會)를 비롯한 경성의 각 단체와 신문사는 국제대회에 참석하고 돌아온 조선인 변호사들을 위한 환영회를 베풀었다. 90여 명이 모인 가운데 이상재가 "변호사는 국내로나 국제로나 정의 인도를 위하여 분투할 천직을 가졌다."는 내용의 축사를 했으며, 참석자를 대표하여 박승빈이 본의 아니게 독립된 단체로 참가하지 못하여 매우 애석하며 내년의 필리핀 대회에는 꼭 정식으로 참가하도록 할 것이라고 답사를 했다. 이어서 허헌을 비롯해 장도·강세형 등이 조선과 중국의 상황을 비교하는 등 감상담을 전하였다.[45]

이듬해인 1922년부터 허헌 등은 필리핀 마닐라에서 개최되는 제3회 국제변호사대회에 참석하려 준비했으나, 일제 당국이 여권

---

44 「世界的大會議와 各國議會의 印象, 許憲氏의 北京辨護士大會」, 『三千里』 8권 2호, 1936. 2, 31쪽.
45 「國際辯護士會出席員歡迎」, 『每日申報』, 1921.11.2; 「北京갓든 辯護士歡迎會」, 『東亞日報』, 1921.11.5.

을 발행해주지 않아 결국 무산되고 말았다.⁴⁶ 이 대회는 1923년 1월 10일부터 예정되어 있어서 1922년 12월 초에 허헌을 비롯해 경성의 장도·최진·박승빈·이기찬·김찬영·변영만 등과 평양의 김지건·강세형·이동초 등이 참가를 신청한 것이었다.⁴⁷ 그런데 이들의 참석 문제를 둘러싸고 의견 충돌이 일어났다. 경성지방법원 검사정은 "만일 필리핀 국제변호사대회에 가려거든 그곳에 가서 조선인 변호사란 이름으로 참가하지 아니하고 일본인 변호사의 한 분자로 참가하겠다."는 서약서를 써놓고 가라고 강요하였다. 결국 조선인 측에서는 모두 참가하지 않기로 합의하였다.⁴⁸

이 사건 이후 더 이상 조선인 변호사들의 국제회의 참가 시도는 확인되지 않는다. 허헌은 1932년 잡지 『동광』의 개인좌담회에서 필리핀 마닐라의 국제변호사대회 참가가 좌절된 이후에는 사실상 국제대회나 조선인변호사회 모두 흐지부지 없어지고 말았다고 인터뷰하였다. 물론 조선변호사협회는 1924년 '희천서 고문사건'이나 '각파유지연맹 사건' 때도 앞장서 조사하는 등 활동을 이어가기는 했다. 허헌 역시 조선변호사협회 활동을 계속해나갔다.

허헌은 1924년 악명 높은 '희천서 고문사건'이 발생하자 이사회원으로 선정되어 조선변호사협회를 추동해나갔다. 이 사건은, 평안북도 희천군에서 1919년 결성된 항일비밀결사 천마산대(天摩山隊)의 후계조직으로 독립청년단이 결성되어 1923년 9월 경찰

---

46 「許憲氏 個人座談會」, 『東光』 39호, 1932.11, 34쪽.
47 「國際辯護士會, 朝鮮人側에서 七氏出席」, 『每日申報』, 1922.12.6; 「高警 제4018호 國際辯護士會朝鮮人辯護士出席ノ件」, 1922.12.19, 『不逞團關係雜件-朝鮮人ノ部-在歐米』 6(국사편찬위원회 한국사데이터베이스).
48 「"日本의分子로가라", "朝鮮辯護士名義로가겠소"」, 『東亞日報』, 1922.12.22; 「國際辯護士會參席 結局破裂」, 『東亞日報』, 1922.12.23.

관주재소나 면사무소 등을 공격하고 일본인 순사를 처단하는 활동을 전개했는데, 교전 과정에서 일본인 순사가 사살되는 등으로 번지자 희천경찰서에서는 검거된 조선인에게 무차별적으로 극심한 고문을 가하여 고문치사가 발생하는 등으로 사회적 파장이 매우 컸던 사건이었다. 이에 조선변호사협회에서는 김병로 등을 중심으로 '희천서 고문사건'의 진상을 철저히 조사하고 금후의 태도와 방침을 결정하기 위해 이사진을 새로 개편했는데, 1924년 5월 허헌도 신규 이사진에 참여하였다.[49] 경성을 비롯해 평양·신의주의 변호사들이 합세하고 언론도 가세하여 항소심 공판정에서 고문 사실을 적나라하게 폭로 입증함으로써, 조선변호사협회는 이 사건을 계기로 대중의 항일 열기를 고조시켰다.

하지만 앞서 살펴본 이인의 회고에서도 "변협이 좀 더 과감하게 투쟁에 나섰더라면 우리의 역사가 조금은 달라지지 않았을까 하는 일말의 안타까움을 갖고" 있다고 했다시피, 국제변호사대회에 독립적으로 참여하는 문제가 좌절된 뒤 조선변호사협회의 활동이 한풀 꺾인 것은 사실이다.

---

49 「懇談會로 閉會 임원도개선」, 『東亞日報』, 1924.5.27.

항일운동 정세 변화와
형사변호공동연구회 조직

3·1운동을 계기로 시작된 1920년대의 항일민족운동은 여러 측면에서 양적·질적 변화를 예고하고 있었다. 이는 토지조사사업 등을 통해 식민지 수탈체계를 정비해갔던 1910년대까지의 일제의 무단통치가 정치·경제적 개량성을 띤 '문화통치'로 바뀌어 갔던 상황을 한 배경으로 했다. 하지만 실제로는 무단통치기의 헌병이 '문화정치'의 경찰로 바뀌었고 군·경의 병력도 훨씬 증가했으며, 이른바「치안유지법」등을 통해 사상과 결사의 자유를 탄압해가는 조치가 취해졌다. 1920년 이후 경무비(警務費)와 재판·감옥비는 이전보다 격증했으며 그 총액은 경상비 세출의 1/3에 달하였다.[50] 다시 말해서 무력으로 가차 없이 처단하는 무단통치 방식이 아니라 어느 정도 자본주의적 합리성을 띤 형태의 식민통치 방식으로 전환했던 것이다. 그리고 이는 3·1운동 이후 나타난 다양한 형태의 조선인 민족운동을 분열시키고 친일협력세력을 양성시키려는 데 그 목적이 있었다는 점에서 철저히 개량주의적 성격

50 조동걸,「1920년대의 일제 수탈체제」,『한국민족주의의 발전과 독립운동사 연구』, 지식산업사, 1993, 99쪽.

을 띤 것이었다.[51]

이러한 상황을 배경으로 시작된 1920년대 국내의 항일민족운동은 이전 시기와는 크게 달라졌다. 가장 큰 변화는 3·1운동 이후 사회주의, 무정부주의 등 신사상이 본격적으로 들어오면서 민족운동에서 사상의 분화가 이루어져갔다는 점이다. 변화된 일제의 식민통치, 과거 항일민족운동에 대한 좌절과 반성, 사회주의 사상의 본격적인 국내 전파 등을 토대로, 전체 항일민족운동 진영에서는 이전까지의 방법과 한계를 극복해보고자 했다. 3·1운동으로 이전의 즉각적인 절대독립론이 좌절되고 일제의 식민지체제가 점차 안정화되어가던 상황에서 더 이상 과거와 같은 복벽주의나 막연한 민족주의만으로는 독립이 불가능함을 깨닫게 된 것이다. 이 과정에서 1917년 러시아혁명을 계기로 본격적인 관심을 갖게 된 사회주의 사상은 단지 하나의 '외래사조'로서가 아니라 경제적 파멸에 대한 새로운 활로로 본능적으로[52] 수용된 측면이 강했다.

각계각층의 전 민족이 참여한 3·1운동의 경험으로 인해 1920년대 들어서 다양한 대중운동이 등장했다는 점도 눈에 띄는 중요한 변화였다. 오늘날과 같은 노동운동·농민운동·청년운동·학생운동·여성운동 등의 개념도 이때부터 본격적으로 생겨나기 시작했다. 더 이상 항일민족운동은 소수의 지식인이나 몇몇 민족지도자가 주도하고 참여하는 것이 아니라, 일제의 식민통치 속에서 좌절한 민중들이 각성하여 각자의 처지에 입각한 계급·계층운동으로 확대되면서 항일민족운동은 한층 더 풍성해져갔다. 다시 말해서

51 강만길, 『고쳐 쓴 한국현대사』, 창작과비평사, 1994, 30~39쪽 참조.
52 서중석, 『한국현대민족운동연구』, 역사비평사, 1992, 88~89쪽.

사회운동이나 대중운동의 형태를 띠면서 계급·계층별 운동이 본격화된 것이 전체 항일민족운동사에서 1920년대 시기가 갖는 가장 큰 특징이라고도 볼 수 있다. 이러한 대중운동은 1920년대 이후 활발히 전개된 농민들의 소작쟁의, 노동자의 파업투쟁, 학생들의 동맹휴교 등 양적·질적인 확대 및 그 조직화 과정과 맞물리면서 성장해갔다. 그리고 그 바탕에는 3·1운동 이후 광범위하게 수용된 사회주의 사상과 각종 사상단체·사회단체들이 자리 잡고 있었다.

한편 3·1운동이 좌절된 뒤 국외에서는 무장독립운동이 활발히 전개되었다. 또 상하이 임시정부를 중심으로 외교독립론에 입각한 독립운동도 지속되었으나, 1921년 워싱턴회의 이후로는 실질적으로 당장 독립할 수 있는 가능성은 없어 보인 게 사실이었다. 특히 임시정부를 다시 한번 강화하고자 했던 1923년 국민대표회의마저 실패한 뒤에는 전체 항일민족운동전선은 여러 사상적 배경 아래 분화하면서 전개될 수밖에 조건이 되었다. 기존의 절대독립론이나 독립전쟁론은 지속되었지만, 다른 한편으로 독립준비론·실력양성론·외교독립론 등이 다시 나타났을 뿐만 아니라 자치운동과 같은 기회주의·개량주의운동까지 등장하여 민족운동전선에서 이탈해갔다. 그러면서 전체 항일민족운동전선에서는 사회주의운동이 점차 주도권을 잡아가는 모양새를 띠게 되었다.

앞서 〈표 3〉을 통해 소개한 사건들 가운데 '보합단 사건'과 '공명당 사건', 그리고 '장진의 수전 사업을 둘러싼 미츠비시의 횡포 사건' 등 몇몇을 제외하면 다수가 사회주의라는 사상·조직·운동과 직간접적으로 연결되어 있었다. 언론사 필화사건이나 신간회 지회사건 등도 대부분 사회주의적 색채의 기사나 사회주의 계통의 대중운동과 관련된 경우가 많았다.

이렇게 사회주의 내지 공산주의와 관련된 사건을 다수 맡아서 변론했다고 해서 변호사 허헌이 사회주의자라는 의미는 아니다. 이 사건들은 대부분 허헌이 혼자서 변론한 것이 아니라 '삼인'을 중심으로 한 항일변호사들 다수가 함께 참여해 변론한 것이었다. 이 시기 민족변호사·항일변호사로 지칭되는 김병로·이인 등을 사회주의자로 보기 어려운 것처럼, 일제강점기의 허헌 역시 사회주의나 공산주의자로 보기는 어렵다.

1920년대 허헌을 중심으로 한 항일변호사들의 조직적 활동 가운데 가장 주목되는 것은 바로 '형사변호공동연구회'의 조직과 활동이다. 이 연구회는 조선변호사협회만으로는 항일운동 지원, 특히 모두 형사사건으로 취급되는 사회주의 계통의 '사상사건' 변론과 지원에 한계를 느낀 허헌이 1923년 김태영·김병로·이승우·김용무 등 동료 변호사들과 함께 조직한 단체이다. 그런데 실제로 이 조직이 탄생되고 유지된 것은 전적으로 허헌의 기획과 의지, 자기희생과 추진력 덕분이었다 해도 과언이 아니다. 그가 어려서부터 체화한 '나눔'의 방식을 식민지 조선의 합법 영역 내에서 근대적인 형태로 재현해보고자 한 시도로 볼 수 있다.

형사변호공동연구회가 결성된 배경과 활동의 방향은 크게 다음 두 가지로 정리할 수 있다. 첫째는 위에서 살펴본 1920년 항일운동 정세 변화로 인해 변론의 대상이 되는 대다수의 사건이 '사상사건'으로 취급되었던 만큼, 이에 대처하기 위해서는 공동으로 법리를 연구하고 대응하는 게 필요했기 때문이다. 둘째는 허울뿐인 '문화정치'로의 전환의 이면에서 일제 당국의 항일운동가들에 대한 탄압과 검거 이후 취조 과정에서의 고문과 억압은 더욱 심각해졌고, 따라서 어떤 식으로든 실질적으로 이들과 그 가족을 위로하고 지원할 필요성이 생겼기 때문이다.

형사변호공동연구회는 일본 내 변호사단체인 자유법조단(自由法曹団)을 모델로 했던 것 같다. 일본의 자유법조단은 1921년 고베의 노동쟁의 탄압사건 조사를 위해 꾸려진 조사단을 계기로 성립된 변호사단체로서, 오늘날까지도 같은 이름으로(약칭 JLAF) 그 명맥을 유지하고 있다.[53] 이인은 회고록에서 "이와(조선변호사협회와 - 역자) 별도로 우리는(삼인은 - 역자) 자유법조단을 조직하기도 했다."고 하여, 단체의 명칭을 정확히 하지 않고 그냥 일본의 단체와 같은 자유법조단이라고 칭하기도 했다.[54] 어쨌든 이인의 회고를 통해서도 이 연구회가 일본의 자유법조단과 유사한 취지로 만들어진 단체임은 짐작할 수 있다.[55]

형사변호공동연구회에서는 필요할 경우 자유법조단 소속의 일본인 인권변호사들에게도 도움을 청해 이들을 재판에 합류시켰던 것으로 보인다. 일본인 변호사들은 이미 1912년 '105인 사건' 재판, 1919년 3·1운동 재판에도 다수가 참여했으며, 조선공산당 사건 등 '사상사건'이 많은 1920년대에는 일본의 법체계에 정통한 이들의 경험을 더욱 필요로 했다.

[53] 自由法曹団(JLAF) 홈페이지(http://www.jlaf.jp/index.html)의 소개란 참조. 영어명이 'Japan Lawyers Association for Freedom'이라서 오늘날에는 약칭 JLAF로 불린다.
[54] 李仁, 앞의 책, 1974, 76쪽.
[55] 국내에서도 일본과 동일한 명칭의 '자유법조단'이 조직되었을 가능성도 있지만, 당시의 자료나 여러 정황을 미루어볼 때 그렇지는 않은 것 같다. 다른 관련 연구에서도 1925년 4월 "상춘원(常春苑 - 園의 오기)에서 열린 전국기자대회를 탄압한 일경이 관련자 105인을 극심하게 고문한 것을 응징하고자" 자유법조단이 조직되었다고 쓴 경우가 있는데(김인조, 「일제 강점기의 변호사」, 『애산학보』 35호, 2009, 42~43쪽), 이 역시 형사변호공동연구회를 가리키는 것으로 보인다.

그런데 현재 대부분의 연구에서는 형사변호공동연구회를 '형사공동연구회'라고 쓰고 있고 그 설립 시기에 대해서도 1923년과 1926년 등으로 의견이 분분하다.[56] 하지만 설립 시기는 적어도 신문에 첫 광고를 게재한 1923년 2월 19일 이전이며, 당시의 정식 명칭이 '형사변호공동연구회'였음은 분명하다. 또 흔히 참여 명단이 허헌·김병로·이인·권승렬(權承烈)·이창휘 등 5인으로 기록되고 있는데, 이 역시 잘못된 것이다. 형사변호공동연구회가 창립된 1923년부터 1926년 사이에는 이인·권승렬·이창휘는 정식 멤버로 참여하지 않았다. 이인 등이 형사변호공동연구회에 정식으로 참여한 것은 그 명칭이 형사공동연구회로 개칭된 뒤인 1926년 4월 이후였다.

형사변호공동연구회에서는 1923년 설립 직후부터 『동아일보』에 몇 차례 광고를 게재했는데, 마지막으로 확인되는 1926년 4월의 단 1회만 '형사공동연구회'라고 쓰고 있다. 이로 미루어보아 그 직전 즈음에 개칭한 것으로 보인다. 오늘날 『한국민족문화대백과사전』에도 항목명은 형사공동연구회로 되어 있지만, "정확한 이름은 형사변호공동연구회"라고 서술되어 있다.[57]

56 한인섭은 "'형사공동연구회'와 '형사변호공동연구회'의 양 견해가 있는데, 더 이상의 자료가 없다면 창립자의 말을 존중할 수밖에 없다. 따라서 명칭은 '형사공동연구회'로 정리한다. 연구회는 '사상범 원호를 목적으로 한 결사'였다."고 서술하였다(한인섭, 앞의 책, 2012, 209쪽). 전병무는 '형사공동연구회'로 쓰면서, 한인섭은 창설 시기를 1923~1924년 사이로 보고 서용태는 1926~1927년 전후로 본다고 소개한 뒤 본인은 후자의 견해라고 서술하였다(전병무, 「일제하 항일변호사 이창휘의 생애와 활동」, 『한국학논총』 46호, 2016, 349~350쪽).
57 "일제강점기에 한국인의 권익 옹호를 위하여 한국인 변호사들이 조직하고 활동한 단체이다. 1923년 서울 종로구 인사동 75번지에서 김병로·허헌·이인·김태영·이승우·김용무 등 당시 명망 있는 변호사들이 조직하였는데, 정확한 이름은 형사변호공동연구회이다."라고 되어 있다(『한국민족문화대백과사전』, '형사공동연구회' 항목).

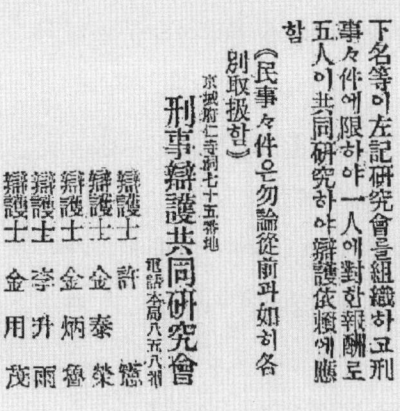

형사변호공동연구회의 첫 번째 광고
(『동아일보』, 1923.2.19)

형사공동연구회 명의의 광고
(『동아일보』, 1926.4.25)

 형사변호공동연구회의 취지는 "한 사람에 대한 보수로 5명이 공동 연구하여 변호"하는 것이었으며, 조선-일본 법조인들의 공동전선에도 목적이 있었다. 명칭은 형사변호공동연구회였어도 실제로는 법정투쟁을 통해 조선인 항일민족운동의 무죄를 주장하고 형무소에 구금된 동지들에게 사식(私食)을 넣어주고 유족을 돌보는 등 독립운동의 실질적 후원단체 역할을 자임했다.[58] 이 점에서 사회주의운동에서의 모플(Mopr), 즉 적색구원회(赤色救援會)를 떠올릴 수도 있겠지만, 일본공산당이 정식으로 모플에 해당되는 '해방운동희생자구원운동 준비위원회'를 조직한 건 1927년 하순경이었으므로[59] 그 영향을 받았을 가능성은 거의 없다. 항일운동이나 사회운동을 지원한다는 명목을 내걸 수 없었던 상황에서

58 위의 자료.
59 瀧澤一郎, 『日本赤色救援會史』, 日本評論社, 1993, 21쪽.

이러한 항일사건이나 사상사건은 모두 형사사건에 속했기 때문에 표면적으로는 형사변호공동연구회라는 이름을 내걸었다고 해석할 수 있겠다.

형사변호공동연구회에서 『동아일보』에 게재한 광고는 현재 총 11회가 확인된다. 이 가운데 아홉 차례는 설립 직후인 1923년 2~3월에 집중되었다. 나머지는 1924년 1월과 1926년 4월에 각각 한 번씩인데, 마지막인 1926년 것만 '형사공동연구회' 명의로 게재하였다.

이처럼 설립 직후 형사변호공동연구회에서는 지속적인 광고를 통해 공개적으로 변호를 의뢰하였다. 처음에는 "형사사건에 한하여 1인에 대한 보수로 5인이 공동 연구하여 변호 의뢰에 응함"이라고 했으며, 나중에는 "형사에 관하여 공동연합으로 1인에 대한 보수로써 2인 이상이 출정변호"한다고 게재하였다. 말하자면 처음에는 항일운동 사건에 대해 1인의 수임료로 허헌·김태영·김병로·이승우·김용무 5인이 공동으로 연구하여 대응하겠다는 것이었는데, 어느 정도 경험이 축적된 뒤부터는 2인 이상이 출정 변호하는 것으로 바뀌었음을 알 수 있다. 1924년 1월 1일 광고부터는 항일운동 변론에 흥미를 잃기 시작했다는 이승우가 빠지고 새로 이종성(李宗聖)이 합류하였다. 연구회의 구성원은 5인으로 유지하면서, 관련 재판에 경험이 많은 조선인이나 일본인 변호사와 공조한 것으로 보인다.

형사변호공동연구회가 처음 발족했을 때는 인사동 75번지에 별도의 사무실까지 마련하고 출범하였다. 그런데 1924년 1월 광고에는 사무실이 '관철동 119번지', 즉 위의 1926년 광고에서 보이는 변호사 허헌 사무실과 같은 곳으로 되어 있다. 다시 말해서

1년이 채 되지 않은 상황에서 별도의 사무실 유지가 어려웠거나, 아니면 허헌이 자신의 사무실을 그대로 활용하는 게 더 효율적이라고 판단했던 것 같다. 이러한 여러 정황들과 모든 광고에서 허헌의 이름이 가장 앞에 등장한 점 등으로 미루어보아, 실질적으로 그가 연구회의 회장 격으로 운영을 주도해갔음을 짐작할 수 있다.

특히 변호사가 천직이라 할 만한 허헌은 감옥에 있는 '사상범'들을 수시로 면회하여 그들에게 위안을 주고 살뜰히 보살핀 것으로도 가장 유명했다. 감옥에서 출옥한 뒤 1925년에 『동아일보』에 수차례에 걸쳐 「철창회고(鐵窓回顧)」를 연재한 이봉수(李鳳洙)는 허헌의 면회에서 자신이 얼마나 큰 위로를 받았는지에 대해 다음과 같이 언급한 바 있다.

> 허헌 선생의 두 차례의 면회는 참으로 무한한 위안을 주더이다. 첫 번째는 11월 14일이었는데 선생의 얼굴을 쳐다보면서 의자에 앉아서 이야기하는 중에 비록 사건의 내용은 말하지 못할지라도 선생의 염려 말라는 말 한마디는 확실히 만금(萬金)의 가치 있는 위안을 주더이다. 그 다음 1월 13일에 오셨을 때에 예심판사가 갈려서 그 사이에 한 번도 조사하지 못하였다고 하시던 말은 그 후 예심기간이 갱신될 때에 낙심되는 나로 하여금 많은 원기를 내게 하는 도움이 되었습니다. 그러므로 간수가 문을 열고 '면회'라고 하는 말은 적어도 '출옥'이라는 말의 절반만큼의 기쁨은 확실히 주더이다.[60]

형사변호공동연구회는 창립 이후 '정의부의 연통제 사건, 김상

---

60 李鳳洙, 「鐵窓回顧(5)」, 『東亞日報』, 1925.7.21.

옥 사건, 6·10만세운동 사건, 조선공산당 사건, 광주학생운동 사건, 원산총파업 사건, 안창호·여운형 등 주요 항일운동가의 「치안유지법」 위반사건, 간도공산당 사건' 등 여러 항일독립운동 사건의 변론에 관여했다. 국내와 국외, 사상과 이념을 뛰어넘어 항일운동과 관련된 여러 사건을 공동으로 연구하여 대응했다.[61] 1929년 12월 허헌의 체포를 비롯해 다수의 변호사가 고초를 겪게 되면서 한때 형사변호공동연구회 활동이 중단된 것으로 보인다. 김병로에 따르면, 허헌이 출옥한 뒤인 1932년 1월부터 다시 '김병로·이인의 합동 법률 사무소 시대'가 열려서 자연스레 구심점 역할을 했다고 한다. 또한 정식 모임은 거의 하지 못했다 해도 형사공동연구회라는 명목은 1930년대 후반까지 지속되었다고 한다.[62] 허헌의 경우 이때는 이미 변호사직을 제명당한 상태라서 변호사로서 여기에 참여하지 못했음은 물론이다.

요컨대 '삼인'을 중심으로 한 일제강점기 항일법정투쟁의 이면에는 허헌이 주도했던 형사변호공동연구회가 자리 잡고 있었다. 형사변호공동연구회는 일제강점기 조선인 변호사들에 의한 '항일 변론의 구심점' 역할을 했다고 볼 수 있다. 이러한 변호사들의 팀워크는 "항일변론을 조직화하고 장기적인 활동이 가능한 인적 유대를 만들고 물적 기반을 만들었다는 점에서 그 의의는 지대"하다고 평가된다.[63]

61 『한국민족문화대백과사전』, '형사공동연구회' 항목.
62 한인섭, 앞의 책, 2012, 211쪽 ; 한인섭, 앞의 책, 2017, 157~158쪽.
63 한인섭, 앞의 책, 2012, 211쪽.

조선공산당 등 '사상사건' 변론

허헌이 처음으로 변론한 '사상사건'은 최초의 사회주의 잡지인 '『신생활』 필화사건'이었던 것으로 보인다. 1921년 말부터 1년 이상 재판을 진행했던 이 사건에 대해서는 앞서 언론 탄압에 대한 허헌의 대응을 검토하면서 자세히 언급한 바 있다. 다음으로 확인되는 사건은 김상옥의 종로경찰서 폭탄 투척 사건인 '의열단 사건'에 대한 재판이다. 주지하다시피 이 사건 자체는 사상사건이라고 할 수 없지만, 김상옥이 사망한 뒤 주모자로 지목된 김한(金翰)이 사회주의자였기 때문에 사회주의 계통의 사건으로 확대된 면이 있다. 김한에 대한 허헌의 변론 내용을 보면 사회주의로 대표되는 '사상사건'에 대한 그의 이해가 잘 드러나므로, 먼저 이 사건과 허헌의 변론 내용을 간략히 살펴보고자 한다.

1923년 1월 12일 밤 서울 종로경찰서에 폭탄을 투척하여 일제 당국의 간담을 서늘하게 했던 '김상옥 사건'은 그 사안의 중요성만큼 허헌을 비롯해 김병로·김태영·이인 등 장안의 내로라하는 변호사가 대거 재판에 참여하였다. 1월 22일 새벽에 추적하던 일제 경찰에게 은신처가 발각되어 총격전을 벌이며 맞서다가 김상

공판정에 선 김한
(『매일신보』, 1923.5.13)

김상옥 사건 공판을 보도한 기사(『매일신보』, 1923.5.13)

옥이 '대한독립 만세'를 외치며 끝내 자결 순국한 일로도 유명하다. 김상옥의 사망으로 인해 또 다른 주모자인 김한에게 관심이 집중되었다. 김한은 1919년 대한민국임시정부의 사법부장으로도 활동했으며, 국내로 들어온 뒤에는 사회주의운동에 참여했다가 이 사건에 연루되어 1923년에 징역 6년을 선고받고 1927년까지 옥고를 치른 인물이다.[64]

종로경찰서라는 식민통치의 상징물에 폭탄을 던진 엄청난 사건임에도 불구하고, 모든 변호사가 일제히 무죄를 주장했다는 점도 특징적이다. 1923년 5월 17일 개정된 제2회 공판에서 먼저 최진 변호사가 김한의 무죄를 주장하였다. 김한은 사리사욕이 아닌 민족적 사명에서 한 일이며 또 그가 무산자동맹회 회원이라고 색안경을 끼고 본다면 조선민족 전체가 무산자인데 그게 무슨 죄냐며 맞섰다. 이어서 허헌이 등장하여 다음과 같이 변론을 전개하였다.

> 허헌 씨가 일어나서 먼저 김한에 대한 변론을 시작하는데 대개를 소개하면, 피고 김한은 민족주의자로 간주하는가 또는 당국에서나 일반이 인정하는 사회주의자로 보는가, 기록 전체를 내려 보아도 판명이 되지 아니하니 과연 무슨 주의인지를 알 수가 없는 터이다. 일찍이 피고 김한이 그의 친구 모씨에게 한 말을 들으면, 그는 일생을 무산계급에 있는 민족을 위하여 무엇이나 하나 제공해보겠다 하였고

[64] 『한국민족문화대백과사전』, '김한' 항목; 강만길·성대경 엮음, 『한국사회주의운동 인명사전』, 창작과비평사, 1996, 147쪽. 출옥 후 김한은 고려공산청년회, 신간회 등에서 활동하다가 1930년 2월 러시아로 건너갔다. 이후 '일본 밀정' 혐의를 받고 사형당했는데, 스탈린 시대의 정치 탄압으로 숙청당한 고려인임이 밝혀져 2005년 대한민국정부로부터 건국훈장 독립장을 추서받았다.

겸하여 조선독립운동을 부인하였은즉, 이것만 보더라도 그가 사회주의자임은 변호사 자신뿐 아니라 여러 일반이 인정하는 바이다. 그런데 만약 민족주의자와 같이 어떠한 사건을 계획하였다 하면 이것은 그의 주의와 모순되는 바이다. 겸하여 거절한 것은 피고의 공술에 의하여 표현한 사실인즉 … 당연 무죄를 주장하였다.65

말하자면 허헌은 처음부터 김한이 사회주의자임을 분명히 하고서 사회주의자인 그가 민족주의자와 함께 사건을 도모한다는 것 자체가 모순이라며 김한의 무죄를 주장하였다. 사회주의는 그 근본원리가 국제주의에 기초하고 있으므로 민족주의와는 대립적인 이론이라는 점에 착안한 것이라고 할 수 있겠다. 이를 보면 1923년 당시 허헌은 사회주의 이론에 대해 일정한 이해가 있었다고 할 수 있다. 1920년대 초 식민지 조선사회에서 사회주의란 모던의 상징으로서 하나의 유행으로 퍼지고 있었기 때문에 허헌이 몰랐을 리는 없겠지만, 이를 소신 있게 법리에 적용할 정도로 조예가 깊었던 것이 아닐까 추측해본다.

다음으로 3·1운동 재판에 이어 변호사로서 허헌의 명성을 다시 한번 세간에 오르내리게 했던 유명한 사건이 바로 '조선공산당 사건' 변론이었다. 주지하다시피 1925년 4월 17일 창립된 조선공산당을 일제 당국이 탄압한 '조선공산당 사건'은 1920년대에 네 차례에 걸쳐 진행되었다. 그것을 흔히 1~4차 탄압이라는 수식어를 붙여서 부르기도 하며, 이에 따라 조선공산당 자체를 제1차 조선공산당, 제2차 조선공산당 등으로 부르기도 한다. 말하자면 조

---

65 「前後不平을無漏陳述」, 『朝鮮日報』, 1923. 5. 19.

선공산당은 일제 당국의 탄압에 의해 간부진이 대거 검거된 뒤에도 계속하여 재건되는 형태로 진행되었던 것이다.

네 차례의 '조선공산당 사건' 가운데 허헌이 변호사로서 직접 재판에 참여한 것은 일명 '신의주 사건'으로 불리는 제1차 탄압사건(1925.11)과 '6·10만세운동 사건'으로 인한 제2차 탄압사건(1926.6)이었다. 1차 사건은 신의주에서 조선공산당이 중국 상하이로 보내는 비밀문서가 발각된 것을 계기로 조선공산당 및 고려공산청년회 책임비서 김재봉(金在鳳)·박헌영(朴憲永)을 비롯한 60여 명이 검거된 사건이다. 2차 사건은 새로 책임비서가 된 강달영(姜達永)·권오설(權五卨) 등이 1926년 6월 10일 순종의 장례식을 계기로 만세시위운동을 벌이려다가 170여 명이 검거된 사건이다. 허헌도 가택수색을 당하고 딸 허정숙과 사위 임원근도 모두 이 와중에 검거되었다가 허정숙만 무혐의로 풀려났으니, 조선공산당 사건에 임하는 허헌의 심정은 남달랐을 것이다. 이렇게 집안 문제로까지 비화된 이 사건의 여파로 허헌은 딸과 함께 미국행을 결심했고, 지친 심신을 다스리고 귀국한 뒤 본격적으로 '조선공산당 사건'의 변론에 앞장섰다.

일제 경찰은 공산주의 사건으로 검거된 조선인에게는 특히 가혹한 고문을 자행하였다. 고춧가루를 탄 뜨거운 물을 입과 코에 들이붓고 손가락을 묶어 천장에 매달고 가죽채찍으로 때리고 의자에 무릎을 꿇어앉힌 다음 막대기로 관절을 때리고 하는 일은 예사였다.[66] 1차 탄압사건 관련자들은 신의주경찰서와 종로경찰서에서 취조와 고문을 당한 뒤 모두 신의주로 압송되어 1925년

---

[66] 임경석, 『이정 박헌영 일대기』, 역사비평사, 2004, 106쪽.

전면 보도된 '조선공산당 사건'(『동아일보』, 1927.4.3)

12월 12일 이른바 「치안유지법」 위반 등의 혐의로 신의주지방법원 검사국에 송치되었다. 이들이 해를 넘겨 조사를 받고 있던 와중에 2차 탄압사건까지 일어나게 되었다. 이 관련자들도 1926년 7월 2일 종로경찰서에서 경성지방법원 검사국으로 송치되었다.

사법당국은 1차와 2차 사건 사이에 긴밀한 인적·조직적 연관이 있다고 판단하여 결국 두 사건을 모두 경성지방법원으로 모아서 심리하기로 하였다. 이들에 대한 예심이 종결된 것은 1927년 3~8월 사이였다. 당시 취조기록만 4만 쪽에 달했다고 한다. 그리고 기소된 인원만 해도 1차로 21명, 2차로 94명이나 되었으며, 이들 가운데 공판에 회부된 인원은 101명이었다. 때문에 세간에서는 피고인 수만 101명에 달했던 이 재판을 '101인 사건'이라고도 불렀다. 또 1912년의 '105인 사건', 1919년 '3·1운동 사건'과 함께 '조선의 3대 사건'으로 불리기도 했다. 공판은 1927년 9월 13일 시작되어 이듬해인 1928년 2월 13일까지 총 48회에 걸쳐 진행되었다. 유례없이 첫 체포에서 공판개시일까지 22개월이나 걸렸으며, 그 과정에서 극심한 고문으로 이미 옥사한 피고인도 있었고 심신 상태가 중증이라서 분리 심리해야 했던 피고인도 여럿 있었다.[67]

변호인단 역시 사건의 중대성에 주목하여 역대 최다인 28명으로 총집결하였다. 형사변호공동연구회 등을 통해 사상사건에 대처해왔던 항일변호사들 역시 지금까지의 모든 연구와 경험을 총결집해야 하는 상황이었다. 또 지금까지와 달리 일본인 변호사들

---

[67] 한인섭, 앞의 책, 2012, 318~320쪽. 조선공산당 사건에 대한 전체적인 내용은 이 책의 「조선공산당사건과 변호사들의 공판투쟁」(316~387쪽) 참고. 이하 재판 과정에 대한 서술은 특별한 주석이 없는 한 이를 참고하였음을 밝혀둔다.

과 조직적으로 연대 대처하는 모습도 돋보였다. 이렇게 연합한 변호인단은 당시 가능했던 법정투쟁의 기법을 총동원하여 끈질기게 공판투쟁을 벌였다. 이들의 법정투쟁은 국내뿐만 아니라 일본과 타이완 등지의 사회단체와 민중들의 성원까지 등에 업고 있었다. 대부분의 공판은 비공개로 진행되었지만, 언론은 최대한 이 사건을 상세히 보도하려고 노력했다.

총 48회에 걸친 공판 가운데 공판조서가 확인되는 21회를 대상으로 출석변호인 명단을 정리한 한인섭의 연구에 따르면, 허헌은 김병로와 이인, 그리고 일본인 후루야 사다오(古屋貞雄)와 함께 1927년 9월 13일 제1회 공판부터 11월 1일 제21회 공판까지 단 한 차례로 거르지 않고 모두 출석한 것으로 조사되어 있다. 다만 9월 27일의 제7회 공판과 29일의 제8회 공판은 변호인을 출석시키지 않았기 때문에 참석할 수 없었다. 또한 재판 진행 과정에서 9월 28일 사법권 침해 항의 방문, 10월 16일 고문경관 고소, 11월 15일 증인 신청, 11월 17일 재판장 기피 신청, 11월 19일 기피 신청 성명서 참여 등 변호인으로서 할 수 있는 활동들에 모두 참여한 것으로 확인된다. 이러한 활동들에까지 하나도 빠지지 않고 모두 참여한 것은 허헌과 김병로, 그리고 후루야 3인뿐이었다.[68]

이와 같이 '조선공산당 사건'의 변론을 주도적으로 이끌었던 것은 조선인으로는 허헌과 김병로·이인 등이었으며, 일본인으로는 후루야 사다오와 후세 다츠지(布施辰治) 등이었다. 형사변호공동연구회의 성원이었던 김태영과 김용무도 변론에 적극적으로 참여하였고 또 일본 자유법조단의 핵심 멤버인 후루야와 후세가 적극

---

68 위의 책, 384~385쪽의 〈표〉 참조.

가세하고 있는 점을 볼 때, 이 사건에 대한 대응에서 허헌을 중심으로 한 형사변호공동연구회가 주도적 역할을 했음을 충분히 짐작할 수 있다.

특히 3·1운동 재판에서 일제 사법당국의 절차상 허점을 공격하여 승소한 경험이 있었기 때문에, 형사변호공동연구회에서는 이후의 항일운동 재판에서 이러한 점들을 꼼꼼히 살펴서 각 변호사들이 역할을 분담하여 대응하였다. 예컨대 9월 13일 첫 공판에서 연구회의 멤버인 김태영이 박헌영 외 19명 사건 즉 '1차 사건'은 사건이송상 형사절차가 위반되었으니 경성지방법원에서는 공판을 진행할 권한이 없다고 주장한 데서 잘 드러난다. 말하자면 독립된 권한을 갖고 있는 신의주의 예심판사가 아니라 경성지방법원장이 내린 명령에 의해 진행되는 공판은 관할 위반이므로 공소가 기각되어야 한다는 논지로서, 허헌의 3·1운동 재판 당시 공소불수리 논지와 같은 맥락에 있다고 할 수 있다. 하지만 지나치게 재판이 길어지자 피고인 측에서도 공판 진행을 요구하여 이 쟁점이 크게 불거지지는 않았다.

허헌은 처음에는 순수하게 법률적 견지에서 이 사건을 분석함으로써 다소 낙관적으로 전망하기도 했었다. 그는 위에서 살펴본 '김상옥 사건' 때 김한의 경우와 마찬가지로 피고들이 공산주의 사상에 공감하고 선전하려 했던 것은 일단 사실로 인정하였다. 하지만 이들의 행위는 어디까지나 선전의 차원이지 이를 넘어서 폭력적·조직적으로 어떤 실천 계획을 세운 것은 아니며 피고들도 이를 부인하고 있다는 것이다. 국제공산당과 연락한 흔적이 있고 공산당이라는 명칭이 주는 선입견이 문제시될 수는 있겠지만, 실제로는 하나의 사상단체로밖에 볼 수 없다고 분석하였다.[69]

그런데 사상 초유의 '조선공산당 사건' 공판이 진행되는 과정에서는 여러 가지 불미스러운 일들이 발생하였다. 먼저 검사 측에서는 이 사건을 일반에 공개할 경우의 파장을 우려하여 방청 금지를 요구했고, 변호인들은 공개재판 금지는 부당하다고 맞섰다. 또 피고인 측에서도 그럴 바에는 차라리 즉심으로 처결하라고 주장하였으며, 이로 인해 또 다시 극심한 고초를 받은 박헌영은 정신이상으로 출석이 불가능해지는 사건까지 일어났다. 형무소 측에서는 박헌영에 대한 변호사의 면회까지 금지했다가, 9월 24일에는 형무소장이 직접 변호사 허헌에게 전화를 걸어 급히 박헌영을 면회하라고 통지하기도 했다. 박헌영이 22일부터 단식에 돌입했기 때문이었다. 박헌영을 만난 뒤 허헌은 기자들 앞에서 그의 정신이상은 크게 걱정할 일이 아니며 나머지 개인적인 부탁은 공개할 일이 아니라고 설명하였다.[70] 이후에도 허헌은 박헌영의 부인 주세죽(朱世竹) 등과 함께 그를 면회하고 계속 상태를 살폈다.

이런 와중에 9월 22일의 제6회 공판에서는 종로경찰서 경관이 방청 중 필기한 일에 대해 변호인단에서는 행정권이 사법권의 독립을 침해한 중대 문제라고 주장하는 사건이 벌어졌다. 재판장 역시 이러한 문제 제기는 당연하나 "장소가 조선이니 모든 것을 묵인하기 바라며 중간에 끼어 곤란을 당하는 재판소 당국자의 고충을 양해해주기 바란다."고 변명하였다. 하지만 재판장의 논리에 더욱 분개한 변호사들은 이러한 태도를 고치기 전에는 공판정에 출석하지 않을 것이며 장외에서 사법권 침해를 규탄하겠다는 입장도 불사하겠다는 태도를 취하였다. 9월 27일 제7회 공판부터

69 許憲,「果然 엇던 計劃이 잇섯든가?」,『朝鮮之光』72호, 1927.10, 91쪽.
70 「公開못할付託, 身體는衰弱」,『每日申報』, 1927.9.26.

변호사들은 변호사휴게실에서 한 발짝도 나가지 않았다. 그리고 9월 28일 허헌을 비롯해 김병로·후루야·이인·김용무·최진·정구영·권승렬·김태영 등이 위원이 되어, 관계 기관장을 두루 방문하여 사법권 침해에 대한 경찰간부의 책임 등을 따지기로 했다. 또 당일에 이승우·김태영·권승렬·한국종(韓國鍾)·김찬영·최진·김용무 등 7인, 29일에 허헌을 비롯해 정구영·이인·강세형·심상붕(沈相棚)·한상억(韓相億) 등 6인, 즉 총 13인의 변호사가 경성지방법원장에게 사임원을 제출하는 등으로 강경하게 대응하였다.

결국 9월 30일 재판장은 변호사들이 요구한 경관의 특별방청 금지를 받아들임으로써 파장은 일단락되었다. 하지만 조선변호사협회에서는 10월 들어서부터 공판 과정에서 사법권이 침해당한 사건의 진상을 일반에 공표하기 위해, 허헌 등 법조계와 언론계의 중진 15명으로 연사를 꾸려 경성회당(京城會堂)과 중앙기독교청년회관에서 두 차례에 걸쳐 '사법권침해탄핵 대연설회'를 개최하기로 했다.[71]

이후 허헌 등은 서대문형무소로 가서 피고인들의 상태를 살피고 그들의 요구사항을 청취하였다. 예컨대 10월 2일 허헌·김병로·이인·이승우·한상억이 권오설 등 13명을 면회했을 때, 이들은 변호인단에게 "1) 공판을 매일 계속할 것, 2) 통역을 가려줄 것, 3) 특별방청자를 보통방청석으로 옮겨줄 것, 4) 1인씩 단독심리를 행하지 말 것" 등을 요구하였다.[72] 피고인 측의 이러한 주장

---

71 「司法侵害問題 今日大彈劾」, 『東亞日報』, 1927.10.9;「要求貫徹方針講究次 意味深長한被告訪問」, 『東亞日報』, 1927.10.13.
72 「强硬한被告들이 四個條要求」, 『東亞日報』, 1927.10.4.

은 변호인단의 변론 전략에 따른 요구사항으로 정리되어 이후 공판 과정에서 제출되었다. 재판장은 휴정시간에 변호인단을 찾아와 각각의 사안에 대해, 예컨대 박헌영 보석 건에 대해서는 고려하여 11일까지 회답하겠다, 매일 공판 개정에 대해서는 몇 가지 이유를 들어 불가능하다는 식으로 회답하였다.

'조선공산당 사건' 재판 과정에서의 부당한 처우에 대한 공세는 일본인 변호사 후세 다츠지가 가담하면서 더욱 강화되었다. 특히 '재판의 공개 금지 문제'를 심각하게 여겼던 후세는 공판 공개에 대한 감상을 장문의 성명서로 발표하였다.[73] 일본과 달리 조선에서만 유독 공산당 관련 재판을 비공개로 하는 것을 비판한 내용이다. 한편 생명이 위중할 정도로 중태에 처한 피고인들이 많음을 확인하고 변호인단에서는 10월 13일부터 지속적으로「책부보석원(責付保釋願)」을 제출하였다. 후세의 합류 이후 형무소 내 피고인들에 대한 변호사들의 면회도 보다 조직적이고 집중적으로 이루어졌다. 허헌도 10월 14일 후세·김병로·후루야와 함께 송봉우 등 13명을 면회하는 등 연일 서대문형무소에 출동하였다.

다음 날인 10월 15일 저녁에는 허헌을 비롯해 후세·후루야·김병로·이인·김태영 등 6인의 변호사가 피고인 가족을 위한 위안회를 개최하였다. 이 자리에는 피고인 가족뿐만 아니라 사회단체의 대표나 신문기자 등 70여 명이 참석하였다. 가족들 중 제일 연배가 높았던 박일병(朴一秉)의 부친은 "우리는 비관은커녕 무산계급을 위한 운동에 수금된 것을 광영으로 알고 배가 부르도록 먹겠다."는 말로 감동을 주었다고 한다.

---

[73] 「公判公開를 絶叫 布施辰治氏의 聲名書」,『東亞日報』, 1927. 10. 12.

허헌 등 변호사 6인이 명월관에서 개최한
'조선공산당 사건' 피고인 가족 위안회 모습(『동아일보』, 1927.10.17)

10월 16일에는 권오설·강달영·김정관(金政琯)·홍덕유(洪悳裕)·이준태(李準泰) 등 5명의 피고가 취조 과정에서의 심한 고문을 이유로, 고문경찰로 악명 높던 종로경찰서 고등계 주임 경부(警部)와 경부보(警部補), 순사부장 등 4명을 '폭행·능학(陵虐)·독직죄(瀆職罪)'로 경성지방법원 검사국에 고소하였다. 고소대리인은 허헌과 후세·후루야·김병로·이인·김태영·한국종 등 7인의 변호사가 맡았다.74 이는 대단한 용기를 필요로 하는 일이었고, 나라 안팎에 엄청난 충격을 안겨줄 만한 일대 사건이었다. 왜냐하면 일제강점기에 종로경찰서란 식민통치의 상징으로서 사상사건을 비롯한 항일독립운동 사건을 다루는 일제 경찰의 총본산이었기 때문이다. 그래서 앞서 보았듯이 의열단의 김상옥도 종로경찰서에 폭탄을 던졌던 것이다. 변호인단에 대한 격려문, 당국에 대

74 「共産黨被告五人 要路警官을告訴」, 『東亞日報』, 1927.10.17.

한 항의문 등 사회적 성원도 답지하였다. 일본 내 변호사들도 성원이 이어졌고, 10월 15일 밤 일본으로 돌아간 후세에 이어 가토 간이치(加藤貫一) 변호사가 파견되어 활동을 계속하였다.

10월 22일에는 허헌을 비롯해 김병로·이인·후루야·가토 등 5명의 변호사가 고등법원장 및 경성복심법원장을 방문하여 고이(五井) 예심판사에 대한 기피 신청을 제출하는 등[75] 변호인단의 저항도 계속되었다. 반면 검사 측에서는 고문고소 사건에 대해 애매한 태도를 보이면서 조사에 열의를 보이지 않았다. 이에 각계에서는 불만이 쏟아졌고 조-일이 연대한 공동항의가 이어졌다. 그리고 제2, 제3차 고소까지 제기할 것이라고 엄포를 놓았다. 그런 와중에 변론의 중심에 있던 후루야 변호사가 피습을 당하는 사건이 일어났다. 전남 무안군(務安郡) 하의도(荷衣島)에서 일어난 소작쟁의 사건의 진상을 조사하고 돌아온 11월 9일 밤이었다. 이 사건에 대해서도 경찰은 엄밀한 조사를 진행하지 않았다. 11월 13일에는 변호인단에서 허헌과 김병로·이인·김태영·후루야 등 5인을 증거 수집을 위한 위원으로 선정하여 관련 증거를 수집하였다.[76]

우여곡절 끝에 11월 12일 제26회 공판을 끝으로 피고인 신문 절차가 종료되었다. 사법당국은 고문경찰은 모두 불기소 처분하고 경찰고문의 입증을 위해 변호인단에서 신청한 증인들은 모두 각하해버렸다. 변호인단에서는 거세게 반발하면서 퇴정하였고, 11월 19일 허헌과 후루야·김병로·김태영·강세형·정구영·한국종 등 7인 변호사 연명으로 재판장에 대한 기피 신청을 제기하였다. 그리고 언론을 통해 기피 신청의 이유를 해석한 장문의 「성명

75 「法院當局者를歷訪 五井判事忌避抗議提出」,『東亞日報』, 1927.10.23.
76 「委員으로五氏選定 各種證據蒐合」,『東亞日報』, 1927.11.14.

'조선공산당 사건' 변호인단의 태도를 비판한 1면의 논설
(『매일신보』, 1927.12.7)

서」를 발표하였다. 이 역시 그해 12월 3일 재판에서 기피 신청의 이유가 없다는 취지로 각하되었다. 변호인단에서는 소송 지연 등 피고인에게 미칠 영향을 우려하여 항고하지는 않았다. 하지만 재판부의 판단에 대한 의구심을 객관화하고 증폭시키는 효과를 낳았다. 이에 『매일신보』에서는 1927년 12월 7일 자 1면에 「공산당 공판 - 변호사단에 일언(一言)함」이라는 논설까지 실어서 변호인단의 태도를 강하게 비판하였다.

허헌을 비롯한 항일변호사들은 거의 4개월에 걸친 '조선공산당 사건' 재판 과정에서 보수도 전혀 받지 않고 열성을 다해 변호하는 모습을 보였다. 변호사들은 엄청난 고문과 장기 구금, 열악한 대우를 받아 심신이 모두 망가진 피고인들에 대한 면회와 석방을 위해 노력하였다. 그럼에도 형무소 내에서 또는 보석 직후에 숨을 거둔 피고인들이 많았다. 박순병(朴純秉)·박길양(朴吉陽)·권오설 등은 옥사했으며, 백광흠(白光欽)·강달영 등은 석방되고 얼마 지나지 않아 사망하였다. 이 외에도 박헌영·김재봉 등 다수가 엄청난 후유증에 시달렸으며, 설령 보석이 허가되어도 보석보증금 200원이 없어서 출옥하지 못하는 경우도 있었다. 허헌을 비롯한 변호사들은 사비를 털어서 이들의 보석금을 지불하는 등 물심양면으로 지원을 아끼지 않았다.[77]

'조선공산당 사건'에 대한 항일변론투쟁은 일제강점기 항일변호 활동의 정점에 서 있는 사건이었다. 28명이라는 엄청난 수의 변호인단을 꾸려서 개인적 또는 조선변호사협회나 형사변호공동

[77] 예컨대 허헌·김병로·이인·김태영 등은 1920년 10월 15일 보석이 허가되었지만 보증금 200원이 없어서 출옥하지 못하고 있는 조이환(曺利煥)의 보석금을 내주었다(「共產黨關係種種悲劇」, 『東亞日報』, 1927.10.16). 이러한 사례는 일제강점기 내내 언론에 수없이 많이 등장한다.

연구회 등 단체를 통해 지속적으로 변론 활동, 면회 및 석방 노력, 물질적 지원, 가족 위로, 사회적 폭로와 여론화 등을 진행하였다. 고문경관의 고소와 재판장 기피 신청 등 가능한 모든 기재를 동원하여 최강의 법률투쟁을 전개하였다. 그리고 그 핵심 주역에는 늘 변호사 허헌이 있었다.

'조선공산당 사건'이 일단락된 뒤에도 허헌은 사상사건에 대한 변론을 계속했다. 대표적인 것이 바로 1927년 10월에 일어난 '간도공산당 사건(제1차)'이었다.[78] 시기를 보면 알 수 있듯이 이 사건은 '조선공산당 사건' 진행 중에 발생한 것이었다. 간도에 있던 조선공산당 만주총국을 중심으로 조선공산당 사건의 공판 공개를 요구하는 시위를 계획했다가 일제의 간도영사관경찰서에 최원택(崔元澤)·안기성(安基成)·이주화(李周和)·김지종(金知宗) 등 100여 명이 검거되었다. 그리고 이들 가운데 29명이 국내로 압송되어 혹독한 고문 끝에 모두 실형을 언도받은 사건이었다.

그런데 이 사건에서 원래 검사는 사형, 무기징역 등 최고의 구형을 했으나 재판장은 검사의 논고와는 다른 적용을 하여 징역 1~8년의 실형을 언도하였다. 재판장은 이들이 조직한 간도공산당과 고려공산청년회는 「치안유지법」이 공포되기 12~13일 전에 조직된 비밀결사이므로 「치안유지법」이 아니라 「1919년 제령 제7호」 위반을 적용하는 게 타당하다는 논지를 전개하였다. 재판장이 이렇게 판단한 데는 변호인단에서 주장한 법률불소급 원칙 등 합리적인 논지 전개가 있었기 때문이다. 판결에 대해 허헌은 "금번 판결 중에 억울할 피고도 없지는 아니할 것이나 대체로 보아

---

[78] '간도공산당 사건'은 이후에도 제2차 탄압사건(1928.9.), 제3차 탄압사건(1930.3.), 제4차 탄압사건(간도5·30사건, 1930.5.) 등으로 계속되었다.

'간도공산당 사건' 공판에 입정하려고 대기한 변호인·기자 등(위)과
죄수 고깔을 쓰고 이송되는 피고인들(아래)(『매일신보』, 1928.11.27)
당일 공판은 방청 금지를 당하였다.

서는 적당한 판결"이라고 평하였다.[79] 그리고 허헌은 이 사건으로

[79] 「適當한名判決, 許憲辯護士談」, 『東亞日報』, 1928.12.28. 한편 북한에 있는 허헌의 아들 허영욱의 글에 따르면, 이때 '간도공산당 사건'으로 복역했던 김책(金策)이 출옥 후 간도로 떠나기 전에 인사차 허헌을 찾아와서 허헌이 그에게 약간의 노자와 옷을 마련해줬다고 한다. 그런데 허영욱은 그 시기를 허헌이 '민중대회 사건'으로 투옥되었다가 병보석으로 풀려난 직후인 1932년으로 서술하고 있다 (허영욱, 『나의 아버지 허헌』, 평양출판사, 2015, 49~51쪽). 하지만 김책이 1929년에 서대문형무소에서 출옥하여 1930년에는 간도에서 활동하고 있는 것으로 보아, 허헌과 김책이 각별한 정을 나누었다면 그 시기는 허헌이 '민중대회 사건'으로 투옥되기 전일 것이다.

수감 중이던 최영(崔榮)이 병세가 위독해지자 보석 석방시켜 병원에 입원시키는 등[80] '조선공산당 사건' 때와 마찬가지로 변호사로서의 지원을 계속해나갔다.

허헌은 1928년 2월 이른바 '제3차 조선공산당(일명 ML당) 사건'이 일어나자 이들에 대한 변론에도 앞장섰다. 1929년 11월 19일 서대문형무소에 수감 중이던 김준연(金俊淵)·김세연(金世淵)·정백(鄭栢) 등 관계자들에 대한 보석을 청원하였다. 또 피고 온낙중(溫樂中) 등 6명을 면회하여 1천여 원에 달하는 재판기록 비용 문제 등을 논의했는데, 이 비용 역시 "사건 담임 허헌·이인 변호사 이하 열다섯 명이 어떻게 판비할 모양인 바 이에 대하여는 일반사회의 동정도 바라는 터"라고 보도되고 있다.[81] 뿐만 아니라 허헌은 일명 '춘경원당'으로 불리던 '서울파' 계통 조선공산당의 권태석(權泰錫)에 대한 변론도 담당하였다. 이러한 점에서 볼 때 당시 허헌은 사회주의운동 변론에서 분파나 갈등을 넘어서 철저히 인권과 사상의 자유라는 관점에서 변론 활동에 임했음을 알 수 있다.

이와 같은 허헌의 공산당 사건 변론에 대해, 허영욱의 『나의 아버지 허헌』에는 다음과 같이 서술되어 있다. 특히 1927년 '간도공산당 사건(1차)' 때 허헌이 일본 검사의 뺨을 때렸다는 사실을 강조하면서 그의 '치열한 법정투쟁'을 높이 평가하고 있다.

> 아버지는 1925년부터 여러 차례 공산당 사건 연루자들에 대한 재판이 진행될 때마다 매번 자진하여 그들을 변호하곤 하였다.

---

80 「間島共産黨事件 崔榮病勢危篤, 許憲씨의주선으로보석 田中丸病院에入院」, 『東亞日報』, 1929.9.3;「崔榮의 病勢危重 보석이 허가되어 출옥」, 『中外日報』, 1929.9.3.
81 「第三次共産 記錄費問題」, 『東亞日報』, 1929.11.21.

1927년 간도공산당 사건과 관련한 법정투쟁 과정에 왜놈 검사의 뺨을 후려갈긴 사실은 그가 주의 주장을 초월하여 애국자들을 위해 얼마나 치열한 법정투쟁을 벌였는가를 잘 보여주고 있다.

(중략)

민족변호사, 사상변호사, 무료변호사 …

아버지는 수십년간 일본이라는 괴물을 상대로 법정투쟁을 벌이는 과정에 위와 같은 호칭으로 불리며 민족주의 독립운동가로서의 높은 명성을 얻을 수 있었다.[82]

일제강점기 조선사회에서 사회주의·공산주의 등은 일차적으로 식민통치로부터 벗어나 독립을 쟁취하기 위한 방법의 일환으로 수용되었고, 항일민족해방운동의 전략과 전술을 조직적·이론적으로 성숙시키는 역할을 했다. 또한 일제의 자본과 권력에 억압을 받고 있던 민중운동을 발전시키면서 대중적 호응을 얻고 있었다. 그리고 항일변호사들은 '일본 국체(國體)를 변혁'하려 했다는 이유로 이른바 「치안유지법」 위반이라는 얼토당토않은 죄목을 덮어씌워 중형으로 다스렸던 사회주의운동에 대해 일본의 법을 무기로 논리적으로 대응하였다. 이러한 변론 활동뿐만 아니라 감옥에서 신음하는 항일운동가와 그 가족들을 물심양면으로 돌본 항일변호사들에게 대중은 큰 지지와 성원을 보냈다.

82 허영욱, 앞의 책, 2015, 21쪽.

6장

국내 항일민족운동의 전면에 서다

신간회운동에 뛰어든 '진보적 민족주의자'

허헌이 약 1년간의 세계여행을 마치고 귀국한 1927년 5월은 민족통일전선운동의 일환으로 '민족단일당'을 표방하고 조직된 신간회운동이 전국적으로 한창인 때였다. 그해 2월 결성된 신간회는 1920년대에 국내 민족운동의 중심으로 부상한 사회주의운동 진영과 이른바 민족주의좌파 계열의 민족협동전선체로서, 일제강점기 국내 항일민족운동 최대의 정치조직으로 알려져 있다.[1] 최근 연구에 따르면, 신간회 창립 과정에서 중요한 역할을 했던 정치세력은 사회주의계에서는 조선공산당, 민족주의계에서는 흥업구락부(興業俱樂部)였다. '민족주의좌파'란 자치운동에 반대하고, 사회주의자들과 대중운동을 인정하면서, 민족주의운동을 협동전선운동으로 주도하고자 했던 정치세력으로 정의하면서, 구체적으로는 창립 이후 조선일보 계열, 복대표대회 이후 허헌 등의 본부 간부들, 민중대회 사건 이후 김병로 등의 본부 간부들로 범

---

1 "1927년 2월부터 1931년 5월까지 존속한 신간회는 서울에 본부를 두고 전국적으로 120~150여 개의 지회를 가지고 있었으며 2만~4만 명에 이른 일제하 가장 규모가 컸던 반일사회운동단체였다."(『한국민족문화대백과』, '신간회' 항목).

주화하고 있다.²

1920년대 중반으로 접어들면서 민족주의운동 진영 내에서 이광수(李光秀) 등 동아일보사 계열과 최린 등 천도교 신파 계열이 조선총독부와 연계하여 타협적인 '자치운동'을 전개하자, 절대독립론에 입각해 이를 배격하던 이른바 민족주의좌파 계열이 사회주의세력과 인식을 공유하고 비타협적인 정치투쟁을 전개하고자 한 배경에서 신간회라는 조직이 탄생하였다. 신간회의 탄생은 3·1운동 이후 그간 일제의 식민지배로 억압받던 각계각층의 조선민중이 농민운동·노동운동·청년학생운동 등 조직적인 대중투쟁으로 성장해가던 상황에서 이러한 사회경제적인 열망을 민족적인 정치투쟁으로 결집시킬 수 있는 조직적인 주체의 필요성에 부응한 것이었다는 점에서 더욱 큰 의미가 있다.

허헌이 당초 계획과 달리 서둘러 세계여행을 접고 귀국을 결심한 배경 역시 이러한 국내의 정치사회적 변화와 관련이 있었을 것이라는 점은 앞서도 언급한 바 있다. 영국의 자치령으로 전환된 아일랜드자유국의 의회정치를 비롯해 여러 국가의 정치제도를 둘러본 감회가 여전히 가슴속에 가득 차 있던 상황에서 허헌은 독립을 향해 민족의 역량을 결집하고픈 열망이 더욱 컸을 것이다. 그의 이러한 의지는 귀국한 지 한 달도 채 되지 않은 1927년 6월 10일 신간회 경성지회(京城支會)가 창립될 때 회장 한용운과 더불

2 윤효정, 『신간회 운동 연구』, 고려대 박사논문, 2017, 24쪽. 이 논문은 1929년 이후 '민족협동전선운동의 실행기구'로서의 신간회에 대한 사회주의자들의 방침이 '임시 공동행동위원회'라는 별도의 실행기구 설정으로 변화되었고, 기존의 연구와 달리 1929년 허헌 집행부 시기와 허헌 검거 이후 1930년 김병로 집행부 시기는 대립적이지 않았다고 보는 점이(22쪽) 특징적이다.

어 허헌이 부회장으로 선출된 데서도³ 충분히 짐작 가능하다.

허헌은 귀국 직후 오랜만에 고향인 명천을 찾았다. 오랜 외유를 마치고 귀국하여 제일 먼저 부모님의 산소를 찾은 것이다. 허헌이 명천에 왔다는 소식을 들은 북청청년연합회(北靑靑年聯合會)는 곧바로 그에게 강연을 요청하였다. 허헌은 6월 2일 밤 8시부터 500여 명의 청중이 자리한 강연회에서 구미 시찰담을 중심으로 3시간 넘게 열변을 토했다고 한다.⁴ 세계여행 도중에도 수많은 연설을 했지만, 귀국 후 본격적으로 민족운동에 참여하면서부터는 청중들 앞에서 연설할 기회가 더 많아졌던 것 같다. 다음은 일제강점기 기자들이 묘사한 허헌의 대중 연설 모습이다. 이러한 연설 태도 역시 평소 허헌의 성격을 잘 보여준다.

> 허헌 씨의 연설은 아지(선동-필자)식은 아니었고 어디까지나 정중하고 힘이 있었다. 변호사로서 법정에 출입한 지 10여 년에 미쳤으므로 그의 말재주[辯舌]는 오히려 쾌변(快辯)에 가까울 터인데, 실제로는 그렇게 유창한 청산유수식의 쾌변은 아니고 오직 '정중'하고 무게 있어 보였다. 유유히 토하는 일언일구(一言一句)는 천근의 무게가 있다 함이 적평(適評)이리라.
>
> 성량은 멀리 울리어 나가는 금속성을 띠었으므로 장내에 말이 꽉 들어찼다.
>
> 연설할 때의 체격은 한 곳에 서서 별로 움직이지 않았고 제스처도

---

3 「新幹會京城支會」, 『東亞日報』, 1927.6.12; 「新幹會京城支會」, 『中外日報』, 1927.6.12.
4 「許憲氏 歐米視察講演 북청에서」, 『每日申報』, 1927.6.8; 「許憲氏講演」, 『東亞日報』, 1927.6.9. 『매일신보』에는 강연회 날짜가 6월 4일로 되어 있는데, 어느 쪽이 맞는지 불분명하다.

별로 쓰지 않았다.5

고향을 방문하고 돌아온 뒤 허헌은 곧바로 신간회 경성지회 창립에 참여하였다. 본격적으로 항일민족운동에 뛰어든 것이다. 한인섭은 "신간회의 활동이 공개적이고 합법적인 외양을 지향하는 만큼, 변호사들이 참여할 여지가 있었다."면서, 항일변론 활동을 통해 사회운동가들과 인간적인 긴밀한 유대감을 갖고 있던 허헌이나 김병로 등은 전국 규모의 신간회운동을 "적어도 표면에서 이끌어가기에 적임"이라고 보았다. 신간회 활동은 이들에게는 개인적으로도 각별한 것이어서 '진보적 민족주의자 계열'에 속했던 항일변호사들은 사회주의 계열과 대화가 통하는 열린 지도자로서도 리더십을 발휘할 수 있었다는 것이다.6

이 연구에서는 신간회운동과 항일변호사들의 관계를 크게 다음 세 가지 형태로 정리하고 있다. 첫째는 공판투쟁을 넘어서 소작쟁의·노동쟁의 등에 대한 실지조사 활동, 둘째는 민족운동가로의 적극적 변신을 통해 본격적으로 사회운동 자체에 관여하는 형태, 셋째는 직접적으로 민족운동에 뛰어들면서 결국 변호사로서의 활동에 타격을 받았던 점이다.7

항일변호사와 신간회운동을 둘러싸고 형성된 이 세 가지 관계 맺음의 모습은 모두 허헌에게서 가장 전형적으로 드러난다. 첫 번째는 허헌이 신간회를 통해 원산총파업, 광주학생운동 등 대중투쟁에 대한 실지조사에 앞장서면서 동시에 법정에서 이들을 변론

5 「演說雜觀」, 『三千里』 4권 5호, 1932.5, 7쪽.
6 한인섭, 『식민지 법정에서 독립을 변론하다』, 경인문화사, 2012, 249, 263쪽.
7 위의 책, 250~251쪽.

하고 공판투쟁을 벌여나간 것에서 알 수 있다. 두 번째는 1927년 신간회 경성지회 부회장을 거쳐 1929년에는 경성지회 회장과 신간회본부의 중앙집행위원장까지 맡았던 그의 행보 자체가 이를 증명해준다. 세 번째는 이와 같이 적극적인 신간회운동을 전개한 결과 끝내 자신이 투옥되고 이로 인해 변호사직까지 상실한 유일한 항일변호사가 허헌이었다는 점에서 드러난다. 허헌 개인의 일생에서 신간회운동은 직접적인 정치운동의 출발점인 동시에 본격적으로 항일민족운동을 지도한 첫 경험으로서 큰 의미를 갖는다고 할 수 있다.

허헌은 1927년 6월 신간회 경성지회 부회장으로 선출된 데 이어, 그해 12월 10일 회원 369명이 참가한 가운데 개최된 경성지회 제2회 정기총회에서도 부회장직이 유임되었다.[8] 신간회 경성지회에 간부로 활동하던 시기까지만 해도 허헌은 '조선공산당 사건, 간도공산당 사건' 등 변호사로서 수많은 항일운동 사건 변론을 위해 분주하게 활동하였다. 또한 만주에서 일어난 중국인의 조선인 구축(驅逐) 시위운동에 대응하기 위해 1927년 12월 국내에서 재만동포옹호동맹(在滿同胞擁護同盟)이 결성될 때 신간회 경성지회를 대표하여 참석하는 등 민족운동과 사회운동의 여러 방면으로 적극 활동의 반경을 넓혀나갔다.

이로부터 13개월 남짓 지난 뒤인 1929년 1월 20일 허헌은 신간회 경성지회 회장으로 선출되었다. 그리고 같은 달 25일 신간회본부의 간사회를 거쳐 30일 전국대회 개최를 위한 준비위원회

---

[8] 「新幹京城支會 定期大會催開」, 『中外日報』, 1927.12.12. 이 총회에서 회장은 유진태(兪鎭泰)로 개선(改選)되었다.

가 구성될 때 허헌은 그 준비위원장을 맡았다.⁹ 신간회본부에서는 이미 1928년 말부터 1929년 2월 전체대회 개최를 목표로 준비에 착수한 상황이었다. 허헌은 당시 경성지회 회장이자 대의원이었고, 홍명희(洪命熹)와 함께 1928년 11월 29일 흥업구락부 예회(例會)에서 후보로 추천되었다.¹⁰ 허헌과 함께 전국대회를 준비했던 실무 간부진으로는 서무부장에 오화영(吳華英), 재무부장에 조병옥(趙炳玉), 규약부장에 이종린(李鍾麟) 등이 선출되었다.¹¹ 말하자면 이 전국대회 준비를 계기로 신간회본부에서 전면적으로 부각된 인물이 바로 "민족적 변호사로 신망이 높았던 허헌"이었다고 할 수 있다.¹²

하지만 일제 당국의 탄압으로 신간회 전국대회는 끝내 개최되지 못하였다. 이에 신간회본부는 정기대회 대신에 각 지방마다 인접한 몇 개 지회가 합동으로 대표를 선출하여 파견하는 복대표대회(複代表大會)를 개최"할 것을 계획하였다.¹³ 이에 "허헌을 준비위원장으로 하는 20인의 정기대회준비위원회가, 조선일보계와 조선공산당계 인물들이 거의 없는 상황에서, 복대표대회를 준비하며 본부를 이끌어나가게 되었다.¹⁴ 예상대로 허헌은 1929년 6월 28~29일 개최된 복대표대회에서 중앙집행위원장으로 선출되었다.¹⁵ 이로써 그는 이제 일제강점기 국내 최대의 항일민족운동 조

9 「新幹大會準備」, 『朝鮮日報』, 1929.2.4.
10 윤효정, 앞의 글, 2017, 154쪽.
11 이균영, 『신간회 연구』, 역사비평사, 1993, 161쪽.
12 위의 책, 160쪽.
13 강만길 외, 『통일지향 우리민족해방운동사』, 역사비평사, 2000, 157쪽.
14 이균영, 앞의 책, 1993, 160쪽.
15 한국민족문화대백과, 위키백과, 나무위키 등 오늘날 인터넷 사전들에서 '허헌' 항목을 검색해보면, 대부분 그가 1927년 2월 신간회가 창립될 때 '좌파' 대표로 참여하여 중앙집행위원장이 되었다고 잘못 서술되어 있다.

직의 최고지도자가 되어 조직을 이끌어야 하는 '무거운 짐'을 짊어지게 되었다. 그해 12월 '민중대회 사건'으로 허헌 위원장이 구속되기까지는 6개월도 채 되지 않았지만, 신간회운동의 경험은 그때까지만 해도 변호사로서의 정체성에 무게중심을 두고 활동하던 허헌이 민족의 정치지도자로 전환되는 결정적인 계기가 되었다.

이 시기 허헌이 짊어져야 할 무거운 짐을 이해하기 위해서는 먼저 1929년이라는 시대적 상황을 상기해볼 필요가 있다. 전체 일제강점기에서 1929년이라는 시점은 그때까지 자본주의 역사상 가장 큰 공황기가 시작되어 세계사적으로도, 또 한반도와 일본을 중심으로 한 동아시아의 정세 면에서도 중요한 변곡점이 되는 시기였다. 유럽과 미국을 중심으로 한 자본주의 대공황과 파시즘이 출현하면서 식민지 재분할을 둘러싼 전쟁의 위험이 대두되었다. 그리고 일본의 군부우익은 '아시아 먼로주의' 등을 내걸고 이러한 서구 자본주의의 위기를 일본이 서구로부터 벗어나 아시아에서 군림할 수 있는 돌파구로 삼으려 했다. 그 결과 1931년 불법적인 만주침략, 즉 '만주사변', 1932년 '상해사변'과 괴뢰 '만주국'의 수립, 일본의 국제연맹 탈퇴 등으로 이어졌다.

식민지 조선에 대한 정책도 그때까지의 '문화통치'라는 허울을 벗어던지고 점차 파쇼화해나갔다. 1925년 「치안유지법」이 실시되면서부터 강화되어간 일제의 탄압도 이제 완전히 노골화되어, 합법적인 사회운동단체들은 더 이상 전혀 제 기능을 수행할 수 없는 지경으로 몰아갔다. 이러한 상황에서 3·1운동 이후 민족의식과 계급의식이 높아지면서 대중조직화해가던 농민·노동자·청년 학생들도 한층 더 제 목소리를 높이면서 소작쟁의·동맹파업·동맹휴학 등을 계기로 정치투쟁화해갔고, 이는 원산총파업이나 광주학생운동 등에서 드러나듯이 전국 각지에서 혁명적 상황으로까지 나아가곤 했다.

민족협동전선체로 출발해 전 민족적인 항일투쟁을 정치투쟁 즉 궁극적으로는 항일독립운동으로까지 지도해야 할 사명을 짊어진 신간회로서는, 당연히 이러한 혁명적인 대중투쟁을 단일한 전선으로 묶어세워 통일적으로 지도해야 할 위치에 있었다. 그런데 신간회 지회는 대체로 각 지방마다 이러한 대중투쟁과 결합되어 있었던 반면, 주로 민족주의자들이 간부로 있던 신간회본부는 일제의 탄압이 한층 가중되면서 이러한 대중투쟁을 지도할 동력을 상실해가고 있었다. 이것이 1931년 이래 여러 지회들에서 신간회 해소 논의가 불거지게 된 배경이었음은 익히 잘 알려진 사실이다. 허헌이 신간회 중앙집행위원장이 된 1929년 6월이라는 시점은 신간회본부가 바로 이러한 고비에 놓이게 되는 출발의 시점이었고, 따라서 허헌 집행부는 이러한 상황을 돌파해나가야 할 시대적 사명을 짊어지고 있었다.

그러면 허헌이 신간회 중앙집행위원장이 되는 과정에 대해 좀더 자세히 살펴보기로 하겠다. 신간회는 창립 당시의 회장 이상재(李商在)가 출범 한 달여 만인 1927년 3월에 사망하자, 그 뒤를 이어 천도교계의 권동진(權東鎭)이 회장을 맡아 이끌고 있었다. 정기대회나 전체대회가 계속 금지되는 가운데 절충 끝에 1929년 6월 28~29일 양일간 신간회 복대표대회가 개최되었는데, 여기에 출석한 복대표는 모두 27명이었다. 허헌은 복대표 구역 가운데 경성구(京城區)의 대표로 대회에 참석하였다.[16]

16 당시 최종 결정된 복대표 구역과 인명은 이균영, 앞의 책, 2003, 164쪽의 〈표 3-1〉 참조.

복대표대회에서는 기존의 회장제를 중앙집행위원장제로, 간사제를 집행위원제로 개편하는 내용으로 규약을 개정하였다.[17] 이는 그때까지 지회들의 요구를 받아들인 결과였다. 중앙집행위원장 후보에는 허헌, 권동진, 조만식(曺晩植)이 올랐다. 무기명 비밀투표의 결과, 허헌 15표, 권동진 7표, 조만식 2표 순으로 허헌이 당선되었다. 허헌은 그 자리에서 바로 위원장직을 고사했으나, 그의 선출은 이미 결정된 것이나 다름없었다. 복대표대회에서 경성지회 대의원들의 투표권은 보장되지 않았고 오로지 복대표들에게만 있었기에 전국을 아우른 복대표들의 일반투표의 결과는 정직한 것이었다고 볼 수 있다. 신간회 출범 당시 발기인이었던 권동진과 조만식은 '과거를 상징'하는 인물이었으니, 변화를 원했던 복대표들이 신진인물인 허헌에게 표를 던진 것은 어찌 보면 당연한 결과였다고 한다.[18] 허헌의 당선은 일단 자연스러운 일이었다고 판단되었던 것이다. 허헌 자신도 이미 자신의 앞날을 예견하고 1928년 말경부터 준비해간 것으로 보인다. 그해 12월 23일자 『조선일보』를 통해 허헌은 "변호 사업을 그만두고 민족적·사회적인 큰일에 진력하고 싶은 생각이 불붙는 듯하다."고 포부를 피력한 데서 미루어 짐작해볼 수 있다.[19]

신간회본부의 원년멤버가 아닌 허헌의 당선을 둘러싸고 민족주의좌파를 중심으로 한 구 간부 진영에서는 불만이 표출되어 내

---

17 신간회의 규약 개정과 관련한 자세한 내용은 윤효정, 앞의 글, 2017, 163~164쪽의 〈표 19〉에 상세하게 정리되어 있다.
18 위의 글, 156쪽. 윤효정은 복대표대회 이후 신간회의 중심세력으로 새롭게 기독신우회계 인물들이 부상했다고 한다(156~158쪽).
19 이균영, 앞의 책, 1993, 179쪽.

신간회 복대표대회 당시 중앙에서 회의를 이끌고 있는 허헌
(『동아일보』, 1929.6.29)

분이 일어나기도 했다.[20] 이에 대해 허헌이 표면적으로는 변호사, 내면적으로는 '공산주의자'였기 때문이라는 지적도 있지만,[21] 이는 사실과 다르다고 보는 게 일반적이다. 민족주의자들이 허헌의 당선 자체를 반대했다기보다는 이후 허헌 집행부에서 홍명희 등 57명의 중앙집행위원과 8명의 후보, 권동진 등 13명의 검사위원 등 총 78명의 간부진 구성에 위기감을 느꼈기 때문이라는 것이다.[22] 이 역시 민주적인 투표로 선정되었고 8명의 후보 선정만 위

20 이에 대해 훗날 김병로는, 허헌이 중앙집행위원장으로 있을 때는 경성지회로부터 '허헌에 대한 배척 운동'이 있어 양자 사이에 '분규'가 계속되었음은 사실이지만, "내가 중앙집행위원장의 직무를 대행하게 된 이후로는 과거의 분규는 완전히 해소되었고, 중앙본부의 모든 운영에 대하여 경성지회의 협조가 다대하였음은 누구나 인정하는 바이다."라고 했다(金學俊, 『街人 金炳魯 評傳』, 민음사, 1988, 220~221쪽).
21 심지연, 『허헌 연구』, 역사비평사, 1994, 69쪽.
22 이균영, 앞의 책, 1993, 178~180쪽. 이때 선출된 중앙집행위원과 후보, 중앙검사위원 등의 명단은 이 책의 180쪽 참조.

원장인 허헌에게 위임된 것이었다.

어찌되었건 달라진 국내외 정세에 대응하기 위해 신간회본부에서는 새로운 진용을 꾸려야 하는 상황이었다. 그러다 보니 허헌 집행부에게는 처음부터 여러 측면에서 녹록치만은 않은 상황이 연출되었을 것으로 보인다. 허헌의 중앙집행위원장 당선과 관련해서는 이관구(李寬求)와 안철수(安喆洙)의 다음 증언을 통해 그 분위기를 짐작할 수 있다.

> 나는(이관구-필자) 허헌을 북풍회계 인물로 알고 있어요. 북풍회뿐 아니라 사회주의자들과 두루 친하게 지내는 사이였지요. 그래서 복대표대회가 있기 전에 이미 사회주의자들은 허헌을 위원장으로 밀자는 연락이 다 되어 있었어요. 그리고 화요회계는 복대표로 참여하지 않았지요. 우연히 그렇게 된 것인지 내부로 연락이 되어 그런 것인지는 모릅니다.[23]

> 나는(안철수-필자) 사상운동에 관여한 사람이 아닙니다. … 거기에다 나는 청주에서 복대표로 뽑힐 때 누구를 위원장으로 밀라든지 규약 개정을 이러이러하게 주장하라든지 하는 지시를 받지 않은 상태였어요. 말하자면 완전히 백지위임을 받은 셈이었지요. 그런데 나 자신 허헌에 표를 던졌습니다. 허헌은 화요회계 사람들과 친했으니까 사회주의자들 사이에 사전에 내막이 있었는지 어땠는지 하는 것은 모르겠습니다만 사람들 사이에서 허헌이 마땅한 인물이라는 것은 일반적인 분위기였어요. 창립 시부터 부회장을 맡아온 권동진은

---

[23] 이관구 증언, 1988년 6월 30일(위의 책, 178쪽에서 재인용).

그때 이미 70에 든 노인이어서 활동력도 없고 젊은 사람들과 서로 어울려 일을 해나가기가 어려웠지요.[24]

1920년대에 허헌 자신은 어떠한 사상단체에도, 공산당에도 가입해 활동한 적이 없었다. 그럼에도 불구하고 오늘날 허헌이 1925년 4월 조선공산당에 참여했다거나,[25] "일제강점기 신간회에 좌파를 대표로 참여하여 1927년 2월 중앙집행위원장이 되었으나, 그가 소속된 좌익의 종파주의적 성격과 코민테른의 지령으로 분해, 해소되었다."는[26] 등으로 잘못 기록된 경우가 많다. 위의 이관구나 안철수의 증언 역시 허헌의 딸이나 사위 등 주위 여건, 또 계파나 분파를 가리지 않는 '사상사건'의 자진 무료 변론으로 맺어진 인간관계 등을 토대로, 각자가 나름의 정보에 기초해 다양하게 해석하고 있는 것이라 할 수 있다. 사실상 일제강점기 조선 사회에서는, 심지어 일제 당국조차도 허헌을 공산주의자는커녕 사회주의자로 보는 경우도 없었던 점을 상기해보면, 위에서 언급한 심지연의 서술보다는 여러 자료들에 기초해 실증적으로 분석한 이균영의 서술이 더 설득력이 있다고 생각된다.

일제강점기 내내 허헌은 사회주의운동가들을 이해하고 지원하기는 했지만 그 자신이 사회주의자 혹은 공산주의자가 되거나 그 관련 조직에 참가한 적이 없었다. 물론 과거 허헌과 친분이 돈독했던 이동휘·김립을 비롯해 그가 부친을 설득한 덕에 일본 유학을 갈 수 있었던 김철수 등에 이르기까지 허헌의 주위는 일찍부터

24 안철수 증언, 1990년 2월 22일(위의 책, 178~179쪽에서 재인용).
25 위키백과, 나무위키 등의 '허헌' 항목(2019년 7월 23일 검색).
26 『한국민족문화대백과사전』, '허헌' 항목(2019년 7월 23일 검색).

사회주의운동가들이 에워싸고 있었다. 직접적으로는 가장 사랑하던 딸 허정숙이 일찍부터 사회주의에 관심을 갖고 맹렬한 여성운동가로 활약하고 있었고, 사위 임원근과 송봉우까지 모두 조선공산당 당원이었던 점 등 집안의 분위기 자체도 허헌이 사회주의에 관심을 가질 수밖에 없도록 만들었다. 이런 분위기에서, 기독교 신자로서 인권과 박애를 중시한 휴머니스트 허헌이 점차 사회주의나 공산주의 사상에 관심을 갖는 것은 지극히 자연스러웠다. "허헌 자신은 공산주의자가 아니었지만 공산주의자들의 열렬한 민족해방투쟁에 감동을 받고 있었다."는[27] 게 가장 근접한 표현일 것이다.

허헌의 집에는 늘 사회주의운동가들의 발길이 끊이지 않았고, 그곳은 언제나 활동가들의 주요 은신처가 되었다. 한 가지 일화로서 허헌보다는 13세나 아래지만 당대에 유명한 공산주의운동가였던 김단야(金丹冶)의 예를 소개하고자 한다. 1928년 11월 코민테른 산하 조선문제위원회에 조선의 혁명운동에 대한 참고자료를 제출하고[28] 1929년 여름 국내로 돌아온 김단야는 허정숙의 주선으로 그녀의 숙부 집에 은신하고 있었다. 이 이야기를 들은 허헌이 자기 집이 더 안전하다면서 옮기도록 했다고 한다. 당시 허헌은 신간회 집행위원장을 맡고 있었기에 둘은 신간회 사업 등 여러 이야기를 나누었다. 그렇게 3주가량 허헌의 집에 머물던 어느 날 김단야는 허헌의 부인 정보영(정긍자)의 흉몽 때문에 다시 출국한다는 핑계를 대고 그 집을 나왔다고 한다.

27 박원순, 『역사가 이들을 무죄로 하리라』, 두레, 2003, 121쪽.
28 강만길·성대경 엮음, 『한국사회주의운동인명사전』, 창작과비평사, 1996, 55쪽 (김단야 항목).

그럭저럭 허헌의 집에 간 지도 3주일이나 된다. 나는 일찍부터 주인 마누라가 무서워하는 기맥을 알았었다. 그런데 하루는 그 마누라가 자난 밤 꿈이 너무 흉하기에 그날 점(占)을 쳐보았더니 그날 저녁에 꼭 집안에 큰 불상사가 생기리라는 대답을 받았다고 하면서 반쯤 죽는 형편이었다. 나는 아무래도 그날 밤을 그 집에서 지낼 수가 없었다. 다시 정재달(鄭在達)을 불러서 사정을 이야기하였으나 당장에 별도리가 없었다. 정재달과 사흘 뒤에 만나기로 약조하고, 나는 허헌 집에는 아주 출국한다고 하고 손가방을 들고 저녁에 길거리에 나섰다. 갈 곳이 없다.²⁹

신간회운동 과정에서 소요되는 실제 활동 경비도 대부분 허헌과 김병로가 부담했다고 한다.³⁰ 기자 유광렬은 「허헌론」에서 "씨의 금전에 대한 담박한 성격과 사회에 희생하는 노력"으로 인해 신간회 중앙집행위원장을 하던 1920년대 말에서 1930년대 초 즈음에는 "씨를 금일의 빈궁에까지 몰아넣고 말았다."고 서술하였다. 또 허헌과 허정숙을 비교하여 부녀가 사회에 대한 태도 면에서는 길이 달랐다면서, "허 씨를 갑오 이래 감상과 분노로 물들인 애족(愛族)의 사(士)라 하면, 영양(令孃)은 수년한 마르크스주의 색채가 농후한 여장부다. 그러나 조선민족에게 행복과 광명을 주려는 데에는 일치할 것이다."라고도 했다.³¹

허헌이 사회주의자나 공산주의자는 아니었다 해도 앞서 언급

29 러시아 국립문서보관소 소장 코민테른 문서 중 '김단야 파일'(фонд 495, опись 228, дело 439).
30 전병무, 『항일변호사의 선봉 김병로』, 독립기념관 한국독립운동사연구소, 2018, 26쪽. 김병로는 신간회 활동을 하면서 6,000원을 썼다고 한다.
31 柳光烈, 「許憲論」(「登場한 二人物」 중에서), 『三千里』 4권 8호, 1932.8, 40~41쪽.

했다시피 사회주의나 공산주의 사상에 일정한 조예는 있었다. 유난히 사회주의나 공산주의 계통의 '사상사건'이 많았던 1920년대에 허헌은 관련 항일운동가들과 자주 대면하면서, 또 형사변호공동연구회 등을 통해 뜻 맞는 변호사들과 함께 공동의 대응 논리를 연구하면서, 사상이론으로서의 사회주의나 공산주의에 대한 이해를 높여갈 수 있었다. 일제강점기의 대표적인 항일변호사인 '삼인' 변호사 모두 사회주의자들과 교류하면서 동지로 인식하는 유연한 자세를 보여주었으나, 결코 자신들이 사회주의에 깊이 경도되지는 않았다.[32] 후배 변호사들에게 허헌의 모습은 더없이 인자하면서도 유교적인 예의범절이 엄격한, 그러나 인간의 존엄성과 자유를 존중하는 진보적인 개방성이 조화된 인품으로 투영되었다고 한다.[33]

---

32 전병무, 앞의 책, 2018, 15~16쪽.
33 허근욱, 「나의 아버지 허헌과 언니 허정숙」, 『역사비평』 28호, 1994.8, 212쪽. 변호사 이인의 증언.

허헌 집행부의 신간회, 강화된 실지조사

합법적으로 설립된 단체였음에도 불구하고 신간회는 창립 후 매년 정기대회조차 개최할 수 없을 정도로 탄압을 받았다. 일제 당국은 계몽단체로 생각하고 신간회 창립을 허가해줬지만 실제로는 합법적인 독립운동 지도단체로 역할하려 했기 때문에 집회 허가를 거의 내주지 않았다. 지회의 활발한 활동과 달리 신간회본부는 계속적으로 집회가 금지되는 가운데 상대적으로 온건해지면서 정체되어갔다. 따라서 신간회본부의 이러한 모습을 둘러싸고 지방으로부터 비판의 목소리가 높아져갔다. 이러한 한계를 극복해야 하는 것은 새로 출범한 '허헌 집행부'의 주요한 과제였다.

중앙집행위원장 허헌을 중심으로 새롭게 출범한 신간회본부는 복대표대회 직후인 1929년 7월 4일 중앙집행위원회를 열고, 다음과 같이 새로 집행부 체제를 구성하였다. 기존에 신간회본부의 간부진이 대체로 민족주의좌파 중심으로 구성되었던 반면, 복대표대회 이후에는 사회주의자들이 다수 진출했다고 알려져 왔다. 하지만 이는 주로 중앙집행위원이나 중앙검사위원 구성에 해당된다. 어느 기관이나 그러하듯 실제로 실무를 추진하는 것은 대체로 중앙상무집행위원들과 각 부서장들이다. 그렇게 본다면 허헌 집행부를 중심으로 신간회본부를 이끌어갈 신 집행부는 아래와 같이 대부분 민족주의계의 인물들로 구성되었다고 할 수 있다.

서무부장 : 황상규(黃尙奎)   부원 : 이주연(李周淵) · 김세진(金世振)
재무부장 : 김병로   부원 : 김동선(金東鮮)
조직부장 : 김항규(金恒圭)   부원 : 임서봉(林瑞鳳)
선전부장 : 이종린   부원 : 조치기(趙致基) · 안철수
조사부장 : 이춘숙(李春塾)   부원 : 이주연
교육부장 : 조병옥   부원 : 박문희(朴文熹)
출판부장 : 박희도   부원 : 안철수

중앙상무집행위원회 : 홍명희, 김항규, 박문희, 김동선, 안철수, 이주연, 임서봉, 김명동(金明東), 이춘숙, 조치기, 한상준(韓相駿)[34]

이렇게 구성된 허헌 중심의 신 집행부는 앞서 언급한 1929년을 전후하여 달라져간 시대적 상황에 부응해야만 했다. 그러한 방향에서 허헌 집행부는 이전보다 한층 더 비타협적이고 실천적인 노선으로 이행하여 사회문제에 직접 뛰어드는 실천적 활동을 본격화하였다.[35] 당시 일제 당국의 파악으로도 복대표대회 이후 신간회본부는 회(會) 자체의 행동도 일변하여 적극적 수단으로 각종 사회문제에 용훼하여 특히 분쟁을 지원하는 행동으로 나온다든지 혹은 직접 관청의 조치나 시설 방침에 대해 항의하는 등 항상 반

---

34 이균영, 앞의 책, 1993, 199쪽.
35 한인섭, 앞의 책, 2012, 253쪽.

항적 태도로 나온다든지 등으로 변화해갔다고 한다.36

허헌은 변호사직을 수행할 때부터 익숙했던 현지조사의 경험을 살려, 신간회가 더 적극적으로 각지의 분쟁과 반일 대중투쟁에 깊숙이 개입하도록 하였다. 이를 통해 일제 당국의 탄압이라는 가혹한 조건 속에서도 신간회가 본연의 의무를 다할 수 있도록 노력하였다. 또한 실제 투쟁방침에 대한 결의를 확정하는 한편 회보 발행, 지회 활동의 활성화, 재정 확립, 지방순회 등의 계획을 세우고 실행하면서, 일제 당국의 계속되는 '금지' 조치에 맞서 싸웠다.37

6개월밖에 되지 않는 허헌 집행부 시기 활동에서 가장 주목받은 일은, 1929년 7월의 '갑산(甲山) 화전민(火田民) 사건'과 그해 11월의 광주학생운동에 대한 신간회의 대응이었다. 광주학생운동과 관련해서는 다음 절에서 상세히 검토하기로 하고, 여기서는 '갑산 화전민 사건'과 관련한 신간회의 대응을 중심으로 살펴보고자 한다.

오늘날 '갑산 화전민 항일운동'으로 일컬어지는 '갑산 화전민 사건'은 일제의 농업수탈정책으로 이주한 화전민들이 1929년 당국의 강제축출정책에 대항하여 일으킨 항일운동이었다. 함남 갑산군의 혜산진 영림서에서 1929년 4월부터 '산림보호'라는 미명 아래 보혜면 대평리의 펑퍼물(평평물, 瀧瀧谷)에 모여 살던 화전민 1,000여 명(약 200호)을 강제로 추방하자 이에 거세게 저항하였다. 일제 당국은 6월 15일부터 5일 동안 무장경찰 등을 대동하고 가서 가옥 63채를 방화하고 일궈놓은 화전을 무참히 짓밟았다.

36　京畿道警察部,『治安情況』, 1931, 34쪽.
37　강만길 외, 앞의 책, 2000, 157쪽.

이에 격분한 화전민 500여 명이 경찰서와 영림서에 몰려가 항의하는 한편, 함경남도청과 총독부에 대표를 파견해 진정하고 신간회 등 사회단체에 호소했던 것이다.[38]

취임 직후 위원장 허헌이 가장 먼저 착수한 일이 바로 이 '갑산 화전민 사건'에 대한 신간회본부 차원의 진상조사와 이를 토대로 규탄과 항의를 여론화하는 것이었다. 신간회본부에서는 1929년 7월 13일 진상을 조사하여 사실로 밝혀지면 형사사건으로 고발하겠다는 견해를 공표하고, 7월 15일에는 중앙상무집행위원회를 열어 신간회 북청지회(北靑支會)에 진상조사를 지시하였다. 이어서 7월 18일 긴급 중앙상무집행위원회를 열고 직접 중앙집행위원인 김병로를 조사위원으로 파견하여 '갑산 화전민 사건 실지조사'를 실시하기로 하였다. 이와 관련해 언론·종교·법률 등 각 사회단체 대표 34명이 모여 '갑산 화전민 구축사건 대책 강구회'를 조직하고 위원에 안재홍 등 27명을 선임하였으며, 진상조사위원의 파견, 신간회 경성지회 내 임시사무소 설치 등을 결정하였다.[39]

이후 일정은 매우 비밀리에 신속하게 추진되었다. 그 이유는 일제 당국의 제지를 피하기 위해서였다. 중앙집행위원회 결정이 내려진 18일 밤에 김병로를 중심으로 한 조사단 일행은 10시 55분 발 기차로 긴급히 서울을 출발하였다. 이 조사단에는 동아일보사 및 중외일보사 특파원, 신간회 북청지회 회원 2명, 갑산 현지 인원 2명 등도 포함되었다. 조사단 일행은 함남 북청에 도착해 1박을 한 뒤 20일에 혜산경찰서장을 회견하여 민가 방화 등을

---

38 『한국민족문대백과』, '갑산화전민항일운동' 항목. '갑산 화전민 사건'에 관한 자세한 내용은 梶村秀樹, 「갑산화전민사건(1929년)에 관하여」(1979), 淺田喬二 외, 『抗日農民運動硏究』(동녘, 1984) 참조.
39 梶村秀樹, 위의 글, 205쪽.

추궁하였다. 다음 날인 21일에 혜산진을 출발하여 서울을 출발한 지 4일 만인 22일에야 갑산의 현장에 도착하였다. 그리고 현지의 주민들로부터 피해 상황을 청취하고 실지조사를 진행하였다. 이렇게 9박 10일 간의 힘든 여정을 마친 뒤 7월 27일 밤 8시 30분에 김병로 조사단은 경성역에 도착하였다.[40]

다음 날인 28일 오전 11시에 신간회본부는 중앙상무집행위원회를 열어 김병로의 진상조사 보고를 들은 뒤, 진상조사보고서의 작성 발표, 29일 밤 8시부터 종로 중앙청년회관에서 진상조사보고 연설회를 개최, 피해민 구제와 책임 당국에 대한 항의는 오는 중앙상무위원회에서 결정이라는 세 가지 사항을 결의하였다.[41] 각 언론사에서는 현지조사에 기초하여 힘 있는 논조로 갑산 화전민 사건에 대해 보도하였다. 그러나 29일에 개최하기로 했던 '갑산 화전민 사건 진상보고 연설회'는 일제 당국에 의해 금지되었다. 신간회본부는 이를 언론 탄압이라 규정하고 8월 4일 천도교 기념회관에서 김병로, 안철수, 이주연을 연사로 '언론탄압비판 대연설회'를 개최하고자 했으나 이 역시 금지당하였다.

이에 8월 5~6일 신간회본부 중앙상무집행위원회를 열고 이를 규탄하는 결의문을 채택하였다. 김병로·황상규·이관용 등 3인의 항의위원을 선정하여 총독부 당국에 항의하고, 이 사건과 관련한 언론 압박에 대해서도 항의하기로 하였다. 신간회본부에서는 '갑산 화전민 사건'과 관련해 총독부에 항의하고 요구할 구체적인 사항은 다음 다섯 가지로 정하였다.[42]

---

40 한인섭, 앞의 책, 2012, 267~268쪽.
41 「報告演說會와 責任當局에 抗議」, 『朝鮮日報』, 1929.7.29.
42 「六七兩日間繼續 新幹本部委員會」, 『東亞日報』, 1929.8.9.

- 방화 구축(驅逐)에 대한 질문
- 피해 화전민에 현 경작지 배여(配與)
- 소실 가옥, 가구, 양식에 대한 손해배상
- 직접 책임자 처벌
- 500여 만 화전민에 대한 금후 주의

'갑산 화전민 사건'에 대한 공세는 8월 내내 계속되었다. 신간회본부는 물론이고 지회들과 각 사회단체들도 모두 갑산 사건의 진상을 알리고 규탄을 이어갔다. 이에 총독부 산림부에서 자체적으로 진상을 조사하여 8월 12일 「갑산 사건에 관한 진상조사 결과 발표」라는 제목으로 공표하는 이례적인 풍경까지 연출되었다. 물론 그 내용은, 주민들이 진정한 내용은 사실과 다른 풍설이며 방화는 주민의 양해 아래 빈집에 한 것이니 기존의 방침은 불변이라는[43] 터무니없는 것이었다.

이후 신간회본부의 중앙집행위원회조차 계속 금지당하는 상황에서도 신간회본부는 일제의 탄압에 맞서 가능한 한 합법투쟁을 시도하고자 했다. 8월 21일 중앙상무집행위원회에서 「갑산화전민 사건 항의문」이 통과되었다. 제목 자체를 '항의문'으로 한 데서 짐작할 수 있듯이, 일제의 탄압 아래서 합법단체인 신간회가 할 수 있는 최대 강도의 대응이었다. 그것은 항일변호사를 중심으로 한 실지조사와 그 사회적 파장, 여론이 있었기에 가능한 것이었다. 1929년 8월 31일 자의 「항의문」은 신간회 중앙집행위원장 허헌이 조선총독 자작 사이토 마코토(齋藤實) 앞으로 보내는 것으로

43 「甲山事件에 關한 眞相調查結果發表」, 『每日申報』, 1929. 8. 13.

되어 있다. 당국자의 이러한 잔인한 행동은 인도상 도저히 묵과할 수 없는 일이라든가 당국의 언어 도단한 그 처치에 엄중 항의하는 등의 강한 어조를 유지하고 있으며, 요구사항 등은 위의 8월 5~6일 결정사항과 거의 같다.[44]

허헌 집행부는 '갑산 화전민 사건'에 대한 진상조사 외에도, 기본적으로는 신간회본부라는 명분을 활용해 철저히 현지조사를 진행하고 이를 토대로 사회여론을 일으키고 여러 사회단체들과 공동 대응하는 방식으로 신간회운동을 추진하였다. 예컨대 9월 5~6일에 열린 중앙상무집행위원회에서는 전국적인 집회 금지 상황과 언론 탄압 상황을 조사 발표하고 이에 대해 항의할 것, 만주 거주 동포 문제를 조사하고 그 대책을 수립할 것 등을 결의하였다.[45] 그해 10월 북평(北坪)에서 일제 당국에 의해 장지락(張志樂)·권정길(權鼎吉) 등이 총살당했다는 소식을 접하자, 11월 5일 신간회본부는 경성지회와 함께 이 '북평 살인사건'의 진상을 조사하기도 했다.[46] 또 함흥수리조합 공사장에서 일본인 청부업자가 조선인 노동자를 폭행을 하여 4명의 사상자가 발생하자, 신간회본부에서는 11월 29일 김병로와 한병락(韓炳樂)을 조사원으로 파견하여 실지조사를 실시하기로 하는 등[47] 각종 사회문제와 민족

---

[44] 「항의문」 전문은 한인섭(2012)의 273~274쪽 참조. 1929년 8월 24일 자 『동아일보』를 인용하여 「항의문」 전문을 수록하고 있다.
[45] 심지연, 앞의 책, 1994, 71쪽; 허근욱, 앞의 책, 2001, 294쪽.
[46] 「北平同胞主義戰 青年四名被殺」, 『東亞日報』, 1929.10.20; 「襲擊當코蒼黃歸鄉한 徐廷晩氏와問答記」, 『東亞日報』, 1929.11.8. 사건 후 10월 20일경 서울을 거쳐 고향인 군산으로 돌아온 서정만(徐廷晩)은 이 사건으로 몇 명이 피살된 것은 사실이지만 장지락 등이 피살된 것은 아니라고 했다. 이후 장지락이 직접 10월 30일 신간회 경성지회 앞으로 공함(公函)을 보내 '청년 4명 피살'은 사실무근이며 간악한 자의 흉계로 인한 것이라고 해명하였다.
[47] 「咸興殺人事件 眞相을 調査」, 『中外日報』, 1929.11.29.

갈등에 신간회본부가 직접 개입하여 조사하고 대응하였다.

또 하나의 직접적인 사례로, 앞서 허헌의 항일변론 활동에서도 언급한 바 있는 청진형무소의 '함북청년연맹 사건' 수감자들의 단식투쟁 때에도 같은 방식으로 대응한 것을 들 수 있다. 이들은 11월 27일 직접 변호사 허헌의 긴급 면회를 신청했는데, 허헌은 한편으로는 조선변호사협회를 통해 대책을 논의하면서 자신은 신간회 중앙집행위원장 이름으로 실지조사에 들어갔다. 직접 청진형무소로 달려가 함북청년연맹의 단식투쟁 사건을 조사하기 위해 12월 1일 경성역을 출발하였다. 허헌이 함북의 열차 정거장에 도착할 때마다 수백여 명이 나와 환영했다고 한다. 그날 밤 청진역에는 함북의 수많은 사회단체에서 회기(會旗)와 환영기를 들고 나와 '신간회 중앙집행위원장 및 재옥(在獄) 동지 건강 만세'를 삼창하며 허헌을 마중하였다. 먼저 신간회 함북도연합회 사무실에서 그간의 경위를 듣고, 다음과 같이 수감된 33명을 전부 면회하고 사정을 듣겠다는 포부를 밝혔다.[48]

재옥 동지가 단식을 결행하였다는 급보를 접하고 곧 떠나서 오려고 하였습니다. 이번에 온 것은 저의 당연한 책임으로 온 것임에도 불구하고 이렇게 성대히 환영을 하여주시니 도리어 미안합니다. 이제 끊임없는 활동으로써 여러 동지의 은혜를 갚고자 합니다. 하여간 내일은 재옥 단식 30여 인을 전부 면회하고 그들의 사정을 자세히 알고자 합니다.

[48] 「新幹委員長來淸」, 『朝鮮日報』, 1929.12.5. 12월 6일 자 『동아일보』에는 허헌이 11월 30일 서울을 출발한 것으로 다르게 보도되어 있는데, 『조선일보』에서 구체적인 시각까지 명시하고 있어서 이를 따랐다.

이후 허헌은 먼저 법원을 방문하고 관계자들에게 재판을 신속히 진행할 것을 요구하였다. 또 가족들과 함께 형무소로 가서 수감자들에게 단식의 중지를 설득한 결과 일단 단식은 중단되었다. 12월 4일 서울로 돌아온 뒤에는 이 문제를 관계당국에 강력히 항의했으며, 당시 전국적으로 예심이 지연되는 현상을 규탄하면서 법조계 등 사회 여론을 환기시켰다.[49]

한편 복대표대회 이후의 허헌 집행부는 신간회운동 자체의 발전을 위해 중앙뿐만 아니라 각 지회에도 조직적 변화를 모색하였다. 허헌 집행부의 출범과 함께 작성된 「신간회 강령 및 규약」은 각 지회의 요구 조건들을 반영한 것이었다. 그 가운데 특히 '지회 연합기관의 설치'와 같은 것은 거의 모든 지회의 희망 사항을 수용하여 제도화한 것이라 할 수 있다. 하지만 실제로 각 도를 단위로 연합기관이 설치된 곳은 1929년 8월 25일 청진에서 결성된 함북도연합회와 11월 30일 평양에서 결성된 평남도연합회 두 곳뿐이었다. 이 외의 지역에서는 연합회가 발기되기는 했으나, 경기·경남·함남 등에서 보이듯이 일제 경찰의 금지 조치 등으로 실제 결성에까지 이르지는 못하였다.[50]

이러한 상황에서 신간회본부는, 1929년 11월 제2회 집행위원회 이후 127개의 지회 가운데 활동이 유명무실한 곳을 조사하고 그 가운데 30여 개의 '문제 지회'를 정리하겠다는 과감한 조처를 단행하였다. 이에 대해 이균영의 『신간회 연구』에서는 다음과 같이 평가하고 있다.[51]

---

49 심지연, 앞의 책, 1994, 71쪽; 허근욱, 앞의 책, 2001, 294~295쪽.
50 이균영, 앞의 책, 1993, 273~274쪽.
51 위의 책, 248쪽.

이것은 허헌 집행부가 조직적 팽창만으로는 신간회운동의 목표를 성취할 수 없다는 점을 명확하게 인식하고 있었다는 좋은 보기이며, 아울러 허헌 집행부가 각 지회에서 무수히 논의의 대상이 되었던 '조직 문제'에 대해 지회의 건의를 성실하게 수렴하였다는 보기이기도 하다. 또 한 가지, 이것은 방대한 조직으로 성장한 신간회를 목적의식적으로 결집시키려는 의도로 보아도 좋을 것이다.

위의 서술은 허헌 집행부의 신간회운동을 여러 각도에서 긍정적으로 평가하고 있는 내용이라 할 수 있다. 허헌 집행부는 신간회의 양적 성장만이 아니라 신간회운동의 목표를 분명히 인지하고 목적의식적으로 질적 성장을 도모하려 했다는 것, 그리고 허헌이 이끄는 신간회본부가 각 지회들과의 소통 면에서도 비교적 원활한 편이었다고 보고 있는 것이다.

이와 같이 바쁜 나날을 보내면서 허헌은 1929년 가을 무렵 개인적으로 중대한 결심을 했던 것 같다. 신간회 중앙집행위원장으로 일하면서도 여전히 바쁘게 움직였던 변호사로서의 직분을 잠시 접고 신간회운동에만 몰두하기로 결심한 것이었다. 그해 10월 5일 허헌은 신간회본부 중앙상무집행위원회에 공식적으로 회무(會務)에 헌신하기 위하여 변호사직을 휴업하고 2~3개월 내에 잔무를 완전히 정리할 것을 선언하였다.[52] 이즈음 허헌 스스로 직업적인 항일운동 지도자로서의 역할에 상당히 매료되어 있었던 것 같다. 당시 『삼천리』에서 '내가 좋아하는 인물은?'이란 설문조사를 했을 때 허헌은 스스럼없이 '정치가적 타입의 인물'이라고 답

---

52 「委員長許憲氏 辯護士休業」, 『中外日報』, 1929.10.7; 「新幹常務會 重要한決議」, 『東亞日報』, 1929.10.7.

한 데서 짐작할 수 있다.[53] 아마 이때까지만 해도 그는 이러한 자신의 결심과 선언이 그의 인생에서 '변호사 허헌'의 마지막을 고하는 것이라고는 전혀 예측하지 못했을 것이다.

53 「過去 十年에 한 일 將來 十年에 할 일」, 『三千里』 4호, 1930.1.11, 13쪽.

광주학생운동 시기 민중대회 준비

1929년 11월 전남 광주에서 시작된 광주학생운동은 1919년 3·1운동과 1926년 6·10만세운동의 뒤를 잇는 대규모 민족해방투쟁으로 발전하였다. 11월 3일 조-일 학생 간에 일어난 사소한 충돌 사건은 광주지역 학생들의 동맹휴교와 반일시위운동으로 확대되었고, 이어서 인근의 나주·목포 등지로 확산되었다. 이 사건이 곧바로 시위운동으로 조직화되고 급격히 확산될 수 있었던 데에는 1920년대에 광주고등보통학교를 비롯한 광주지역 각 학교에서 지속적인 맹휴(盟休)의 경험이 있었고, 성진회(醒進會)와 같은 학생비밀결사와 비합법 독서회 조직들이 있었기 때문이다. 또한 직접적으로는 1929년 6월 장재성(張載性) 등을 중심으로 '독서회 중앙부'가 조직되어 광주의 학생조직들을 아우르고 있었기 때문에 당일 바로 투쟁본부가 조직되어 시위운동을 지원할 수 있었던 것이다. 독서회 중앙부는 전남청년연맹과도 연결되었을 뿐만 아니라 서울의 학생단체나 청년단체들과도 연결되어 있어서, 이후 광주의 학생시위는 서울을 위시하여 전국적으로 확산될 수 있었다.

허헌 집행부 시기의 신간회운동에서 가장 주목할 만한 일도 바로 이 광주학생운동을 전면적인 대중의 정치투쟁으로 확산시키려 한 것이다.[54] 이 일은 천직인 변호사직까지 버리면서 본격적으로 민족해방투쟁에 뛰어들 결심을 한 허헌을, 한순간에 신간회 중앙집행위원장에서 끌어내리고 영어(囹圄)의 몸이 되도록 만들었다.

광주학생운동 소식을 접한 신간회본부에서는 곧바로 진상조사단을 파견하고 '광주학생사건 보고 대연설회'를 개최하려 했다. 하지만 일제 당국에 의해 금지를 당하자 신간회본부는 이 시위투쟁을 전국적 규모의 대중운동으로 확산시키기 위해, 천도교·불교·기독교 등 종교단체와 조선청년총동맹·근우회(槿友會) 등 사회단체와 제휴하여 12월에 대대적인 민중대회를 개최하기로 하고 준비에 착수하였다. 그러나 이 계획 역시 허헌을 비롯한 90여 명이 검거되는 세칭 '민중대회 사건'이 일어남으로써 좌절되고 말았다. 광주학생운동의 전개와 허헌 집행부의 민중대회 준비 과정을 좀 더 자세히 살펴보면 다음과 같다.

우선 신간회 광주지회의 전문(電文) 보고를 통해 광주학생운동 소식을 접한 허헌은 11월 5일 긴급히 중앙상무집행위원회를 소집하였다. 논의 결과 신간회본부는 광주지회의 임시대회 소집을 일단 보류하고 광주·송정·장성지회에서 광주학생사건의 진상을 정확히 파악해 보고하라고 지시하였다. 아울러 보다 철저한 조사와 구속 학생들의 석방을 지원하기 위해 허헌은 김병로, 황상규와 함께 광주로 내려가기로 결정하였다.

---

[54] 이균영은 『신간회 연구』에서 "허헌 집행위원장 시기의 신간회 활동은 광주학생운동에 대한 신간회의 관여와 그것을 대중운동으로 연결시키려고 했던 민중대회 사건으로 집약될 수 있다."고 서술하였다(201쪽).

당시 광주의 실상은 보도관제와 검열로 언론이 통제되고 있어 제대로 알기 어려웠으나, 서울의 각 단체에서 조사단이 파견됨으로써 진상이 자세히 알려졌다. 이에 광주학생사건 직후 먼저 조선청년총동맹의 부건(夫健), 조선학생회의 이한성(李漢星), 조선학생과학연구회의 박일(朴日) 등 중앙의 학생단체에서 광주로 조사단을 파견하였다. 그리고 허헌을 비롯한 신간회본부의 3인도 11월 9일에 광주로 내려갔다.[55] 신간회 광주지회의 장석천(張錫天), 나주지회의 김창용(金昌容) 등은 본부의 조사단이 광주에 온다는 전보를 받고 직접 마중을 나와 허헌 일행을 여관으로 안내하고 곧바로 광주사건의 실상을 보고하였다.[56]

허헌을 중심으로 한 신간회 조사단은 광주고등보통학교와 광주중학교, 전남도지사, 광주지방법원 검사정 등을 방문하면서 사건의 진상을 조사하였다. 특히 현지 도착 후 검거된 학생들이 곧바로 검사국으로 넘겨졌다는 사실을 알고서, 검사정과의 면담에서 조선인 학생들에 대한 검거 원인을 집중적으로 조사하였다. 그 결과 조사단은 11월 3일 학생들의 단순 충돌 사건이 문제가 아니라, 이후 조선인 학생들이 벌인 시위운동이 문제시되고 있다는 것, 다시 말해서 검찰 측에서 광주학생사건과 광주학생시위를 구분해서 보고 있음을 파악하였다. 이어서 광주경찰서를 방문하여 조선인 학생의 일방적인 구금에 대해 항의하였는데, 이 과정에서 경찰당국이 매우 편파적인 민족차별적 조치와 불공평한 태도를

---

55 「光州事件 圓滿解決코자 사씨가 광주에」, 『中外日報』, 1929.11.9. 이균영은 신간회본부 조사단의 파견 일자가 불분명하나 조병옥의 회고를 근거로 11월 10일이라고 잘못 서술하였다(208쪽). 허헌 일행은 11월 9일 오전 10시 기차로 경성역을 출발하였다.
56 김성민, 『광주학생운동』, 역사공간, 2013, 205, 275~276쪽.

취하였음을 알게 되었다.[57]

　한편 광주에 도착한 다음 날인 11월 10일 본부 집행위원장인 허헌과 광주지회의 장석천 사이에 긴밀한 대책 협의가 이루어졌다. 장석천은 일찍이 비밀결사 성진회를 조직하고 전남청년연맹 위원장 및 신간회 광주지회 상무간사 등으로도 활동한,[58] 말하자면 광주전남지역 사회운동의 중심이자 광주학생운동의 핵심적인 지도 인물이었다. 장석천은 시위운동의 전국적 확대를 제의하고 신간회본부의 협조를 구하였다. 이미 광주에서도 11월 12일의 2차 시위가 준비되고 있고 서울에서도 시위운동이 전개될 계획임을 알리고, 그 뒤를 이어 신간회가 중심이 되어 전국적으로 시위운동을 확산시키자고 제안하였다. 허헌은 장석천의 제안에 동의하였고, 전국적인 시위운동의 조직화와 신간회 차원의 자금 지원에 대해서도 합의하였다. 이로써 광주학생운동이 전국적인 시위운동이자 민족운동으로 전환되는 계기가 마련될 수 있었다.[59]

　광주로 파견된 학생단체 등의 조사단원들은 일제 당국에 검속되었던 반면, 신간회본부의 허헌과 황상규는 11월 12일 무사히 상경하였다. 학부형회의를 개최하여 선후책을 강구하기 위해 김병로만 광주에 남았다. 11월 15일 신간회본부는 중앙상무집행위원회를 열고, 진상조사서 작성 발표, 광주학생사건보고 비판연설회 개최 등을 결의하였다. 이어서 11월 23일 제2회 신간회 중앙

57　윤효정, 앞의 글, 2017, 169~170쪽.
58　『한국민족문화대백과』, '장석천' 항목.
59　김성민, 앞의 책, 2013, 276~277쪽. 장석천 등의 신문조서를 근거로 이와 같이 정리한 김성민의 견해에 대해, 윤효정은 신간회와의 구체적인 제휴나 실제 자금 제공 여부 등은 정확히 밝혀지지 않아서 더 많은 조사가 요구된다고 보았다(윤효정, 앞의 글, 2017, 172쪽의 각주 293 참조).

집행위원회를 열고, 조사단을 대표하여 황상규가 전국 각지에서 참석한 40~50명의 집행위원들에게 조사결과를 보고하였다. 그리고 이 자리에서 일제 당국의 조선인 학생에 대한 불공평한 태도를 총독부에 진정하고 비판연설회를 개최하기로 결의하였다. 구체적인 준비는 허헌을 비롯해 상무집행위원인 홍명희, 교육부장이자 경성지회장인 조병옥, 그리고 조사부장인 이관용(창립 당시는 학생부장) 등을 중심으로 추진되었다. 일제 경찰도, 총독부 당국도 모두 연설회를 금지하여 끝내 개최되지는 못하였지만, 이날의 진상보고와 결의는 12월 이후 시위운동이 전국적으로 확산될 때 지회원들의 참여를 이끌어내는 동인이 되었을 것이다.[60]

12월 들어서부터 광주학생운동의 주 무대는 서울로 옮겨졌다. 비합법 학생조직인 조선학생전위동맹(朝鮮學生前衛同盟)과 합법단체인 조선청년총동맹을 중심으로 사전 준비가 이루어졌다. 경성제2고등보통학교의 권태동(權泰東)과 장석천의 협의 아래 12월 5일 제일 먼저 제2고보에서 학생시위가 일어났고, 순차적으로 서울시내 각 학교의 시위운동으로 확산되었다. 그리고 12월 9일에는 연합시위로 발전하였다.[61] 광주학생운동은 지역 차원의 운동을 넘어서 전국적인 항일민족운동이라는 새로운 단계로 진입한 것이었다. 예컨대 12월 16일 함흥의 학생연합시위에서는 앞서 살펴본 '갑산 화전민 사건'이나 '함흥수립조합 사건'이 함께 언급되면서 각계각층이 연대하여 반제투쟁을 전개하자는 주장도 나왔다. 각지의 학생시위는 해를 넘기고도 계속되어 1930년 4월까지 전국에서 194개교, 5만 4,000여 명의 학생과 일반민중이 참여하

---

60 김성민, 위의 책, 277~279쪽.
61 자세한 내용은 위의 책, 3장(225~270쪽) 참조.

는 대규모 항일투쟁으로 발전하였다. 시위의 구호도 '일본제국주의 타도, 피억압 민족해방 만세, 총독정치 반대' 등 본격적인 정치투쟁 즉 항일민족투쟁의 성격으로 전개되었다.62

신간회본부에서는 12월 5일 서울에서 학생시위가 시작되자 허헌의 발의로 민중운동을 계획하고 제1회 발기회를 열었다. 민중대회 추진의 중심인물은 11월에 비판연설회의 실무를 준비했던 허헌과 홍명희·조병옥·이관용이 그대로 맡았다. 12월 8일 이들은 재차 광주학생사건 공개연설회를 개최할 것, 연설회가 금지될 경우 전 지회에 민족적 시위운동을 일으키도록 할 것 등을 논의하였다. 이들은 광주학생사건은 단지 조-일 학생간의 문제가 아니라 총독부의 조선민족에 대한 폭압정책의 문제라고 파악하였다.

한편 학생 연합시위 직후인 12월 9~10일경 허헌의 집에서 위 신간회본부 3인과 권동진·송진우·안재홍·이시목(李時穆)·손재기(孫在基)·한용운·주요한 등 사회 각계의 인사들이 회합하여 학생운동에 대한 대책을 논의하였다. 이 자리에서 바로 11명의 연서(連書)로 「결의문」을 작성하고 그날 밤 각 사회단체 등에 배포하였다. 「결의문」의 내용은 '민중대회 개최, 시위운동 조직, 광주학생사건의 정체 폭로 및 구금 학생 탈환 등의 표어로 민중여론 환기'와 관련된 것이었다. 이로써 금지된 공개연설회는 민중대회 개최로까지 발전하였고, 시위운동과 표어 설정 등 구체적인 활동의 방향도 확립되었다.63

민중대회는 12월 13일 오후에 개최하기로 했다.64 격문 작성은

62　강만길 외, 앞의 책, 2000, 170~171쪽.
63　김성민, 앞의 책, 2013, 279~280쪽; 이균영, 앞의 책, 1993, 208쪽.
64　김성민의 『광주학생운동』에는 14일로 서술되어 있는데(280쪽), 여타 연구와 이

허헌, 연사 선정은 조병옥이 분담하여 준비하였다. 허헌은 김무삼(金武森, 일명 金東駿)에게 「학생사건공개 대연설회」라는 제목의 광고문 2만 매 제작을 의뢰하였다. 나중에 경찰에 압수당한 2종의 광고문에 따르면, 연설자는 허헌을 비롯해 권동진·김항규·이관용·홍명희·조병옥·이원혁·한용운·주요한·손재기·김무삼 등 11명이었다. 그런데 12월 11일 이들의 민중대회 계획이 일제 경찰에 탐지되었고, 12일에 경기도경찰부는 신간회 간부인 홍명희와 김항규를 호출하여 계획의 중지를 명령하였다. 그날 밤 신간회본부는 긴급 간부회의를 열고 대책을 논의한 결과, 모든 계획을 그대로 진행하기로 결정하고 구체적인 실행 계획을 수립하였다. 그 내용은 다음과 같다.[65]

- 13일을 기해 자동차로 광고문을 살포한 후 시내 번화가에서 광주학생사건 진상 발표 대연설회를 개최하고 일경의 검거가 시작되면 즉시 시위운동으로 전환한다.
- 『조선일보』, 『동아일보』, 『중외일보』는 즉시 2회에 걸쳐 호외를 발행한다.
- 신간회 지회에도 본부와 동일한 행동을 취할 것을 지령한다.

하지만 12월 13일 아침 6시경 허헌을 비롯한 신간회와 사상단체 간부 수십 명이 경기도경찰부와 종로경찰서에 체포되고 신간회본부는 압수 수색됨으로써, 민중대회는 개최되지 못하였다. 검거를 면한 이관용·홍명희·조병옥·김무삼·이원혁 등이 다시 언

책의 전후 내용을 보면 단순한 서술상의 오기로 보인다.
[65] 위의 책, 280~281쪽; 이균영, 앞의 책, 1993, 209쪽.

론사와 지회 등에 배포할 격문과 통지문을 작성했다가, 김무삼을 제외한 4인이 검거되었다. 김무삼은 통지문 60매를 신간회 지회에 우편 발송하고 그날 밤 홀로 조선극장에서 "제군은 들으라!"고 외치며 격문을 배포하였는데 며칠 뒤 체포되었다. 지회로 발송한 우편물 가운데 14일까지 경찰이 압수한 것이 모두 19매였으니까 나머지는 각 지회에 전달되어 이후 각지의 시위운동에 영향을 미쳤을 것이다.[66]

신간회본부가 기획한 민중대회 자체는 결국 이와 같이 좌절되었지만, "복대표대회에서 새롭게 선출된 허헌을 중심으로 한 신간회 중앙간부들은 이전의 침체된 활동에서 실천적 활동으로 나가려는 많은 시도를 행하였고, 민중대회 사건은 그러한 시도의 연장선상에서 계획"된 것으로 평가된다.[67] 그동안 최대의 민족운동 단체이면서도 대중운동에 소극적으로 대처했다는 평을 받아온 신간회본부가 적극 나서서 실질적이고 조직적으로 광주학생운동에 대처하고 이를 전국적인 항일민중시위로 확산시키고자 한 것은 큰 의미를 갖는다. 다만 보다 치밀하게 시위운동의 세부계획을 수립하고 철저히 준비하지 못했던 점은 한계로 평가된다.[68]

---

66 김성민, 위의 책, 282쪽.
67 이균영, 앞의 책, 1993, 212쪽. 허헌 검거 후 실질적인 본부 지도자로 부상한 김병로는 더 이상 "신간회운동으로서 민중대회와 같은 유형은 적합하지 않다고 판단"했다고 한다(213쪽).
68 김성민, 앞의 책, 2013, 282~286쪽 참조.

'민중대회 사건'으로 투옥

허헌이 체포된 1929년 12월 13일부터 김무삼이 체포될 때까지 신간회 회원 44명과 조선청년총동맹·조선노동총동맹·근우회 등 사회운동단체 관계자 47명 등 모두 91명이 일제 경찰에 체포되었다.[69] 당시 근우회 서무부장으로 활동하던 허정숙도 이화여자고등보통학교 등 서울의 여학교 학생들을 중심으로 광주학생운동 동조시위를 주도하다가 1930년 1월 중순경 경기도경찰부에 체포되었다. 신간회 관련자 15명은 경기도경찰부 고등과 기밀계 주임인 미와(三輪) 경부에게 취조를 받았다. 그리고 1931년 4월 최종적으로 허헌 등 6명이 '보안법 위반'이라는 '죄목'으로 실형을 언도받았다. 당시 세간의 주목을 한 몸에 받았던 이 사건을 흔히 '민중대회 사건'이라 한다.

일제 경찰에 체포되어 조사를 받은 열흘 뒤인 12월 23일, 허헌을 비롯해 권동진·홍명희·조병옥·주요한·한용운·이관용·이원혁·손재기·김무삼·김항규 등 11명은 검찰로 송치되었으

---

69 이균영, 앞의 책, 1993, 210쪽.

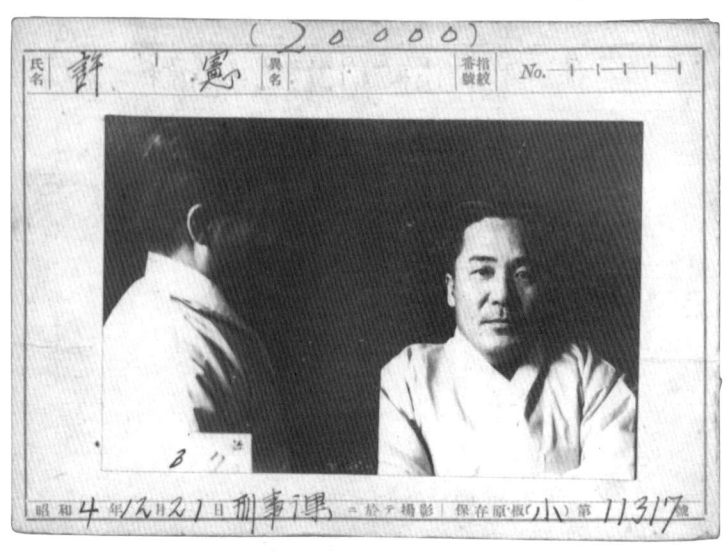
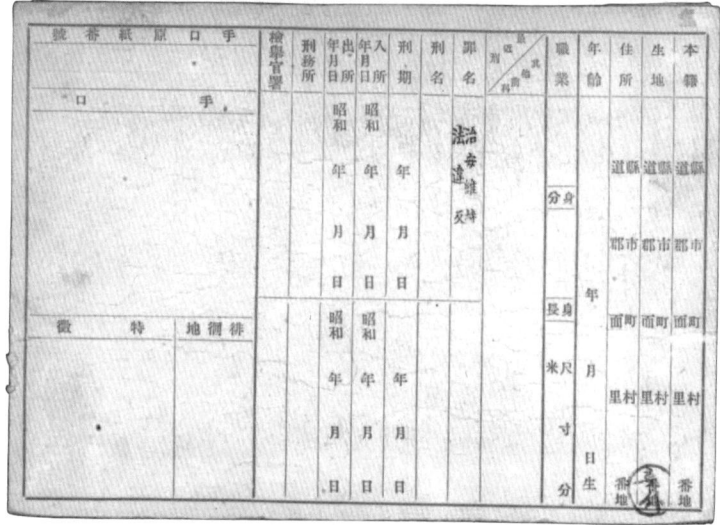

'민중대회 사건'으로 체포되어 검찰로 넘겨지기 전인
1929년 12월 21일 자 수감 카드(국사편찬위원회 일제감시대상인물카드)

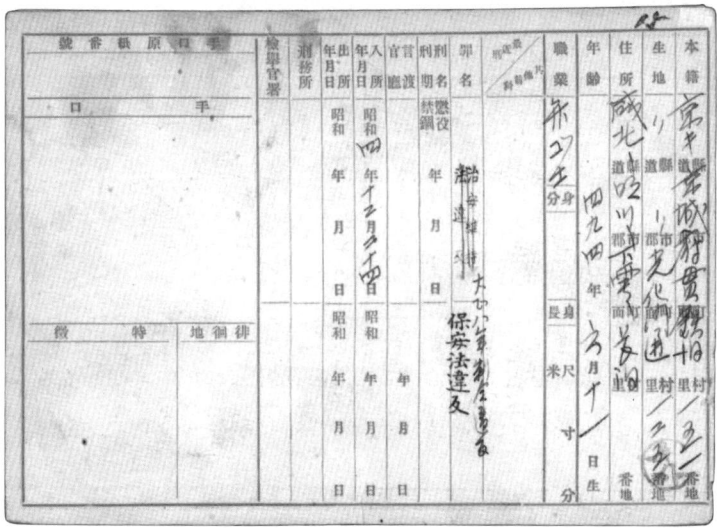

1930년 12월 12일 서대문형무소의 수감 카드
(국사편찬위원회 일제감시대상인물카드). 앞의 사진과 비교해보면
고문 취조로 1년 만에 많이 수척해진 모습을 확인할 수 있다.

며, 24일에 서대문형무소 구치감에 수감되었다. 나머지 4명은 불구속으로 석방되었다. 허헌 등은 경성지방법원 검사국에서 고등법원의 이토(伊藤) 검사에게 또 다시 취조를 받았다. 1930년 1월 6일 검사의 구류기간이 만료되자 권동진·한용운·주요한·김항규·손재기 등 5인은 당일 밤 8시 반에 기소유예로 석방되었고, 허헌과 홍명희·조병옥·이원혁·김무삼·이관용 등 6명은 기소되어 예심에 회부되었다. 석방된 5인과 앞서 불구속 처리된 4인 등 9명의 기소 여부는 아직 확실히 결정되지 않은 상태였다.[70] 한편 1월 중순에 체포된 허정숙도 3월 22일 경성지방법원에서 '보안법 위반'으로 징역 1년을 언도받고 곧바로 아버지 허헌이 있는 서대문형무소에 수감되었다.

그런데 이 사건 재판에서 당시 논란이 된 것은 이들에 대한 법 적용의 문제였다. 김무삼의 단독행위를 제외하고 '민중대회 사건' 관련자는 모두 계획 단계에서 발각되었기 때문에 법 적용의 문제가 대두한 것이다. 게다가 이들은 모두 조선사회에서 명망 있는 지도급 인사들이어서 내외의 관심이나 여론에 미치는 영향이 컸기 때문에 일제 당국으로서도 신중을 기할 수밖에 없었다. 허헌 등은 경찰 조사 과정에서는 「치안유지법」 위반이 고려되었으나, 1929년 12월 23일 경기도경찰부에서 경성지방법원 검사국으로 송치될 때는 「보안법」 위반이 적용되었다. 그런데 1930년 1월 6일 예심에 회부될 때는 특수법령인 「1919년 제령 제7호」 위반이

---

70 「決議文事件關係者 今六日에 最終訊問」, 『東亞日報』, 1930.1.7; 「大演說計劃事件 檢事局取調進行」, 『中外日報』, 1930.1.7; 「一大示威를 計劃한 十一人事件의 五氏 出監」, 『朝鮮日報』, 1930.1.8. 한인섭의 연구에서 "검사는 1931년 1월 6일에 들어 9명을 불기소 처리하고, 6명을 구속상태로 예심에 회부하였다."라고 쓴 것은 (한인섭, 앞의 책, 2012, 288쪽) 오류로 보인다. 같은 맥락에서 "예심에 소요된 기간만도 1년 반이나 되었다."는 서술(291쪽) 역시 오류이다.

1930년 1월 6일 예심에 회부된 6인. 상단 맨 오른쪽이 허헌
(『조선일보』, 1930.1.8)

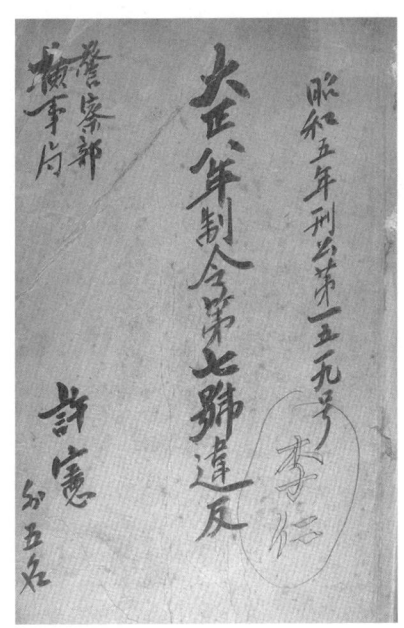

1930년 1월 6일 「1919년 제령 제7호」 위반으로 회부된 '허헌 외 5명'의 공판기록 표지(고려대 아연 도서관 소장)

〈표 5〉 '민중대회 사건'에서 적용 논란이 된 법

「보안법」 제7조	정치에 관해 불온한 언동 … 을 함으로써 치안을 방해하는 자는	50 이상의 태형, 10월 이하의 금옥 또는 2년 이하의 징역에 처한다.
「제령 제7호」 제1조	정치의 변혁을 목적으로 다수 공동하여 안녕질서를 방해하거나 또는 방해하려는 자는	10년 이하의 징역 또는 금고에 처한다.

* 출전 : 한인섭, 『식민지 법정에서 독립을 변론하다』, 경인문화사, 2012, 290쪽

적용되었다.[71] 이는 위의 수감 카드 뒷면에서도 확인할 수 있는 것처럼 처음부터 논란의 여지를 안고 있었다. 6명만 예심에 넘긴 것도 이러한 논란과 고민의 산물이었을 것이다.

1929~1930년 당시 조선인의 독립운동과 항일운동을 처벌할 수 있는 법적 근거는 다음 세 가지, 즉 1907년 제정된 「보안법」, 1919년 제정된 「제령 제7호」, 그리고 1925년 제정되고 1928년 개정된 「치안유지법」이 있었다. 사실 '민중대회 사건' 자체는 일본의 국체(國體)와 사유재산을 부인하는 데 적용하는 '치안유지법 위반'에는 관계되지 않는다. 따라서 다른 두 법의 적용을 둘러싸고 논란이 되었던 것이다.

〈표 5〉에서 보듯이 「제령 제7호」 적용이 훨씬 더 중형에 속한다. 하지만 합법단체인 신간회가 주도한 '민중대회 사건'이 정치의 변혁을 목적으로 한 것이라고 보는 것은 의문이 들게 한다. 또한 「보안법」에서 제시하고 있는 정치에 관해 불온한 언동을 했다고 볼 수는 있겠지만 실행에 옮기지 못했으므로 이 역시 논란의 여지는 있다. 게다가 상대가 조선 내에서 법리 해석과 적용에 가장 꼼꼼하고 엄격하기로 소문난 변호사 허헌이었기 때문에 사법

[71] 「一大示威를 計劃한 十一人事件의 五氏 出監」, 「十二月 卄三日 送局 法文適用에 苦心」, 『朝鮮日報』, 1930.1.8.

당국으로서도 고심하지 않을 수 없었다.

일본의 법 구조가 갖고 있는 함정을 잘 알고 있던 허헌은 경찰서 유치장에 있을 때부터 법전을 차입해달라고 요구하여, 자신과 동지들의 '죄'에 대한 법리 해석과 법 적용에 관해 열심히 탐구하였다. 당시 허헌의 이러한 모습을 탐탁지 않게 여긴 감방 동지 한용운은 훗날 변호사 이인에게 다음과 같이 이야기했다고 한다.

> 이들이 형을 살고 출옥한 뒤에 나는 만해(한용운)를 안국동 선학원(禪學院)으로 찾아간 일이 있었다. 점심으로 상추쌈을 먹는데 만해가 "원 세상에 육법전서(六法全書)를 읽어가며 독립운동하는 꼴은 처음 보았네." 한다. 무슨 말이냐니까 만해는 "한번 들어보시오." 하면서 이런 말을 했다.
> 동지들이 모두 경기도경찰부 유치장에 갇혀있을 때인데 긍인(허헌)은 육법전서를 차입시켜 열심히 읽더라는 것이다. 그러더니 같은 감방 동지들에게 "아무리 보아도 우리가 한 일은 위경죄(違警罪, 지금의 輕犯)밖에 안 되네. 그러니 고작 구류 아니면 과료에 해당할 뿐이요." 했다는 것이다. 만해는 독립을 위해서 저들과 싸우는데 죄의 경중을 따져서 무엇하느냐 생각을 하니 어떻게나 화가 나던지, 앞에서 목침(木枕)을 들어 한 대 쳐주고 싶더라고 했다.
> 만해는 이때의 분이 덜 풀려서 같은 변호사인 나를 붙들고 말을 한 것인데, 하긴 유치장에 잡혀온 사람이 육법전서를 따지는 긍인의 모양이나, 그 옆에서 화가 치민 만해 모양을 생각하니 우습기 그지없다.[72]

72　李仁,『半世紀의 證言』, 明知大學出版部, 1974, 81쪽.

물론 이 같은 허헌의 모습이 중형이 구형될까 두려워서 그런 것은 당연히 아니었다. 20여 년을 항일변호사로 살아온 허헌으로서는 법의 논리로 본인과 동지들을 석방시키는 것이 당연한 자신의 소임이라 여겼을 것이다. 법 적용 여부를 둘러싼 논란은 있었다 해도 '민중대회 사건' 자체는 특별히 긴 시간을 두고 밝혀내야 할 성격의 사건은 아니었다. 그럼에도 불구하고 8개월이라는 시간이 지난 1930년 9월 6일에야 예심이 종결되었고, '보안법 위반'이라는 '죄목'으로 공판에 넘겨졌다. 그리고 다시 7개월이 지난 1931년 4월이 되어서야 재판이 진행되었다.

불혹을 훌쩍 넘긴 나이에 1년 가까이 옥중에서 지내다 보니 허헌의 건강은 매우 악화되었다. 위장병과 신경통, 종기 등으로 고생하여 이관용과 함께 병보석을 신청했으나 1930년 9월 29일에 불허가로 최종 결정되었다.[73] 허헌뿐만 아니라 6명 가운데 이관용·홍명희·김무삼 등 4명은 일찍부터 병감(病監)에 수용되었다. 이들은 처음에는 민족의 대표임을 자처하는 입장에서 변론이라는 절차가 구차해 보인다며 변론 자체를 거부하기도 했으나, 김병로가 '법정투쟁은 동포의 민족혼을 일깨우기 위한 수단'이라며 끈질기게 설득해서 변호인단이 구성되었다고 한다.[74]

'민중대회 사건'의 변론에는 이인·이승우·김용무·권승렬·이창휘 등 전국 각지에서 20명의 변호사가 자진하여 총출동하였다. 김병로는 당시 변호사 자격정지 중이어서 참여하지 못했다. 사건의 쟁점은 비교적 간단한 편이어서 20명의 변호사가 모두 변론에

---

[73] 「許憲, 李灌鎔 保釋은 不許可」, 『東亞日報』, 1930.10.1.
[74] 金學俊, 앞의 책, 1988, 217쪽. 김병로가 1959년 『경향신문』에 연재한 「수상단편(隨想斷片)」의 내용에 따른 것이다.

허헌 등의 '민중대회 사건' 예심결정서 전문(『동아일보』, 1930.9.10)

나서면 재판 지연을 초래한다 하여, 최종적으로는 경성변호사회에서 1인, 지방 대표 1인, 일본인 대표 1인이 변론하기로 했다.[75] 세 차례나 법 적용이 번복되었다시피 적용 법령을 둘러싼 변호인단의 논전도 주목될 수밖에 없었다.[76]

재판은 1931년 4월 6일과 9일, 24일의 3회에 걸쳐 경성지방법원 제4호 법정에서 개정되었다. 첫 공판이 열리던 4월 6일,

---

75 한인섭, 앞의 책, 2012, 294쪽. 일본인 변호사로는 마츠모토(松本正寬)가 참여하였다.
76 「適用法으로 左之右之! 三次나 適用法을 交換, 注目되는 公判」, 『朝鮮日報』, 1931. 4. 6.

1504번이라는 수형번호를 달고 공판에 출석한 허헌의 쇠약한 모습은 보는 이들을 안타깝게 했다. 30분쯤 지나 이관용이 심리를 마친 뒤 검사는 갑자기 "이 사건은 치안을 방해할 염려가 있다"면서 방청을 금지시켰다. 이때까지 공판정에서 허헌 등을 유심히 지켜보다가 퇴장을 당한 한 기자는 당시 허헌의 모습을 다음과 같이 묘사하였다.

> 오늘 이 법정에 선 허헌은 검거 당시 낭하(廊下)에서 보던 그 건강이 없어 보였다. 그는 옥중에서 신경쇠약과 비종(臂腫)과 위장병으로 고생하였다는 소식과 같이 안색이 창백한 빛을 띠었고 광대뼈의 돌출조차 알아볼 만치 살이 빠졌었다. 검은 두루마기에 싸인 육체도 전날의 비대함이 없었다. '1504번'이라 함은 수만 명의 피고가 그러하였듯이 그의 이 '세계'에 국한된 대명사였다.
>
> 그는 두어 번 머리를 돌려 그의 딸 허정숙과 가장 사랑하는 아내와 믿던 여러 동무를 스쳐보고 적막한 웃음을 지으려다가 이루지 못하고 만다.
>
> 과거 10년 전 33인 사건 때에는 유명한 공소불수리라는 큰 문제를 일으켜, 손병희를 변호하러 도쿄에서 온 거물 하나이 다쿠조(花井卓藏)보다도 여러 배의 존재가치를 보이던 그가 오늘은 이 '형식' 인물이 되었다. 그의 가슴엔 그때와 이때의 두 시대적 포인트를 응시하는 눈이 뜨여 있음인가, 유심히 명상하는 듯도 하였다.
>
> 변호사협회 회장, 보성전문학교 교장 등 약 30만 원(?)의 거금을 직업의 보수로 모아 사회에 바쳐버렸다는 그의 10년 내외 사이에 일신상의 전변(轉變)이 미소의 가치가 있던가. 때로는 순간적으로나마 웃기 위한 입술 근육의 동작이 보였다.[77]

'민중대회 사건' 첫 공판 광경(『동아일보』, 1931.4.7).
첫 번째 사진은 모여든 방청객, 두 번째 사진은 방청석의
피고 가족과 친지들, 세 번째 사진은 용수를 쓰고 입장하는 피고들

77 滄浪客,「法廷에 선 許憲·洪命憙, 民衆大會 公判 光景을 보고」,『三千里』15호, 1931.5, 15쪽.

이토 검사는 허헌 등에게 '보안법 위반'으로 징역 1년 반을 구형했는데, 4월 9일 공판에서 검사는 기소 당시의 「제령 제7호」를 적용하여 중형으로 다스려야 한다고 주장하였다. 앞서 살펴보았듯이 「보안법」의 경우 최대 징역 2년 이하로만 구형할 수 있었기 때문에 더 중형을 요구한 것이었는데, 검사 측의 이러한 주장은 받아들여지지 않았다.

1931년 4월 24일, 허헌 등이 체포된 지 1년 5개월이 지나서야 판결이 내려졌다. 허헌·홍명희·이관용 3인은 검사의 구형대로 이른바 '보안법 위반'으로 징역 1년 6개월을, 조병옥·이원혁·김무삼은 징역 1년 4개월을 선고받았다. 그리고 각 피고에게 미결구류일수 중 200일을 통산하는 것으로 판결이 났다. 거의 500여 일 만의 판결임을 감안하면 나머지 300여 일은 징역 기간에 산입되지 않는 것이었다. 따라서 허헌 등은 실제로는 2년 2개월 정도 투옥되게 되었다. 허헌은 항소를 포기하고 만기출옥일인 1932년 3월까지 그대로 복역하기로 결정했다.[78]

고등법원 검사국 사상부에서 출간된 『사상월보』에는 허헌 등의 '민중대회 사건' 판결문을 「신간회 음모사건 판결문」이라는 제목으로 수록하고 있다. 1931년 4월 24일 경성지방법원 형사 제1부의 이 판결문에는 위와 같은 판결을 내린 '이유'에 대해 다음과 같이 밝히고 있다.

> 피고 등은 모두 조선의 독립을 희망하고 있는 자로서, (이하 허헌 등 각 피고의 경력과 민중대회 계획 등 신간회의 활동 내용은 모두 생략함—필

[78] 「許憲等三人, 控訴權을 抛棄」, 『朝鮮日報』, 1931.4.26. 나머지 5인도 모두 항소를 포기하였다.

자) 피고 등은 정치에 관해 불온한 언론 동작을 여러 차례 행하여 치안을 방해한 자이다.

(중략)

법에 비추어 판시(判示)한 피고 등의 소행[所爲]은 광무 11년 7월 법률 제2호 「보안법(保安法)」 제7조에 해당되어 조선형사령(朝鮮刑事令) 제42조에 준하여 처단해야 하는 것으로서 …[79]

합법단체로서 거의 5년간 실재했던 신간회 자체를 두고, 일본의 국체를 변혁하려 했다거나(「치안유지법」) 정치의 변혁을 목적으로 했다고(「제령 제7호」) 하는 자가당착은 피해갔다고 볼 수 있다. 다시 말해서 신간회라는 단체 자체를 문제시하기보다는 민중대회 기도라는 '정치에 관한 불온한 언동'만을 문제 삼는 쪽으로 결론을 내린 것이다.

---

[79] 「新幹會陰謀事件判決」, 『思想月報』 1권 3호, 高等法院 檢事局 思想部, 1931.6, 25~33쪽.

7장

새 길을 모색하며
해방을 준비하다

출옥 후의 동향과 새 삶의 모색

　서대문형무소에 투옥되었던 허헌 등 6명은 1932년 1월 22일 오후에 모두 가출옥(假出獄)으로 석방되었다. 1929년 12월에 체포되었으니 약 2년 2개월 만이었다. 1년 4월형을 받은 3인은 거의 형 집행만기일을 눈앞에 둔 시점이었고, 1년 6월형을 받은 허헌 등도 만기출옥을 2개월 정도만 남겨둔 시기였다. 출옥과 동시에 이들은 모여든 기자들 앞에서 기념사진을 찍고 각자 가족의 품으로 돌아가 그동안 쇠약해진 건강을 돌보았다. 허헌도 삼청동 자택으로 향했다.
　'민중대회 사건' 관계자들이 출옥한 지 열흘쯤 지난 1932년 2월 3일 오후 7시 명월관 본점에서는 이들의 출옥을 축하하는 초대만찬회가 열렸다. 권동진·윤치호 등 서울의 유지 16명이 발기한 것인데, 다음 사진에서 보듯이 거의 100여 명에 달하는 많은 인사들이 참여하였다. 김병로의 인사말로 시작된 당일 행사는 주객이 모두 묵묵히 저녁을 먹고 8시쯤 마쳤다고 한다.[1] 6인의 출옥을 환영

1　「民衆大會關係者招待會」, 『東亞日報』, 1932.2.5.

'민중대회 사건'으로 투옥 후 2년여 만에 출옥한 6명.
왼쪽부터 김무삼, 홍명희, 허헌, 이원혁, 조병옥, 이관용
(『동아일보』, 1932.1.24)

1932년 2월 3일 명월관에서 열린
'민중대회 사건' 관계자 초대회 모습(『동아일보』, 1932.2.5)

하는 자리였다 해도 여전히 감옥에서 고생하고 있는 동지들이 있고, 또 어렵게 활동을 이어가던 신간회는 1931년 5월에 공식적으로 '해소'되고 말았으니 분위기가 침울한 것은 당연했다. 게다가 1931년 9월 18일 일본은 불법적으로 만주를 침략하고 1932년 3월 1일 이른바 괴뢰 '만주국'을 수립한 상황이다 보니, 환영회 자리 역시 우울한 분위기를 감출 수 없었던 것이다. 개인적 친분에 기대어 다수가 참석하기는 했지만, 다분히 의례적인 자리로 끝난 것으로 보인다.

허헌의 경우도 본인뿐만 아니라 딸과 사위마저 투옥되어 사회적 주목을 받고 있었으니, 결코 웃을 수만은 없는 상황이었다. 징역 1년을 언도받고 서대문형무소에 함께 수감되었던 허정숙은 당시 임신 6개월로 판명이 나서 1930년 5월 중순경 가출옥으로 석방되었다.[2] 출산한 뒤 1931년 6월 다시 재수감되었다가, 1932년 3월 18일이 되어서야 형 집행만기로 출옥하였다.[3] 그러니까 아버지보다 2개월 정도 뒤에 출옥한 것이었다. 남편과 딸을 모두 감옥에 둔 상황이었으니 가장 어려움에 처한 사람은 바로 허헌의 부인 정보영이었다. 당시 정보영은 잡지사 인터뷰에서 다음과 같이 자신의 심정을 밝히면서, 남다른 길을 걷고 있는 남편과 딸을 뒤에서 응원하는 마음을 전한 바 있다.

요사에 나처럼 쓸쓸한 환경에 빠져 있는 사람은 세상에 둘도 없을 것 같습니다. 이런 말이 물론 주관적 언사인 줄은 압니다만, 모든 것을 남편에게 의뢰하고 지내오던 나로서는 갑자기 감옥에 그를 보내

2 「許貞淑出獄 임신 육개월로」, 『每日申報』, 1930.5.17.
3 「許貞琡出獄 十八일 만긔로, 光州學生事件으로 服役코」, 『東亞日報』, 1932.3.19.

게 되고, 더욱이 애지중지하던 딸(정숙)까지 그 음침한 감방에서 세월을 보내고 있으니, 어찌 의식주가 뜻에 맞겠습니까.
그렇다고 남편과 딸에게 그런 일을 하지 말라고 권하고 싶지도 않습니다. 그렇지만 허 씨와 정숙이를 잊어본 적은 없습니다. 때때로 평범하지 않은 그의 내력이 머리에 떠올라서 다시금 그것을 되풀이 하는 일도 많습니다. … 이제 나이도 많고 가정살림(남편과 딸의 뒤를 도와주는 일) 때문에 직접 거리로 나갈 수는 없지만, 이왕 그 길에 나선 남편과 딸의 뒤를 잘 받들려는 생각뿐입니다. …
일기가 점점 춥게 되니 재작년 겨울 일이(1929년 12월 허헌 등이 경기도경찰부에 체포된 사건-필자) 또 다시금 연상되어서 나로 하여금 한층 더 괴롭게 합니다. 끝으로 그의 건강과 정숙의 건강을 빌면서 하루라도 자유로운 몸이 되기를 기다릴 뿐입니다.[4]

정보영은 허헌이 출옥한 뒤 얼마 지나지 않아 바로 그해에 사망한 것으로 보인다. 서대문형무소를 들락거리며 남편과 딸의 옥바라지에 여념이 없었으니 자신의 건강을 돌보기가 어려웠을 것이다. 두 살 아래의 동료 변호사이자 허헌의 뒤를 이어 신간회 위원장을 맡았던 김병로는 "허헌의 아내가 외롭게 죽자 거의 아무도 돌보지 않는 장례를 도맡아 치러주었다"고 한다.[5] 이 말로 보면 마치 허헌이 출옥하기 전에 정보영이 사망한 것으로 오해될 수도 있겠으나, 홍명희의 다음 언급을 보면 허헌이 부인의 임종은 지킬 수는 있었던 것 같다. 그런데 이 글의 행간을 통해 보면, 어

---

4   鄭寶榮(許憲夫人),「男便을 獄中에 보내고, 嚴冬바람을 압두고」,『三千里』3권 11호, 1931.11, 43쪽.
5   金學俊,『街人 金炳魯 評傳』, 민음사, 1988, 218쪽.

떤 상황 때문인지는 몰라도 정보영의 장례를 제대로 치르지 못한 것은 사실로 보인다. 왜냐하면 장일이 지난 뒤에서야 절친한 지인들의 조문을 받았던 데서 짐작할 수 있다.

허헌 씨가 상배(喪配)하였을 적에 홍명희 씨가 조문을 왔다. 장일(葬日)도 지난 뒤이기에 애수가 다소 덜 걷힌 허헌 씨가 여러 조객 앞에서 부인이 임종하던 때 이야기를 하는데,
"마지막까지 정신이 맑아서 이런 유언을 다했어요. 우리가 이생서는 인연이 이뿐이 되어 나는 가나 저생서 다시 만나 미진한 한을 풀어보게요."
라고요. 그때 벽초(碧初) 홍명희 씨가
"저생서까지 여인으로 태어나야 미진한 한을 풀 길이 있을라고요? 저생서는 긍인(허헌 씨 아호)이 여편네 되고 돌아가신 부인께서 남편이 돼야지요. 긍인이 저생에 갈 적엔 여편네 될 각오를 하셔야지요."[6]

정보영이 사망하고 몇 년 뒤 허헌은 열아홉 살 연하인 문화유씨(文化柳氏) 집안의 유덕희[柳德禧, 유문식(柳文植)]와 재혼하였다.[7] 1930년대 중반 무렵일 것으로 추정된다. 앞의 1장에서 제시한 호적을 보면 허헌과 유덕희가 정식으로 혼인신고를 한 것은 1937년 1월 2일로 기록되어 있다.[8] 하지만 허헌이 유덕희와 교제

6 「江南風月」, 『三千里』 8권 12호, 1936.12, 24쪽.
7 장남 허영욱이 평양에서 출판한 『나의 아버지 허헌』(2015)에서도 어머니의 이름을 '류덕희'로 기록하고 있다(9쪽).
8 심지연, 『허헌 연구』(역사비평사, 1994)에는 허헌과 유덕희가 1929년 7월 1일에 재혼했다고 서술하고 있는데(18쪽), 이는 잘못된 것이다. 부인 정보영이 1931년

를 시작한 것은 신간회운동을 하던 1920년대 후반부터였던 것으로 보이며, 둘 사이에 딸 허근욱이 태어난 것은 1930년 3월이었다. 그럼에도 불구하고 허헌은 정식으로 결혼하기 전까지 유덕희와는 '교제'만 한 것으로서 절대로 '연애결혼'은 아니라는 억지 주장을 펴기도 했다.[9] 그것은 그가 평소 연애와 결혼에 대해 지니고 있던 나름의 강한 소신 때문이었던 것으로 보인다.

허헌은 어렸을 때 취첩(娶妾)을 한 부친 때문에 모친이 마음고생하는 것을 보면서 자랐다. 허헌의 어머니는 늘 그에게 "너는 어여쁜 처녀에게로 장가를 들어줄 터이니 아버님처럼 취첩하지 말아라."고 당부하면서 돌아가실 때까지 이 말을 남겼다고 한다. 게다가 정보영과 결혼할 때 장인이 "나의 외딸이 버릇없이 자라났으니 그대는 모든 것을 용서하고 끝까지 사랑해 달라."고 당부하여, 허헌은 이 말을 평생 가슴에 새기며 살았다고 한다. 유덕희와 재혼한 뒤 허헌은 어느 잡지사 인터뷰를 통해, 자신은 당시 젊은이들 사이에서 유행하던 '교제-연애-결혼'이 아니라 '결혼-연애-지속'이라는 '주의'를 가지고 있다고 말하였다. 이 기사에는 실제로 그가 결혼 후 "정말 연애를 하셨다", 정보영도 "만족한 사랑 속에서 돌아가셨다", 유덕희와의 "결혼-연애-지속은 역시 전날과 같은 좋은 결과를 맺으며 계신다."고 서술되어 있다.[10]

11월에 발간된 『삼천리』에 앞서 보았던 것과 같은 기록을 남긴 데서 알 수 있다. 한창 신간회운동에 여념이 없던 시기에 허헌이 재혼을 했다는 공적인 기록은 어디서도 발견할 수 없다. 아마도 그 즈음 유덕희와 만나기 시작한 게 아닐까 추측된다.

9 「緣分泰平記(下)」, 『野談』 4권 7호, 1938.7, 146쪽. 유덕희와의 사이에서 태어난 첫딸 허근욱은 자신이 허헌이 옥고를 치르던 중인 1930년 3월 28일에 태어났다고 서술하였다(허근욱, 『민족변호사 허헌』, 지혜네, 2001, 384쪽).
10 「緣分泰平記(下)」, 1938.7, 145~146쪽.

유덕희와 허헌(허근욱, 2001)

황해도 신천(信川) 출신의 유덕희는 1904년 의과대학 출신 아버지와 교회 집사인 어머니 사이에서 태어난 '신여성'이었다. 유덕희는 이화여자고등보통학교 졸업반 때는 학생회장을 지냈고, 1926년 졸업 후에는 중앙여자청년동맹 상무위원 등으로 일한 매우 활동적인 여성이었다. 또 신간회운동이 한창이던 1920년대 후반에는 그 자매단체라 할 수 있는 근우회본부의 집행위원으로 활동하였다.[11] 따라서 허헌과 유덕희는 신간회운동 과정에서, 말하자면 처음부터 동지적 관계로 만난 사이였고, 이후 평생의 반려자이자 동지로 지냈다.[12]

막상 출옥하기는 했지만 온힘을 다했던 신간회는 이미 해소되

---

11 「團體와 集會」, 『東亞日報』, 1927.4.18, 4.27; 「人材巡禮, 第2編 社會團體」, 『三千里』 5호, 1930.4, 11쪽.
12 허헌과 유덕희는 상당히 금슬이 좋았다고 하며, 슬하에 2녀 4남, 즉 근욱(槿旭, 1930.3.28. 1녀), 선욱(善旭, 1935.3.1. 2녀), 영욱(暎旭, 1937.2.9. 1남), 종욱(琮旭, 1939.4.29. 2남), 성욱(聖旭, 1942.8.2. 3남), 기욱(琦旭, 1946.8 4남)을 두었다 (허근욱, 앞의 책, 2001, 394쪽; 심지연, 앞의 책, 1994, 18쪽의 각주 10).

었고 천직인 줄 알았던 변호사 일은 자격마저 박탈당한 상태이니, 당시 허헌의 심정이 얼마나 막막했을지는 충분히 짐작 가능하다. 게다가 상처(喪妻)까지 했으니 더욱 그러했을 것이다. 허헌의 변호사 자격 박탈은 그가 징역 1년 6월의 실형을 선고받은 바로 다음 날인 1931년 4월 25일 자로 처리되었다.[13] 1931년 5월 28일 자 『조선총독부관보』는 다음과 같이 기록하였다.

경성지방법원 소속 변호사 허헌 및 동상(同上) 김태영은 각 징역형에 처해짐에 따라 전자는 1931년 4월 25일, 후자는 동년 5월 9일 모두 동원(同院) 검사국에서 변호사 명부 등록을 취소함.

이로써 이제 인권변호사, 사상변호사, 항일변호사로서 변론 활동에 매진하는 허헌의 모습은 더 이상 볼 수 없게 되었다. 출옥 후 그가 다시 변호사로 복권되리라는 기대도 없진 않았으나, 일제 당국은 식민지 조선에서 항일변호사의 대부(大父) 격인 허헌에게 더 이상은 변론 활동의 기회를 허용하지 않았다.[14] 허헌으로서는 1930년대 이후라는 전쟁과 파시즘의 시기를 살아갈 수 있는 새로운 삶의 모색이 필요했다. 그가 변호사로서 벌어들인 수입은 교육계를 필두로 한 여러 기부 활동과 신간회운동에 다 쏟아부어서 재산도 거의 소진했다고 알려져 있다.[15] 따라서 먹고 살 길을 마련

13 이 무렵 다수의 변호사들이 징계를 받았다. 허헌과 김태영은 변호사 등록이 취소되었고, 김병로와 이인은 정직 6개월, 이창휘는 정직 3개월 등의 처분을 받았다.
14 한인섭, 『식민지 법정에서 독립을 변론하다』, 경인문화사, 2012, 538쪽.
15 앞서 언급했다시피, 허헌은 1920년대 10년 동안 약 30만 원 정도를 사회운동에 기부했다고 알려져 있으며(滄浪客, 「法廷에 선 許憲·洪命憙, 民衆大會 公判 光景을 보고」, 『三千里』 15호, 1931.5, 15쪽). 1930년대 초에는 "씨를 금일의 빈궁에까지 몰아넣고 말았다."고 한다(柳光烈, 「許憲論」(「登場한 二人物」 중에서), 『三千

하는 것도 시급했다.

하지만 이보다 더 급한 것은 오랜 감옥생활로 지친 자신과 딸의 건강을 회복하는 것이었다. 생업과 건강을 동시에 고민하면서 생각해낸 것이 바로 몇 해 전 한때 딸과 함께 시작했다가 접었던 '태양광선치료원'이라는 일종의 건강치료원을 본격적으로 운영하는 것이었다. '태양광선 치료법'은 수술이나 약 없이 태양광선을 통해 폐병이나 결핵 등을 치료하고 기력을 회복하는 것이라고 한다. 20년쯤 전에 스위스인이 이 의료기계를 발명했는데 1차 세계대전 당시 부상병을 치료하는 데도 많이 활용되었다는 것이다. 허헌은 일찍부터 여기에 관심을 갖고 개원한 적이 있었는데, 아마도 감옥에서 고생한 동지들의 건강한 회복을 바라는 심정에서 시작했을 것이다. 그러다가 자신이 수감되어 생활하는 동안 "태양광선 요법이 우리들에게 있어서 절실히 필요하다"고 느끼고 관련 서적들을 많이 보면서 본격적으로 공부했으며, 출옥 후에는 다시 이 치료원을 경영할 준비를 했다고 한다. 허정숙은 감옥에서 나오자마자 일본 오사카로 건너가 3개월 동안 태양광선 치료법에 대해 자세히 공부하고 기계 구입 등을 알아보고 왔다. 그리고는 곧바로 삼청동에 2층짜리 빨간 벽돌집을 짓고 1932년 8월 11일 '태양광선치료원'이라는 간판을 내걸었다. 집을 짓는 데 2천 원, 내부 설비 등을 갖추는 데 6천 원으로 총 8천 원 정도가 투자되었다.[16]

아마도 허 씨 부녀는 자신들의 건강뿐만 아니라 주위를 둘러싸고 있는 많은 출옥 동지들의 건강 회복을 염두에 뒀을 것이다. 햇

里』 4권 8호, 1932.8, 40쪽).
[16] 「許貞琡女史의 太陽光線治療院, 일대의 녀류운동가 허 씨가 自然科學殿堂으로 進出!」, 『三千里』 4권 9호, 1932.9, 59~60쪽.

별도 제대로 쬐지 못하고 오랫동안 감옥에서 고생한 동지들이 심신을 치료할 수 있는 안식처를 마련하고 싶었던 것 같다. 더구나 투옥 중 잠시 나와서 출산을 하고 또 다시 감옥으로 돌아가야 했던 허정숙으로서는 자신의 건강도 생각하지 않을 수 없었을 것이다. 그래서인지 원래 몇 년 전 처음 개업했을 때는 허헌이 더 열정적으로 관심을 가졌었는데, 이제는 허정숙이 원장을 맡아 더 열정을 보였다고 한다. 치료원의 경영은 주로 허헌이, 실제 치료사 역할은 주로 허정숙이 맡았다. 당시『삼천리』에서는 출옥 후 허헌의 생활을 "따님 정숙 씨가 경영하는 태양광선치료원에서 접객과 치료법 선전에 대 분망(奔忙) 중이시라는데, 이 치료원은 지극한 호평을 받아 매일 내객(來客)이 40명을 돌파"했다고 소개하였다.17

그런데 1930년대 중반경에는 이 치료원도 접었을 것으로 추측된다. 1934년경부터 허헌은 본격적으로 광업에 몰두하여 함남 영흥에서 생활했으며, 1936년 무렵에는 허정숙마저 남편 최창익(崔昌益)과 함께 중국으로 망명했기 때문이다.18 어쨌든 그 이전까지는 변호사 일도 할 수 없던 상황에서 허헌은 날마다 이 치료원에 나와 앉아 딸의 일을 도우면서 독서나 집필로 일상을 보냈던 것 같다. 당시 허헌은 갖가지 신문과 잡지를 구독하였다.『동아일보』나『조선일보』,『삼천리』등을 비롯해『오사카아사히신문』,『개조(改造)』,『중앙공론(中央公論)』등 일본의 신문 잡지들도 정기적으로 구독하였다. 또한 자신의 관심 분야인 국제법에 대해 더

17 「三千里뉴-스」,『三千里』4권 12호, 1932.12, 6쪽.
18 중국으로 망명하자마자 허정숙은 김원봉(金元鳳)을 중심으로 한 조선민족혁명당(朝鮮民族革命黨)에 입당했다가, 1938년 옌안(延安)으로 건너가 1940년대에 팔로군(八路軍) 제120사의 정치지도원, 화북조선독립동맹 집행위원 등으로 활동하며 항일무장투쟁을 전개하였다.

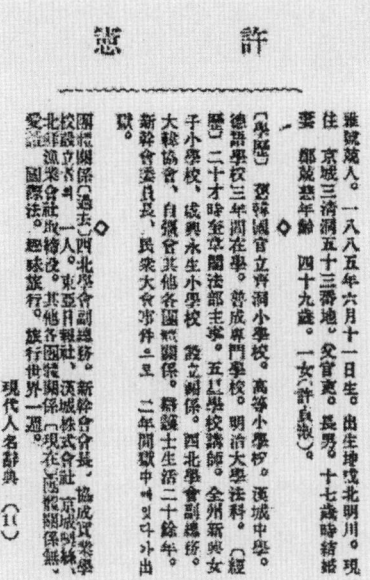

1930년대 잡지의 허헌 소개란
(『동광』 39호, 1932.11, 445쪽)

허헌의 애장도서 10종
(『삼천리』 6권 9호, 1934.9, 53쪽)

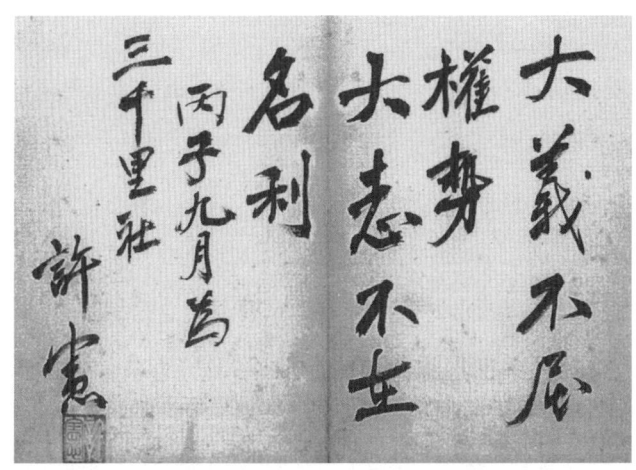

1936년 9월 허헌이 삼천리사에 보낸 글
(허근욱, 2001)

깊이 공부했으며, 새롭게 시작할 광업에 관련된 잡지나 서적도 열심히 탐독하면서 공부에 열중하였다.[19]

원래부터 취미라곤 독서 정도가 전부였던 허헌은 출옥 후 초기에는 독서를 하며 때로는 언론의 인터뷰나 원고 청탁에 응하면서 생활하였다. 이따금은 지역의 언론사를 시찰하거나 강연을 하러 다니기도 했다. 또 언제나 그의 일상이었던 교육계 등의 기부 활동은 1930년대에도 계속 이어갔다. 예컨대 경성여자의학강습소가 1934년 4월 3일 재단법인 조선여자의학전문학교 설립준비회로 탈바꿈할 때 그 준비위원으로 참여했으며,[20] 협성실업학교가 80여 명의 출자로 재단법인으로 탈바꿈할 때나[21] 한성도서주식회사가 증축공사를 할 때도[22] 투자를 아끼지 않았다.

사실 출옥 직후인 1930년대 전반까지만 해도 허헌은 조선의 정세를 낙관적으로 전망하였다. 1932년 9월 『삼천리』에서 향후 10년간 조선의 정치적·경제적·문화적 장래를 비관하는지 낙관하는지에 대한 주제를 다뤘을 때도 허헌은 낙관론의 입장을 분명히 했다. 일제 당국의 검열로 누락된 부분이 많아 그 이유를 밝힌 부분은 확인이 어렵지만, 일부 내용을 소개하면 다음과 같다.

> 금후의 조선을 물론 낙관합니다.
> 그 이유를 간단히 기술하면 다음과 같습니다. (3행 생략-원문)

19 「說文 四題」, 『三千里』 10권 1호, 1938.1, 11쪽.
20 「各方面有志網羅 女子醫專設立準備會 녀자의학강습김택원씨발긔로 委員을 選定 活動」, 『每日申報』, 1934.4.5.
21 「歷史 오랜 協成實業學校 財團法人 遂完成 三十萬원의 법인이 인가되여 빗나는 有志의 血汗」, 『每日申報』, 1935.4.13.
22 「大京城中央地에 漢城圖書株式會社增築」, 『朝鮮中央日報』, 1936.1.9.

그러면 금후 조선의 성장 발달은 조선인의 활동 여하에 의하여 정치적으로 (3행 생략-원문), 경제적으로 조선인 본위의 경제정책을 실현시킬 수도 있으며, 문화적으로 조선인의 향상 발전을 도모하여 일본인과 대등한 지위에 설 수도 있을 것입니다. 그러므로 나는 이 점에 있어서 우리의 일심(一心) 협력으로써 다만 일보(一步)라도 역사적 수레바퀴[車輪]를 운전해나갈 뿐이라고 봅니다.[23]

허헌은 자신이 감옥에 있을 때 '해소'된 신간회에 대해 속으로는 안타까움이 컸던 것 같다. 신간회 지회들의 요구에 부응하여 신간회본부의 정치운동을 활성화하다가 투옥되었다 해도, 허헌 자신은 식민지 조선에서 신간회와 같은 정치조직의 소중함을 누구보다 잘 알고 있었을 것이다. 1930년대 중반 『삼천리』에서 '우리의 제일주의(第一主義)는'이란 질문을 했을 때 허헌은 서슴없이 "단체외다. 중심단체의 조성이 우리 사회 모든 일의 가장 어머니요, 가장 지름길[近道]이외다. 이를 위하여 만심(萬心)이 합할 안(案)을 지도자는 하루 급히 세우고 나아갈 때에 이르렀는가 합니다."라고 대답하였다.[24] 중심단체의 조성이 시급하다는 것은 허헌뿐만 아니라 조만식·신흥우(申興雨) 등 민족주의계 지도자들의 공통된 대답이기도 했다.

사실 허헌이라는 인물은 항일변호사로서의 자질뿐만 아니라 정치운동이나 사회운동 지도자로서의 자질과 리더십도 충분히 인정받고 있던 상황이었다. 신간회본부에서 함께 활동했던 김항규가

---

23 「三千里 全體會議, 朝鮮의 政治的 將來를 悲觀乎·樂觀乎-아울너 文化的·經濟的으로-半島의 現狀과 今后 十年의 觀測」, 『三千里』 4권 9호, 1932.9, 3쪽.
24 「우리의 第一主義는?」, 『三千里』 8권 2호, 1936.2, 51쪽.

1935년에 잡지 『삼천리』에서 소개한 다음 글을 보면 알 수 있다.

허헌 씨는 기미운동 당시 43인 재판에 공소불수리 사건으로 변호사로서의 명망이 높았습니다. 그리고 그 후 보성전문학교장으로 취임하여 교육계에도 많은 공적을 남겼습니다. 그러나 법조계나 교육계에 진출한 것은 간접적 행동이었고 자기 포부의 전적인 욕망은 아니었습니다. 항상 정치무대에 많은 관심을 가지고 있는 만큼 언제든지 이 방면으로 진출케 하는 것이 가장 당연하겠다고 생각합니다. 나는 4년이나 신간회에 같이 있어 일하여 본 관계로, 집단생활이나 정치운동에 얼마나 소질과 수완을 가졌다는 것을 잘 압니다. 그 당시 신간회 회장으로 수천 명의 회원을 통솔하여 가지고 긴장미 있게 일한 것은 허 씨 아니면 어려웠을 것입니다. 자기를 희생하고라도 대중에게만 이익되리라면 발 벗고 나서는 성격이었습니다. 언제든지 머릿속에 민중을 잊어버리는 날은 없었을 것입니다. 그리고 오만한 행동이나 자존성(自尊性)은 조금도 가지지 않습니다. 그야말로 대중적입니다. 어린 사람을 대하나 청년을 대하나 노인을 대하나 그 공순(恭順)한 태도는 교접하는 사람으로 하여금 감화를 마지않게 합니다. 이것은 오로지 평상시 조심하는 수련이 많았던 까닭일 줄 압니다. 성질은 몹시 급하면서도 도량[襟度]이 넓은 까닭에 온갖 일에 임하여 경솔[輕忽]하게 날뛰지 않습니다. 반드시 온건 침착하게 생각합니다. 이런 까닭에 일을 시작하면 불가항력 이외의 일에서는 실패하는 일이 없습니다. 반드시 성취하고야 맙니다. 이미 다 아는 바이지만은 전년 서양을 유람하고 와서는 더 굳은 결심을 가졌던 것입니다. 확실히 사회관, 인생관에 무슨 반영이 있었던 것이었습니다. 그리하여 역량이 미치는 데까지는 활동하려고 하였던 것 같습디다. 그러다가 몇 해 전 신간회를 중심으로 한 민중대회 사건으로 영어의 생활을 치르고 나와서는 아직껏 침묵을 지키고 있으니까, 앞으로 얼마나한 활동이 있을지는 모르나 나로서는 다시금 정치운동에 출마하여 주었으면 하는 기대를 마지않습니다.[25]

허헌의 중앙집행위원장 활동은 6개월도 채 되지 않았다 해도 1927년 6월 이래 신간회 경성지회 부회장과 회장의 경력까지 감안한다면, 김항규는 자신보다 네 살 아래인 허헌이라는 인물을 충분히 파악할 수 있었을 것이다. 이에 허헌의 정치가적 자질과 추진력, 민중지향성과 대중성 등이 남다르다는 것을 간파하고, 출옥 후 그가 다시 식민지 조선을 위해 정치운동과 사회운동에 나서주기를 희망하고 있는 것이다.

하지만 만주침략에 이어 일제의 본격적인 대륙침략을 앞두고 한반도 전역이 병참기지화되어가고 있던 1930년대 중반 상황에서 표면적인 정치운동단체를 조직한다는 것은 불가능한 일이었다. 이미 1931년 들어서 그때까지 국내에서 민족운동을 이끌던 신간회가 해소되고 이어서 흔히 '3총'이라 불리는 조선농민총동맹, 조선노동총동맹, 조선청년총동맹이라는 전국 단위의 대중조직들마저 모두 해체된 상황이었다. 1930년대 전반기에는 우가키 가즈시게(宇垣一成) 총독의 '개량화' 정책으로 인해 민족주의 계열의 국내 민족운동은 대체로 이에 편승하거나 조직화되지 못하고 분산적으로 전개되는 양상을 보였다. 반면 사회주의 계열의 민족운동은 철저하게 지하로 들어가 기층 대중 속에서 혁명적 농민조

---

[25] 金恒奎, 「民衆 爲하야 발벗고 나서는 許憲」, 『三千里』 7권 3호, 三千里社, 1935. 3.

합, 혁명적 노동조합, 반제동맹을 조직하는 혁명적 대중조직운동과 이에 기초하여 조선공산당을 재건하려는 당재건운동이 전국적으로 전개되었다. 여기서도 알 수 있듯이 1930년대 이후 국내의 항일민족운동은 비합법 영역에서 진행될 수밖에 없었다.[26]

이러한 상황을 너무나 잘 알고 있던 '진보적 민족주의자' 허헌으로서는 당장 표면적인 정치운동을 벌일 수도 없었고, 그렇다고 한 번도 사상단체나 공산당에서 활동한 적이 없는 자신이 비합법 운동을 벌일 수도 없는 일이었다. 따라서 새로운 정세에 부응하는 활동을 고민하고 모색할 수밖에 없었다.

---

26 변은진, 『일제말 항일비밀결사운동 연구-독립과 해방, 건국을 향한 조선민중의 노력』, 선인, 2018(a), 45~46쪽.

경제 활동에 뛰어든 항일변호사의 꿈

1932년 출옥한 허헌이 새롭게 관심을 가진 분야는 당시 한창 각광을 받고 있던 '광업'이었다. 1920년대 이래 민족의식을 가진 조선인 명망가들 사이에서는 광산 경영을 통해 얻은 자금으로 신문·잡지 발행 등의 언론 활동이나 학교 경영 등의 교육 활동, 그리고 기타 사회 활동을 행하는 경우가 종종 있었다.[27] 허헌은 1931년 4월 25일부로 자신의 변호사 자격이 박탈당했다는 사실을 알았을 터이니, 감옥에서부터 출옥하면 무엇을 하며 어떻게 살아갈지를 고민하고 또 연구했을 것이다.

허헌은 일찍부터 교육과 언론에 누구 못지않은 큰 관심을 가지고 있었고 이는 상당한 자본력을 필요로 한다는 것을 잘 알고 있던 인물이었다. 따라서 그는 광업 경영을 통해 부를 축적하여 자신의 꿈을 실현하고 사회에 기여하는 길에 관심을 가졌을 것이다.

[27] 長澤一恵,「近代鉱業と植民地朝鮮社会 : 李鍾萬の大同鉱業と雑誌『鉱業朝鮮』を中心に」,『翰林日本學』29집, 2016, 199쪽. 이 글에서는 그 대표적인 인물로 1922년 동아일보사 정주지국장으로 활동하면서 1924년 무렵부터 본격적으로 금광 개발에 뛰어들었고, 훗날 조선일보사까지 인수한 방응모(方應謨)를 예로 들고 있다.

허헌은 출옥 직후인 1932년경부터 "어떠한 동기에서 금광 경영에 손을 대기 시작"했다고 한다.28 그런데 그가 광산권을 설정하는 등 관련 행보가 구체적으로 드러나는 것은 1934년 무렵부터이다. 허헌이란 인물은 자신이 경제 활동으로 벌어들인 돈은 무조건 사회로 환원하는 것을 최상으로 삼았음은 이미 세간에 정평이 나 있었으니, 광산의 경영 역시 아마도 언젠가는 큰 쓰임이 되리라 기대했을 것이다.

허헌의 광산 개발은 과거 이용익이 소유하고 있던 함경도 땅 부근에서 5~6개의 금광구(金鑛區)를 발견해 1934년 크게 재개발한 것이 그 출발로 보인다.29 이에 대해 허헌은 자신은 이 새로운 사업에 필요한 기술도, 경험도, 자금도 없었다고 언급하였다.30 물론 당시 영흥에 거주하던 '광산왕' 이종만(李鍾萬)의 도움을 받았겠지만, 어디까지나 개인 사업으로 출발해본 것이었다. 신간회 운동 이래 재산을 거의 탕진했다고 알려져 있던 허헌은 광산 경영을 위해 윤치호 등에게 초기 자금을 빌렸던 것 같다.31 그 결과 그해 8월 29일 김태순(金泰順)과 함께 함남 영흥군 호도면(虎島面)·고령면(古寧面)에 74만 6,000평의 금은광 광업권을 설정하였다. 그리고 호도면에 호도금산사무소를 설치하고 10월 21일부터 광

---

28 許憲, 「中小金山의 實際的 探鑛方法」, 『鑛業朝鮮』 2권 7~8호, 1937.10, 36쪽.
29 「三千里人生案內」, 『三千里』 6권 5호, 1934.5, 103쪽.
30 許憲, 「中小金山의 實際的 探鑛方法」, 1937.10, 36쪽.
31 1934년 8월 27일 자 '윤치호 일기'는 다음과 같이 기록하고 있다. "Mr. Huh Hun(許憲) called this morning to ask me to lend him ￥500.00 at least to help him start working a very promising gold mine in Yung Hung. Some how or other I have liked this man for many years past since he lost his job as a lawyer, he has been living from hand to mouth. His step daughter has proved a worthless burden to him. He is now turning to mining operations or mining speculations. I hope he will succeed."

업에 착수하였다.³²

　본격적으로 광업 일을 시작하면서부터 허헌은 서울을 떠나 거의 함경도 영흥에서 생활하였다. 이렇게 노력한 결과 초창기에는 대단히 양호한 실적을 보였다고 한다.³³ 지방 생활에서 허헌이 가장 갑갑하게 느낀 것은 중앙의 소식을 2~3일 이상 늦게 접할 수밖에 없는 것이었다.³⁴ 당시 허헌이 광업으로 벌어들인 수입으로 제일 먼저 하고 싶었던 일 역시 언론 활동인 것으로 알려져 있었다. 중앙언론에서 다소 소외된 고향 함경도에 큰 신문사를 차리겠다는 것은 일찍부터 꿈꿔온 허헌의 숙원사업이었다고 한다.³⁵ 출옥한 해인 1932년 12월에 웅기·나진 등지의 신문사 지국을 두루 시찰하고 온 것도³⁶ 나름의 계획 속에서 추진된 행보였던 것이다.

　그런데 1937년 들어 허헌은 영흥의 광산을 처분하려 했다. 그해 4월 30일부로 체납 대상으로 영흥세무서에 광업권이 차압되어 입찰 방식으로 공매(公賣)에 붙여졌다.³⁷ 평생 변호사 일만 하다가 새로운 사업을 시작하다 보니 끝내는 실패했던 것 같다. 영흥에서 서울로 돌아온 허헌은 중일전쟁 직전인 1937년 6월부터 이종만이 '대동(大同)'이라는 이름을 내걸고 본격적으로 시작한 일련의 사업에 참여하였다.

　이종만은 당시 조선사회에서 '금광왕, 광산왕'으로 불리던 울산 출신의 사업가이다. 허헌과 이종만의 인연은 꽤 오래 전으로 거슬

32　『朝鮮總督府官報』 2306호, 1934.9.14; 『朝鮮總督府官報』 2372호, 1934.12.6. 당시 김태순의 주소지는 경성부 삼청동 53번지로서 허헌의 주소지와 동일했다.
33　「三千里機密室, The Korean cham-ber」, 『三千里』 8권 6호, 1936.6, 23쪽.
34　「三千里 社交室」, 『三千里』 7권 6호, 1935.7, 203쪽.
35　「女記者 群像」, 『開闢』 신간 4호, 1935.3, 71쪽.
36　「地方人事」, 『中央日報』, 1932.12.15.
37　「鑛業權公賣」, 『朝鮮總督府官報』 3083호, 1937.4.28.

대동광업주식회사 창립 기념사진(이종만 일가 소장)
앞줄 오른쪽에서 네 번째가 허헌, 여섯 번째가 이종만

대동광업 창립 시의 중역들. 뒷줄 가운데가 허헌,
앞줄 오른쪽에서 두 번째가 이종만(『매일신보』, 1937.6.9)

러 간다. 20대 때부터 각종 사업을 벌이다가 여러 번 실패를 맛본 이종만이 무작정 상경하여 셋방을 전전하다가 정착한 곳이 바로 허헌의 집이었다. 허헌은 자신과 동갑인 이종만에게 집세가 몇 달씩 밀려도 불쾌한 기색을 보이지 않고 그를 물심양면으로 후원했다고 한다.[38] 아마도 '민족자본가'로 성장하고픈 욕망을 지닌 이종만의 뜻을 지지하고 지원했을 것이다. 당시 이종만은 교육운동가이자 사회운동가인 이준열(李駿烈)과 의기투합하여 서울에 고학당(苦學堂)을 설립해 운영하는 등 청년교육에도 크게 기여하고 있었다. 이렇게 허헌은 1920년대에 이종만·이준열 등과 가깝게 지냈는데, 당시 이준열은 교육 활동뿐만 아니라 사회주의운동에도 참여하고 있었다. 그러다가 허헌과 이준열이 모두 1920년대 말에 투옥되자, 이종만은 혼자 광업에 매달려 성공을 거둔 것이었다. 따라서 허헌은 이종만이 자본가로서 부를 축적해 조선인을 위한 민족교육이나 독립운동에 기여하게 될 것이라는 점을 높이 샀던 것이다.

이종만은 1927년부터 함남 정평·북청·영흥 등지에서 개간사업과 광산사업을 벌였고, 아예 영흥으로 이주하여 광업에 몰두하였다. 그러던 그가 그동안 자신이 개발한 800여 광구(鑛區)를 중심으로 자본금 300만 원을 들여, 1937년 6월 6일 서울에서 대동광업주식회사(大同鑛業株式會社)와 대동광산중앙조합(大同鑛山中央組合)을 창립하였다. 대동광업주식회사는 "1) 광산 경영, 광물 매매 및 제련, 토석(土石) 채취, 2) 광산 개발에 필요한 투자, 3) 위 각호에 부대한 일체의 사업"을 목적으로 설립된 회사였다. 열흘

[38] 김두식, 『법률가들』, 창비, 2018, 125~126쪽.

뒤인 6월 16일 이종만은 재단법인 대동농촌사(大同農村社)를 설립했으며, 9월 15일에는 주식회사 대동출판사(大同出版社)를 설립하고 『광업조선(鑛業朝鮮)』, 『농업조선(農業朝鮮)』 등의 경제잡지를 간행하였다.39

　법조계 출신인 허헌은 이 일련의 과정에서 주로 '감사'라는 직함으로 참여하였다. 대동광업주식회사의 상임감사역(常任監査役)으로, 대동광산중앙조합의 상무감사로, 대동농촌사의 감사로 참여하였다. 그러다가 대동출판사에서는 전무취체역(專務取締役)으로 참여하여 출판사 경영에 본격적으로 뛰어들기도 했다. 처음에 이종만이 허헌에게 대동광업주식회사 참여를 요청했을 때 허헌은 자신은 기업에 대해 아는 게 없다며 거절했다고 한다. 하지만 과거 허헌에게 큰 신세를 진 이종만은 이름이라도 올려놓고 급여를 지불하여 허헌에게 조금이라도 은혜를 갚으려 했던 것 같다.40 그렇게 '상임감사'라는 직함으로 참여한 '대동'에서 결국 대동출판사의 경영으로까지 활동의 반경을 넓혀나간 것이다.

　허헌은 『광업조선』이나 『농업조선』의 주요 필진으로도 참여하였다. 그가 『광업조선』에 기고한 글은 「산금계획과 경영방침의 일단(一端)」(제2권 6호, 1937.8), 「중소금산(中小金山)의 실제적 탐광(探鑛) 방법」(제2권 7~8합병호, 1937.10), 「인적 요소의 중요성과 능률 증진」(제2권 10호, 1937.12), 「비상시국과 재정문

39 「株式會社 大同鑛業株式會社 設立」, 『朝鮮總督府官報』 3192호, 1937.9.3; 中村資良, 『朝鮮銀行會社組合要錄』, 東亞經濟時報社, 1939; 『朝鮮日報』, 1937.6.8, 6.17. 『광업조선』은 1936년 6월부터 조선산금조합(朝鮮産金組合)에서 발행하던 것을, 대동광산중앙조합과 조선산금조합이 합병하면서 대동출판사에서 이어서 발행한 것이다.
40 김두식, 앞의 책, 2018, 130쪽.

제」(제3권 1호, 1938.1), 「금(金) 정책 강화의 필연성」(제3권 2호, 1938.2) 등 5편이 확인되며, 『농업조선』에는 「농촌갱생(農村更生) 의 근도(近道)」(제1권 1호, 1938.1)가 확인된다. 당시 『매일신보』 에서는 허헌을 '신흥 광업계의 브레인'이라며 다음과 같이 소개하 였다.

> 허헌 씨 : … 씨를 대하는 자는 누구나 그 장자적(長者的) 태도와 기풍 에 경복(敬服)하며 또 그는 도량[襟度]과 아량이 넓고 커서 세세한 일에 얽매이지[拘泥] 아니하고 선이 굵고 큰 것이 특장이다. 그러 므로 그가 가는 곳에 반드시 춘풍이 일고 화기(和氣)가 서린 바가 있다 한다.[41]

대동광업주식회사의 설립과 동시에 출범한 대동광산중앙조합 은 기존의 광산 경영과 달리 광부와 광주(鑛主)가 같은 이익을 분 배하도록 하는 새로운 광산 경영 방식을 도입하였다. 이종만이 소 유한 함남 장진(長津)의 400여 구 광산을 비롯해 10여 곳에 있는 800여 구를 통할하는 조합으로 출범하였다. 조합의 경비는 모두 대동광업주식회사에서 부담했으며, 광산 경영을 통한 순이익의 절반은 광주 측, 절반은 광부들에게 분배하기로 한 것이었다. 광 부들에 대한 통상의 노동임금은 그대로 지불하고 그 위에 다시 순 이익을 분배하는, 말하자면 광부들 모두가 주식회사의 소주주가 되어 배당금을 받는 것과 같은 방식으로서, 당시로서는 획기적인 구상이라 할 수 있다. 조합의 사업 강령은 다음과 같다.[42]

---

41 「新興事業體系의 "쑤레인트러스트" 重要人物들의 橫顔」, 『每日申報』, 1937.6.19.
42 「鑛山所得純利益을 鑛夫에게 半分」, 『每日申報』, 1937.6.9.

- 노동협조의 정신을 발휘하고자 자본주와 노동자가 이익을 공동 분배함.
- 광부가 즉 광주라는 관념을 가지고 집단적 광구에서 종합적 탐광을 하여 경영의 합리화를 도모함.
- 광산조합은 중앙지대에 중앙조합을 두며 광구 현지에 분조합을 두어 통제 강화함.

열흘 뒤에 출범한 재단법인 대동농촌사는 이종만이 소유하고 있던 영평금광(永平金鑛)을 155만 엔에 매각하여 그 가운데 50만 엔을 들여 설립한 것이었다. 전국적으로 남북중서(南北中西)의 4개 지방에 집단농장을 마련하여 이를 소작인에게 분배한 뒤 소작인은 수확물의 30%만 의연부담금(義務負擔金) 명목으로 재단에 납입하고 나머지 70%는 자신의 소유로 갖도록 한 획기적인 농촌구제책이었다. 이러한 3·7제 방식은 "훗날 남로당(南勞黨)에서도 주된 선전정책으로 활용한 매력적인 개혁 방안"이었다고 한다. 이종만의 이러한 행보에 대해 당시 동아·조선 등뿐만 아니라 『매일신보』에서까지 이를 지지하며 앞다투어 보도하였다.[43]

재단에서는 이를 기금으로 하여 농장(農場)과 교장(敎場), 시험장(試驗場) 등을 가진 대동농사원(大同農事院)을 설립하고 청년들을 선발하여 농도(農道)의 수련과 기술교육을 실시해 농촌지도자로 양성한다는 구상을 발표하였다.[44] 이에 울산·평강(平康)·영흥 등지에서 157만 평의 토지를 153호의 소작인에게 경작하도록 하였다. 그리고 전체 수확물의 70%를 소작인에게, 30%를 재단에

---

43 김두식, 앞의 책, 2018, 129쪽.
44 『朝鮮日報』, 1937.6.17.

게 분배했으며, 30년 뒤에는 수확물 전체를 소작인이 갖도록 했다. 아울러 소작인은 자치회(自治會)를 결성하여 교육·위생·문화 등 전반의 문제를 스스로 결정하도록 하였다.[45]

이밖에도 이종만은 1937년 10월에 평양의 숭실중학교(崇實中學校)를 120만 엔에 매수하여 1938년 7월 대동공업전문학교(大同工業專門學校)를 설립하였다. 이와 같이 이종만은 1930년대에 주로 장진광업소의 광산에서 얻은 수익을 기반으로 광산 경영, 농지 경영, 출판 사업, 학교 경영 등 다방면의 사업을 운영하는 '대동콘체른(대동사업체)'을 경영하였다. 대동콘체른은 대동광업주식회사와 대동광산중앙조합, 대동농촌사, 대동출판사, 대동공업전문학교와 1938년 당시 조직 중에 있던 대동합명회사의 6개로 구성되었다.[46]

광산 경영으로 수익이 생기면 이것으로 소유권·소작권 분쟁이 있는 지역의 농지를 매수하여 대동농촌사의 '3:7 방식'을 적용해 분쟁을 해결하기도 했다. 예컨대 1938년 봄 이종만은 10여 년 동안 소유권 이전 문제로 고통받고 있던 경남 하동군 북천면 직전리와 사토리의 전답 10만여 평을 사들였고, 그해 가을에는 허헌이 직접 현지로 내려가 소작인 및 군·면과 경찰당국 앞에서 7:3의 공약을 내걸고 복잡한 문제를 조정하기도 했다.[47]

이종만은 1930년대에 일제 당국이 실시한 자장농 창정사업이나 중견청년 양성사업과는 별개로 조선인 스스로 민간 차원에서

---

45 長澤一惠, 앞의 글, 2016, 200~201쪽.
46 위의 글, 201쪽.
47 「六十五戶의 小作人에 自作農創定制實施」, 『東亞日報』, 1938.11.3;「"小作料三割의 第二彈" 河東郡百餘作人이 欣喜雀躍 『大同農村社』李鍾萬氏의 쪼壯擧」, 『每日申報』, 1938.11.3.

경제자립운동을 추진하면서 이상적인 경제공동체를 꿈꾼 것으로 보인다. '일하는 사람은 다 같이 잘 살자'는 경영철학을 내걸었던 이종만의 대동콘체른 경영진에는 1920~1930년대 각종 사회운동에서 주도적인 역할을 했던 활동가나 지식인이 다수 참여하였다. 이들의 정치적 소속이나 이념적 지향도 사회주의자에 이르기까지 다양했다고 한다.[48]

언제나 힘없는 조선민중 편에 서서 활동하다가 광업에 뛰어든 허헌이 이종만의 꿈과 이상에 공감하고 힘을 보태겠다고 생각한 것은 당연했다. 허헌은 "직장은 곧 교실, 기사는 곧 선생, 직공과 광부는 곧 학생, 능률 있는 곳에 보수가 기다린다."면서[49] 철저하게 계몽적 입장에서 광산 경영에 임하였다. 그리고 그의 이러한 생각은 이종만의 좌우명이자 대동광산중앙조합의 표어가 된 '직장교장화'에 그대로 반영되어 있다.[50] 다시 말해서 대동콘체른 초창기에 허헌의 포지션은 '정신적 지주' 역할이었다고 할 수 있다. 물론 이종만을 중심으로 한 다소 무모한 이 '실험'이 최종적으로 성공하지는 못하였지만,[51] 한때 우리 학계에서 다음과 같은 적극적인 평가를 받기도 했다.

---

48 方基中, 「日帝末期 大同事業體의 經濟自立運動과 理念」, 『韓國史研究』 95호, 1996, 149쪽.
49 許憲, 「山金計畫과 經營方針의 一端」, 『鑛業朝鮮』 2권 6호, 1937.8, 23쪽.
50 이준열 글, 이달호 편저, 『선각자 송강 이준열의 삶』, 혜안, 2012, 218쪽.
51 1940년 이래 대동광업은 부채가 늘어났고 대동공전 교사 신축 과정에서 사채까지 끌어다 썼다. 1941년 12월 태평양전쟁이 일어나자 더 이상 버티기가 어려워져서 대동광업은 해체되고 대동출판사는 대동공전의 정비 마련을 위해 매각되었으나, 그나마 1944년 공립 평양공업전문학교로 전환되었다. 8·15 이후 이 학교는 김일성종합대학에 편입되었다가 지금의 김책공업종합대학이 되었다(김두식, 앞의 책, 2018, 130~131쪽).

대동사업체의 경제자립운동은 일제하 민족주의 경제사상, 특히 '농민적 입장의 민족주의 경제자립론' 가운데 가장 진보적인 맥을 잇고 있다. 일반적인 운동조직과 성격을 달리하는 사업기관이었지만, 사업체 주도층은 뚜렷한 경제자립 이념과 논리를 내걸고 민중의 경제자립을 도모하였다. 따라서 대동사업체의 경제자립운동은 합법적 민족운동의 존립이 불가능하였던 전시체제기에 '민족적 경제자립'의 관념을 포기하지 않은 농민적 입장의 민족주의 경제자립운동이 어떻게 계승되고 있는가를 살펴볼 수 있는 요긴한 재료가 될 것이다. … 대동사업체의 경제자립론은 해방 후 중간파 노선의 자립경제건설운동이나 경제정책안 구상에 실천적 경험으로 반영되었다는 점이다.[52]

대동광업주식회사가 설립된 뒤 1년 정도는 회사 창립 초창기의 여러 법률적 문제를 정리하느라 허헌은 날마다 종로의 대동광업주식회사 사무실에 출근하였다.[53] 그러다가 1938년 하반기 무렵부터는 며칠에 한 번씩 회사에 출근하다가, 1940년 들어설 무렵에는 아예 사직하였다.[54] 일제의 침략전쟁과 전시체제가 한창 무르익어가면서 경제인으로서 이종만의 친일협력활동도 심해져간 상황이었으니,[55] 매우 고지식하고 원칙적인 성격의 소유자인 허

---

52 方基中, 앞의 글, 1996, 140쪽.
53 1938년 당시 『삼천리』에서는 허헌의 근황에 대해 "이번 특사(特赦)에도 복권되지 못하신 씨는 묵묵히 말없이 오직 대동콘체른의 일원으로서 조석(朝夕)으로 사무에 정려(精勵)하신다. 따님 정숙 여사의 소식은 아직도 알 길이 없다라."라고 소개하고 있다(「機密室, 朝鮮社會內幕一覽室」, 『三千里』 10권 5호, 1938.5, 13쪽).
54 「機密室, 우리 社會의 諸 內幕」, 『三千里』 10권 11호, 1938.11, 16~17쪽; 「機密室, 우리 社會의 諸 內幕」, 『三千里』 12권 3호, 1940.3, 27쪽.
55 이종만은 1939년 1월 『농업조선』의 신년사를 통해 "동아신질서 수립의 빛나는 희망"을 논한 이래, 1940년 들어 본격적으로 일제의 '황민화운동'에 동참했다고

헌으로서는 계속 발을 담그고 있기가 불편했을 것이다.

대동광업주식회사를 그만뒀다고 해서 허헌이 광업계에서 완전히 손을 뗀 것은 아니었다. 1940년 5월에도 허헌은 함북 경흥군 상하면(경원군 아산면 아오지읍으로 변경됨)에 금은광 44만 1,000평의 광업권을 설정했다가, 1942년 8월에 공매로 넘어간 것 등에서 알 수 있다.[56]

한다(方基中, 앞의 글, 1996, 172쪽). 이종만은 2009년에 민족문제연구소에서 발간한 『친일인명사전』의 경제 및 친일단체 부문에 등재되었다. 그런데 같은 해 대통령소속 친일반민족행위진상규명위원회에서 「친일반민족행위 진상규명 특별법」에 기초하여 최종적으로 1,000여 명의 친일반민족행위를 발표한 『친일반민족행위진상규명보고서』에는 등재되지 않았다. 8·15 이후 이종만은 조선민주주의인민공화국의 광업부 고문을 맡는 등 북쪽에서 '애국적 기업가'로 평가받았으며, 자본가로는 유일하게 애국열사릉에 안장된 것으로 알려져 있다.

56 「鑛業權設定」, 『朝鮮總督府官報』 3986호, 1940.5.8; 「鑛業權公賣」, 『朝鮮總督府官報』 4663호, 1942.8.13.

'단파방송 사건'으로 또 다시 투옥

일제 말 전시파시즘기는 한편으로는 민족말살의 암흑기였지만 다른 한편으로는 전체 일제강점기 중 독립의 객관적 가능성이 가장 높았던 '희망적'인 시기였다. 전 세계가 추축국 대 반추축국, 즉 연합국으로 나뉘어 파시즘전쟁을 수행하고 있는 상황, 더구나 제1차 세계대전 때와는 달리 일본이 추축국의 중심에 나서서 영·미·소와 맞서고 있던 상황은, 전쟁의 결과 즉 그 승패 여부에 따라 식민지 조선의 운명이 바뀔 수 있는 시기였다. 일제 당국의 선전대로 일본이 연승(連勝)을 거듭하고 있어서 결국 승전(勝戰)으로 '대동아공영권'을 완성할 것이라고 보는 측에서는 친일 협력의 강도를 높여갔지만, 이러한 허구적인 여론 공작을 믿지 않는 측에서는 전쟁이 진행되면 될수록 '일제 패망과 조선 독립'을 확신하고 그 준비에 착수하였다.[57]

'대동아공영권' 논리에 입각한 일본의 전쟁·외교 계획은 미드웨이해전을 계기로 1942년 여름경부터 흔들리기 시작했으며,

---

57   변은진, 앞의 책, 2018(a), 37~38쪽.

1943년을 고비로 제한전쟁은 소모전으로 전화되어 1944년 중반경 사이판 옥쇄 등이 알려지면서 일본의 패전 가능성은 보다 분명해져갔다.[58] 이러한 상황에서 조선인 항일독립운동 진영에 닥친 문제는 바로 주체적인 역량, 즉 국내외 항일운동의 전체 역량을 하나로 모으고 강화하는 일이었다. 특히 주목되는 것은, 일제의 패망이 가시화되어가면 갈수록 조선 독립을 위한 방략이 전체 운동전선에서 통일되어갔다는 점이다. 일제 패망, 즉 조선 독립이 가까워질수록 국내외에서 전체 역량을 하나로 모으는 민족통일전선의 강화가 더욱 절실히 필요해졌다.

당시 독립운동 진영에서는, 당면한 전쟁이 장기화되면 결국 일제는 경제력과 군사력 부족으로 패망할 것인데 이렇게 일제가 패전 국면으로 치닫는 '결정적 시기'가 바로 조선이 독립을 쟁취할 수 있는 절호의 기회라는 인식이 일반화되어 있었다. 이에 따라 독립의 방략은, 해외에서 무장력을 키운 독립군이 이 결정적 시기에 국내로 진격해 들어오면 국내의 민중들이 이에 호응해 함께 무장봉기를 일으켜 일제 권력을 몰아내고 자주적으로 조선을 해방시킨다는 것으로 통일되어 있었다.[59]

이 시기 국내나 일본에서 독립운동을 모색하던 지식인이나 청년·학생들도 여러 경로를 통해 일제의 패망 가능성을 인식하면서 이를 전파시켜갔고, 조선 독립과 새로운 국가 건설을 준비해야 할

58 피터 두으스 저, 金容德 譯, 『日本近代史』, 지식산업사, 1983, 243~250쪽 참조.
59 변은진, 앞의 책, 2018(a), 39쪽. 당시 해외에서 무장독립운동을 하면서 민족통일전선을 강화해가던 세력은 셋이 있었다. 첫째, 1930년대에 줄곧 만주에서 항일무장투쟁을 전개하다가 일제에 쫓겨 1940년 이후 소련으로 건너간 동북항일연군(東北抗日聯軍)과 조국광복회 세력, 둘째, 중국 화북지역에서 일본군과 맞서 전투를 벌이던 조선의용군(朝鮮義勇軍)과 조선독립동맹 세력, 셋째, 중국 관내지역에 있던 한국광복군(韓國光復軍)과 대한민국임시정부 세력이다.

시기가 다가옴을 느끼고 있었다. 먼저 중일전쟁기에는 대체로 전쟁이 장기전으로 전개되면 소련·미국 등 열강의 대(對) 중국 지원으로 결국 경제적·군사적으로 일본은 패망할 수밖에 없다는 예견이 등장하면서 조선 독립의 가능성을 예측하는 수준이었다. 특히 '장고봉(長鼓峰) 사건'에 이어 '노몬한(Nomonhan) 사건'까지 발생하고 이어서 유럽에서 삼국동맹·독소전쟁이 일어나자, 이러한 전쟁의 추이를 보면서 소-일·미-일 개전에 대한 전망을 가시화했다. 태평양전쟁기 들어서는 일본이 패망할지도 모른다는 '소박한 바람'은 점차 '구체적이고 과학적인 확신'으로 발전해갔다. 즉 일제의 전력(戰力)은 미·영·소 등 연합국 측에 비해 훨씬 열악하고 전쟁을 통한 인적·물적 피해가 점점 심각해져서 결국 군사적·경제적 피폐에 못 이겨 패망할 수밖에 없다고 인식하게 되었다. 그리고 태평양전쟁 즉 미일전쟁에 이어 소일전쟁이 개시되어 결국 일제가 패배하는 순간을, 국내외 전체 조선인이 일제히 봉기하여 독립을 쟁취해야 하는 시기로 상정하게 되었다.[60]

국내에서 일제의 패망 가능성을 전파시키는 데 결정적인 역할을 한 매체 가운데 하나가 바로 단파방송이었다. 총독부 기관지인 『매일신보』를 제외하고 모든 한글신문이 폐간을 당하고 언론이 차단된 상태에서 일제의 언론은 늘 일본군이 '전승'을 거듭하고 있다고 선정하고 여론을 몰아갔다. 게다가 미-일 간의 태평양전쟁이 일어난 뒤인 1942년 4월 27일부터는 '방송전파관제'를 실시하여 일반인은 물론 외국인 소유의 단파수신기도 모두 압수하였다. 그동안 외국인 선교사들을 통해 세계전쟁의 전개 과정을 간

---

60 변은진, 『파시즘적 근대체험과 조선민중의 현실인식』, 선인, 2013, 423~424쪽.

접적으로 접했던 조선의 지식인들은 국제정세 정보로부터 완벽히 고립되었다. 하지만 경성방송국과 개성방송국 등에는 단파수신기가 구비되어 있었다. 또한 1942~1943년 시기에 23명 정도가 적어도 32대 이상의 사제(私製) 수신기를 제작해 보유하고 있었다고 한다.[61]

이렇게 일제 말에는 방송국과 사제 단파수신기를 통해서만 비밀리에 중국 충칭과 미국 샌프란시스코에서 송신된 단파방송을 청취할 수 있었다. 1940년대에 '미국의 소리(V.O.A)' 우리말 방송은 하루에 30분씩 3회를 했고 충칭의 방송은 저녁 6시 반부터 30분씩 진행되었다. 이 방송 내용 중 일부가 여러 경로를 통해 입에서 입으로 전파되어가면서 일제가 패망하고 조선이 독립할 것이라는 소식이 퍼져나갔다. 그러자 일제 당국이 이를 구실로 1942년 말에서 1943년 봄 사이에 150여 명의 조선인을 검거한 사건이 바로 '단파방송 사건'이다. 1942년 말경부터 경성방송국과 산하 개성송신소의 조선인 직원 성기석(成基錫)·염준모(廉準模)·송진근(宋珍根)·박용신(朴龍信) 등 다수가 검거되기 시작했고, 이어서 1943년 3월 말경 허헌을 비롯해 홍익범(洪翼範)·송남헌·문석준(文錫俊) 등 다수의 인사가 검거되었다.[62] 이 사건으로 허헌은 또 다시 일제 경찰에 체포되어 모진 고문을 받고 투옥되는 신세가 되었던 것이다.

허헌은 종로의 대동광업주식회사 사무실에 드나들 때부터 거의 매일같이 청진동에 있는 김병로·이인의 합동 법률 사무소에

---

61 정병준, 『광복 직전 독립운동세력의 동향』, 독립기념관 한국독립운동사연구소, 2009, 201쪽.
62 위의 책, 202쪽.

1943년 3월 말경 '단파방송 사건'으로 허헌이 체포될 당시 삼청동 자택
(허근욱, 2001)

들렀다. 1932년 이래 이 사무실은 조병옥·송진우·윤보선·안재홍 등 서울에 머물던 인사들의 사랑채 역할을 했다고 한다.[63] 말하자면 이른바 비타협 민족주의자들 사이에서 정보 공유의 장으로 기능했던 것이다. 이 사무실에서 허헌 등은 홍익범으로부터 1938년 3월경부터 1941년 12월 8일 태평양전쟁이 일어나기까지 단파방송으로 수신한 내용을 전달받았다. 홍익범은 허헌이 동아일보사에 관여하면서 알고 지내던 정치부 기자 출신이었다. 미국 컬럼비아대학 정치경제과를 졸업한 홍익범은 경신학교(儆信學校) 교장인 미국인 쿤스(君芮彬, E. W. Koons) 선교사가 단파수신기로 청취한 충칭의 대한민국임시정부 소식과 미국에서 이승만이 보내

[63] 한인섭, 앞의 책, 2012, 565쪽.

는 미국의 소리(V.O.A) 방송 내용을 입수하여 민족지도자인 허헌 등에게 전달해왔다.64

그러다가 쿤스 등 외국인 선교사들마저 모두 본국으로 추방당하자 1942년부터 허헌과 홍익범·송남헌 등은 경성방송국 직원 양제현(楊濟賢)·송진근 등을 통해 방송 내용을 입수하여 정세를 파악하였다. 예컨대 송진근 등은 1942년 6월 말경에 밤 9~10시 사이에 단파수신기를 통해 미국 샌프란시스코의 태평양전쟁 전과(戰果) 발표에 대한 일본어 방송을 청취했는데, 주로 일본의 군함이 많이 침몰했고 미국이 크게 승리하였다는 내용의 선전방송이었다. 그리고 그해 12월 25일 밤 9~10시 사이에는 우리말 방송을 청취했는데, 그 내용은 샌프란시스코 솔로몬 방면 해전(海戰)에서 미군의 승리, 미군의 버마 진격, 독소전쟁에서 소련의 승리 등에 대한 선전방송이었으며, 또 "조선 동포는 간악한 일본의 정치에 기만당하게 하지 말고 조선독립운동을 하자"는 내용도 담겨 있었다고 한다.65 이들이 들은 내용은 비밀리에 여러 방면으로 전파되어갔는데, 그 한 경로가 바로 홍익범을 통해 허헌에게 전달되어 김병로·이인의 사무실에까지 전파된 것으로 보인다.

'단파방송 사건'이 일어난 뒤 허헌을 취조했던 경기도경찰부가 그를 경성지방법원 검사국으로 넘기면서 작성한「의견서」를 통해, 1942~1943년 당시 허헌이 홍익범 등과 주고받거나 지인들에게 유포한 내용의 일부를 구체적으로 살펴볼 수 있다. 이「의견서」에는 먼저 평소 허헌이 청년들에게 "조선을 영국 런던과 같이 훌륭하게 건설"해야 한다고 말하면서 조선 청년의 책임을 강조했

64 『독립유공자공훈록』 9권, 국가보훈처, 1991, '홍익범' 항목.
65 『독립유공자공훈록』 24권, 국가보훈처, 2019, '송진근' 항목.

다고 기술하면서, 그가 다음과 같은 내용을 유포했다고 했다. 허헌의 활동을 중심으로 시기 순으로 그 내용을 요약 정리해보면 다음과 같다.[66]

1942년 8월, 삼청동 자택

홍익범 : 미국의 이승만 일파가 미국 원조 아래 조선임시정부를 조직해 연합국의 승인을 얻어 독립운동을 하고 있는데, 반드시 성공할 것이니 이 기회에 우리도 궐기해야 한다고 말함.

허헌 : 이번 대전(大戰)은 미국이 아무런 준비 없이 개시했기 때문에 서전(緖戰)에서는 미국이 불리했어도 미국은 물자가 풍부하고 실력이 있어서 최후의 승리는 미·영 연합국 측에 있을 것이므로, 이번 전쟁이 종료되면 연합국의 힘으로 조선은 독립될 것이다.

1942년 9월

정헌국(鄭憲國, 충남 서천 출신, 39세) : 나는 지린(吉林)에서 들어와 … 십몇 년 전 소련에 잠입했는데, 이번에 충칭을 거쳐 중국에 4개월 머물면서 허정숙과도 만났다. 이번에 조선에 들어온 차에 그 용무는 1) 소-일 개전이 되면 조선인은 어떠한 태도로 나갈까, 2) 조선인 지원병의 성적은 어떠한가, 3) 일반 민중의 전쟁에 대한 태도는 어떠한가, 4) 식량 사정은 어떠한가 등을 조사하기 위해 들어왔다. …

허헌 : 1) 소-일 개전이 되면 공산주의는 물론 다수가 소련에 가담할 것이지만, 계엄령이 시행되어 다수 조선인이 총살될 것으로 예

---

66 京畿道警察部, 「意見書(許憲)」, 1943.8.27, 京城地方法院 檢事局, 『證人訊問調書(許憲)』, 1943, 20~41쪽.

상된다. 또 일부 조선인은 일본에 붙어서 조선인 사이에도 격전이 전개되어 함경도는 수난의 중심지가 될 것이다. 2) 조선인특별지원병은 성적이 대개 양호하다 해도 한둘 도망자도 있다고 한다, 3) 일반 민중 가운데 지식계급은 불평불만을 가지고 비협력적으로 기회주의자가 많고, 최근 중공업의 발달로 노동자는 지식계급 이상의 생활을 하고 있는데 그들은 향락적으로 전쟁에 무관심하고, 또 남부 및 서부 조선 지방에서는 식량이 부족한 때인데 주류 밀조(密造)를 하고 있으니 그들이 이번 전쟁에 비협력적이라는 것을 충분히 알 만한다, 4) 식량 부족은 심하여 일반에 불평불만이 많고 이 때문에 큰 사고를 야기하고 있다.

정헌국 : 현재 전 러시아에는 약 4만 명의 의용군이 있고 소련 측에서 행동하고 있어서 그들이 소-일 개전이 되면 조선으로 진격할 것인데, 이 경우 조선인은 어떻게 할 것 같은가?

허헌 : 의용군에 투항하든지 일본 측에 붙어있든지 두 파로 나뉘어 격전을 전개할 것.

정헌국 : 소·일 양 군이 조만간 개전할 것으로 보는가?

허헌 : 현재 일본인 소장 급진파 중에는 시베리아 개전이 되면 시베리아가 아메리카의 공군기지로 제공될 우려가 있으므로 일본 측에서 전단(戰端)을 열지는 않을 것 같고, 또 러시아도 독소전(獨蘇戰)으로 매우 바쁠 뿐만 아니라 소-일 중립조약 관계도 있어서 미국에 공군기지를 주어 일본과 개전하게 할 것 같다.

1942년 11월 하순

허헌 → 이은상(李殷相, 전남 무안 출신, 23세) : 이번 전쟁은 장기전이라 하지만 사실은 그렇지 않다. 뜻밖에도 단기에 종식되어 우리 조선인은 종래와 달리 어떠한 압박도 없이 자유롭고 안락한 사회가 실현될 것이므로, 그 시기의 도래를 기대해야 한다. / 현재 일본인이 조선에 와서 조선인을 일본인 식으로 창씨개명(創氏改名)시키고 있지만, 장래에는 조선 재주(在住) 일본인이 김·이 등과 같이 조선식으로 창씨개명하게 될 것이다.

1942년 12월 20일

허헌 : 신문기사에서 미·영은 「대서양헌장」을 태평양에도 적용할 것이라 발표한 것을 읽고, 일본의 패전으로 조선이 반드시 영세중립국으로 독립할 것이라 믿음. / 이번 태평양전쟁이 종식되면 조선은 반드시 영세중립국으로 독립할 것이 틀림없고 과거의 3·1운동과 달리 확실성이 있으므로 우리는 서로 연락하여 호기를 잃지 말고 일거(一擧)에 궐기해야 한다. 이 때문에 평소에 국내 및 국제 정세를 다 알아야 한다. 연락에 관해서는 그대가 노력해 주길 바란다.

홍익범 : 이승만 일파의 임시정부가 미국으로부터 경제적 원조를 받고 있고 또 군사상 동맹을 체결하여 적극적으로 활동 중이라서 크게 기대하고 있다는 내용으로 최근의 정세를 보고함.

1942년 12월 하순, 한영욱 변호사 사무실

허헌 → 한영욱(韓永煜, 변호사, 49세) : 최근 신문보도에 의하면 전쟁은 일본군이 대승하고 있는 것 같아도 사실은 그렇지 않다. 특히 이승만으로부터 온 정확한 대일(對日) 방송에 의하면, 재미 이승만 일파가 미국 원조 아래 조선 임시정부를 조직해 이승만이 대통령이 되어 조선독립운동을 하고 있는데, 미국과 군사동맹을 체결하여 미국을 위해 활동함과 동시에 미국으로부터는 적극적인 비호를 받고 있어서, 이번 대전이 미·영 측의 승리로 종식되면 반드시 독립하게 될 것이다. 그러므로 재선(在鮮) 동포는 조선의 독립을 기대하고 일본의 전쟁 수행에 협력하지 말고 호기가 도래하면 궐기해야 한다.

1943년 1월 18일~2월 21일, 입원 중인 허헌의 병실

홍익범 : 유럽의 전쟁은 스탈린그라드를 중심으로 추축군이 불리하여 무력전은 종식되고 외교전으로 들어가고 있으며, 이번 스페르만의 로마 방문은 교황 피오 12세와의 회담이다. 이처럼 추축국 측이 계속 불리해지면 일본군은 궁지에 몰리고 조선은 날로 유리해진다.

허헌 : 소련에는 조선인 의용군 약 4만이 적군(赤軍)에 참가하고 있고, 충칭에서도 조선인 장교 및 의용군이 장제스군에 참가하고 있고, 그들은 활발히 활동하여 조선 독립을 위해 매진하고 있어서 유망하다.

1943년 5월 중순, 경기도경찰부 유치장

허헌 → 이이덕(李二德, 경성방송국 개성송신소장) : 현재 조선의 민심은 극도로 긴장하고 있어서 미·영 연합국의 비행기 다수가 서울 상공에 내습(來襲)하여 대대적으로 폭격하려 하는데, 조선민중은 연합군을 아군(我軍)으로 여기며 노약자나 남녀를 불문하고 손에 손에 곤봉을 쥐고 궐기하여 미·영군을 아군으로 삼고 있는 상태다.

위의 「의견서」를 정리해보면, 허헌은 1942년 8월 홍익범을 통해 미국의 상황을 전해 들었고, 또 그해 9월에는 러시아에서 중국 충칭과 지린을 거쳐 국내로 들어온 정헌국을 통해 소련의 상황과 딸 허정숙의 소식도 전해 들었다. 이후 이 내용들을 홍익범과 서로 주고받았으며, 그해 11월 하순에는 전남 무안의 청년 이은상에게, 12월 하순에는 친구인 변호사 한영욱에게도 전달한 것으로 확인된다. 그리고 '단파방송 사건'으로 체포된 뒤인 1943년 5월에는 경기도경찰부 유치장에서 함께 검거된 이이덕 등과도 의견을 교환하였다.

그런데 이것이 전부는 아니었다. 허헌은 취조 과정에서 타인의 이름을 최대한 발설하지 않으려 했던 것 같다. '단파방송 사건'으로 검거된 다른 인물들의 재판기록들을 종합해보면, 예컨대 허헌이 한영욱 사무실에서 이야기할 때 그 자리에 문석준(文錫俊, 함남 함주 출신, 50세)도 있었다. 이때 허헌의 이야기를 들은 문석준은 1943년 4월 중에 한설야(韓雪野)·한창환(韓昌桓)·이증림(李增林) 등에게 관련 내용을 전달하였다.[67] 뿐만 아니라 허헌은 아마도 김병로나 이인 등에게도 이러한 내용을 전달하고 서로 의견을 주고받았을 것이다.

위의 「의견서」를 통해 당시 허헌의 정세관과 독립방략을 정리해보면 다음과 같다. 허헌은 당면한 세계대전에서 물자가 풍부하고 실력을 갖춘 미·영 연합국 측이 승리할 것으로 보고, 이 전쟁의 종전으로 일제는 패망할 것이고 조선은 독립할 것으로 전망하고 있다. 그리고 이러한 시기가 머지않아 다가올 것이니 조선민족

---

67 정병준, 『우남 이승만 연구』, 역사비평사, 2005, 408~409쪽, 문석준의 「증인신문조서」(1943.8.17, 9.17)에서.

은 이 호기를 잃지 말고 '일거(一擧)에 궐기'하여 독립을 쟁취해야 한다고 주장하고 있다. 즉 당시 국내외 항일독립운동 진영에서 일반화된 '일제 패망 및 조선독립론'에 입각하여 '결정적 시기 무장봉기론'이라는 독립방략을 제기하고 있다. 또한 제1차 세계대전 직후인 과거 3·1운동 때와 달리 제2차 세계대전으로 조성된 상황은 국내외 정세면에서 '확실성'이 있고, "조선은 반드시 영세중립국으로 독립"해야 한다고 생각하고 있었다는 점도 주목할 만하다.

그런데 홍익범을 통해 전달받은 내용 가운데는 '그릇된 정보들'이 많이 있고, 또 정헌국이 운운한 러시아의 조선인 의용군 4만 명 등도 과장된 정보이다. 어찌되었건 이로 인해 허헌 역시 임시정부와 이승만의 관계, 미국과 이승만의 관계 등에 대해 잘못 파악하고 있었고, 또 정헌국에게서 입수한 과장된 정보를 다시 홍익범에게 전달하고 있는 점도 확인된다.

당시 홍익범은 선교사·단파방송·자신의 경험 등에서 종합한 이승만 관련 정보를 국내의 좌우파에게 널리 유포시켰다.[68] 그런데 위 「의견서」 내용만 보더라도 홍익범이 이승만 및 미주의 독립운동에 관해 퍼뜨린 내용은 실제 사실과 맞지 않는 부분이 상당히 많다. 그는 미국 유학시절 시카고동지회 회장을 지내면서 이승만과 긴밀한 관계를 가지고 있었기에, 국내 민족주의 인사들에게 의도적으로 이승만 관련 내용을 부풀려서 전달했을 가능성이 높다. 그리고 경찰의 신문 과정에서 자신이 '이승만의 임시정부'가 귀국할 때에 대비하여 국내의 '우량한 정치가를 물색'하는 일을 했다

---

68 위의 책, 418쪽. 8·15 직전에 이승만 계열의 홍익범 등이 국내에서 이와 같이 이승만과 미국에 대해 그릇된 정보들을 유포시킨 것은, 8·15 직후 여운형 등이 조선인민공화국을 선포할 때 이승만을 주석으로 내정한 배경이 되었다고 한다(465쪽).

고 진술하기도 했다.69 홍익범의 활동이 이승만의 직접적인 지시에 의한 것이었는지, 또 그가 허헌과 가깝게 지내면서 여러 정보들을 공유한 이유가 이 정치인 포섭과 관련이 있었는지 정확히는 알 수 없지만, 그럴 가능성은 충분해 보인다.

이상과 같은 활동으로 인해 허헌은 1943년 3월 말경, 정확히는 26~30일 사이에 경기도경찰부에 또 다시 체포되었다.70 3월 25~26일 체포된 홍익범과 송남헌이 허헌의 이름만 댄 것 같고, 혹독한 고문에도 불구하고 허헌은 끝까지 김병로·이인 등 동료들의 이름을 전혀 발설하지 않고 모든 것을 자신의 책임으로 돌리려 했다. 자기 선에서 모든 것을 막아내어 수많은 민족적 인사들의 신병을 지켜냈던 것이다.71

'단파방송 사건' 관련자들은 일제 경찰로부터 혹독한 고문을 받은 것으로 알려져 있다. 고문의 후유증으로 홍익범을 비롯해 문석준·이이덕·경기현·김안방 등 다수가 목숨을 잃은 데서도 알 수 있다. 홍익범·송남헌 등과 함께 '유언비어 유포'의 주모자로 몰린 허헌이 당한 고문과 구타도 매우 심하였다. 사이가(齊賀七郞) 형사와 그 부하는 60세를 바라보는 나이의 허헌에게 3개월 동안

69 위의 책, 416쪽, 홍익범의 「증인신문조서」(1943.8.14)에서.
70 허헌의 정확한 체포일은 알 수 없지만, 홍익범이 체포된 3월 26일과 허헌이 경기도경찰부에서 제1회 심문조사를 받은 3월 30일 사이일 것으로 추정된다(위의 책, 407쪽, 각주 18). 허근욱은 허헌이 1943년 3월 25일 아침 대동광업주식회사에 나갈 채비를 하다가 체포되었다고 서술하였다(허근욱, 앞의 책, 2001, 327쪽). 하지만 허헌은 이미 1940년에 대동광업주식회사를 사직한 상태였고, 정병준에 따르면 3월 25일에 체포된 것은 송남헌이었으며(415쪽), 한인섭도 홍익범이 3월 25일, 이어서 송남헌, 그리고 이어서 허헌이 체포되었다고 서술하고 있는 점(한인섭, 앞의 책, 2012, 566쪽) 등으로 미루어보아, 허헌이 3월 25일 체포된 것은 사실이 아닌 것 같다. 한편 허영욱도 아버지가 1941년 3월 6일 아침에 체포되었다고 잘못 서술하고 있다(허영욱, 앞의 책, 2015, 75쪽).
71 한인섭, 앞의 책, 2012, 566~567쪽.

쇠줄에 매달린 상태에서 구타하거나, 물고문과 혹독한 매질을 가하였다.[72]

이러한 지옥 같은 상황에서도 허헌은 유치장이라는 닫힌 공동체에서나마 동료들이 좀 더 인간답게 재미있게 생활할 수 있도록 노력했다. 함께 체포되어 고생하던 송남헌이 한 가지 흥미로운 일화를 전하고 있다. 허헌은 일요일마다 함께 유치장 신세를 지던 방송국 아나운서들에게 축구 중계방송을 하도록 해서 모두를 즐겁게 했다고 한다. 또 노름꾼들이 잡혀 들어와 사식으로 이문설렁탕 집의 설렁탕을 시켜 먹을 때면, 허헌은 모두 함께 설렁탕을 먹어야 한다며 이들을 나무라서 결국은 설렁탕집에서 양동이로 배달해서 함께 먹기도 했다는 것이다.[73]

허헌 등은 1943년 6월 초순경 검찰로 송치되었으며, 허헌은 서대문형무소 미결감방 동(東) 2의 22방에 수감되었다.[74] '단파방송 사건' 관련자에 대한 공판은 1943년 8월에 개정되었다. 허헌은 그해 11월 1일 경성지방법원에서 이른바 '육군형법 위반, 해군형법 위반, 조선임시보안령 위반'으로 징역 2년을 선고받았다. 징역 2년이라는 형량은 당시 '단파방송 사건' 관련자로서는 최고형을 받은 것이었다. 일제 당국은 허헌을 단파방송 관련 유포의 책임자급으로 보았음을 알 수 있다. 중국에서 조선의용군에 참여해 활동하고 있던 딸 허정숙과의 관계 등도 고려되었을 것이다. 허헌은 상소권을 포기하고 그대로 복역하다가 건강이 악화되어 병감

---

72 허근욱, 앞의 책, 2001, 329~330쪽. 딸 허근욱이 허헌으로부터 직접 들은 이야기라고 한다.
73 심지연, 『송남헌 회고록』, 한울, 2000, 46~47쪽; 한인섭, 앞의 책, 2012, 569쪽.
74 허근욱, 앞의 책, 2001, 330쪽.

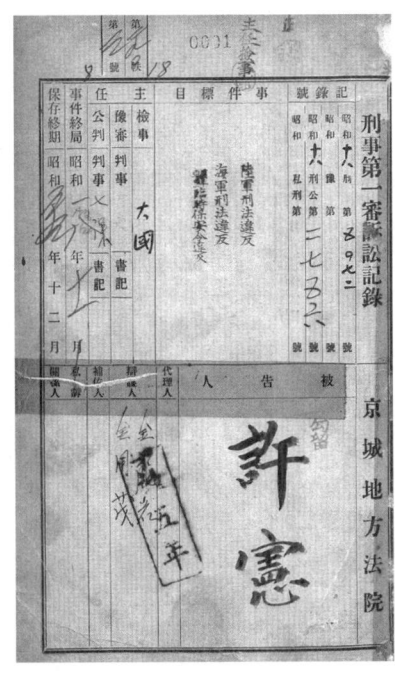

1943년 11월 '단파방송 사건' 관련
허헌 재판기록(고려대 아연도서관 소장)

(病監)으로 옮겨졌다. 가혹한 고문의 후유증으로 위장병, 기관지염, 신장병 등에 시달리다가, 부인 유덕희의 끈질긴 간청 끝에 병감 이감이 가능했다. 이후 그의 건강은 더욱 악화되어, 체포된 지 2년 1개월 만인 1945년 4월 말에 병보석으로 출옥하였다.[75]

석방과 동시에 허헌은 세브란스병원에 입원해서 치료를 받다가 7월 초쯤 퇴원하였다. 허헌의 석방 소식을 들은 여운형은 1945년 5월경 안재홍과 허헌을 일제 패망 후의 건국을 준비한 비밀결사 건국동맹(建國同盟)의 부위원장으로 추대하기도 했다. 당시 안재홍은 이 제안을 거절했지만 허헌과 조만식은 협력하기로

[75] 한인섭, 앞의 책, 2012, 568~569쪽.

했다고 한다.76 병문안을 온 동지들로부터 조만간 일제가 패망할 것이라는 소식을 전해들은 허헌은 하루빨리 건강을 회복하여 새로운 조선 건설을 위한 준비를 해야 한다는 생각에 달천온천(疸泉溫泉)으로 유명한 황해도 신천의 처가로 가서 요양하였다. 서울의 집은 친척에게 맡기고 가족이 모두 신천으로 이주하였다.77

76 李萬珪, 『呂運亨鬪爭史』, 叢文閣, 1946, 173쪽; 서중석, 『한국현대민족운동연구』, 역사비평사, 1992, 107쪽.
77 허근욱, 앞의 책, 2001, 333쪽. 허헌 가족의 도착 소식은 이미 그곳 경찰에게 알려져서 다음 날 바로 경찰이 방문했다고 한다.

8장

해방과 분단의
소용돌이 속에서
잠들다

황해도에서 맞은 해방, 다시 서울로

신천에서 요양 중이던 1945년 8월 14일 밤 허헌은 평소 자신을 감시하던 일본 순사 두 명으로부터 다음 날 일본이 항복할 것이라는 소식을 전해 들었다. 8월 16일 안재홍의 라디오방송을 통해 건국준비위원회(이하 건준) 결성, 정치범 석방 등의 소식을 접한 허헌은 국제정세에 관한 상세한 정보를 알고자 곧바로 해주로 갔다. 해주에서 8·15 직전까지 단파방송을 계속 청취했다는 사람을 수소문했지만 찾지 못했으며, 미·소 양군이 38도선을 경계로 진주한다는 소식만 듣고 돌아왔다. 동요하는 신천의 민심을 진정시키기 위해 중국 충칭에 대한민국임시정부가 있고 연합국 4개국의 승인을 받았다고 알리며 주민들을 안심시키고 다니기도 했다.[1]

하지만 허헌이 주민들에게 전한 정보는 잘못된 것이었다. 당시 충칭에 임시정부가 존재한 것은 사실이지만 연합국 4개국의 승인을 받았다는 것은 사실과 다르다. 일제 말기에 중국의 김구나 미국의 이승만이 세계 각국을 상대로 줄기차게 '대한민국임시정부

---

1 허근욱, 『민족변호사 허헌』, 지혜네, 2001, 335~336쪽; 심지연, 『허헌 연구』, 역사비평사, 1994, 91쪽.

의 승인'을 요청했지만, 미국 등 열강은 끝내 승인하지 않았다. 명분상으로는 임시정부가 실제로 독립운동 진영 전체를 대표하지 못하며 조선의 독립운동 진영 내에서는 '좌파'가 상대적으로 강하다는 것을 이유로 내세웠다. 하지만 미국 등이 반대한 실제 배경에는 임시정부의 승인이 자칫 미국 등의 식민지에 영향을 줄 수 있다는 우려, 또 같은 연합국의 일원으로 유럽과 아시아에서 추축국을 상대로 싸우고 있는 소련을 자극해서는 안 된다는 점 등 여러 요인이 작용했다. 이에 대한민국임시정부는 8·15 순간까지 연합국의 승인을 받지 못했고, 연합국 대열에 이름을 올리지도 못했다. 그래서 국외 각지에서 일본군을 상대로 싸우던 조선의용군이나 한국광복군, 동북항일연군 등 조선인 무장독립운동세력은 중국 공산당이나 국민당, 소련의 지원 아래 활동할 수밖에 없던 상황이었다. 그럼에도 당시 국내에 있던 인사들 가운데는 임시정부가 연합국의 승인을 받았다고 잘못 믿고 있는 경우가 많았다.

얼마 후 서울의 건준에서 여운형의 명을 받은 유석현(劉錫鉉)과 윤형식(尹亨植)이 신천으로 찾아와 허헌에게 건준의 부위원장을 맡아줄 것을 청하였다. 일제강점기에 민족주의나 사회주의 등 모든 계열의 인사들과 두루 친분이 두텁고 민족협동전선 조직인 신간회 위원장으로 활동하다가 투옥된 허헌이라는 인물이, 또 다시 모든 독립운동세력을 망라해 새로운 국가를 건설해야 했던 해방공간에서 절실히 필요했기 때문일 것이다. 기꺼이 이 제안을 수락한 허헌은 8월 30일 가족과 함께 다시 서울로 향했다. 병약해진 몸을 추스르느라 서울에 도착한 즉시 경성의학전문학교 내과 병실에 일단 입원하였다. 급히 서울로 오느라 마땅한 거처는 찾지 못한 상황이었다. 그래서 허헌 가족은 같은 함북 출신으로 10여

년 후배 변호사인 김용암(金龍岩, 金勇岩)의 중학동 자택에서 기거하게 되었다.² 이후 허헌이 정치적 주역으로 등장한 해방공간에서 김용암은 그의 정치적 동지이자 든든한 후원자 역할을 했다. 이 시기 내내 김용암의 집과 일본대사관 근처 그의 사무실은 허헌의 연락사무소 기능도 했다.

8·15 이후 가장 먼저 확인되는 허헌의 공식 활동은 8월 31일 조선재외전재동포구제회(朝鮮在外戰災同胞救濟會) 창립 때 고문에 이름을 올린 것이다.³ 일본의 항복으로 전쟁이 끝났지만 일본·중국·만주 등지에 있던 수백 만 동포가 곧바로 귀국할 수는 없는 상황이었다. 이렇게 곤경에 빠져 있던 동포들을 구원하기 위해 각계 유지들에게 최대한 많은 기부금을 걷는 게 목표인 단체였다. 일찍부터 재만동포 구제를 위한 모금 등 기부활동이 생활화되어 있던 허헌이 여기에 참여한 것은 자연스럽다. 이어서 9월 1일 허헌은 건준으로부터 더 강력한 지도부 건설을 위해 135명의 위원을 선정하여 제1회 위원회를 개최하고자 한다는 내용의 초청장을 받았다.⁴ 그리고 9월 4일에는 권동진을 위원장으로 '임시정부 및 연합군 환영준비회'가 결성되었는데, 김성수·이인과 함께 부위원장으로 선출되었다.⁵

허헌이 정식으로 건준 부위원장에 취임한 것 역시 9월 4일이

2 김두식, 『법률가들』, 창비, 2018, 289쪽. 1985년에 발표된 이병주의 소설 『산하』 1(동아일보사)에 따른 것으로서, "중학동에 있는 친구 변호사 김용암 집에 기거"했다고 한다(102쪽). 이후 해방공간에서 허헌의 자택은 종로구 효자동이었다가 용산구 청파동으로 옮겼다고 한다(허영욱, 『나의 아버지 허헌』, 평양출판사, 2015, 147쪽).
3 「朝鮮在外戰災同胞救濟會 창립총회」, 『每日新報』, 1945.9.2. 위원장은 유억겸(兪億兼)이었다.
4 「건준, 제1회 위원회 개최를 위한 초청장 발송(135인)」, 『每日新報』, 1945.9.1.
5 「전단(임정 및 연합군 환영준비회 조직)」, 『每日新報』, 1945.9.4.

었다. 위에서 언급한 제1회 위원회가 개최된 날로서, 이 자리에서 허헌의 부위원장 증원이 만장일치로 가결되었다.[6] 이날 바로 허헌을 비롯한 박헌영·여운형·정백(鄭栢) 등 4인은 허헌이 입원하고 있던 경성의전 내과 병실에서 회동하여 인민공화국 수립과 구성 문제를 협의했다고 한다. 이어서 이틀 뒤인 9월 6일에는 600여 명으로 구성된 '전국인민대표자대회'가 소집되었다. 이 자리에서 허헌은 이승만·여운형·김규식·김구·김성수·김병로·안재홍·이강국·신익희·조만식 등과 함께 헌법기초위원을 겸직하는 55명의 전국인민대표위원에 선출되어, 새로운 국가의 헌법을 기초하는 일을 주도하였다. 이들은 곧바로 「조선인민공화국 임시 조직법」을 통과시켰고, 곧바로 조선인민공화국(이하 인공) 수립이 선포되었다. 이 자리에서 허헌은 주권은 인민에게 있다는 것을 선명(宣明)한다고 밝혔다.[7] 다음 날인 9월 7일 건준은 정식으로 해체되었으며, 140여 개에 달하던 각지의 건준 지부들도 인공 수립과 함께 급속히 지방인민위원회로 개편되어갔다.

그런데 여운형을 중심으로 한 건준이 이렇게 급하게 인공의 수립을 선포한 데에는 이유가 있었다. 8·15 직전에 미·소 연합군 사이에서 합의된 38도선의 획정이 남쪽의 민중들에게 알려진 것은 미군기의 전단 살포와 신문 보도 등을 통해서였다. 1945년 8월 9일부터 한반도로 들어오기 시작한 소련군은 8월 24일 평양에 진주했으며, 오키나와에 있던 미군은 9월 8일 인천에 상륙하였다. 미군의 진주를 누구보다 환영한 세력은 총독부를 위시한 식민통치세력과 친일파, 그리고 건준의 활동에 적대감을 표한 이들

---

6 「건준 제1회 위원회 개최」, 『每日新報』, 1945.9.4.
7 民主主義民族戰線, 『朝鮮解放年報』, 文友印書館, 1946, 86쪽.

이었다. 총독부는 '연합군이 진주하여 총독부를 접수할 때까지는 조선에서 최고 권력기관은 총독부'라고 주장하면서, 건준 측에 총독부의 치안유지 협력단체로 개편하라고 강요하였다. 이와 같이 임시정부나 광복군 등 국외의 독립운동세력이 들어오기 전에 미군이 먼저 한반도에 상륙하여 군정(軍政)이 실시될 상황 아래 놓였다. 이에 건준은 당초 계획보다 앞당겨 미군 진주 전에 신속히 인공의 수립을 선포할 수밖에 없었다.[8]

9월 11일 허헌은 인공의 총리로 추대되었고 해방정국의 중심인물로 부상하였다. 주석 이승만, 부주석 여운형, 국무총리 허헌, 내무부장 김구, 외무부장 김규식, 재무부장 조만식, 군사부장 김원봉, 사법부장 김병로가 천거된 데서 알 수 있듯이, 일제강점기 국내외 항일독립운동의 중심인물들이 대거 망라되어 있었다. 그때까지 국외에서 귀국하지 못한 독립운동가들을 고려하여 일단 광범위한 내각을 구성했던 것이다. 미군 진주에 앞서 서둘러 선포한 것이라 일일이 동의 절차를 거칠 수는 없었겠지만, 국내 인물의 경우는 동의를 얻었을 것으로 보인다. 일제강점기에 항일변호사로 활동했던 인물로는 허헌과 김병로가 포함되었다.

총리로 추대된 9월 11일 허헌은 미국신문기자단 일행의 방문을 받고 접견하는 자리에서 건준의 성격과 인공의 성립 경위 등에 대해 설명하고 협조를 요청하였다. 평소 언론에 관심이 많고 언론계에 몸담은 적도 있었기에 그 영향력을 너무 잘 알고 있었던 것이다. 인공이 정식으로 선언과 강령을 발표하고 내각 명단을 확정 공포한 것은 9월 14일이었다. 당일 인공은 다음과 같이 선언하

---

[8] 변은진, 『독립과 통일 의지로 일관한 신뢰의 지도자, 여운형』, 역사공간, 2018(b), 176쪽.

였다.

일본제국주의의 잔존세력을 완전히 구축하는 동시에 우리의 자주독립을 방해하는 외래세력과 반민주주의적 반동적 모든 세력에 대한 철저한 투쟁을 통하여 완전한 독립국가를 건설하여 진정한 민주주의사회의 출현을 기한다.[9]

일본제국주의와 친일협력세력의 구축, 외세 배격을 통한 자주독립, 완전한 독립국가와 진정한 민주사회 건설을 선언한 것이었다. 이는 일제강점기 내내 지속적으로 추구해온 항일독립운동 정신의 구현이었다. 인공의 수립은 정치적 경제적 해방의 자연스러운 결과로서 식민지 통치로부터 벗어난 지역에서 자연발생적으로 나타나는 정부 수립의 한 형태라 할 수 있다.[10] 허헌은 조속히 인민위원회를 조직하면 미군도 38도선 이북의 소련군처럼 조선민중의 자치행정을 인정해줄 것으로 보았다. 그러면 그 뒤에 38도선 이북과 이남을 통일한 자주적인 인민정부를 수립할 수 있다고 판단했던 것이다.

하지만 38도선 이북에 진주하면서「조선 인민들에게!」라는 포고문을 통해 독립국가 건설의 책임이 인민들 스스로에게 있음을 강조했던 소련 점령군과 달리, 38도선 이남의 미국 점령군은「조선 인민에게 고함」을 통해 남쪽에 대한 통치권을 군정 당국이 전

9 民主主義民族戰線, 앞의 책, 1946, 87~88쪽.
10 심지연, 앞의 책, 1994, 99쪽. 주한미국대사관 외교관으로서 한국 문화재를 미국으로 대량 반출했던 그레고리 핸더슨이 1968년 하버드대학출판부에서 펴낸 『소용돌이의 한국정치(Korea: The Politics of the Vortex)』(한울, 2013, 117~118쪽)에 의거한 것임.

면적으로 행사하겠다는 의지를 밝혔다. 미군 진주 직전에 선포된 조선인민공화국과 지방의 자치기구인 지방인민위원회의 존재는 일체 인정하지 않았다. 미군정만이 유일하고도 합법적으로 주권을 행사할 수 있는 통치기구임을 명확히 한 것이었다. 이로써 38도선 이남에 양립한 조선인민공화국과 미군정 당국은 처음부터 대립하게 되었고, 이러한 상황을 둘러싸고 해방된 조선사회 내부에서 갈등이 심화되어갔다.[11]

　미군의 선언에 대해 인공은 조선인민공화국의 탄생은 미군 상륙 이전에 이미 존재한[既存] 사실이라며 반박했다.[12] 미군정이 인공을 부인했음에도 불구하고 허헌은 중앙인민위원회 부의장으로서 회의를 주재하고 각종 모임에서 인공을 대표해 연설했으며, 언론에 글을 발표하거나 기자회견을 하며 인공을 지키기 위해 노력했다. 10월 16일 이승만이 귀국하자 다음 날인 17일 허헌은 이강국(李康國)·최용달(崔容達)과 함께 그를 찾아가 환영인사를 하고 8·15 이후의 경과에 대한 보고문서와 참고자료를 제공하였다.[13] 그리고 이승만에게 인공의 주석 취임을 요청했지만, 그는 이를 단호히 거절하였다. 미군정은 지속적으로 인민공화국을 부정하면서 '국'을 떼고 '당'으로 바꾸라는 등의 요구를 했다.

　인공과 미군정 간의 교섭은 1945년 11월 9일 이전까지는 여운형이 주도했으나, 그 이후는 허헌이 하지(John Reed Hodge) 사령관을 만나 인공에 대해 의견을 나누는 등으로 교섭을 주도하였다. 11월 13일 하지는 허헌에게 미군정이 조선의 건설을 위해 노력

11　변은진, 앞의 책, 2018(b), 178쪽.
12　『每日新報』, 1945.10.11.
13　曹圭河·李庚文·姜聲才, 『南北의 對話』, 고려원, 1987, 82쪽.

하고 있음을 인민대중에게 이해시키고 중앙인민위원회가 미군정에 협력해줄 것을 당부했으며, 허헌은 원칙적으로는 협력하겠지만 미군정이 조선의 사정을 모르니 제한적일 수밖에 없다고 답하였다. 11월 20일에 열린 전국인민위원회대표자대회의 의사록을 보면, 당시 허헌은 조선이 연합군의 희생으로 해방되었으므로 미군과 협력한다면 조만간 반드시 행정권의 이양을 받을 수 있다고 기대하면서 지방에서도 미군정과의 불화를 일소하고 협조해줄 것을 당부하는 등 미군정에 협력적인 태도를 취했음을 알 수 있다. 하지만 미군정은 이 대회에서 인공의 해체 결의를 유도하려 했고, 대회 다음 날인 21일에도 하지는 허헌을 불러 이를 추궁하였다. 허헌은 미군정이 인공을 지원할 의무는 있지만 국호(國號)를 변경할 권한은 없다면서 인공의 사수를 결의하였다.[14]

한편 일제강점기에 동아일보사 중역과 보성전문학교 교장을 지냈고 신간회 위원장으로 활동하다가 투옥된 허헌에 대해, 김성수를 중심으로 한 한국민주당(이하 한민당)에서도 여러 차례 영입을 시도했다고 한다.[15] 이때까지만 해도 허헌은 굳이 따지자면 '중도파'로 인식되었기 때문에 이른바 '좌·우' 양쪽에서 모두 탐내던 인물이었던 것이다. 그런 허헌이 어떤 배경에서, 어떤 경로를 통해 '우'가 아닌 '좌'를 택하게 되었는가는, 1945년 12월 말 모스크바3상회의 개최 이후 해방정국의 변화 과정 속에서 답을 찾아야 할 것이다.

14　심지연, 앞의 책, 1994, 101~104쪽.
15　서중석, 『한국현대민족운동연구』, 역사비평가, 1992, 210쪽의 각주 53 참조.

통일된 민주국가를 향한 염원과 좌절

1945년 8월 15일부터 모스크바3상회의 결정이 공식 발표된 12월 28일까지 한반도의 상황은 사실상 매우 유동적이었다. 비록 38도선을 경계로 미·소의 분할 점령이 이루어지고 미·소 점령군에 의한 군정이 시작되었지만, 아직 분단이 확정된 것은 아니었다. 미국과 소련은 한반도에서 전면적으로 대립하기보다는 상호 협력과 타협의 가능성을 열어 놓고 있었다. 국내의 정치세력들 가운데 다수도 일제강점 아래서의 지난했던 항일독립운동 과정에서 지속적으로 모색해온 민족통일전선운동의 연장선상에서 상호 협력에 기초한 자주적인 통일민족국가 수립을 위해 노력하고 있었다. 모스크바3상회의가 개최되기 전에 주요 정당들의 통합을 이루려고도 노력하였다.[16]

실제로 모스크바3상회의 결과는 비록 조선인의 즉각적인 독립 요구에는 미치지 못했다 할지라도, 당시 정세로는 조선 측에 매우 유리한 방향으로 결정되었다. 무엇보다도 연합국 열강들 사이

---

[16] 이하의 일반적인 서술은 특별한 언급이 없는 한, 변은진, 앞의 책, 2018(b), 181~184쪽에서 인용했음을 밝혀둔다.

에서 한반도 문제 해결에 대한 명시적인 합의를 이끌어냈다는 것은, 조선인의 노력 여하에 따라 통일된 국가를 수립할 수 있는 기본조건이 만들어졌음을 의미했다. 합의안의 골격이 '미소공동위원회 설치 → 조선의 민주주의 정당 및 사회단체와의 협의 → 임시 조선민주주의정부의 수립 → 4개국의 신탁통치 실시 방침'이라는 순으로 확정된 것은, 미·소 양국이 조선인의 자주적 의사를 최대한 존중하겠다는 의지를 반영한 것으로 볼 수 있다. 따라서 당시 상황에서는 합의 내용을 일단 문안 그대로 받아들인 위에서 민족역량을 총결집하여 통일된 임시정부를 통해 민주국가를 수립하기 위해 노력하는 것이 최선의 길이었다. 미·소 양국이 한반도를 분할 점령하여 군정을 실시하고 있는 상황에서 국제적인 공식 합의안을 무시하고는 통일된 국가의 수립이 사실상 불가능했기 때문이다.

하지만 『동아일보』의 오보(誤報) 등으로 인해 '통일임시정부 수립'과 '신탁통치 협의'의 실제 내용보다는 '신탁통치'라는 문제만 크게 부각되면서 그 본질이 잘못 전달되었다. 그리고 정국은 이 3상회의 결정의 지지냐 반대냐의 구도가 아닌 '찬탁 대 반탁'이라는 극단적인 대립의 구도로 휩쓸려갔다. 그런데 이것이 곧바로 급격한 내부 분란으로 이어진 배경에는, 일제의 잔재를 청산하는 데 소극적이었던 보수우익세력이 이념적 논쟁을 통해 자신의 기득권을 유지하려는 정치적 의도가 작용하고 있었음을 분명히 할 필요가 있다. 또한 이들의 반탁운동에 이승만 세력과 김구를 중심으로 한 임시정부세력까지 가세함으로써 보수우익은 더욱 힘을 얻게 되었다. 이와 반대로 모스크바3상회의 결정의 본질을 알게 된 뒤 조선공산당, 인민당 등 '좌익' 계열은 3상회의 결정에 대한 총체적

지지와 즉각적인 임시민주주의정부 수립, 그리고 친일파·민족반역자의 배제 등을 표방하면서 1946년 2월 결성된 민주주의민족전선에 힘을 보탰다.

모스크바3상회의 이후의 탁치정국은 결국 시급한 친일파 청산 등 민족적 과제를 해결하기보다는 '좌·우'라는 이념 대립의 물결을 전면화시켰다. 1946년 들어서 반탁운동은 '즉시 독립을 위한 애국운동'으로 선전되는 아이러니컬한 상황으로 흘러갔다. 또 반탁운동이 반소·반공운동으로 변질되어가면서, 여기에 참가하기만 하면 친일인사도 '애국자'로 둔갑하는 모양으로까지 연출되었다. 이런 상황에서 허헌은 1946년 2월 15일 여운형·박헌영·김원봉·백남운(白南雲)과 함께 민주주의민족전선(이하 민전)의 공동의장으로, 이후 민전 수석의장으로 선출되었다. 3월 6일에는 헌법을 준비하기 위한 민전의 임시헌법기초위원에 허헌을 필두로 김용암 등 10여 명이 이름을 올렸으며, 3월 8일 이래 여러 차례 개최된 의장단회에도 참석하였다. 이와 같은 행보로 인해 허헌은 혼돈의 찬·반탁 대립 정국 속에서, 다음에서 보듯이 여운형과 함께 '좌파'로 몰려 타살의 위험까지 받았다.

거센 반탁운동의 여파는 대내적으로 좌·우 대립을 부추기고 대외적으로는 미·소에게 스스로 결정한 합의안을 무산시킬 수 있는 빌미를 제공하였다. 1946년 3월 20일 서울에서 개최된 제1차 미소공동위원회(이하 미소공위)는 3상회의의 지지 약속 문제 등을 둘러싸고 결국 입장 차이를 좁히지 못하고 무기한 휴회로 들어갔다. 그리고 이는 이후 한반도 내에서 민족분단이 야기되는 주요한 계기로 작용하였다. 허헌은 미소공위가 조선의 임시정부 수립과 민주주의국가 건설을 진행시킬 수 있다고 확신하면서 미소공위의

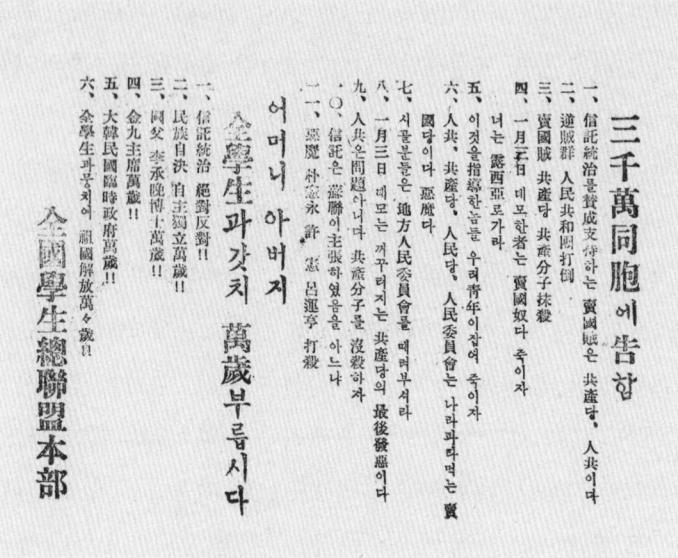

1946년 1월경 전국학생총연맹본부에서 나온 반탁운동 삐라(국사편찬위원회 소장). 11항을 보면 '악마 박헌영·허헌·여운형 타살'이라고 적혀 있다.

성공을 위해 민전이 총력을 기울여야 한다고 생각했다. 이에 민전에서는 4월 1~7일의 1주간을 '임시정부 수립 촉진기간'으로 정하고 4월 11일에는 서울운동장에서 '미소공동위원회 환영 및 임시민주주의정부 수립 촉진 시민대회'를 개최했으며, 허헌은 여운형 등과 함께 이 과정을 주도하였다. 특히 4월 18일 미소공위에서 3상회의 결정을 지지하는 정당과 사회단체 중심으로 정부 수립에 관한 협의를 하겠다는 내용의 「공동성명 5호」를 발표하자, 허헌을 중심으로 한 민전과 중앙인민위원회에서는 크게 고무되어 이를 지지하는 논평도 발표하였다.

한편 미소공위 참석을 위해 1946년 3월 18일 소련대표단을 이끌고 서울에 도착한 스티코프(Terentii F. Stykov) 대장이 당일에 작성하여 본국으로 보낸 극비문서 「미소공동위원회 관련 보고서」에 따르면, 이보다 앞선 3월 16일 미국위원단이 민전 위원장 허헌을 불러 조사한 내용이 적혀 있다. 대통령, 수상 등 조선정부의 장래 구성원에 대해 질문하자 허헌은 "아직 생각해본 적이 없다." 면서 신중하게 답하였다. 그런데 미국 측이 구체적인 인물을 거론하자 그는 분명하게 자신의 입장을 밝혔다. 먼저 이승만에 대해서는, 귀국 후 그가 잘못 행동했고 민족통일전선 설립을 좌절시켰으며 공산주의와 소련을 반대하므로 적합하지 않다고 대답했다. 박헌영에 대해서는 '참여할지 잘 모르겠다', 조만식에 대해서는 부정적으로, 김일성에 대해서는 자신은 모르는 인물이라 이야기하는 게 불가능하다고 답하였다. 다만 단일정부냐 2개의 정부냐는 질문에 대해서는, 남북조선의 전체 역량을 통합시켜 단일정부를 수립해야 한다고 분명히 답하였다.[17]

4월 23일 409명의 대의원이 참석한 가운데 열린 제2차 전국인민위원회대표자대회에서 허헌은 중앙보고를 했다. 8·15 이후 전개된 정치 경과와 중앙위원회의 사업을 설명하고, 장차 수립될 정권은 대중적 지반을 가진 정당·사회단체를 기초로 한 민주주의적 정권이어야 한다고 역설하였다. 그는 정부의 조직 원칙에 대해 "조선의 현 단계는 자본계급의 전정(專政)도 아니고 노동계급의 전정도 아니며 하나의 과도적 민주주의연합정권의 단계이므로 각 층 각 계급을 광범히 망라한 인민정권이 되어야 할 것"이라고 강조하였다. 또한 민전은 반민주주의적 요소에 대한 연합투쟁기관

---

17 「Совместная советско-американская комиссия(1946년 3월 18일 스티코프가 보낸 미소공동위원회 관련 보고서)」, 1946.3.18, 러시아연방국방부중앙문서보관소 소장문서 ЦАМО, ф.172, оп.614631, д.14, лл.1-2(한국학진흥사업성과포털).

으로서 본래 행정기관으로 출발한 인민위원회를 강화시켜 민주주의 정권이 수립될 수 있도록 할 것이라고 양자의 관계에 대해서도 설명하였다. 대회에서는 이러한 내용을 토대로 한「인민위원회의 정권 형태에 대한 결정서」가 만장일치로 채택되었다.[18]

미소공위에 큰 기대를 했던 허헌 등 민전 측의 전망과 달리, 「7호 성명」까지 발표하며 진행되던 미소공위가 더 이상 진전을 보지 못하고 5월 6일부터 무기한 휴회에 들어갔다. 이렇게 정국이 긴장 상태로 들어가자 미군정 장관을 역임한 미소공위 수석대표인 아놀드(Archibold V. Arnold)는 5월 11일 허헌과 회담하여 정국의 타개 방안을 협의하기도 했다. 이후 우익진영에서 좌익진영에 대한 공공연한 테러를 감행하여 정국은 더욱 경색되었다. 허헌은 이를 조직적인 폭력 사태로 보고, 동족 간의 야만적인 테러 행위에 대해 절대 보복하지 말 것을 당부하였다. 또 5월 15일에는 여운형·박헌영·김원봉·백남운과 함께 군정장관 러치(Lerche, A. L.)를 방문하여 테러 방지를 요청하기도 했다.[19]

허헌의 기대와 달리, 사실상의 정권으로 인정받지 못하던 인공과 중앙인민위원회는 민전이 설립된 뒤에도 계속 약화되어갔다. 게다가 허헌은 감옥에서 얻은 병의 후유증으로 건강도 좋지 않았다. 이런 와중에도 그는 끝까지 민전과 중앙인민위원회를 통한 활동의 끈을 놓지 않고 정력적으로 활동하였다. 1946년 4월 25일 청년단일전선을 목표로 결성된 조선민주청년동맹에서 여운형·박헌영·김일성·미겔스(세계청년회장)와 함께 명예회장, 5월 1일 서울운동장에서 개최된 60주년 메이데이 기념대회에서 명예의장,

18 심지연, 앞의 책, 1994, 119~120쪽.
19 위의 책, 121~123쪽.

7월 28일 조선노동조합전국평의회의 국제노동연맹 가입 축하 명예의장, 8월 7일에는 해방 1주년을 기념하는 '8·15 기념행사 전국준비위원회' 위원장으로 추대되는 등 각종 사회 활동을 병행하였다.[20]

허헌은 여운형과 김규식이 주도한 좌우합작운동에도 참여하였다. 1946년 5월 23일 군정장관 러치는 허헌과 여운형을 초청하여 김규식·원세훈(元世勳) 등 4인의 회담을 통해 정국의 긴장상태를 타개할 것을 권유하였다. 이것이 좌우합작운동의 출발이었던 셈이다. 6월 22일 이승만이 굿펠로우(Preston M. Goodfellow)에게 보낸 비망록에 따르면, 미소공위가 휴회로 들어간 뒤에 하지는 박헌영 등의 극좌파를 배제하고 여운형·허헌 등을 끌어들여 남북합작의 과도정부를 구성하는 방안을 구상했다고도 한다.[21] 게다가 미소공위가 무기한 휴회로 들어간 지 1개월도 되지 않은 6월 3일 이승만은 이른바 '정읍 발언'을 통해 남쪽만의 단독정부 수립을 가시화하는 등 국내 정국에서도 남북분단의 가능성이 감지되던 상황이었다.[22] 이에 여운형은 좌우합작을 통한 통일정부 수립 운동이 시급함을 더욱 절실히 느꼈고, 좌우합작운동에 박차를 가하였다.

이후 위의 4인은 여러 차례 회합하여 좌우합작의 원칙 문제를 본격적으로 논의하였다. 7월 25일 좌·우 양측에서 5인씩 선정하

---

20 民主主義民族戰線, 앞의 책, 1946, 182~185쪽; 『朝鮮人民報』, 1946.5.3, 8.8; 『獨立新聞』, 1946.7.30.
21 정병준, 『우남 이승만 연구』, 역사비평사, 2005, 570~572쪽.
22 위의 책, 565쪽. 미소공위가 한창 진행 중이던 4월 6일에 미국 샌프란시스코 발 AP통신은 미군정 당국이 남조선 단독정부(separate independent government) 수립을 미 본국에 제의하는 보도를 했다고 한다. 물론 군정장관 러치와 미 국무부는 이를 부정했지만, 완전히 터무니없는 것은 아니었다고 보고 있다.

여 좌우합작위원회가 구성될 때 허헌은 민전의 여운형·정노식(鄭魯湜)·이강국·성주식(成周寔)과 함께 좌측 대표로 선정되었다.[23] 하지만 좌익 측의 '합작 5원칙'과 우익 측의 '합작 8원칙' 등으로 갈등이 계속되었다. 특히 허헌은 개인적으로 좌우합작 자체보다는 3당 합당이 더 시급하다는 생각도 갖고 있었기에, 민전 의장단 이름으로 3상회의 결정 지지가 합작의 전제조건이며 강제적인 합작공작에는 반대한다는 입장을 표명하기도 했다. 어쨌든 10월 4일 여운형의 적극적인 중재로 양측의 절충안인 '좌우합작 7원칙'이 결정되었다. 허헌도 참여하여 완성된 7원칙의 내용은 다음과 같다.

1) 3상회의 결정에 의하여 남북을 통한 좌우합작으로 민주주의 임시정부를 수립할 것
2) 미소공동위원회 속개를 요청하는 공동성명을 낼 것
3) 토지개혁 실시, 중요산업 국유화, 사회노동법령 및 정치적 자유를 기본으로 지방자치제의 확립
4) 친일파 민족반역자를 처리할 조례 추진
5) 남북의 정치운동자 석방 및 남북 좌우의 테러적 행동 제지 노력
6) 입법기구의 기능과 구성방법, 운영방안 모색
7) 언론·집회·결사·출판·교통·투표 등 자유 절대 보장

한편 5월 6일부터 미소공위가 휴회로 들어가자 미군정은 곧바로 '조선정판사(朝鮮精版社) 위폐(僞幣) 사건'을 발표하고, 조선공산당 간부에 대한 체포령과 『해방일보』에 대한 정간 조치, 공산당

---

23 서중석, 앞의 책, 1992, 400~410쪽.

본부 건물 폐쇄 등 탄압을 본격화했다. 허헌은 이 사건에 대해 일체 개인적인 견해를 발표하지 않았다. 하지만 사건에 대한 재판부의 일방적인 진행이 계속되자 끝내 참지 못하고 항의했고, 8월 19일 자신이 직접 변론하겠다며 특별변호인을 신청하였다. 이 사건의 변론은 해방정국에서 줄곧 허헌과 함께 해온 김용암이 주도하고 있었다. 당시 허헌은 "내가 특별변론을 하게 된 것은 법정투쟁을 하려는 것도 아니요, 다만 조선 사법 건설의 장래를 위한 것"이라고 밝혔다.[24] 한말부터 오랫동안 투쟁해온 '항일변호사, 인권변호사, 사상변호사'로서의 양심이 발동한 것이다.

허헌의 특별변론 신청은 담당재판부에서는 받아들여졌는데, 경색된 정국 등 주위 환경으로 인해 결실을 맺지는 못했던 것 같다. 변론기일로 잡힌 8월 27일에 허헌은 끝내 출석하지 못했고 결국 그 자격은 취소되었다. 이렇게 된 이유는, 해방공간의 정치적인 격변 상황, 특별변호인 신청 후 전개된 박헌영 등에 대한 체포령과 허헌의 집 압수수색, 9월 총파업과 10월 인민항쟁으로 이어진 급박한 상황에서 직접 변론에 참여하기가 어려워졌기 때문일 것이다.[25]

이렇게 급박한 상황에서도 허헌은 민전을 중심으로 자신의 본분을 계속해나갔다. 9월 내내 민전 의장단회의 등을 통해 김원봉·성주식·여운형·백남운·김성숙 등과 만나 공산당 체포령에 대한 대책을 강구하고 민전의 방향에 대해 토론하였다.[26] 11월

24 「司法建設의 將來를 爲한것, 淡淡 心境을 말하는 許憲氏」, 『現代日報』, 1946.8.21.
25 김두식, 『법률가들』, 창비, 2018, 341~342쪽.
26 9월 11일 이후 민전 의장단회의에서는 각종 문제가 여러 차례에 걸쳐 논의되었는데, 9월 18일 회의에서 허헌은 특히 백남운과 격론을 벌였다고 한다(『서울신문』, 1946.9.19; 서중석, 앞의 책, 1992, 464쪽; 심지연, 앞의 책, 1994, 146쪽).

8~9일경에는 직접 하지를 방문하여 체포령이 떨어진 박헌영·이강국 등의 신분 보장과 '정판사 사건' 및 민중항쟁 관련으로 구속된 사람들의 석방을 요구하였다.[27] 이렇게 활동하는 과정에서 10월 하순경에는 김원봉·성주식 등과 함께 경찰서에 구금되어 폭행을 당하는 등 직접 모욕을 당하기도 했다.[28]

9월 총파업과 10월 인민항쟁 등 격렬한 대중투쟁이 이어지는 와중에서 정국은 이른바 사회노동당 준비위원회와 남조선노동당(이하 남로당) 준비위원회로 나뉘었다. 11월 들어서 여운형 등은 좌익계열의 정당들을 통합하여 하나의 대중정당으로 발전시키는 게 중요한 과제라고 생각하고 양 준비위원회를 통합하기 위해 노력했지만, 현실적으로 불가능한 일이었다. 허헌은 정당 합당의 문제에 대해 결코 직접적인 사견을 표명하지는 않았지만, 기본적으로는 민전의 입장을 대변하고 있었던 것으로 봐야 할 것이다.

1946년 11월 23일 남로당 결성대회에서 허헌은 여운형·이승엽(李承燁) 등과 함께 14명의 의장단에 추대되었다. 사실상 허헌은 일제강점기와 해방공간을 통틀어 그때까지 어떠한 정당에도 가입한 적이 없었다. 신간회나 민전과 같은 통일전선조직에서만 주로 활동해온 것이었다. 그러니 본격적인 정당조직으로는 남로당 가입이 처음인 셈이었다. 대회는 허헌의 '남조선노동당, 북조선노동당, 미소공위 속개, 조선민주주의임시정부 수립 만세' 삼창으로 막을 내렸다. 그리고 12월 10일 남로당 제1회 중앙위원 및 중앙감찰위원 연석회의에서 허헌은 위원장으로 선임되었다. 당일에 허헌은 하지를 방문하여 남로당 결성식에 미군정 대표가 참

---

27 심지연, 앞의 책, 1994, 148쪽.
28 『朝鮮日報』, 1946.10.26; 서중석, 앞의 책, 1992, 554쪽의 각주 19.

석한 데 대해 답례하였다.[29]

그런데 심지연의 연구에서는 남로당 위원장을 맡은 허헌을 박헌영이 전면에 나설 수 없는 상황에서 그를 대신하는 꼭두각시 같은 역할로 보고, 북한에 정착한 뒤 박헌영과 거리를 두는 다소 기회주의적 태도를 취한 것처럼 서술의 행간에서 드러내고 있기도 하다. 하지만 과거 공산주의자를 비롯한 수많은 '사상사건'을 변론했던 허헌의 입장에서 볼 때, 조선공산당 사건 변론 과정을 통해 돈독해졌던 박헌영과의 관계가 '특별히 특별한' 것은 아니었다고 생각된다. 심지연도 지적했다시피 허헌이 남로당 위원장을 맡은 것은 당의 구성요소가 "착취당하고 압박받는 계층"을 대변하는 정당으로 보았기 때문으로서, 당시의 정치적 상황과 그의 개인적인 소신에 의한 선택으로 보는 게 자연스럽다.[30]

한편 1946년 10월 12일 미군정은 남조선과도입법의원(南朝鮮過渡立法議院)을 발표하고 12월 12일부터 시행하기로 하였다. 이렇게 미군정이 군정법령을 공포하고 입법기관의 설치를 강행하려는 움직임을 보이자, 허헌은 11월 14일 기자회견을 열고 미군정에 협조할 생각은 있지만 맹종할 생각은 없으며 시시비비(是是非非)는 분명히 하겠다고 밝혔다. 예컨대 친일파와 민족반역자의 숙청, 정치범 석방 등 중요한 문제가 전혀 실행되고 있지 않음을 지적하였다. 이러한 입장은 12월 2일 기자회견에서도 계속되었다.

29 심지연, 앞의 책, 1994, 149~150쪽.
30 마찬가지 맥락에서, 월북 이후 허헌이 박헌영과 밀접한 관계를 맺지 않은 것에 대해 특별한 정치적 의미를 부여하는 것도 지나친 억측이라 생각된다. 단정 수립 이전까지 줄곧 미국에 대한 낙관적 기대로 일관했던 허헌이 북한에 체재하면서 나중에 '미국의 스파이' 혐의까지 받았던 박헌영과 의도적으로 거리를 두었을 가능성도 고려는 해야겠지만, 허헌이 1951년에 사망함에 비춰볼 때 이 역시 지나친 해석으로 보인다.

허헌은 입법위원의 구성이 모스크바3상회의에 위배되며, 다수의 애국지사들이 투옥되거나 수배 중인 상태에서 입법의원은 일제강점기에 조선총독의 자문기구였던 중추원(中樞院)의 재판(再版)에 불과할 것으로 내다보면서 반대하였다. 그리고 미소공위를 속개(續開)하여 남북을 통일한 하나의 민주주의임시정부를 수립해야 한다고 주장하였다.[31]

허헌은 민전 의장이자 남로당 위원장으로서 지속적으로 미소공위의 재개를 통한 통일정부의 수립을 촉구하는 운동을 전개하였다. 민전은 12월 29일 남산에서 모스크바3상회의 1주년을 기념하여 시민대회를 개최했는데, 개회사를 통해 허헌은 3상회의의 결정을 적극적으로 실천하는 것만이 민족의 부흥과 민주독립의 길임을 재차 다짐하는 결의문을 채택하고 미소공위의 속개를 요구하였다. 1947년 1월 들어 한민당과 한국독립당, 대한독립촉성국민회가 다시 반탁운동을 일으키자 이를 규탄하였다. 이런 와중에 소련군 당국이 허헌에게 혁명을 일으켜 미군정을 일소하라는 지령을 보냈다고 하여, 일부 신문에서 이를 보도해 사회적으로 물의를 빚은 사건이 일어났다. 허헌은 즉시 허무맹랑한 모략이라면서 이를 부인하는 담화를 발표하였다. 이후에도 이렇게 모략적으로 민주진영의 위신을 실추시키는 사건들이 계속되었다.[32]

1947년 5월 21일 제2차 미소공위가 재개되자 허헌을 중심으로 한 민전에서는 크게 고무되어 환영하였다. 허헌은 미소공위를 파괴하고 모략적 행동을 일삼는 세력과 친일파·민족반역자는 미소

---

31 심지연, 앞의 책, 1994, 157~158쪽. 여운형과 홍명희가 관선의원으로 추대된 것을 거부하자, 허헌은 이들의 행동이 옳다며 칭송했다.
32 위의 책, 163~167쪽 참조.

제2차 미소공위 당시의 모습. 맨 왼쪽이 허헌(위키백과, '허헌' 항목)

공위에서 배제해야 한다고 지속적으로 요구하였다. 6월 30일 허헌은 하지 중장의 초청을 받고 시국문제를 논의했는데, 아마도 이러한 내용을 요구했을 것이다. 이는 당시 여운형·김원봉 등도 주장하는 바였고 대중투쟁으로 드러난 일반 민중의 의사도 반영한 것이었다. 7월 11일 허헌은 김원봉·이승엽과 함께 오전에는 미소공위 미국 측 수석대표인 브라운 소장을, 오후에는 소련 측 수석대표인 스티코프 대장을 각각 방문하였다. 이 자리에서도 그는 한민당 등 반탁진영을 '공위(共委)를 파괴하려는 민족의 적'이라 규정하고, 이들을 협의대상에서 제외할 것을 강력히 요구하였다.[33]

한편 미소공위의 성공 가능성이 최고조에 달했던 6월 말경은 반탁시위도 최고조에 달한 시기였다. 당시 반탁 여론과 함께 극우파에 의한 여운형·김규식 등 중도파의 테러·암살 논의도 미군

---

33 『獨立新聞』, 1947.7.9, 7.10, 7.12.

정보망에 접수되었다고 한다. 이보다 앞서 경찰의 총수인 조병옥(趙炳玉)·장택상(張澤相)의 보고서에 따르면, 5월 말에 우익진영이 미소공위의 파탄을 위해 관련자 암살을 계획 중인데 그 첫 대상자로 꼽힌 인물에 허헌도 포함되었다고 한다. 대한독립촉성국민회와 한민당, 한국독립당 등의 일부 세력은 좌익 지도자를 암살하고 경찰과 우익 무장단체의 지원 아래 7월 1일 임시정부를 선포할 계획이라는 정보도 있었다.[34] 해방공간에서 여러 차례 테러의 위협을 받았던 여운형이나 김규식처럼 허헌도 극우단체 테러의 표적이 되어 여러 차례 거처를 옮겨 다녀야만 했다.

제2차 미소공위가 열리는 동안 실시된 한 여론조사에서 허헌은 이승만·김구·박헌영 등을 제치고 통일정부 수립 후의 대통령에 가장 적합한 인물로 선정되기도 했다.[35] 대중정당으로 출범한 남로당의 위원장으로 취임한 뒤에 그의 인기가 상승한 덕분이었다. 8·15 직후에는 새로 출범할 정부의 사법부장 정도로 거론되던 여론에서 해방 정국 2년여 만에 대통령 후보감에까지 오르게 된 것이다. 여세를 몰아 허헌은 100만 남로당원 확보를 목표로 '당원 배가 캠페인'을 벌였다. 그 결과 10월 2일에는 100만 당원을 돌파했다고 발표하였다.[36] 물론 이는 다분히 과장된 수치라는 견해가 지배적이다.[37]

34 정병준, 앞의 책, 2005, 662~663쪽.
35 『獨立新聞』, 1947.6.7. 용산구 서계동(西界洞) 주민의 무기명투표 결과로서, 허헌 51, 박헌영 25, 이승만 9, 김규식 8, 김일성 4, 김구 3, 김원봉 2, 여운형 2, 기권 및 무효표 16으로 나타났다.
36 『獨立新聞』, 1947.10.3.
37 위원장 취임 후인 1946년 12월 23일 기자회견에서 허헌은 남로당 창당 당시 정리된 당원만 53만여 명이라고 했지만, 이는 상당히 과장된 수치로 보인다. 미군의 G-2보고서에는 1947년 7월 1일 현재 8만 명이 등록했으며 8월 15일까지 20만 명을 목표로 노력 중이라고 기록되어 있다(서중석, 앞의 책, 1992, 557쪽의

남로당에서는 미소공위 활동의 성공을 위해 군중적 압력을 계획하고, 7월 27일 전국 각지에서 대규모로 '공위경축 민주임정 수립 촉진 인민대회'를 열었다. 하지만 지방의 집회는 대부분 허가되지 않아서 경찰과 상당한 충돌을 빚었고 사상자가 속출하였다. 이를 계기로 미군정은 해방공간에서 최대의 좌익 검거령을 내렸고, 허헌 등 10여 명은 지명수배의 신세가 되었다.[38] 8월 29일 미국 대통령 특사 자격으로 사절단을 이끌고 한국을 방문한 웨드마이어(A. C. Wedemeyer)가 각계 요인들과 협의하면서 남로당 위원장인 허헌에게 회견을 요청하였다. 하지만 지명수배 중인 허헌은 공개석상에 나타날 수 없었고, 서신을 통해 자신의 주장을 펼칠 수밖에 없었다.

제2차 미소공위마저 결렬된 9월 17일 미국은 계획된 수순대로 '한국 문제'의 UN 이관을 제안하였다. 그러자 소련 측에서도 9월 26일 미·소 양군을 1948년 말까지 철수시키자는 '양군 철병 제안'을 내놓았다. 이렇게 양측이 팽팽히 맞서는 가운데 미국은 10월 17일 한국 문제에 대해 결의한 초안을 UN에 제출하였다. 이어서 10월 23일 미소공위 소련 측 대표단이 서울에서 철수하였다. 허헌은 민전과 남로당을 통해 국토의 영구적인 양단(兩斷)과 민족의 분할로부터 조국을 구하고 완전한 자주정부를 수립하자고 호소하면서, '미·소 양군의 동시 철퇴'를 위한 총궐기로 구국운동을 전개할 것을 촉구하였다. 하지만 이는 역부족이었고, 허헌이 그토록 바랐던 미소공위를 통한 통일된 임시정부 수립의 꿈은 완전히 무너졌다. 결과는 오히려 이승만이 바라던 바가 실현되었고,

---

각주 36).
38 위의 책, 558쪽.

이승만은 미군의 계속 주둔을 요구하였다.³⁹ 이로써 일제강점기 부터 해방공간을 거치면서 허헌을 비롯한 수많은 항일운동가들이 꿈꿔온 통일된 민족국가 건설의 염원과 노력은 좌절되고 말았다.

1948년 1월 8일 UN한국임시위원단(UNCOK)이 서울에 도착하였다. 다음 날인 9일 민전은 즉각「조선인민에게 고함」을 발표하여 미·소 양군의 동시 철병과 자주독립국가 건설을 주장하였다. UN위원단은 1월 22일 남쪽의 이승만·김구·김규식·김성수·허헌·박헌영과 북쪽의 김일성·김두봉(金枓奉)·조만식 등 각계 정치지도자들의 의견을 청취하겠다고 발표하였다. 예상대로 우익진영은 남쪽만의 즉각 선거를 요구했고, 북쪽은 임시위원단의 평양 방문을 거절하였다.⁴⁰ 1월 28일 남로당에서는 다음과 같이 규정하면서, UN위원단 앞으로 물러가라는 내용의 항의서를 보냈다.

> 우리 조선의 독립을 가져오는 것이 아니고 예속을 가져오는 것이며, 통일을 가져오는 것이 아니고 국토 양단과 민족의 분열을 가져오며, 조선민족의 자주 자결권을 무시 유린하고 우리나라의 내정에 간섭하여, 결국 UN의 이름을 빌려 남조선에다 친일파 민족반역자 등 반동분자 독재의 괴뢰적인 반동독재를 조작하여 남조선을 식민지화 군사기지화 하려는 것.⁴¹

남로당은 UN위원단이 "미국의 식민지화 정책을 실행하는 대

---

39 심지연, 앞의 책, 1994, 175~176쪽; 정병준, 앞의 책, 2005, 675쪽.
40 정병준, 위의 책, 690~691쪽.
41 『노력인민』, 1948.2.2(심지연, 앞의 책, 1994, 181~182쪽에서 재인용).

행기관의 역할을 하는 데 불과"하다고 본 것이다. 남쪽만의 단독선거 실시가 확실시되자 남로당은 2월 7일을 기해 전국적인 선거반대운동에 돌입하였다. '2·7총파업'과 '5·10선거 반대투쟁'을 허헌은 '2월 인민항쟁'이라고 불렀으며, 민전과 남로당에서는 파업투쟁을 지지하는 성명을 각각 발표하였다. 남로당은 단독선거(단독정부 수립) 반대투쟁에 참여한 인원만 180여 만 명에 달한다고 주장했으며, 허헌은 조병옥의 발표를 인용하여 투쟁 기간 동안 8,400여 명이 피검되었다고 언명하였다. 그리고 북쪽의 조선인민공화국 임시헌법초안을 지지한다고 선언하였다. 허헌을 중심으로 한 남로당과 민전은 5·10선거가 한반도를 영구히 분할하고 38도선 이남을 미국의 식민지로 만드는 것이라고 인식했던 것이다.[42]

---

42 자세한 내용은 심지연, 앞의 책, 1994, 180~187쪽 참조.

남북협상운동 참가를 위한 북행

　한반도 분단과 미·소 냉전체제가 굳어져간 1948년 초 김구와 김규식은 UN위원단에 이른바 남북협상(南北協商)을 제의하였다. 2월 16일 김구와 김규식은 연명하여 북쪽의 김일성·김두봉 앞으로 남북회담을 개최하자는 내용의 편지를 보냈다. 이에 북쪽에서는 3월 25일 평양방송을 통해 남북의 정당·사회단체 대표자 연석회의(이하 남북연석회의)를 개최하자고 제의했고, 남쪽에서 이에 응함으로써 회담이 성사되었다. 허헌 역시 이 연석회의에 참가했으며, 회담이 끝난 뒤부터 북쪽에 체재하게 된다. 체포령이 떨어진 남쪽에서는 더 이상 활동이 어려웠으며, 함경도가 고향인데다 아끼던 장녀 허정숙은 이미 북쪽으로 들어와 활동하고 있었고, 나이도 이제 60대 중반에 접어든 상황이었으니 허헌으로서는 어찌 보면 자연스러운 선택이었다.

　북쪽의 제의 이후 민전에서는 1948년 3월 29일 정당·사회단체 대표자회의를 개최하고 남북연석회의를 지지하는 성명을 발표하였으며, 다음 날인 30일 남로당에서도 지지하는 결정서를 채택하였다. 민전과 남로당의 책임을 맡고 있었으니 이러한 결정들은 모두 허헌이 주도한 것이었다고 할 수 있다. 그렇지만 그는 4월 1일 개인적 차원에서도 반드시 직접 연석회의에 참가하겠다는 내용의 편지를 북쪽의 민전에 보냈다. 그는 남북연석회의의 의의를 다음과 같이 언급하였다.

> 동지들이 이 망국적 단독선거를 반대하고 통일적·자주적 독립을 위하는 전 조선 정당·사회단체 대표자 연석회의를 개최할 것을 제의한 것은 참으로 시기에 가장 적절하며, 또한 역사적 의의가 거대한 바 있습니다.[43]

허헌은 시기가 적절하다고 언급했지만, 사실상 해방공간의 역사적 흐름을 보면 1948년 초는 통일민족국가 수립이라는 목표의 달성이라는 관점에서 보면 상당히 늦은 시점이었다. 마찬가지로 남쪽의 김구와 김규식이 북쪽에 남북협상을 제안한 것도 어찌 보면 때를 놓쳐버린 늦은 시점이었다고 할 수 있다. 물론 분단이 확실시되는 시점에서 양심 있는 애국적 정치지도자로서 마지막까지 노력을 경주하는 것은 당연했다. 비록 늦었다 할지라도 남과 북의 지도자들이 처음으로 한자리에 모인 것은 매우 의미 있는 일이었지만, 우리 현대사 전체로 보면 상당히 아쉬움이 남는 대목이다.

남북연석회의는 당초 예정일보다 닷새 늦은 1948년 4월 19일 평양에서 개최되었다. 이는 남쪽의 대표들이 평양에 도착하는 게 늦어지리라는 예상 때문이었다. 그럼에도 실제로 김구는 4월 19일에, 김규식은 21일에야 서울을 출발했기 때문에 첫날의 예비

---

[43] 『노력인민』, 1948.4.21(심지연, 위의 책, 192쪽에서 재인용).

1948년 4월 남북연석회의 참석차 평양에 간 허헌(오른쪽). 왼쪽은 김일성

회담과 본회의에는 참석하지 못하였다. 4월 19일 평양 모란봉극장에서 김두봉의 사회로 개최된 연석회의에서 허헌은 김일성·김두봉·박헌영·최용건(崔庸健)·김원봉·김달현(金達鉉)·백남운·여운홍(呂運弘) 등 28명으로 구성된 주석단에 포함되었다. 그리고 남로당을 대표하여 축사를 했으며, 4월 23일에는 「남조선 단독선거와 단독정부 수립에 대한 반대투쟁 대책」을 보고하였다. 허헌 외에도 회의에서는 김일성·박헌영·백남운 등의 정세보고가 있었다. 이후 「조선 정치정세에 관한 결정서」, 「미·소 양국 정부에 보내는 전조선 정당·사회단체 연석회의 요청서」가 채택되었으며, 허헌의 제안에 따라 '남조선 단독선거반대 전국투쟁위원회' 결성을 결의하였다.[44]

평양에서 남북연석회의가 개최된 4월 19일에 맞춰서 서울에서

---

[44] 위의 책, 192~194쪽.

는 민전을 중심으로 '단선단정반대 통일정부수립촉진 인민대회준비위원회'가 결성되어 성명을 발표하였다. 허헌은 박헌영·김원봉과 함께 이 위원회의 회장으로 추대되었다. 그리고 다음 날인 20일에는 단선반대 구국투쟁만이 남북연석회의를 성공으로 인도한다는 내용의 호소문이 발표되었다.[45]

한편 늦게 도착한 데다 원래부터 북측에 대한 신뢰가 없었던 김구 등은 남북요인회담을 제안하였다. 이에 4월 26일과 30일에 남측의 김구·김규식과 북측의 김일성·김두봉 간에 이른바 '4김 회담'이 개최되었다. 또 27일과 30일에 단체 대표자들 간에 '남북정당사회단체 지도자협의회'가 두 차례 개최되었다. 이렇게 1948년 4월 19일부터 30일 사이에 진행된 '예비회담, 본회의(19, 21~23, 26일), 4김 회담, 지도자협의회'를 통틀어서 오늘날 '남북협상'이라고 부르고 있다. 마지막 날인 4월 30일 회의에 참가한 남북의 인사 75명과 정당·사회단체 56개의 연명으로 지도자협의회에서 발표한 공동성명서의 내용은 다음과 같다.

1) 소련이 제의한 바와 같이 우리 강토에서 외국 군대가 즉시에 철거하는 것은 우리 조국에서 조성된 곤란한 상태하에서 조선 문제를 해결하는 가장 정당하고 유일한 방법이다. 미국은 이 정당한 제의를 수락하고 자기 군대를 남조선에서 철퇴시킴으로써 조선 독립을 실지로 원조하지 않으면 안 된다. 일제가 우리 조국에서 추축된 이후 우리 조선인민은 자력으로 외국의 간섭 없이 우리 문제를 우리 민족의 힘으로 능히 해결할 수 있을 만큼 성장되

---

45 위의 책, 194쪽.

었으며, 우리 조국에는 이것을 해결하기에 충분한 간부들이 다수 있다.

2) 남북 정당 사회단체 지도자들은 우리 강토에서 외국 군대가 철퇴한 후에 내전이 발생할 수 없다는 것을 확인하며, 또 그들은 통일에 대한 조선인민의 지망에 배치하는 여하한 무질서의 발생도 용허하지 않을 것이다. 남북 정당 사회단체들 간에 전취된 약속은 우리 조국의 완전한 질서를 확보하는 튼튼한 담보이다.

3) 외국 군대가 철퇴한 이후 하기(下記) 제 정당 단체들은 공동 명의로서 전조선 정치회의를 소집하여 조선인민의 각층 각계를 대표하는 민주주의임시정부가 즉시 수립될 것이며, 국가의 일체 정권은 정치·경제·문화생활의 일체 책임을 갖게 될 것이다. 이 정부는 그 첫 과업으로 일반적·직접적·평등적 비밀투표로서 통일적 조선 입법기관을 선거할 것이며, 선거된 입법기관은 조선헌법을 제정하여 통일적 민주정부를 수립하여야 할 것이다.

4) 상기(上記) 사실에 의거하여 본 성명서에 서명한 제 정당 사회단체들은 남조선 단독선거의 결과를 결코 승인하지 않을 것이다. 또 이러한 선거로서 수립되는 단독정부를 결코 인정하지 않으며 지지하지 않을 것이다.[46]

  지금까지 민전과 남로당에서 지속적으로 주장해온 미·소 양군의 즉시 철수, 남쪽만의 단독선거와 단독정부 거부, 전 조선인민의 통일적인 민주주의임시정부 수립을 다시 한번 천명하는 내용이다. 남북협상운동은 결국 분단의 대세를 막지도 못하고 북한정

---

[46] 송남헌, 『韓國現代政治史』 1, 成文閣, 1980, 467~468쪽.

권에게 정당성의 근거로만 오용되었다는 평가도 있지만, 민족분단의 긴박한 정세에서 사상과 이념의 차이를 넘어 분단을 반대하고 민족의 자주성을 추구했다는 점에서 일정한 역사적 의의를 지닌다. 아울러 최초로 분단 문제의 평화적 해결을 모색함으로써 이후 평화적 통일운동의 초석을 마련했다는 평가도 받고 있다.[47]

남북연석회의가 끝난 뒤 더 이상 남쪽에서 활동할 여지가 없었던 허헌은 그대로 북쪽에 남기로 결정하였다. 허헌뿐만 아니라 백남운·홍명희·김원봉·이극로(李克魯)·성주식·손두환(孫斗煥)·이영(李英) 등 '범좌익계' 인사들 다수가 잔류를 선택하였다. 서울에 있던 부인과 자녀 등 허헌의 가족들도 모두 그해 8월경 북으로 올라가 평양국립병원에 입원해있던 허헌을 만났다.[48] 가족들뿐만 아니라, 1947년 말부터 1948년 여름 사이에 김용암·한영욱 등 허헌과 가깝게 지내던 함경도 출신 법조인들도 대부분 월북한 것으로 보인다.

1948년 8월 15일 남쪽에서 이승만을 대통령으로 하는 대한민국정부가 수립된 뒤 8월 25일 북쪽에서는 조선민주주의인민공화국을 건설하기 위한 최고인민회의 선거가 실시되었다. 이를 위해 남쪽에서도 이미 정당·사회단체와 무소속 대표들로 구성

---

47 김성보, 『북한의 역사 1 – 건국과 인민민주주의의 경험 1945~1960』, 역사비평사, 2011, 132쪽.

48 허근욱, 앞의 책, 2001, 367쪽. 심지연은 허근욱이 1961년에 펴낸 『내가 설 땅은 어디냐』(신태양사)를 인용하여 허헌의 가족이 5월에 북으로 갔다고 서술하고 있는데(195쪽), 2001년도 허근욱 저술의 8월 북행설이 더 신빙성이 높다고 보아 이를 따랐다. 한편 장남 허영욱은 허헌이 1947년 12월에 평양으로 들어왔다고 서술했는데(허영욱, 앞의 책, 2015, 160쪽), 여러 정황으로 볼 때 허헌은 남북협상에 맞춰서 북행한 것으로 보인다. 허영욱에 따르면, 당시 서울에 남은 가족들 가운데 어머니를 제외하고는 아무도 아버지가 평양으로 간 것을 몰랐고 단지 경찰의 탄압을 피해 다니는 줄만 알고 있었다고 한다(201쪽).

해주에서 열린 남조선인민대표자대회 모습.
왼쪽부터 차례로 허헌, 박헌영, 홍명희(허근욱, 2001)

된 '조선최고인민회의 남조선대의원선거 지도위원회'가 조직되어 8월 20일까지 비밀리에 지하선거가 치러졌다. 이렇게 남쪽에서 선출된 인민대표들이 8월 21~25일 사이에 월북하여 황해도 해주에서 남조선인민대표자대회를 개최한 후 최고인민회의에 보낼 대의원을 선출하는 방식이었다. 실제로 남쪽에서 간접선거로 뽑힌 1,080명의 인민대표들이 월북하여, 해주에서 최고인민회의에 보낼 360명의 대의원을 선출하였다. 이렇게 남과 북에서 선거로 뽑힌 572명의 대의원 가운데는 과거 항일독립운동 경력자가 총 287명으로 50.2%에 달하였다.[49] 북쪽 대표가 누락된 채 남쪽만의 선거로 치러졌고 게다가 일부 친일부역자들도 진출한 남쪽의 입법기관 선거와는 큰 대조를 보였다.

49 김성보, 앞의 책, 2011, 132~134쪽.

제1차 최고인민회의는 9월 2~10일 평양에서 개최되었다. 첫 날인 2일에 허헌은 최고인민회의 의장으로 선출되어 전체 회의를 이끌었다. 또한 49명으로 구성된 조선민주주의인민공화국 헌법위원회 위원으로 추대되어, 위원장 김두봉이 제출한 헌법초안에 대해 토론을 거쳤다. 허헌은 정권의 형태를 인민위원회로 규정한 헌법초안을 지지한다고 발언하였다. 협의 결과 9월 8일 '전 조선에 실시'를 선언한 「조선민주주의인민공화국 헌법」이 채택되었고, 9일에 김일성을 수상으로 하는 내각이 조직됨으로써 조선인민공화국이 수립되었다. 그리고 9월 10일 허헌의 폐회사를 끝으로 최고인민회의는 막을 내렸다.[50]

조선민주주의인민공화국의 초대 내각은 남과 북의 인사들이 대략 반반씩으로 구성되었다. 이미 고령에다 건강도 쇠약해진 허헌은 이 내각에는 참여하지 않았으며, 딸 허정숙은 조선민주주의인민공화국의 초대 문화선전상으로 임명되었다. 다만 허헌은 자신의 전공영역인 최고인민회의 법제위원회 위원장을 맡아 활동하였다. 또 1949년 1월 28일 개최된 제2차 최고인민회의, 4월 19일 개최된 제3차 최고인민회의에 참석하여 개회사를 했다.[51]

북한정부의 체제가 조금씩 정비되어가고 본격적으로 민족통합을 전망하면서 남북의 정치사회단체를 통합할 통일전선조직의 필요성이 높아져갔다. 이에 남과 북을 통합하는 상징적인 인물로 허헌이 부각되었다. 사실상 이러한 통일전선조직의 필요성은 당시 남쪽의 정치사회단체에서 먼저 제안한 것이었다. 즉 남로당, 민주독립당, 인민공화당, 근로인민당, 남조선청우당, 사회민주당,

50 심지연, 앞의 책, 1994, 201~203쪽.
51 위의 책, 203~205쪽.

문화선전상이 된 허정숙(맨 왼쪽). 앞줄의 어린아이가 김정일
(허근욱, 2001)

남조선민주여성동맹, 조선노동조합전국평의회 등 8개 정당·사회단체는 1949년 5월 12일 미군 철퇴와 조국 통일을 위해 전체 역량을 총결집하는 '조국통일민주주의전선'을 결성하자고 제의하였다. 이에 대해 북조선 민전이 두 차례의 중앙위원회를 거쳐 이를 찬성한 것이었다.52 당시 범좌익진영의 시각에서 볼 때, 조선민주주의인민공화국의 성립은 단독선거에 의해 수립된 남한정부와 달리 일제강점기부터 해방공간에 이르기까지 지속적으로 추구해온 인민공화국의 연장선상에 있는 것으로 파악되었을 것이다.

1949년 5월 25일 남북한의 51개의 정당·사회단체 대표 68명이 참가한 가운데 평양에서 제1차 준비위원회가 개최되었다. 허헌은 제1차 준비위원회에 박헌영·김삼룡(金三龍)·이기석(李基錫)

---

52 위의 책, 208~209쪽.

등과 함께 남로당을 대표하여 참석하였다. 당일 허헌은 홍명희 등과 함께 부위원장으로 선출되었으며, 위원장은 김두봉이 맡았다. 6월 7일 제2차 준비위원회를 거친 뒤 25일 평양에서 71개 정당·사회단체 대표 704명이 참가한 가운데 조국통일민주주의전선(이하 조국전선) 결성대회가 개최되었다. 허헌은 주석단 41명의 일원으로 선출되었으며, 김두봉의 개회사에 이어 방대한 내용의 「국내외 정세와 우리의 임무에 대한 보고」를 했다. 그 내용에는 미군 주둔이 민족의 통일을 가로막고 있다는 것, 남북연석회의에 참가했던 김구와 김규식이 직접 서명한 결의를 실천하지 않음을 비판하는 것 등이 포함되었다. 이러한 허헌의 보고와 주장에 모두가 찬성하고 통일·독립·민주 발전을 위해 조국전선의 기치 아래 전체 애국적 역량을 결속하기로 결정하였다. 결성대회 마지막 날인 6월 28일 의장단 선출에서 허헌은 김두봉·김달현·이영·유영준(劉英俊)·정노식·이극로와 함께 의장단의 일원으로 선출되었다. 이후 허헌은 조국전선의 의장으로서 활발한 활동을 벌였다. 7월 13일에는 조국전선에 참가하지 않은 남한의 정당·사회단체에 촉구하는 공개서한을 발송했으며, 다음 날인 14일에는 의장단을 대표하여 조선중앙통신과 기자회견을 했다. 또 8월 30일에는 모스크바에서 개최된 세계평화옹호대회에 북한대표단을 이끌고 참석하여 연설했다.[53]

 1950년 5월 30일 남한에서 제2대 국회의원 총선거가 끝난 후 조국전선에서는 평화통일 방안을 적극적으로 추진하기 위해 「조국통일민주주의전선 중앙위원회 호소문」을 발표하였다. 허헌은

---

53 위의 책, 210~215쪽.

5·30선거에서 당선된 조소앙·여운홍·장건상(張建相) 등 남북협상파들에 일정한 기대를 걸고 있었다. 그는 그해 6월에 『인민』에 기고한 글에서 "조선인민은 38선을 국경으로 인정하지 않았으며 지금도 인정할 수 없다."는 입장을 고수하고 있었다. 하지만 현실은 그의 소신과는 다르게 흘러갔고, 실제 남한의 상황도 전혀 뒷받침되지 않는 상황이었다. 남북협상에 참석한 뒤 1949년 6월 26일 김구는 암살을 당하였고, 김삼룡·이주하(李舟河) 등 남아 있던 좌익도 1950년 5월 25일 체포되는 등 상층의 동력이 완전히 상실된 상태였다. 그리고 북쪽에서 평화통일 공세를 계속하는 와중에 6·25전쟁이 일어났다. 허헌의 가족은 평북 강계(江界)의 초산리로 피난을 갔다고 한다.[54]

54 허근욱, 앞의 책, 2001, 387쪽. 현재 강계군에 초산리는 없는데, 강계군과 인접한 초산군 초산면일 가능성이 높다.

인민의 가슴 속에 잠든 항일변호사

허헌의 고향이 함북인데다 허정숙이 김일성 정부의 최측근이었으니 허헌 가족이 북한사회에 정착하는 건 비교적 순조로웠던 것 같다. 허헌은 1948년 10월에 새로 준공된 김일성종합대학의 총장을 맡았으며, 경제적으로도 최고의 대우를 받았다고 한다.[55] 당시 최고인민회의 의장으로 취임하게 된 김두봉의 뒤를 이은 것이었다. 그가 다시 고향이 있는 38도선 이북에 정착한 1948년 4월부터 불의의 사고로 세상을 뜨기까지 약 3년 4개월 동안, 허헌은 조선민주주의인민공화국 최고대학의 최고책임자로서 후진 양성에 주력하였다. 한말과 일제강점기를 거치면서 청년교육에 지대한 관심을 갖고 있었고 매사에 원칙적이면서 꼼꼼한 해석 능력을 지닌 허헌이라는 인물의 소신과 적성에 가장 잘 맞는 일을 하

---

55 허영욱, 앞의 책, 2015, 199쪽. 허영욱에 따르면, 부친 허헌이 김일성을 처음 만난 것은 1946년 8월 어느 날이었다고 한다. 그해 6월 말경 김일성을 만나기 위해 38도선을 넘은 적이 있었지만 때마침 김일성이 평양에 없어서 허정숙만 만나고 돌아왔다고 한다. 두 달 뒤인 8월에 김일성을 만났을 때 허헌은 혼란한 남쪽의 정치상황을 알렸고, 둘은 "모든 애국적 민주역량을 통일을 위하여 특히 근로인민대중의 단결을 강화하기 위하여 3당 합당은 반드시 이룩하여야" 한다고 합의했다고 한다(136~145쪽).

면서 말년을 보냈다고 할 수 있다.

이 외에 북쪽에서 허헌의 활동을 정리해보면 다음과 같다. 앞서 살펴보았다시피 허헌은 1948년 8월 25일 최고인민회의 제1기 대의원으로 선출되었으며, 곧바로 헌법위원회 위원으로서 조선민주주의인민공화국 헌법 제정의 책임을 맡았다. 헌법이 제정된 그해 9월에는 최고인민회의 의장으로 선출되었으며, 10월부터는 김일성종합대학 총장직을 겸하였다. 총장으로서 교육사업에 전념하면서 동시에 1949년 6월부터는 조국통일민주주의전선 중앙위원회 의장을 맡아 숙원의 과제인 통일운동을 이끌었다. 이 외에도 1951년 8월 다시 최고인민회의 의장으로, 또 조선노동당 중앙위원회 정치위원회 위원 등으로도 활동하였다.

6·25전쟁이 소강상태로 접어든 1951년 8월 16일, 허헌은 '전시 대학교육 사업'의 성공을 위해 김일성종합대학을 재건하고 그 개교식에 참석하고자 집을 떠났다. 전쟁 중에 김일성종합대학은 평안북도 정주(定州)로 임시교사를 마련해 옮겼고, 허헌 가족도 근처로 피난을 갔다가 평양으로 돌아온 상황이었다. 개교식 참석을 위해 허헌은 평양을 출발했는데, 당시 장마로 인해 청천강(淸川江) 일대의 물이 엄청나게 불어난 상태였다. 다행히 청천강은 무사히 건넜지만 그 지류인 대령강(大寧江)을 건너다 불어난 물살에 뗏목이 뒤집혀서 허헌은 죽음을 맞았다. 가족과 김일성 등 주위의 강력한 만류를 뿌리치고 나선 길이었다. 평소 작은 일에도 맡은 책임을 다해야 하는 고지식한 성격이었으니, 총장으로서 개교식에 참석하지 않을 수는 없다며 고집을 부렸다가 결국 변을 당한 것이다.

김일성의 지시로 급히 3,000여 명의 군인이 동원되어 시신의

1951년 9월 7일 허헌 장례식에서 운구하고 있는 김일성
(연합뉴스, 2011.5.13)

수습에 나섰으나 열흘이 넘도록 찾지 못하였다. 8월 26일 김일성은 직접 일군들을 만나 반드시 시신을 찾아야 한다는 지시를 내렸다. 그는 허헌의 사망이 확실하다고 보고, 그를 "고지식하고 대바른 사람"이었다면서 "허헌 선생은 비록 조국의 완전한 통일 독립을 보지 못하고 애석하게도 우리의 곁을 떠나갔으나 그가 남긴 고귀한 업적은 길이 빛날 것"이라는 내용을 담은 부고를 작성하도록 했다. 이러한 내용의 부고와 더불어 장의위원회 구성과 관련한 보도, 그의 공적을 영원히 기념하며 유가족들을 보호하는 것에 대한 내각 결정 등도 신문과 방송으로 내보내도록 했다고 한다.[56]

이로부터 며칠 뒤 평안북도 선천군과 용천군 사이에 있는 철산반도(鐵山半島) 남쪽 해변가에서 허헌의 시신이 발견되었다.[57] 그가 강물에 빠진 지 16일 만이었다. 이로써 허헌은 다음 묘비 사진

56 위의 책, 280~281쪽.
57 위의 책, 281쪽.

평양 '애국열사릉'에 안치된 허헌
[허근욱, 2001(왼쪽); 허영욱, 『나의 아버지 허헌』, 2015(오른쪽)]

에서 보듯이, 1951년 8월 17일 향년 66세를 일기로 영면한 것으로 기재되었다. 허헌의 영구는 평양의 모란봉지하극장으로 옮겨져 안치되었다가 9월 7일 조선인민공화국 국장으로 장례식이 치러졌다. 발인 당일 김일성이 직접 영구를 매고 맨 앞에서 모란봉지하극장의 계단을 올랐다고 한다. 그의 유해는 현재 평양시 신미동에 있는 '애국열사릉'에 안치되어 있다. 그리고 1990년 8월 15일 「중앙인민위원회 정령(政令)」으로 '조국통일상'을 받았다.

보론

허헌에 대한 연구와 평가

허헌은 한말부터 일제강점기를 거쳐 해방공간에 이르기까지 한국근현대사의 굵직한 역사적 흐름과 맥을 같이 했던 인물로 알려져 있다. 그는 독립운동가, 정치가, 민족지도자로서 사회운동뿐만 아니라 법조계·교육계·언론계·경제계 등 여러 방면에서 주도적으로 활동하였다. 일제강점기에는 가인 김병로, 애산 이인과 함께 이른바 '삼인'으로 불리는 항일변호사의 한 사람으로서 독립운동가와 사회운동가에 대한 지원과 변론을 위해 적극적으로 활동하였다. 1919년 3·1운동 재판에서는 유명한 '공소불수리 신립 사건'으로 일제 사법당국에 일격을 가했으며, 1920년대에는 신간회 위원장으로서 일제의 탄압에 맞서다가 옥고를 치렀고, 8·15 직전에도 '단파방송 사건'에 연루되어 또 다시 옥고를 치렀다. 해방공간에서는 건국준비위원회 부위원장, 조선인민공화국 국무총리, 민주주의민족전선 의장, 남조선노동당 위원장 등을 역임하면서 통일민족국가 수립을 위해 노력하였다.

그런데 사실상 이와 같은 허헌의 다양한 활동들의 근저에서 작동했던 일차적인 정체성은 한말부터 시작된 '항일변론 활동'에 있었다고 생각한다. 1907년 대한제국의 제1회 변호사시험에 합격한 후 '하미전 사건' 변론으로 이듬해에 바로 우리나라 최초로 변호사 제명 징계를 당하고, 3·1운동 재판에서 '공소불수리 신립사건'으로 또 다시 유명세를 치른 초기의 항일변론 경험이, 허헌이라는 한 인간의 가치관과 세계관을 형성하는 데 중요한 역할을 했다는 의미이다. 일찍부터 허헌이 변호사로서 인간의 존엄과 자유·평등을 기초로 쌓아간 치밀한 조사와 분석력, 법리 해석력 등의 강점이 그가 신간회 위원장으로 항일민족운동을 주도할 때도, 8·15 이후 통일전선운동을 이끌어갈 때도 유감없이 발휘되었다고 할 수 있다.

 허헌은 한국근현대사에서 주목할 만한 인물들 가운데 그 명망성에 비해 거의 연구가 이루어지지 않은 인물이다. 현재까지 허헌에 관한 석사·박사 학위논문은 거의 없으며, 학술논문도 최근 들어 문학계를 중심으로 주목한 그의 세계여행에 관한 것[1] 외에는 거의 없다. 그 이유는 아마도 그가 8·15 직후의 해방공간에서 굳이 구분하자면 '좌파' 진영에서 활동하다가 '월북'하여 조선민주주의인민공화국에서 굵직하게 활동하다가 생을 마감한 것과 관련이 있을 것으로 생각된다. 또 그의 장녀인 허정숙(1903~1991)이 8·15 이후 북한에서 김일성 정권과 가까운 저명한 정치인으로 활약한 것도 영향을 미쳤을 것이다.

 허헌에 대한 연구논문은 거의 없지만, 일반적으로 학계에서 그에게 주목할 때 흔히 참조하는 저서는 몇 권 있다. 널리 알려진 것으로 정치학자 심지연의 『허헌 연구』(1994)[2]와 차녀 허근욱이 쓴 『민족변호사 허헌』(2001)이 있다. 심지연의 책은 초점이 8·15 이후 허헌의 정치활동에 있어서 그의 생애 전반, 특히 한말에 태어나 허헌이 성장한 과정이나 일제강점기의 '항일변호사' 활동 등에 대해서는 극히 소략하다. 그러다 보니 이 책에서는 허헌을 기본적

---

[1] 황호덕, 「여행과 근대, 한국 근대 형성기의 세계 견문과 표상권의 근대 – 허헌의 구미만유(歐美漫遊)를 중심으로」, 『人文科學』 46, 2010; 임경순, 「한국 근대 해외 기행 문학의 양상과 의미 – 『삼천리』 소재 허헌(許憲)의 구미(歐美) 기행문을 중심으로」, 『국어교육』 137, 2012; 김효주, 「1920년대 여행기에 나타난 미국 인식과 표상: 허헌·허정숙의 미국 여행기를 중심으로」, 『한국민족문화』 49, 2013. 세계여행 이후 허헌이 잡지 『삼천리』에 연재한 기행문은 성현경이 엮은 『경성에리프의 만국유람기』(현실문화, 2015)에 수록되어 있다.

[2] 심지연은 1995년 동아일보사의 '근대인물한국사 시리즈'로 『허헌: 하나의 조국을 염원한 좌파 민족주의자』를 발간했는데, 이 책은 1994년 것보다 소략하여 학계에서는 일반적으로 『허헌 연구』를 많이 참고한다.

으로 '좌파 민족주의적 입장'에 선 인물로 보면서도, 간혹 서술의 행간에서 그를 좌파, 특히 박헌영의 대변인이었다가 월북 후에는 김일성 정권에 밀착한 기회주의적 인물로 묘사한 경우도 있다. 오늘날까지 우리 학계에서 허헌에 대한 인물 연구가 거의 공백인 상태에서도 이러한 시각은 무분별하게 그대로 수용된 측면이 있다.

허근욱의 책은 허헌의 일생을 시기별로 균등하게 서술하고는 있지만 일제강점기의 몇몇 잡지 기사, 자신의 기억과 어린시절 전해들은 이야기나 관련자 인터뷰에 주로 의존하고 있어서 초기 생애와 활동 서술에서 실증적인 오류가 많이 발견된다.[3] 그런데 이후 학계에서는 대체로 이 서술들을 그대로 수용했기 때문에 이 오류들 역시 계속 동일하게 반복되어온 측면이 있다. 또 최근 평양에서 장남 허영욱이 『나의 아버지 허헌』(2015)을 출판했는데,[4] 여기에도 한말과 일제강점기에 대한 서술은 거의 없다.

이 외에 주로 법조인으로서 허헌의 활동을 조명한 한인섭의 연구가 있다.[5] 변호사 진출 후 허헌의 활동, 특히 일제강점기의 변론 활동에 대해서는 비교적 상세히 서술하고 있다는 강점이 있다. 그런데 이 책에서는 1907년 이전 허헌의 성장 과정 등에 대해서는 아예 서술하고 있지 않다. 한인섭은 8·15 이후 허헌의 행보에 대해 다음과 같이 보고 있다.

> 해방 후 허헌의 일련의 과정을 자신의 자발적인 것이라기보다 역사

---

[3] 이에 대해서는 본서의 본문과 각주를 통해 앞서 여러 차례 밝힌 바 있다.
[4] 허영욱, 『나의 아버지 허헌』, 평양출판사, 2015.
[5] 한인섭, 『식민지 법정에서 독립을 변론하다 – 허헌·김병로·이인과 항일 재판투쟁』, 경인문화사, 2012.

의 물결에 떠밀려 양자택일을 강요받는 상황에서 나온 비자발적 선택의 성격을 갖고 있다고 생각된다. 그의 말과 글에서 공산주의적 요소를 추출하기는 쉽지 않다. 심지연은 그를 '좌파 민족주의자'라고 보고, 이호재는 그를 '급진적 인물'은 아니고, 대체로 '중도적 또는 좌·우 통합지향적 성격'을 가졌다고 지적한다. 계급보다는 늘 민족이란 과제를 중시했던 점도 분명하고, 미국에 대한 인식도 매우 우호적인 편이다. 그런 그가 좌파와 북쪽의 선택을 한 것은 중간파의 여지를 없애버리는 냉전체제하에서 나온 강요된 선택이라고 볼 수 있다. 사상적으로 그는 통합적이고 개방적인 민족주의자로 보는 것이 타당할 것이다.[6]

지금까지 허헌에 관한 연구를 보면, 한말 이래 그의 성장 과정이나 일제강점기의 활동, 특히 항일변호사로서 누구보다 돋보였던 여러 활동들에 대해서는 크게 조명되지 않았다. 이런 상태에서 8·15 이후 남북한에서 그의 활동을 중심으로 하여, 허헌이라는 인물에 대해서는 주로 이념적 잣대를 들이대어 평가해온 면이 있다. 그래서 본서에서는 허헌이라는 인물의 전 생애를 조망하면서도 주로 일제강점기 항일변호사로서의 활동에 초점을 두고 서술하였다. 8·15 이후 허헌의 활동에 대해서는 심지연의 연구가 비교적 상세하므로 이를 참조하여 극히 소략한 수준에서 정리하는 데 그쳤다.

실제로 한말부터 해방공간까지 허헌의 활동은 사실상 인권과 박애의 차원에서 휴머니스트로 행했던 다양한 활동에서부터 민족

6　위의 책, 641~642쪽.

주의자로서의 활동, 사회주의나 공산주의적 활동에 이르기까지 그 스펙트럼이 매우 넓다. 이 때문에 허헌의 사상에 대한 평가는 논란의 여지가 많지만, '진보적 민족주의자' 정도로 보는 게 일반적인 시선이다.[7] 다시 말해서 허헌의 사상에 대해 냉정하게 평가할 때는, 당대에도 오늘날에도 대체로 '양심적이고 진보적인 민족주의자' 정도로 합의되어 있다고 볼 수 있다. 하지만 허헌이라는 인물에 대해서는 '좌파'라는 낙인을 찍고 있는 게 현실이다.

1930년대에 기자 유광렬은 허헌의 사상이 "민족주의자에 가까울 것"이라고 했고, 총독부 경무국에서도 허헌은 '진보적 민족주의자'라고 했다.[8] 『왜정시대인물사료(倭政時代人物史料)』에서도 "배일(排日) 사상이 농후하며 이것을 고취하기 위해 비밀결사를 조직할 우려가 있는 자"라고 하여 민족주의 쪽에 포함시켰다.[9] 심지연 역시 앞의 저서들을 통해 그를 '일제시기부터 양심을 지켜온 민족주의자', '하나의 조국을 염원한 좌파 민족주의자'로 평가했으며, 허근욱도 "나의 아버님은 한마디로 박애정신이 투철한 진보적인 민족주의자"라고 표현하였다.[10] 북한에 있는 아들 허영욱 또한 "양심적 민족주의자로부터 진정한 혁명가로 인생전환을 한 아버지"라고 서술하고 있다.[11]

7 오늘날 위키백과의 '허헌' 항목에서도 "대체로 마르크스주의나 공산주의자라기보다 사회주의에 공명하는 진보적 민족주의자로 평가된다."고 소개되어 있다.
8 朝鮮總督府 警務局, 『最近に於ける朝鮮治安狀況』, 1933, 93쪽.
9 『倭政時代人物史料(6)』, 27쪽. 정확한 발행처나 발행 시기를 알 수 없는 이 책에는 경기도와 강원도를 중심으로 한 인물 314명에 관한 정보가 수록되어 있다. 여기서 분류하고 있는 인물의 종별에서 대체로 1종은 민족주의자, 2종은 공산주의자로 구분했는데, 허헌은 1종으로 분류되어 있다. 자세한 내용은 장신, 「일제의 요시찰과 『倭政時代人物史料』」, 『역사문제연구』 11호, 2003, 154~155쪽 참조.
10 허근욱, 「나의 아버지 허헌과 언니 허정숙」, 『역사비평』 28호, 1994, 211쪽.
11 허영욱, 앞의 책, 2015, 287쪽. 이 표현은 1951년 허헌이 세상을 떠난 뒤에 북한의 김일성이 늘 하던 말이었다고 한다.

1946년에 「허헌론」을 집필했던 문학가 김오성(金午星)은 허헌에 대해 다음과 같이 서술하였다. 이 글은 허헌의 성격과 인물됨, 정치가로서의 품성 등을 정확히 파악하고 있고 해방공간의 정치사회적 상황에 비추어 이를 잘 드러내고 있다고 생각된다. 따라서 다소 길지만 그 내용 가운데 일부를 소개하는 것으로 본서를 마무리할까 한다.

김오성, 「내가 본 그 인물 허헌 선생」 속 캐리커처
(『신조선』 3호, 1947.3, 71쪽)

2. 허헌 씨는 강직한 사람이다. 책략을 모르고 후향(後向)을 모르고, 한번 지조를 결정한 뒤에는 다시 변경할 줄 모른다. …
민족을 위해서 바친 몸을 어떤 위국(危局) 앞에서도 굽히지 않으려는 기개와 지조! 이는 참으로 고귀한 것이다. 허헌 씨가 오늘 민족 지도자의 한 사람으로서 민족의 숭모(崇慕)의 대상(的)이 되어 있는 것은, 그가 무슨 초출(超出)한 지식이라든가, 민중을 감동시키는 웅변으로서가 아니요, 오직 한번 정한 뜻을 강직하게 지켜온 숭고한 인격에서가 아닌가 필자는 생각한다.
허헌 씨는 책모를 모른다. 정치가에게 책모가 없다면, 세간에서는 그를 정치가로서의 수완을 의심할런지도 모른다. 왜 그러냐 하면, 오늘날까지의 정치는 어느 의미에서는 책모 즉 권모술수(權謀術數)에서 운영되어왔으며, 또 오늘의 현실에는 그러한 음모가들이 뒤덮이고 있기 때문이다. 온갖 음모와 책략의 정치적 혼란 속에서 홀로 그러한 책모를 갖지 못하였다면 정치투쟁에서 배겨낼 수 없다고도 단정할런지 모른다. 확실히 그러하다. 낡은 정치가적 유형에 비춰보면 허헌 씨는 너무도 솔직하여 정치가적 술략(術略)을 결여하고 있다. 그리고 오늘의 정치브로커에게 경쟁을 시킨다면 허헌 씨는 그들의 술략 앞에 늘 농락당할지도[飜弄] 모른다. 그러나 이미 때는 바뀌었다. 권모술수를 정치적 술략으로 하던 때는 이미 지나갔다. … 오늘의 정치는 인민의 정치다. 인민 스스로 운영하는 정치다. 정치가는 어느 특정한 계급에게서 정치적 청부를 받은 것이 아니라, 인민이 스스로 정치를 운영키 위해서 자기들의 대표자를 선발해서 그 임무를 담당하게 하는 것이다. 여기서 그 선발하는 방법은, 혹은 자기들 속에서 직접선거에 의해서, 혹은 오랜 투쟁 속에서 스스로 인민의 지도자로서 그 위치가 확정되어 옴으로써인 것이다. 허헌 씨는 후자의 방법으로 선발된 인민의 정치가, 인민의 지도자이다. 그는 솔직하게 인민의 의사를 실현했으면 그뿐이다. … 허헌 씨의 정치가적 생명은 오직 술략을 가진 데 있는 것이 아니라, 그것을 천성에서부터 증오하는 솔직성에 있는 것이다.

3. 허헌 씨는 겸허한 사람이다. 허헌! 이것은 지도자의 미덕인 동시에 인간적인 미덕이다. 지도자에게 있어 오만은 절대 금물이다. 그러나 지금 우리 현실에는 얼마나 오만한 자칭 지도자가 많은가! … 그러나 우리 허헌 씨만은 그러한 오만과 자존자대(自尊自大)를 모른다. 그는 인민이 부르면 어떤 괴로운 일이라도 달갑게 나와서 맡는다. 그것은 인민이 물러가라면 또한 달갑게 물러설 각오하에 서임은 물론이다. 그는 혁명가로서의 겸허뿐 아니라 인간적으로

도 타고난 겸허인이다. 아동이나 주졸(走卒)을 대하거나 같은 동지를 대하거나 그는 오만을 모르고 언제나 친절하며 겸손한 것이다. 이러한 겸허성이 오늘의 그의 지도자적 지위를 축성시켜왔음을 우리는 잊어서는 안 된다.

그는 정치투쟁 30년간에 한 번도 자기 당파를 만든 예가 없다. 나는 아직도 '허헌파'라는 호칭을 들어본 일이 없다. 그는 자기가 가장 정당하다고 생각하는 동지들이 부르면 홀로 나아가서 맡겨지는 지위에 앉아 일할 뿐이요, 자기의 비위에 맞는 사람들을 골라서 자파의 세력을 형성한 예는 전혀 없는 것이다. 그러므로 모든 정계의 거두가 다 모 정당 모 단체의 수령이란 조직대중의 세력을 배경으로 하고 있으나, 허헌 씨만은 그런 조직대중이 없다. 따라서 당수나 대표자가 아님은 물론이다. 당수가 되고 단체의 대표자가 되는 것이 결코 정당치 못하다는 것은 아니다. 정치가는 동시에 조직자여야 한다. 단지 여론의 대변자로서의 정치가가 아니라, 인민의 지도자로서의 정치가가 되려면 정치가는 인민을 조직하지 않으면 안 된다. 조직대중을 갖는다는 것은 금일 정치가에게는 다시없는 박력일 것이다. 이런 점에서 허헌 씨가 조직대중을 갖지 않고 어떤 정당이나 단체를 직접 배경삼지 않음은 정치가로서의 한낱 약점이라 아니할 수 없을 것이다. 그러나 그는 할 수 없어서가 아니라, 그것이 그의 성격에 맞지 않으므로 일부러 피하는 데는 할 수 없는 일이다. 그는 자기의 정치적 세력을 스스로 만드는 것을 한낱 증오감을 가지고 대하려 든다. 이것은 아마도 그의 청렴결백성에서, 또는 겸허한 인격에서 유래됨일 것이리라. 그리하여 자파세력을 부식치 않는 허헌 씨의 겸허성은 오히려 금일에 와서는 진보적인 지지를 받는 좋은 결과를 가져오게 되었다. 자파

세력의 부식을 위해 급급해하는 누구보다도 보편적인 신뢰를 획득하기에 이른 것이다. 그러므로 겸허는 결코 지도자에게 있어 조금도 손실이 아니라 이득이라는 것을, 우리는 허헌 씨에게서 배울 수 있는 것이다.

4. 허헌 씨는 성근(誠勤)한 사람이다. 정열의 사람이다. 그는 오랜 감옥생활에서 얻은 숙병(宿病)으로 인해 항상 건강이 좋지 못하다. 그러나 그 불건강한 몸으로도 자기에게 주어지는 임무를 수행하지 않아 운동을 지연시키는 일은 결코 없는 것이다. … 이런 분을 우리는 가리켜 민족의 지사라 부를 수 있으며, 혁명투사라 부를 수 있으며, 민족의 지도자라 부를 수 있는 것이다.

허헌 씨에게 한 가지 단점이 있다면, 그는 대화나 토의 중에 간혹 자기의 격정을 억제하지 못해서 탈선적인 말이 나오는 것이다. 그것은 아마도 그 심혼(心魂)에서 복받쳐 올라오는 혁명가적 격정 때문이리라. 그러나 그것은 지도자에게는 한낱 단점이 아닐 수 없는 것이니, 침착 냉정해야 할 때 격정에 지배된다는 것은 씨로서도 하루바삐 쫓아야 할 숙병의 일종인 병증이라 할 것이다.

오늘의 허헌 씨의 지도자적 위치는 실로 중차대하다. 그가 조직대중의 지도적 책임은 갖고 있지 않다 하더라도, 그럼으로 해서 인민대중을 지도해야 할 책임은 큰 것이다. 건국의 벽두에서 민족재건 민족의 앞에 부여된 과업이 한없이 거대한 만큼, 민족지도자들의 책무가 거대할 것은 물을 것도 없는 것이다. 특히 무당파의 허헌 씨에 대한 민족통일이란 위대한 과업에의 민족적인 사명은 중차대한 것이다. 씨의 앞날이 찬연한 동시에, 그 임무도 거대함을

우리는 강조해둔다.[12]

　민족지도자이자 정치가로서 허헌의 남다른 자질에 대해 김오성은 첫째는 강직, 둘째는 겸허, 셋째는 성실 근면을 들고 있다. 너무나 정확한 파악이라고 생각된다. 물론 일제강점기 때도 허헌의 단점으로 지적되곤 하던 점, 즉 순수한 격정으로 인해 회의 중에 간혹 무례한 말이 터져 나오는 것은 고쳐야 할 점으로 지적한다. 하지만 권모술수와 정치적 책략을 모르는 강직함과 솔직함, 30년 동안 한 번도 자기당파를 만든 적이 없고 오로지 인민대중의 부름에만 응하는, 오만이라곤 찾아볼 수 없는 겸허함, 아무리 힘든 상황에서도 주어진 임무를 주어진 시간 내에 완수하는 열정과 성실함, 허헌이 이 세 가지의 덕목을 지닌 인물이기에 민족의 정치지도자로서 그의 역할이 중요했음을 일깨워준다.

12　金午星, 『指導者群像』, 大成出版社, 1946, 41~49쪽.

연보

1885년 6월 11일(음) 함북 명천군 하우면 하평리에서 출생
1889년 11월(음) 읍내 서당에서 글공부 시작
1891년 향교에 진학하여 과거시험 준비, 소과 초시 급제
1894년 연말경에 부친을 따라 서울 광화문으로 이주, 소과 복시 준비
1895년 8월 30일 설립된 관립 계동소학교(재동소학교) 심상과에 입학
1897년 관립 재동소학교 고등과 진학
1899년 관립 재동소학교 고등과 졸업
　　　 황국협회에서 발행한 『시사총보』에 장지연 등과 함께 한시 게재
1900년 10월 3일 관립중학교(한성중학교) 입학
　　　 부친의 낙향으로 오궁동 이용익 집 사랑채에 기거
　　　 11월경 부친 사망
1901년 4월 11일 호주가 됨
　　　 친척의 권유로 러시아 블라디보스토크에서 광산 서기로 일함, 한 달 남짓 만에 중단하고 신학문 공부 위해 귀국
　　　 함흥 토호 경주정씨 집안의 정보영(정긍자)과 결혼
　　　 서울 광화문으로 이주, 잠시 지계아문에서 일함
　　　 야학에서 영어와 일본어 공부 시작
1903년 관립 덕어학교(관립 한성외국어학교)에 정식 입학
　　　 2월 14일 자 『황성신문』에 정부와 언론을 질타하는 「기서(寄書)」 투고
　　　 5월 23일(음) 첫딸 허정자(허정숙) 출생
1905년 4월 1일 사립 보성전문학교 법률학전문과(주간) 입학
1906년 11월 규장각 주사로 정식 임용되어 서기로 근무
　　　 11월 대한자강회 회원으로 활동
　　　 12월 6일 보전친목회를 창립하고 평의부원으로 활동

1907년 2월 사립 보성전문학교 법률학전문과 졸업

3월 24일 보전교우회 조직

6월 24일 대한제국 법부 시행 제1회 변호사시험 합격

8월 말경 동기생 옥동규와 광화문 근처에 합동 법률 사무소 개설

9월 초 규장각 주사 정식 사직

9월 23일 한성변호사회 창립

10월 『법정학계』에 논설 「민이 알아야 하는 법률」 게재

1908년 1월 서북학회 회원 및 평의원 활동

1월 25일 '하미전 사건' 변론으로 최초로 변호사직 제명 징계당함

4월 1~3일 판사 송진옥의 고소로 한성재판소에 수감

4월경 일본 메이지대학 청강생으로 유학

6월 대한학회 회원 및 평의원 활동

8월 대한협회 회원 활동

1909년 1월 10일 최린 등과 대한흥학회 창립, 평의원으로 활동

4월 3일 도쿄 출발, 고베를 거쳐 6일 관부연락선으로 귀국

4월 17일 서북학회 부총무원으로 선출, 8월 19일 사임

4월 서북협성학교(오성학교) 출강

5월 17일 변호사직 제명 징계 면제, 27일 변호사 명부에 등재

청진동에 단독 변호사 사무실 개설, 청진동으로 이사

6월 8일 경성지방재판소 검사국 변호사 명부에 등재

1910년 4월 이종호·이갑·김립 등 절친한 신민회 동지들의 망명으로 충격

9월 변호사 사무실을 정리하고 가족들과 함께 낙향

9월 낙향 도중 원산에서 이동휘의 전도로 기독교 입교

10월 중순 모친 밀양박씨 사망

함흥에 변호사 사무실 개설(이후 전주·군산·서울 등지에 개설)

1913년 1월 21일 경성제2변호사회 상의원 활동

11월 30일 원산에서 서울 수진동으로 이주

1914년 6월 13일 당주동으로 이주

1918년 4월 1일 오성학교를 계승한 오성강습소 재건 발기회 조직

1919년 2월 최린으로부터 함경도의 만세시위운동 조직 요청받고 함흥의 처가로
가서 준비, 전도사들을 통해 비밀리에 함경도 각지로 전파

3월 2일 함흥에서 대규모 만세시위운동 일어남

11월 한성도서주식회사 설립 발기인으로 참여

1920년 2월 『서울』 제2호에 「공정」 게재

3월 28일 한성도서주식회사 설립, 이사로 활동

3월 조선식산은행 감사역 선임

5월 17일 조선제사주식회사 감사

7월 16일 3·1운동 관련 48인의 5차 공판에서 사법당국의 절차상 허점을 지적하며 '공소불수리' 신청

8월 9일 공판에서 '공소불수리' 신청이 최종 받아들여짐

9월 주식회사 동아일보사에 출자, 감사역으로 활동

1921년 3월 29일 함흥 영신학교 교장 부임

4월 26일 함흥의 활동을 완전히 정리하고 서울에 정착

5월 2일 「조선교육개선 건의안」 제출을 위한 발기인으로 참여

10월 2일 조선변호사협회 창립, 이사로 선출

10월 2일 흥농회 발기인으로 참여

10월 19일 국제변호사대회 참석을 위해 중국 베이징 도착

10월 23~28일 베이징 중앙공원에서 열린 국제변호사대회 참가

10월 31일 귀국

11월 비밀결사 '보합단 사건' 변론 참여

1922년 2월 12일 재단법인 사립 보성전문학교 설립 평의원회에서 감사로 선임
(4월 1일 정식 인가 후에도 감사 및 이사 등 계속)

4월 고학생갈돕회 기숙사 건립을 위한 기부금 모금

11월 23일 '조선민립대학 기성준비회' 결성에 참여

11월 『신생활』 필화사건 등 언론 탄압 반대투쟁

1923년 2월경 '사상사건' 공동대응과 피해자 구제를 목적으로 형사변호공동연구회 조직

5월 '의열단 사건(김상옥 사건)' 변론 참여

11월 24일 사립 보성전문학교 제7대 교장 취임

1924년 1월 2일 『동아일보』에 「개정된 형사소송법과 형사령에 대하여」 게재

4월 25일 주식회사 동아일보사 사장 직무대행

5월 주식회사 동아일보사 취체역 활동

5월 조선변호사협회 이사로서 '희천서 고문사건'에 대응

6월 7일 '언론집회압박탄핵대회' 추진 및 투쟁

8월 8일 조선여자강습후원회 조직

11월 노령·만주의 독립운동단체 '적기단 사건' 재판 참여

1925년 2월 1일 조선아동의 보통학교 입학구제대책을 위한 경성 유지 긴급부민대회 개최 준비위원회 조직

3월 만주의 무장독립단체 '의성단 사건' 변론

4월 26일 경성조선인변호사회 회장으로 선출

4월 '전조선민중운동자대회' 금지에 대한 투쟁

6월 '전조선민중운동자대회 관련 적기 사건' 변론 참여

9월 '『조선일보』 필화사건' 변론 참여

1926년 3월 '『동아일보』 필화사건' 변론 참여

3월 '『시대일보』 필화사건' 변론 참여

5월 31일 딸 허정숙과 함께 세계여행 출발

6월 29일 미국 하와이 호놀룰루 도착, 이후 교민단·청년회·교회당 등에서 독립운동의 상황 등을 강연

7월 4일 미국독립기념일에 한인기독교회당에서 「자유 독립」에 대해 연설 (『국민보』에 게재)

7월 14일 미국 샌프란시스코 도착, 이후 로스앤젤레스·시카고·뉴욕·워싱턴 등지를 돌아봄

1927년 1월 15일 허정숙은 뉴욕에 남겨두고 혼자 아일랜드로 향함, 더블린 도착

1월 27일 영국 런던 도착, 이후 맥도널드 수상 등과 면담, 대학·언론사·공장 등 방문

2월 9일 네덜란드 거쳐 벨기에 브뤼셀 도착

2월 10~14일 세계약소민족대회(세계피압박민족대회) 참관

이후 스위스·프랑스·오스트리아·독일·폴란드 등지를 둘러보고 러시아
에서 약 50일간 체재, 연해주 방문

5월 4일 시베리아 철도로 중국 창춘 도착

5월 5일 다롄으로 건너감

5월 12일 밤 서울역 도착, 귀국

6월 10일 신간회 경성지회 부회장

7월 『별건곤』 제7호에 「동서 12제국을 보고 와서」 게재

9월 『신민』 제29호에 「사회와 가족이 협력하자」 게재

9월 '조선공산당 사건(1~2차)' 변론 참여

10월 '조선공산당 사건 관련자의 고문 고소사건' 변론

10월 '간도공산당 사건(1차)' 변론 참여

11월 '장진의 수전(水電) 사업을 둘러싼 미츠비시의 횡포 사건' 변론

12월 '원산청년회원 충돌 사건' 변론

12월 '재만동포옹호동맹' 참여

12월 『별건곤』 제10호에 「무엇보다도 절약이 필요」 게재

1928년 1월 31일 계명구락부 평의원 활동

2월 '『중외일보』 필화사건' 변론 참여

2월 '조선공산당 사건(3차, ML당)' 변론 참여

3월 '나주 유림단 사건' 변론

3월 '3·1운동범 사건' 변론

4월 조선물산장려회 이사 선임

6월 조선교육협회 평의원으로 선출

6월 『삼천리』 제1호에 「세계일주 기행(제1신)」 게재

6월 '채그레고리 사건' 변론 참여

7월 '함흥고보 맹휴 사건' 변론 참여

9월 『삼천리』 제2호에 「세계일주 기행(제2신)」 게재

10월 '괴산 사건' 변론 참여

11월 '함남기자단연맹 사건' 변론 참여

11월 24일 중동학교후원회 위원 활동

1929년 1월 20일 신간회 경성지회 회장 임명, 전국대회 개최 준비

1월 '신간회 영암지회 동양정세 연설사건' 변론

1월 '충북 진천 신문기자의 불경죄 사건' 변론

1월 '신간회 장성지회 사건' 변론 참여

1월 '함북청년연맹 사건' 변론 참여

2월 '무정부주의자·공산주의자 연합심리 사건' 변론 참여

2월 '조선공산당 사건(4차)' 변론 참여

3월 '학생맹휴옹호동맹 사건' 변론 참여

3월 '조선공산당 사건(춘경원당)' 변론 참여

4월 중국의 비밀결사 '공명단 사건' 변론 참여

5월 '장지운 사건' 변론

6월 '조한용 사건' 변론

6월 '개성공산당 사건' 변론 참여

6월 '원산총파업 사건' 변론 참여

6월 28~29일 신간회 복대표대회에서 중앙집행위원장으로 선출

7월 '갑산 화전민 사건' 진상조사 및 투쟁 주도

8월 31일 신간회 중앙집행위원장 명의로 조선총독 앞으로「갑산 화전민 사건 항의문」제출

10월 신간회운동을 위해 잠시 변호사직을 휴업함

10월 31일 조선어사전편찬회 발기인

10월 『조선농민』제5권 제6호에「농촌청년의 힘으로」게재

11월 『삼천리』제3호에「세계일주 기행(제3신)」게재

11월 9일 광주학생운동 진상조사를 위해 신간회 조사단을 꾸려 광주로 감

12월 서울에서 민중대회 개최(12월 13일)를 위해 준비

12월 13일 '민중대회 사건'으로 체포

12월 23일 검찰로 송치, 서대문형무소 구치감 수감

1930년 1월 6일 '1919년 제령 제7호 위반'으로 예심 회부

1월 광주학생운동 동조시위 주도로 허정숙 체포됨

3월 28일 근우회 활동하던 문화유씨 집안의 유덕희(유문식) 사이에서 차

녀 허근욱 출생

9월 6일 예심 종결, '보안법 위반'으로 공판 회부

10월 『삼천리』 제9호에 옥중 서한(「재옥거두의 최근 서한집 – 허헌으로부터」) 게재

1931년 4월 24일 경성지방법원에서 '보안법 위반'으로 징역 1년 6월(미결구류 200일 통산) 선고

4월 25일 변호사 자격 박탈

1932년 1월 22일 체포된 지 약 2년 2개월 만에 가출옥으로 석방

부인 정보영(정긍자) 사망

4월 『동광』 제4권 제4호에 「수난의 중국은 어디로 – 미국과 제휴호」 게재

4월 『혜성』 제2권 제4호에 「신흥자유국 애란인상기」 게재

7월 『삼천리』 제4권 제7호에 「내가 본 동서반구의 풍운아 – 내가 본 영 수상 맥도날드」 게재

7월 『삼천리』 제4권 제7호에 '좌담 : 우리 운동을 일 단체 독재로 한다면' 참가, 「강력한 새 단체 없이는」 수록

8월 11일 허정숙과 함께 삼청동에 태양광선치료원 개설

8월 『삼천리』 제4권 제8호에 유광렬이 「허헌론」 게재

11월 『동광』 제39호에 「(허헌 씨) 개인좌담회」 및 「허헌 소개」 수록

12월 『삼천리』 제4권 제12호에 「참정권과 학생」 게재

12월 『삼천리』 제4권 제12호에 「최근 반도의 내외빈객 – 약소민족 권위 H 박사의 내경(內京)」 게재

12월 웅기·나진 등지의 신문사 지국들 시찰

1933년 4월 『삼천리』 제5권 제4호에 한시 「춘부(春賦)」 게재

10월 『삼천리』 제5권 제10호 '좌담 : 극동문제 토의' 참가

1934년 함경도에 큰 신문사를 설립의 꿈을 안고 광업에 뛰어듦, 주로 함남 영흥에서 생활

4월 3일 재단법인 조선여자의학전문학교 설립준비회 준비위원 활동

부인야학강습소를 근화학원으로 발전시키는 활동에 참여

8월 『삼천리』 제6권 제8호 '좌담 : 세계일류 정치가·사상가 논평회' 참가

8월 29일 김태순과 함께 영흥군 호도면·고령면에 금은광 광업권 설정

10월 21일 호도면에 호도금산사무소 설치

1935년 3월 1일 원산에서 3녀 허선욱 출생

4월 협성실업학교의 재단법인화 활동에 참여

『평화와 자유』에 「부활하는 애란」 게재

8월 『삼천리』 제7권 제7호에 「교우록」 게재

1936년 6월 『삼천리』 제8권 제6호에 '좌담 : 세계적 대 회의와 각국 의회의 인상' 참가, 「허헌 씨의 북경 변호사대회」 및 「허헌 씨의 애란의회」 수록

허정숙과 사위 최창익의 중국 망명

1937년 1월 2일 유덕희와 정식으로 혼인신고

2월 9일 서울에서 장남 허영욱 출생

4월 30일 체납으로 영흥세무서에 광업권 차압됨

6월 6일 이종만이 설립한 대동광업주식회사 상임감사역으로 참여

6월 6일 이종만이 설립한 대동광산중앙조합 상무감사로 참여

6월 16일 이종만이 설립한 재단법인 대동농촌사 감사로 참여

8월 『광업조선』 제2권 제6호에 「산금계획와 경영방침의 일단」 게재

9월 15일 이종만이 설립한 주식회사 대동출판사 전문취체역으로 참여

10월 『광업조선』 제2권 제7·8호에 「중소금산의 실제적 탐광 방법」 게재

12월 『광업조선』 제2권 제10호에 「인적 요소의 중요성과 능률 증진」 게재

1938년 1월 『광업조선』 제3권 제1호에 「비상시국과 재정 문제」 게재

1월 『농업조선』 제1집에 「농촌 갱생의 근도(近道)」 게재

2월 『광업조선』 제3권 제2호에 「금 정책 강화의 필연성」 게재

3월경부터 청진동의 김병로·이인 합동 법률 사무소 등지에서 홍익범으로부터 미국인 쿤스 선교사가 청취한 단파방송 내용을 전달받음

1939년 4월 29일 서울에서 차남 허종욱 출생

1940년 연초에 대동광업주식회사 정식 사직

5월 함북 경흥군 상하면에 금은광 광업권 설정

1942년 경성방송국 직원 송진근 등으로부터 단파방송 청취 내용을 전달받음

8월 2일 서울에서 3남 허성욱 출생

8월 경흥군의 금은광이 공매로 넘어감

8월 삼청동 자택에서 홍익범과 정세 토의

9월 국외에서 들어온 정헌국과 정세 토의

11월 이은상과 정세 토의

12월 20일 홍익범과 정세 토의

12월 하순 한영욱 변호사 사무실에서 문석준 등과 정세 토의

1943년 1월 18일부터 2월 21일 입원 중인 허헌의 병실에서 홍익범 등과 정세 토의

3월 말경 '단파방송 사건'으로 체포

5월 중순 경기도경찰부 유치장에서 개성송신소장 이이덕과 정세 토의

6월 초순경 검찰로 송치, 서대문형무소 미결감방에 수감

11월 1일 경성지방법원에서 '육군형법 위반, 해군형법 위반, 조선임시보안령 위반'으로 징역 2년 선고

1945년 4월 말에 병보석으로 출옥, 세브란스병원에서 치료 후 처가가 있는 황해도 신천군 문화면 달천온천에서 요양함

5월경 여운형 중심의 건국동맹 부위원장으로 추대됨

8월 14일 신천에서 감시 중이던 순사 2명으로부터 일본 항복 소식 들음

8월 30일 여운형의 명으로 신천을 방문한 인사들에게 건국준비위원회(건준) 부위원장직을 수락하고 서울로 향함, 중학동 김용암 집에 기거

8월 31일 조선재외전재동포구제회 고문 선출

9월 4일 건준 제1회 위원회에서 부위원장 취임

9월 4일 '임시정부 및 연합군 환영준비회' 부위원장 선출

9월 6일 전국인민대표자대회에서 인민대표위원 선출, 헌법기초위원 겸직, 조선인민공화국 임시조직법을 통과시키고 조선인민공화국 수립

9월 11일 조선인민공화국(인공) 국무총리로 추대, 미국신문기자단 접견 자리에서 건준의 성격과 인공의 성립 경위 등에 대해 설명하고 협조 요청

10월 17일 전날 귀국한 이승만을 찾아 환영인사를 하고 8·15 이후의 경과에 대한 보고문서와 참고자료 제공, 주석 취임을 요청했으나 거절당함

11월 하지 사령관을 만나 여러 차례 인공과 미군정 간의 교섭 주도

11월 20~21일 전국인민대표자대회 개최

1946년 2월 15일 민주주의민족전선(민전) 공동의장, 이후 수석의장으로 활동

3월 6일 민전 임시헌법기초위원 활동

4월 1~7일 민전에서 '임시정부 수립 촉진기간'을 정하고 주도함

4월 11일 서울운동장에서 '미소공동위원회 환영 및 임시민주주의정부 수립 촉진 시민대회' 개최

4월 23일 제2차 전국인민위원회대표자대회에서 중앙보고

4월 25일 조선민주청년동맹 명예회장으로 추대

5월 1일 서울운동장에서 열린 60주년 메이데이 기념대회 명예의장 활동

5월 11일 미소공동위원회 수석대표 아놀드와 정국 타개 방안 협의

5월 15일 여운형 등과 함께 군정장관 방문하여 테러 방지 요청

5월 23일 군정장관 러치의 초청으로 여운형과 방문해 좌우합작운동 협의

7월 25일 좌우합작위원회 좌측 대표(5인)로 선정

7월 28일 조선노동조합전국평의회 국제노동연맹 가입 축하 명예의장으로 추대

8월 1일 해방 1주년 기념하는 '8·15 기념행사 전국준비위원회' 위원장으로 추대

8월 19일 '조선정판사 위폐 사건' 특별변호인 신청(8월 27일 참석 못함)

8월 서울에서 4남 허기욱 출생

9월 민전 의장단 회의를 통해 공산당 체포령 등에 대한 대책 강구

10월 4일 '좌우합작 7원칙' 결정에 참여

10월 하순경 경찰서에 구금되어 폭행당함

11월 8~9일경 하지를 방문하여 구속자 석방 요구

11월 14일 및 12월 2일 기자회견을 통해 미군정의 남조선과도입법의원 발표에 대한 비판적 입장을 밝힘, 미소공위 속개를 통한 통일된 민주주의임시정부 수립을 재차 주장함

11월 23일 남조선노동당(남로당) 결성대회에서 의장단에 추대

12월 10일 남로당 제1회 중앙위원회에서 위원장으로 선임

12월 29일 민전이 주최한 모스크바3상회의 1주년 기념 시민대회에서 미소공위 재개를 통한 통일정부 수립 촉구운동 전개

1947년 5월 말 우익진영의 미소공위 파탄을 위한 관련자 암살 계획 대상자로 지명

6월 초 한 여론조사에서 통일정부 수립 후 대통령에 가장 적합한 인물로 선정됨

6월 30일 하지와 만나 재개된 제2차 미소공위 관련 등 시국문제 논의, 친일파·민족반역자의 미소공위 배제 등을 요구

7월 11일 미소공위 미국 측 수석대표 브라운 소장 및 소련 측 수석대표 스티코프 대장을 각각 방문, 한민당 등 반탁진영의 배제 요구

7월 27일 남로당에서 '공위경축 민주임정 수립 촉진 인민대회' 개최, 미군정의 지명수배받음

10월 17일 미국의 한국문제 UN 이관에 맞서 '미·소 양군의 동시 철퇴'를 위한 구국운동 전개 촉구

1948년 1월 8일 UN한국임시위원단이 서울에 도착하자 1월 9일 민전 명의로 「조선인민에게 고함」을 발표, 미·소 양군의 동시 철병과 자주독립국가 건설 주장

1월 28일 남로당에서 UN위원단 앞으로 항의서 제출

2월 7일 단독선거에 맞서 남로당에서 전국적인 선거반대운동 돌입, 민전과 남로당이 각각 '2·7총파업'과 단독정부수립 반대투쟁지지 성명 발표

3월 29일 민전에서 정당·사회단체 대표자회의 열고 남북연석회의 지지 성명 발표

3월 30일 남로당에서 남북연석회의 지지 결정서 채택

4월 1일 개인적 차원에서도 반드시 연석회의에 참가하겠다는 내용의 편지를 북측 민전 앞으로 보냄

4월 19일 평양 모란봉극장에서 열린 남북연석회의에서 주석단(28인)에 추대, 남로당을 대표하여 축사함

4월 19일 서울의 민전에서 '단선단정반대 통일정부수립촉진 인민대회준비위원회'가 결성되어 성명 발표, 위원회 회장으로 추대

4월 23일 남북연석회의에서 「남조선 단독선거와 단독정부 수립에 대한 반대투쟁 대책」보고, '남조선 단독선거반대 전국투쟁위원회' 결성 제안 및 결의, 남북연석회의 종료 뒤 북쪽 잔류 결정

　　　　　8월 초 서울의 부인과 자녀들의 북행

　　　　　8월 25일 조선인민공화국 최고인민회의 제2기 대의원으로 선출

　　　　　9월 2일 제1차 최고인민회의에서 의장으로 선출되어 10일까지 회의를 이
　　　　　끎, 조선민주주의인민공화국 헌법위원회 위원으로 추대

　　　　　최고인민회의 법제위원회 위원장, 허정숙은 초대 문화선전상으로 임명

　　　　　10월 김두봉의 뒤를 이어 김일성종합대학 총장 임명

1949년　1월 28일 제2차 최고인민회의 개회사

　　　　　4월 19일 제3차 최고인민회의 개회사

　　　　　5월 12일 남쪽의 남로당 등 8개 정당·사회단체에서 미군 철퇴와 조국 통
　　　　　일을 위한 '조국통일민주주의전선(조국전선)' 결성 제안

　　　　　5월 25일 평양에서 개최된 남북한의 51개 정당·사회단체 대표들의 조국
　　　　　전선 제1차 준비위원회에 남로당을 대표하여 참석, 홍명희와 함께 부위원
　　　　　장으로 선출

　　　　　6월 7일 조국전선 제2차 준비위원회 개최

　　　　　6월 25일 71개 정당·사회단체 대표 704명이 참가한 조국전선 결성대회
　　　　　에서 주석단(41인)에 선출, 「국내외 정세와 우리의 임무에 대한 보고」 발표

　　　　　6월 28일 조국전선 의장단(7인)에 선출

　　　　　7월 13일 조국전선 중앙위원회 의장으로서 남한의 정당·사회단체에 조
　　　　　국전선 참가를 촉구하는 공개서한 발송

　　　　　8월 30일 모스크바에서 개최된 세계평화옹호대회에 북한대표단을 이끌고
　　　　　참석하여 연설

1950년　5월 30일 「조국통일민주주의전선 중앙위원회 호소문」 발표

　　　　　6·25전쟁 발발로 평북 강계의 초산리로 피난

1951년　8월 최고인민회의 의장으로 재선출

　　　　　조선노동당 중앙위원회 정치위원회 위원 활동

　　　　　8월 16일 전쟁 중 정주의 임시교사로 옮긴 김일성종합대학 개교식 참석을
　　　　　위해 평양 출발, 청천강 지류인 대령강을 건너다 뗏목 사고당함

　　　　　8월 17일 향년 66세를 일기로 영면함(묘비 기재)

　　　　　8월 26일 열흘 넘게 시신을 찾지 못하자 김일성이 반드시 시신을 수습할

것을 지시함

9월 초 사고당한 지 16일 만에 철산반도 남쪽 해변가에서 시신 수습, 평양 모란봉지하극장에 안치

9월 7일 조선인민공화국 국장으로 장례식 거행

1986년 9월 17일 평양시 신미동 '애국열사릉'에 안치

1990년 8월 15일 「중앙인민위원회 정령」으로 '조국통일상' 수훈

참고문헌

1차 자료

허헌 집필

「許憲奇書」,『皇城新聞』, 1903.2.14.

「爲民者ㅣ不可不知法律」,『法政學界』6호, 1907.10.

「公正」,『서울』2호, 1920.2.

「許憲氏談」,『朝鮮之光』1호, 1922.11.

「改正된 刑事訴訟法과 刑事令에 對하야」,『東亞日報』, 1924.1.2.

「東西 十二諸國을 보고 와서」,『別乾坤』7호, 1927.7.

「모루히네中毒者 退治策 : 社會와 家族이 協力하자」,『新民』29호, 1927.9.

「果然 엇던 計劃이 잇섯든가?」,『朝鮮之光』72호, 1927.10.

「무엇보다도 節約이 必要」,『別乾坤』10호, 1927.12.

「나의 追憶(11) 己未運動當時를 回顧하는 許憲氏」,『朝鮮日報』, 1928.12.22.

「나의 追憶(12) 己未運動當時를 回顧하는 許憲氏」,『朝鮮日報』, 1928.12.23.

「朝鮮의 小作問題와 그 解決策 如何, 問題는 두 가지에 있다」,『朝鮮之光』82호, 1929.1.

「朝鮮小作問題と其の解決案(8)」,『朝鮮思想通信』854호, 1929.1.18.

「世界一周紀行(제1신), 太平洋의 怒濤 차고 黃金의 나라 美國으로! - 布哇에 잠감 들러 兄弟부터 보고」,『三千里』1호, 1929.6.

「世界一周紀行(제2신), 꼿의 '바리웃드'를 보고, 다시 太西洋 건너 愛蘭으로!」,『三千里』2호, 1929.9.

「進取的 科學的 改新을 硏究하자」,『朝鮮之光』85호, 1929.6.

「當面의 課業은 經濟的 結合이 必要」,『朝鮮之光』87호, 1929.9.

「農村靑年의 힘으로 前衛分子의 奮起를 懇望」,『朝鮮農民』5권 6호, 1929.10.

「世界一周紀行(제3신), 復活하는 愛蘭과 英吉利의 姿態」, 『三千里』 3호, 1929.11.

「受難의 中國은 어디로 : 米國과 提携乎」, 『東光』 4권 4호, 1932.4.

「新興自由國 愛蘭印象記」, 『彗星』 2권 4호, 1932.4.

「내가 본 東西半球의 풍운아 : 내가 본 英首相 막드날드」, 『三千里』 4권 7호, 1932.7.

「參政權과 學生」, 『三千里』 4권 12호, 1932.12.

「最近半島의 內外賓客 : 弱小民族權威 H博士의 來京」, 『三千里』 4권 12호, 1932.12.

「새해의 맹세」, 『三千里』 5권 1호, 1933.1.

「春賦」, 『三千里』 5권 4호, 1933.4.

「復活하는 愛蘭」, 『平和와 自由』, 三千里社, 1935.

「交友錄」, 『三千里』 7권 7호, 三千里社, 1935.8.

「山金計畫과 經營方針의 一端」, 『鑛業朝鮮』 2권 6호, 1937.8.

「中小金山의 實際的 探鑛方法」, 『鑛業朝鮮』 2권 7~8호 1937.10.

「人的要素의 重要性과 能率增進」, 『鑛業朝鮮』 2권 10호, 1937.12.

「非常時局과 財政問題」, 『鑛業朝鮮』 3권 1호, 1938.1.

「農村更生의 近道」, 『農業朝鮮』 1집, 1938.1.

「金政策强化의 必然性 – 金使用制限令의 公布를 보고」, 『鑛業朝鮮』 3권 2호, 1938.2.

잡지 기사

『西友』 5호, 西友學會, 1907.4.

『法政學界』 1호, 1907.5.

「西北學會組織會錄」, 『西友』 15호, 1908.2.

「會員名簿」, 『大韓協會會報』 2호, 1908.5.

「任員會錄」, 『大韓學會月報』 6호, 1908.7.

「彙報」, 『大韓興學報』 1호, 1909.3.

『大韓興學報』 2호, 1909.4.20.

「會事記要」, 『西北學會月報』 12호, 1909.5.

「會事記要」, 『西北學會月報』 14호, 1909.7.

「會事記要」, 『西北學會月報』 16호, 1909.10.

一記者, 「庚申年의 거둠(下)」, 『開闢』 7호, 1921.1.

一記者, 「汎辛酉의 回顧(下)」, 『開闢』 19호, 1922.1.

「5대가의 시국담」, 『朝鮮之光』 1호, 1922.11.

「當局의 言論壓迫과 民衆의 輿論激昻(言論의 擁護를 協同決議한 法曹界와 言論界)」, 『開闢』 30호, 1922.12.

「五月과 世界, 4월 21일부터 5월 20일까지」, 『開闢』 48호, 1924.6.

「만일 내가 다시 20살의 청년이 될 수 있다 하면」, 『東光』 8호, 1926.12.

許貞琡, 「울 줄 아는 人形의 女子國, 北米印象記」, 『別乾坤』 10호, 1927.12.20.

「돈 十萬圓이 잇다면?」, 『三千里』 1호, 1929.6.12.

朴勝彬, 「국제변호사대회에 갓다가, 중국북평에서 개최」, 『三千里』 3호, 1929.11.

「過去 十年에 한 일 將來 十年에 할 일」, 『三千里』 4호, 1930.1.11.

「人材巡禮, 第2編 社會團體」, 『三千里』 5호, 1930.4.

滄浪客, 「法廷에 선 許憲·洪命憙, 民衆大會 公判 光景을 보고」, 『三千里』 15호, 1931.5.

「交叉點」, 『三千里』 17호, 三千里社, 1931.7.

鄭寶榮(許憲夫人), 「男便을 獄中에 보내고, 嚴冬바람을 압두고」, 『三千里』 3권 11호, 1931.11.

「演說雜觀」, 『三千里』 4권 5호, 1932.5.

「京城名人物 身體大檢査, 男女身邊秘密暴露(第一回發表)」, 『別乾坤』 52호, 1932.6.

柳光烈, 「許憲論」, 『三千里』 4권 8호, 1932.8.

「企業과 編輯을 區別하라」, 『批判』 2권 8호, 1932.9.

「三千里 全體會議, 朝鮮의 政治的 將來를 悲觀乎·樂觀乎」, 『三千里』 4권 9호, 1932.9.

「許貞琡女史의 太陽光線治療院」, 『三千里』 4권 9호, 1932.9.

「許憲氏 個人座談會」, 『東光』 39호, 1932.11.

「許憲」, 『東光』 39호, 1932.11.

「現代人名辭典」, 『東光』 39호, 東光社, 1932.11.

「三千里뉴-스」, 『三千里』 4권 12호, 1932.12.

「各界名男名女, 뒤로 본 人物學」, 『別乾坤』 63호, 1933.5.

「世界一週의 旅費」, 『三千里』 5권 9호, 1933.9.

「三千里人生案內」,『三千里』6권 5호, 1934.5.

「女記者群像」,『開闢』신간 4호, 1935.3.

金恒奎,「民衆 爲하야 발벗고 나서는 許憲」,『三千里』7권 3호, 三千里社, 1935.3.

「三千里機密室(The Korean Black Chamber)」,『三千里』7권 3호, 1935.3.

「三千里 社交室」,『三千里』7권 6호, 1935.7.

「天下大小人物評論會」,『三千里』8권 1호, 1936.1.

「世界的 大會議와 各國議會의 印象, 許憲氏의 北京辨護士大會」,『三千里』8권 2호, 1936.2.

「轍環天下 한다면」,『三千里』8권 2호, 1936.2.

「우리의 第一主義는?」,『三千里』8권 2호, 1936.2.

「三千里機密室, The Korean cham-ber」,『三千里』8권 6호, 1936.6.

「世界的 大會議와 各國 議會의 印象」,『三千里』8권 6호, 1936.6.

「江南風月」,『三千里』8권 12호, 1936.12.

「著名人物一代記」,『三千里』9권 1호, 1937.1.

「說文 四題」,『三千里』10권 1호, 1938.1.

「機密室, 朝鮮社會內幕一覽室」,『三千里』10권 5호, 1938.5.

「緣分泰平記(下)」,『野談』4권 7호, 1938.7.

「設問, 債券에 一萬圓이 마저 난다면」,『三千里』12권 6호, 1940.6.

김오성,「내가 본 그 인물 허헌 선생」,『신조선』3호, 1947.3.

신문 등 편년 자료

『承政院日記』,『高宗實錄』

『大韓帝國官報』,『皇城新聞』,『大韓每日申報』

『東亞日報』,『朝鮮日報』,『中外日報』,『朝鮮中央日報』,『每日申報』,『每日新報』,『朝鮮總督府官報』

『朝鮮人民報』,『獨立新聞』,『現代日報』,『서울신문』,『이북통신』

일제 당국 자료

「兵發秘第110號 要視察韓國人之來神ニ就テ[柳春吉・李月松・許兢人의 神戶 來

着]」, 1909.4.5; 兵庫縣知事, 「兵發秘第115號 要視察韓國人ノ出發ニ就テ[李月松·許兢人·柳春吉의 動靜]」, 1909.4.7; 「高秘第4570號 要視察人ノ件[李月松·許兢人의 動靜]」, 1909.4.8, 『要視察韓國人擧動』 3(국사편찬위원회 한국사데이터베이스).

「機密第16號 鮮人ノ行動ニ關スル件」, 1921.2.25; 「機密第32號 鮮人ノ行動ニ關スル件」, 1921.4.19, 『不逞團關係雜件-朝鮮人ノ部-在西比利亞 1』 1(국사편찬위원회 한국사데이터베이스).

「高警 제4018호 國際辯護士會朝鮮人辯護士出席ノ件」, 1922.12.19, 『不逞團關係雜件-朝鮮人ノ部-在歐米』 6(국사편찬위원회 한국사데이터베이스).

「甲種要視察人許憲寄港ニ關スル件」, 1926.7.19; 「甲種要視察人許憲寄港ニ關スル件」, 1926.7.19; 「甲種要視察人許憲寄港ニ關スル件」, 1926.8.13; 「甲種要視察人許憲ノ動靜ニ關スル件」, 1926.11.1; 「甲種要視察人許憲ノ米國旅行ニ關スル件」, 1926.11.29; 「甲種要視察人許憲ノ動靜ニ關スル件」, 1926.12.15, 『不逞團關係雜件-朝鮮人ノ部-在歐米』 8(국사편찬위원회 한국사데이터베이스).

『朝鮮騷擾事件關係書類』 3, 陸軍省(국사편찬위원회 한국사데이터베이스).

「新幹會陰謀事件判決」, 『思想月報』 1권 3호, 高等法院 檢事局 思想部, 1931.6.

京畿道警察部, 『治安情況』, 1931.

朝鮮總督府 警務局, 『最近に於ける朝鮮治安狀況』, 1933.

京畿道警察部, 「意見書(許憲)」, 1943.8.27, 京城地方法院 檢事局, 『證人訊問調書(許憲)』, 1943.

『朝鮮銀行會社要錄』, 東亞經濟時報社, 1921~1925년판.

中村資良, 『朝鮮銀行會社組合要錄』, 東亞經濟時報社, 1939.

자료집

金正明 編, 『朝鮮獨立運動』 I 分冊, 原書房, 1967.

國史編纂委員會, 『韓民族獨立運動史資料集』 34, 1998.

雩南李承晩文書編纂委員會, 『雩南李承晩文書: 東文篇』 8, 중앙일보사, 1998.

『齋藤實文書 9: 民族運動(1)』, 고려서림, 1999.

한인섭, 『항일민족변론자료집』 1, 관악사, 2012.

기타

『尹致昊日記』1921년 8월 11일, 1921년 9월 27일, 1934년 8월 27일(국사편찬위원회 한국사데이터베이스).

『倭政時代人物史料(6)』.

民主主義民族戰線,『朝鮮解放年報』, 文友印書館, 1946.

李萬珪,『呂運亨鬪爭史』, 叢文閣, 1946.

金午星,『指導者群像』, 大成出版社, 1946.

러시아국립문서보관소 소장 코민테른문서 중 '김단야 파일'(ф.495, оп.228, д.439).

「Совместная советско-американская комиссия(1946년 3월 18일 스티코프가 보낸 미소공동위원회 관련 보고서)」, 1946.3.18, 러시아연방국방부중앙문서보관소 소장문서 ЦАМО, ф.172, оп.614631, д.14, лл.1-2(한국학진흥사업성과포털).

2차 자료

단행본

강만길,『고쳐 쓴 한국현대사』, 창작과비평사, 1994.

강만길·성대경 엮음,『한국사회주의운동 인명사전』, 창작과비평사, 1996.

강만길 외,『통일지향 우리민족해방운동사』, 역사비평사, 2000.

고려대학교 100년사 편찬위원회,『고려대학교 100년사』Ⅰ, 고려대학교출판부, 2008.

高麗大學校校友會,『校友會八十年史』, 1991.

國史編纂委員會,『高宗時代史』, 1967.

국사편찬위원회,『한민족독립운동사』2, 1987.

국사편찬위원회,『한민족독립운동사』3, 1988.

그레고리 핸더슨,『소용돌이의 한국정치(Korea: The Politics of the Vortex)』, 한울, 2013.

김두식,『법률가들』, 창비, 2018.

김성민,『광주학생운동』, 역사공간, 2013.

김성보,『북한의 역사 1』, 역사비평사, 2011.

金學俊,『街人 金炳魯 評傳』, 민음사, 1988.

김형목,『교육운동』, 독립기념관 한국독립운동사연구소, 2009.

大韓辯護士協會,『大韓辯協五十年史』, 2002.
독립운동사편찬위원회,『독립운동사』 5, 1973.
東亞日報社史編纂委員會,『東亞日報社史(1920~1945)』권1, 東亞日報社, 1975.
瀧澤一郎,『日本赤色救援會史』, 日本評論社, 1993.
박원순,『역사가 이들을 무죄로 하리라』, 두레, 2003.
박찬승,『언론운동』, 독립기념관 한국독립운동사연구소, 2009.
변은진,『파시즘적 근대체험과 조선민중의 현실인식』, 선인, 2013.
변은진,『일제말 항일비밀결사운동 연구』, 선인, 2018(a).
변은진,『독립과 통일 의지로 일관한 신뢰의 지도자, 여운형』, 역사공간, 2018(b).
서중석,『한국현대민족운동연구』, 역사비평사, 1992.
성현경 엮음,『경성 에리뜨의 만국유람기』, 현실문화, 2015.
송규진·변은진·김윤희·김승은,『통계로 본 한국근현대사』, 아연출판부, 2004.
송남헌,『韓國現代政治史』1, 成文閣, 1980.
심지연,『허헌 연구』, 역사비평사, 1994.
심지연,『허헌: 하나의 조국을 염원한 좌파 민족주의자』, 동아일보사, 1995.
이균영,『신간회 연구』, 역사비평사, 1993.
이이화,『끝나지 않은 역사 앞에서』, 김영사, 2009.
李仁,『半世紀의 證言』, 明知大學出版部, 1974.
이인섭,『망명자의 수기』, 한울아카데미, 2013.
이준열 글, 이달호 편저,『선각자 송강 이준열의 삶』, 혜안, 2012.
李昊宰,『韓國人의 國際政治觀』, 法文社, 1994.
임경석,『한국 사회주의의 기원』, 역사비평사, 2003.
임경석,『이정 박헌영 일대기』, 역사비평사, 2004.
임경석,『동아시아 언론매체 사전(1815~1945)』, 논형, 2010.
장신,『조선·동아일보의 탄생』, 역사비평사, 2021.
浅田喬二 외,『抗日農民運動研究』, 동녘, 1984.
전병무,『조선총독부 조선인 사법관』, 역사공간, 2012.
전병무,『항일변호사의 선봉 김병로』, 독립기념관 한국독립운동사연구소, 2018.
정병준,『우남 이승만 연구』, 역사비평사, 2005.

정병준,『광복 직전 독립운동세력의 동향』, 독립기념관 한국독립운동사연구소, 2009.
鄭晋錫,『한국現代言論史論』, 전예원, 1985.
曹圭河·李庚文·姜聲才,『南北의 對話』, 고려원, 1972.
조동걸,『한국민족주의의 발전과 독립운동사 연구』, 지식산업사, 1993.
최덕교 편저,『한국잡지백년』1, 현암사, 2004.
崔民之·金民珠,『日帝下民族言論史論』, 일월서각, 1978.
친일반민족행위진상규명위원회,『친일반민족행위진상규명보고서』Ⅳ-15~17, 2009.
한국기독교역사연구소,『조선예수교장로회사기』하권, 2002.
한인섭,『식민지 법정에서 독립을 변론하다』, 경인문화사, 2012.
한인섭,『가인 김병로』, 박영사, 2017.
허근욱,『민족변호사 허헌』, 지혜네, 2001.
허영욱,『나의 아버지 허헌』, 평양출판사, 2015.
혼마 규스케 저, 최혜주 역주,『일본인의 조선정탐록 - 조선잡기』, 김영사, 2008

논문

김이조,「일제 강점기의 변호사」,『애산학보』35호, 2009.
김효전,「허헌과 변호사 징계」,『시민과 변호사』, 서울지방변호사회, 2000.
김효주,「1920년대 여행기에 나타난 미국 인식과 표상 - 허헌·허정숙의 미국 여행기를 중심으로」,『한국민족문화』49호, 2013.
류시현,「근대 조선 지식인의 세계여행과 동서양에 관한 경계 의식」,『아시아문화연구』29집, 2013.
李賢周,「社會革命黨과 '上海派 內地部'에 관한 연구(1920~1922)」,『한국학연구』11, 2009.
반병률,「金立과 항일민족운동」,『한국근현대사연구』32호, 2005.
方基中,「日帝末期 大同事業體의 經濟自立運動과 理念」,『韓國史研究』95호, 1996.
변은진,「兢人 許憲의 성장과정과 한말 변론활동 연구」,『사학연구』130호, 2018.
변은진,「일제강점기 허헌의 항일변론 활동 연구」,『애산학보』47, 2020.
변은진,「항일변호사 허헌의 '나눔'의 일상과 형사변호공동연구회』,『역사연구』39호, 2020.

손경찬, 「한국 변호사제도의 기원과 의의」, 『법학논고』 33호, 2016.
송찬섭, 「일제강점기 改良書堂의 형성과 실상 – 사진자료를 중심으로」, 『역사연구』 27호, 2014.
윤효정, 『신간회 운동 연구』, 고려대 박사논문, 2017.
이균영, 「김철수 연구」, 『역사비평』 5호, 1988.
이균영, 「김철수 친필유고」(1970~1973년경 작성), 『역사비평』 7호, 1989.
이연복, 「大韓民國臨時政府의 交通局과 聯通制」, 『韓國史論』 10, 1981.
임경순, 「한국 근대 해외 기행 문학의 양상과 의미 – 『삼천리』 소재 허헌(許憲)의 구미(歐美) 기행문을 중심으로」, 『국어교육』 137호, 2012.
장신, 「일제의 요시찰과 『倭政時代人物史料』」, 『역사문제연구』 11호, 2003.
長澤一惠, 「近代鉱業と植民地朝鮮社会: 李鍾萬の大同鉱業と雜誌 『鉱業朝鮮』を中心に」, 『翰林日本學』 29집, 2016.
전병무, 「일제하 한국인 변호사의 자격 유형과 변호사 수입」, 『한국학논총』 44호, 2015.
전병무, 「일제하 항일변호사 이창휘의 생애와 활동」, 『한국학논총』 46호, 2016.
조준희, 「1927년 브뤼셀 피압박민족대회 한국 관계 사료」, 『숭실사학』 25호, 2010.
허근욱, 「나의 아버지 허헌과 언니 허정숙」, 『역사비평』 28호, 1994.
황호덕, 「여행과 근대, 한국 근대 형성기의 세계 견문과 표상권의 근대 – 허헌의 구미만유(歐美漫遊)를 중심으로」, 『인문과학』 46집, 2010.

기타

『나무위키』(http://www.namu.wiki).
『독립유공자공훈록』 각 권.
『陽川許氏龍津公派譜』 卷一, 卷二.
『위키백과』(http://ko.wikipedia.org/wiki).
『조선향토대백과』, 2008(http://www.cybernk.net).
『한국민족문화대백과사전』(한국학중앙연구원 편찬).

찾아보기

ㄱ

가츠라 다로(桂太郎) 46
가츠라-태프트 밀약 45
가타야마 센(片山潛) 193, 194, 197
가토 간이치(加藤貫一) 258
각파유지연맹 148, 233
간도공산당 사건 206, 208, 215, 244, 261~264, 271, 418
갑산 화전민 구축사건 대책 강구회 285
갑산 화전민 사건 284~288, 297, 419
갑오개혁 25
강규진 210
강금봉 209
강기덕(康基德) 122, 210
강달영(姜達永) 208, 249, 256, 260
강대홍 209
강상호(姜尙昊) 35
강세형(姜世馨) 147, 149, 207~209, 213, 216, 229, 232, 233, 255, 258
강염조(姜炎祖) 60
강영균 210
강윤엽(姜允燁) 219
강제병합 34, 58, 74, 91, 98, 99, 101, 108, 112, 117, 185, 186
강창희(姜昌熙) 60
개벽(개벽사) 147~149, 168

개성공산당 사건 211, 419
개성송신소 348, 422
건국동맹 359, 422
건국준비위원회 363, 365, 366, 404, 422
鎌田裕 61~63, 65
경기현 357
경성방송국 348, 350, 421
경성변호사회 309
경성여자의학강습소 328
경성의학전문학교 364
경성일본인변호사회 222, 223
경성제국대학 160
경성제2고등보통학교 297
경성제2변호사회 109, 220, 222, 223, 415
경성제1변호사회 220, 222, 223
경성조선인변호사회 136, 222~224, 417
경신학교(儆信學校) 349
境長三郎 61~66
계동소학교 27, 414
계명구락부(啓明俱樂部) 141, 418
계명기(桂命夔) 52
고노 부스노스케(木尾虎之助) 116
고려공산당(상해파) 105, 106

고려공산청년회 209, 247, 249, 261
고무라 주타로(小村壽太郞) 46
古屋貞雄 208
고원경찰서 탄핵연설회 210
고원훈(高元勳) 159, 161, 163, 165
고윤상 208
고종 46
고학당(苦學堂) 337
고학생갈돕회 159, 416
고형주 210
谷多喜磨 64, 66
공명단(대한독립공명단) 211, 213, 214
공명단 사건 206, 211, 237, 419
공소불수리(公訴不受理) 77, 114, 117, 119~121, 124, 126, 130, 205, 217, 310, 330, 404, 416
공수학회(共修學會) 85
공위경축 민주임정 수립 촉진 인민대회 385, 424
관동대지진 89, 147
관립중학교(한성중학교) 27, 29, 30, 414
광무개혁 27
광복군총영 213
광석동(廣石洞) 교회 111
광주고등보통학교 293, 295
광주중학교 295
광주학생운동 178, 216, 244, 270, 273, 284, 293~297, 300, 301, 419
괴산 사건 210, 418
괴산청년동맹 210
橋本寬 66
橋本庄之助 207
교육입국조서(教育立國詔書) 27

9월 총파업 379
국민대표회의 237
국민정신총동원조선연맹 111
국민총력조선연맹 111
국제노동연맹 376, 423
국제농민조합 149, 208
국제변호사대회 105, 198, 227~234, 416
국제변호사협회 230
국제변호사협회 설립협의회 228
국제연맹 193, 273
국제연맹본부 181, 195
국채보상기성회 66
국채보상운동 66, 103
굿펠로우(Preston M. Goodfellow) 377
권동진(權東鎭) 61, 274~277, 298~301, 304, 317, 365
권승렬(權承烈) 208, 210, 211, 216, 240, 255, 308
권업회(勸業會) 97
권오설(權五卨) 208, 249, 255, 256, 260
권정길(權鼎吉) 288
권중현(權重顯) 46
권태동(權泰東) 297
권태석(權泰錫) 211, 263
권태전(權泰銓) 64~66, 229
규장각(奎章閣) 41~43, 51, 54, 83, 414
그레고리 핸더슨 368
근로인민당 395
근우회(槿友會) 294, 301, 419
근우회본부 323

근화학원(槿花學院) 167, 420
김경수(金暻秀) 64
김경숙(金慶淑) 168
김경식(金瓊植) 211
김경재 208
김구 363, 366, 367, 372, 384, 386~
　389, 391, 397, 398
김규병(金奎炳) 40
김규식(金奎植) 108, 366, 367, 377,
　383~391, 397
김기태(金琪邰) 162, 165
김기환 210
김남수 209
김내범 207
김내홍 207
김누디아 180
김단야(金丹冶) 279
김달현(金達鉉) 390, 397
김도원(金道源) 207, 212
김동선(金東鮮) 283
김동성 207
김동식(金東植) 211, 212
김동주 209
김동준 210
김동혁(金東赫) 68, 69, 75
김두봉(金枓奉) 386, 388, 390, 391,
　395, 397, 399, 425
김득하 207
김립(金立) 90, 97, 98, 105, 106, 198,
　278, 415
김만석(金萬石) 219
김명동(金明東) 283
김명식 147, 207

김명제(金明濟) 60
김명진 210
김무삼(金武森, 金東駿) 299~301, 304,
　308, 312, 318
김법린(金法麟) 181, 190~195
김병규 207
김병로(金炳魯) 135, 149, 151, 161,
　165, 205~211, 213, 216, 224,
　234, 238, 240~245, 252, 255~
　258, 260, 267~270, 276, 280,
　283, 285, 286, 288, 294, 300,
　317, 320, 324, 348, 350, 355,
　357, 366, 367, 421
김병민 210
김복순 180
김봉철 211
김사민 207
김삼룡(金三龍) 396, 398
김상옥(金尙沃) 165
김상옥(金相玉) 206, 207, 243~247,
　253, 257
김상주 207, 208
김성수(金性洙) 104, 140, 148, 159,
　167, 174, 175, 365, 366, 370, 386
김성숙 379
김성진(金聲振) 60
김성태(金聖泰) 62, 63
김세연(金世淵) 209, 263
김세진(金世振) 283
김 소사(金 召史) 64, 66
김승옥 207
김시중 210
김시황(金時晃) 211, 212

김안방 357
김약수 208
김양준 210
김억(金億) 158
김연수(金秊洙) 140
김영구(金永九) 104, 105, 148
김영률 207
김오성(金午星) 409, 413
김옥 210
김옥균(金玉均) 27
김용무(金用茂) 149, 207~209, 216, 238, 240, 242, 252, 255, 308
김용암(金龍岩, 金勇岩) 365, 373, 379, 393, 422
김우영(金雨英) 116, 206
김원벽(金元璧) 146
김원봉(金元鳳) 326, 367, 373, 376, 379, 383, 384, 390, 391, 393
김윤수(金胤洙) 64, 66
김윤해 210
김의균(金宜均) 62, 63, 65, 229
김일성 375, 376, 384, 386, 388, 390, 391, 395, 399~402, 405, 408, 425
김일성종합대학 342, 399, 400, 424, 425
김재봉(金在鳳) 208, 249, 260
김재수 210
김재식(金在植) 60
김점봉 211
김정관(金政琯) 256
김정련(金正連) 211~214
김정섭(金鼎涉) 64

김정수(金正洙) 210
김정일 396
김정환 211
김종한(金宗漢) 60
김좌봉(金佐鳳) 20
김주병(金澍炳) 61, 91
김주현(金周鉉) 68, 69, 75
김준연(金俊淵) 190, 191, 209, 263
김중량(金仲亮) 211
김지간(金志侃) 88
김지건(金志健) 229, 233
김지오 211
김지종(金知宗) 208, 261
김진원(金鎭瑗) 219
김찬영(金瓚泳) 146, 207~209, 224, 229, 233, 255
김창오(金昌旿) 66
김창용(金昌容) 209, 295
김창원(金昌源) 63
김창준 207
김채용 210
김책(金策) 262
김책공업종합대학 342
김철수(金綴洙) 104, 105, 148, 278
김철중(金鐵中) 149, 208
김철현(金喆鉉) 61, 62
김태순(金泰順) 334, 335, 421
김태영(金泰榮) 149, 165, 207~209, 211, 238, 240, 242, 245, 252~258, 260, 324
김학필(金學弼) 60
김한(金翰) 207, 245~247, 253
김항규(金恒圭) 283, 299, 301, 304,

329, 331
김형원(金炯元) 207, 219
김형호(金亨浩) 209
김홍도(金弘道) 23
김홍량(金鴻亮) 59
김홍빈 210
김홍집(金弘集) 30
김후경(金厚慶) 62, 63
김희모(金熙謨) 219

ㄴ

나가시마 유조(永島雄藏) 114
나주 유림단 사건 209, 418
나주청년동맹 209
나혜석 198
낙동친목회(洛東親睦會) 84
남병석 208
남북연석회의 388~393, 397, 424
남북요인회담 391
남북정당사회단체 지도자협의회 391
남북협상 388~393, 398
남조선과도입법의원 381, 423
남조선노동당(남로당) 340, 380, 382, 385~388, 392, 395, 397, 404, 423, 425
남조선 단독선거반대 전국투쟁위원회 390
남조선민주당 390
남조선민주여성동맹 396
남조선인민대표자대회 394
남조선청우당 395
남태희(南泰熙) 146
남평유림단(南平儒林團) 209

남형우(南亨祐) 40
네이던 헤일 180
노몬한(Nomonhan) 사건 347
노상렬 208

ㄷ

다카하시 쇼노스케(高橋章之助) 59
단선단정반대 통일정부수립촉진 인민
 대회준비위원회 391, 424
달천온천(疸泉溫泉) 360, 422
대동공업전문학교 341
대동광산중앙조합 337~339, 341, 342, 421
대동광업주식회사 336~339, 341, 343, 344, 348, 357, 421
대동농사원(大同農事院) 340
대동농촌사(大同農村社) 338, 340, 341, 421
대동출판사 338, 341, 342, 421
대동콘체른(대동사업체) 341~343
대동합명회사 341
대서양헌장 353
대성학교(大成學校) 86
대조선청년결사대 211
대한독립단 209, 213
대한독립보합단 211
대한독립촉성국민회 382, 384
대한매일신보 48, 54, 55, 58, 66, 69
대한민국임시정부 102, 113, 134, 135, 247, 346, 349, 351, 353, 356, 363, 367
대한민족대표단 134, 135
대한인국민회 하와이지방총회 183

대한자강회 80, 414
대한통군부(大韓統軍部) 213
대한학회 84, 85, 415
대한협회 80, 414
대한흥학회 84, 85, 88, 110, 415
더블린대학 181
데라우치 116, 221
도진백 209
독고전 208
독립청년단 233
독서회 중앙부 293
독소전쟁 347, 350, 352
독일어학교(德語學校) 36, 38, 42, 413
동광(東光) 144, 233, 419
동방무정부주의자연맹 210
동북항일연군 346, 364
동승현(董承鉉) 211
동아일보(동아일보사) 34, 140, 143~148, 159, 168, 172, 182, 191, 224, 229, 240~243, 268, 285, 289, 299, 333, 349, 370, 372, 416, 417
동아일보 필화사건 208, 417
동아일보사 창춘지국 182, 198

ㄹ

량치차오(梁啓超) 90
러시아혁명 107, 108, 146, 236
러일전쟁 38, 44, 45, 185, 186
러치(Lerche, A. L.) 376, 377, 423
레닌 108
로이드 조지 181
루즈벨트 47

류갑수 210
류우석(柳愚錫) 208
류정현 210

ㅁ

마포지단 사건 66
만주침략(만주사변) 273, 331
맥도널드(都栗林, Donald. W. MacDonald) 156, 181, 417, 420
맹두은 210
메이지대학(明治大學) 51, 52, 78, 83, 84, 174, 415
명주 정(정명구) 181
모란봉지하극장 402, 426
모스크바공산대학 209
모스크바3상회의 370~373, 378, 382, 423
무명회(無名會) 149, 151
무산자동맹회 247
무정부주의자·공산주의자 연합심리사건 210, 419
문석준(文錫俊) 348, 355, 357, 422
문일평(文一平) 141
문재(文梓) 207
물산장려운동 141
미겔스 376
미국독립기념일 180, 183, 417
미국독립선언 186
미국의 소리(V.O.A) 348, 350
미소공동위원회(미소공위) 372~378, 380, 382~385, 423
미소공동위원회 환영 및 임시민주주의 정부 수립 촉진 시민대회 374, 423

찾아보기 441

민건식(閔健植) 62, 64
민경호(閔京鎬) 63, 64
민립대학 설립운동 157, 159, 166
민병석(閔丙奭) 139
민비(閔妃) 28
민영기(閔泳綺) 46
민영옥(閔泳玉) 62, 63
민영익(閔泳翊) 28
민영찬(民泳瓚) 47
민영환(閔泳煥) 44, 47
민주독립당 395
민주주의민족전선 373~380, 382, 385~
　389, 391, 392, 404, 424
민중대회 사건 178, 215, 262, 267,
　273, 294, 300, 302~309, 311,
　312, 317, 318, 331, 419
민찬호 180
민창식 208
민태원(閔泰瑗) 151

ㅂ

박기란 208
박기준(朴基駿) 64, 66
박기철(朴箕哲) 219
박길양(朴吉陽) 260
박동수 211
박래원 208
박만서(朴晩緖) 60, 220, 223, 224
박문희(朴文熹) 283
박민영 208
박석우(朴碩禹) 219
박석윤 181
박순병(朴純秉) 260

박승빈(朴勝彬) 146, 207, 220, 221,
　224, 227~229, 232, 233
박용만(朴容萬) 183
박용신(朴龍信) 348
박용태(朴瑢台) 60
박용희(朴容喜) 140
박은식(朴殷植) 81, 82, 91
박은양 211
박웅무 208
박인덕 199
박인호(朴寅浩) 162
박일(朴日) 295
박일병(朴一秉) 256
박일양 210
박정하(朴晶夏) 64, 66
박제선(朴齊璿) 60
박제순(朴齊純) 46
박준삼(朴準三) 209
박준호 209
박태병(朴台秉) 65
박태인(朴泰仁) 18
박하징(朴夏徵) 219
박헌영(朴憲永) 249, 253~256, 260,
　366, 373~376, 379, 381, 384,
　386, 390, 391, 396, 406
박회식(朴會植) 219
박희대(朴熙大) 61
박희도(朴熙道) 146, 147, 156, 207,
　283
반항제국주의 피압박 식민지연맹 193
방동칠 210
방응모(方應謨) 333
배달모임 105

배동건 210
백광흠(白光欽) 260
백남운(白南雲) 373, 376, 379, 390, 393
105인 사건 102, 103, 239, 251
백운기(白雲起) 211, 212
백인규(白寅圭) 64, 66
백일규 180
101인 사건 251
법관양성소 41
법무아문(法務衙門) 42
베르사유 강화조약 107
베를린대학 191
변규호(邊奎浩) 219
변덕주 211
변영만(卞榮晩) 146, 207, 229, 233
보문사(普文社) 64, 65
보성사(普成社) 86
보성법률상업학교 161
보성전문학교 38~43, 45~48, 51~53, 57, 78, 82, 86, 91, 92, 148, 153, 157, 161~165, 174, 182, 310, 330, 370, 414~417
보성학교(普成學校) 86
보전교우회(普專校友會) 41, 57, 415
보전친목회(普專親睦會) 39~41, 414
보창학교(普昌學校) 86
보합단(普合團) 207, 212, 213
보합단 사건 206, 207, 237, 416
부건(夫健) 295
부인야학강습소 167, 420
북조선노동당 380
북청청년연합회(北靑靑年聯合會) 269

북평 살인사건 288
북풍회(北風會) 173, 210, 277
브라운 383, 424
비행학교 211, 213

ㅅ

4김 회담 391
사법권침해탄핵 대연설회 255
사이토 마코토(齋藤實) 287
사카이 121, 126
사회노동당 380
사회민주당 395
사회혁명당 105
삼국동맹 347
3당 합당 378
3·1여성동지회 110
삼천리(삼천리사) 18, 153, 154, 174~179, 199, 291, 322, 326~330, 343, 404, 418~420
상해사변 273
서광설(徐光卨) 165, 210
서구순(徐九淳) 59
서로군정서(西路軍政署) 213
서범석 207
서병두 207
서북학생친목회 98
서북학회(西北學會) 52, 79, 81, 82, 85, 88, 90~93, 97, 101, 415
서북협성학교(西北協成學校) 86, 91, 156, 415
서상득(徐相得) 59, 66
서상손 209
서상욱 207

서상환(徐相懽) 165
서용태 240
서우사범학교(西友師範學校) 91
서우학회(西友學會) 81, 91
서울지방변호사회 54
서원표 211
서재필(徐載弼) 134
서정만(徐廷晩) 288
서학이 207
석진형(石鎭衡) 38
성기석(成基錫) 348
성기영(成夔永) 229
성주식(成周寔) 378, 379, 393
성진회(醒進會) 293, 296
세계약소민족대회(세계피압박민족대회)
　　181, 190~195, 197, 417
세계평화옹호대회 397, 425
세브란스의학전문학교 162
소-일 중립조약 352
손두환(孫斗煥) 393
손병희(孫秉熙) 64, 110, 115, 124, 310
손재기(孫在基) 298, 299, 301, 304
손창식(孫彰植) 64, 66
손홍관 210
송남헌 348, 350, 357, 358
송봉우(宋奉瑀) 173, 208, 279
송영상 216
송종근 210
송진근(宋珍根) 348, 350, 421
송진옥(宋振玉) 60, 68~73, 75, 415
송진우(宋鎭禹) 114, 140, 146~151,
　　159, 176, 208, 298, 349
송화실 210

수안 사건 126
水野正之丞 63, 64, 66
수양동우회 144
수표교회(水標敎會) 110
숭실중학교 341
스즈키 208
스티코프(Terentii F. Stykov) 374, 383,
　　424
스페르만 354
시대일보(시대일보사) 148, 151
시대일보 필화사건 208, 417
시사총보(時事叢報) 28
10월 인민항쟁 379
시카고동지회 356
신간회 141, 149, 188, 199, 209,
　　215, 216, 237, 247, 267, 268~
　　279, 282, 284, 285, 289~291,
　　294, 296, 299, 301, 306, 312,
　　313, 319, 320, 323, 329, 364,
　　370, 380, 404, 419
신간회 경성지회(京城支會) 166, 268,
　　270, 271, 285, 288, 331, 418, 419
신간회 광주지회 294~296
신간회 괴산지회 210
신간회 나주지회 209
신간회 복대표대회 267, 272~277,
　　282, 290, 300, 419
신간회 영암지회 동양정세 연설사건
　　210, 419
신간회 장성지회 사건 210, 419
신민회(新民會) 81, 97, 98, 101, 103,
　　415
신상직 207

신생활(신생활사) 143, 146, 147
신생활 필화사건 146, 207, 245, 416
신석정(申錫定) 116
신아동맹단(新亞同盟團) 105
신용기 210
신우선(申祐善) 38
신의주 사건(조선공산당 제1차 탄압사건) 126, 173, 206, 208, 249
신익희 366
신일용 207
신채호 98
신철 210
신철수 207, 208
신페인당 180, 181, 188
신한청년당(新韓靑年黨) 108
신화수 207
신흥무관학교 211
신흥우(申興雨) 329
심상붕(沈相棚) 255
심종대(沈鐘大) 220
심지연 26, 31, 42, 51, 278, 381, 393, 405, 408
심창업 207

ㅇ

아관파천(俄館播遷) 30
아놀드(Archibold V. Arnold) 376, 423
아시아민족회 195
아일랜드공산당 209
아일랜드 의회 181, 189
안기성(安基成) 208, 261
안드레이 비신스키(Andrei Yanuarevich Vyshinskii) 197

안세환(安世桓) 122
안재홍(安在鴻) 141, 285, 298, 349, 359, 363, 366
안중근 97
안창남(安昌南) 213
안창호(安昌浩) 81, 86, 97, 98, 180, 244
안철수(安喆洙) 210, 277, 278, 283, 286
안홍한 207
애국열사릉 402, 426
양기탁(梁起鐸) 104
양원모 148
양윤식 216
양장주(梁長柱) 209
양제현(楊濟賢) 350
양준규 211
양한묵(梁漢默) 62, 80
언론집회압박탄핵대회 149, 150, 417
에이먼 데 벌레라(Éamon de Valera) 180, 181, 188
AP통신 377
여운형(呂運亨) 108, 216, 244, 356, 359, 364~369, 373~377, 379~384, 422, 423
여운홍(呂運弘) 390, 398
연통제(聯通制) 사건 243
연학회(硏學會) 84, 85, 88
연희전문학교 144, 162
염광섭 180
염상섭(廉想涉) 146
염준모(廉準模) 348
염창렬 208

영국노동당 189, 193
영생학교(永生學校, 영생중학교) 110, 111
영세중립국 353, 356
영신학교(永信學校) 156, 157, 416
오가키 다케오(大垣丈夫) 80
오동준(吳東俊) 165
오상규(吳相奎) 82
오상은(吳尙殷) 146
오선엽(吳善燁) 62
오성강습소(五星講習所) 158, 415
오성학교(五星學校) 91, 156, 158, 415
오세창(吳世昌) 122
5·10선거 반대투쟁 387
오영근(吳榮根) 66
오쿠보 마사히코(大久保雅彦) 116, 119, 120, 128, 222, 223
오화영(吳華英) 122, 272
옥동규(玉東奎) 52~55, 58, 67, 69, 72, 81, 415
온낙중(溫樂中) 209, 263
와세다대학 105
왕유링(王有齡) 230
왜정시대인물사료 407
우가키 가즈시게(宇垣一成) 331
워싱턴군축회의에 드리는 한국의 호소 135
워싱턴회의 107, 133~136, 237
원동변호사대회 228
원산노동조합회 211
원산청년당 208
원산청년회 208
원산청년회원 충돌 사건 208, 418
원산총파업 211, 217, 244, 270, 273, 419
원세훈(元世勳) 377
원점룡 211
원정상 211
웨드마이어(A. C. Wedemeyer) 385
윌슨 107, 108
유각겸(兪珏兼) 39
유관영(劉觀泳) 219
유광렬(柳光烈) 18, 20, 21, 31, 100, 101, 138, 168, 280, 408, 420
유긍환(劉肯桓) 64, 66
유길준(兪吉濬) 30, 45, 83
유덕고려학우회(留德高麗學友會) 191
유덕희(柳德禧, 柳文植) 321~323, 359, 419, 421
유동열(柳東說) 81, 82, 91, 98, 104
유동작(柳東作) 63
유문환(劉文煥) 38, 224, 229
유민회(維民會) 232
유석현(劉錫鉉) 364
유성준(兪星濬) 165
UN 385, 424
UN한국임시위원단(UNCOK) 386, 388, 424
유영섭 211
유영준(劉英俊) 397
유진태(兪鎭泰) 271
유진희 207, 208
유초시 182
유춘길(柳春吉) 89, 90
유치영(兪致永) 38
유치형(兪致衡) 39
6·10만세운동 206, 244, 249, 293

6·25전쟁 398, 400, 425
윤덕병 208
윤병관(尹秉寬) 21
윤보선 349
윤상오(尹相五) 60
윤성배(尹聖培) 63
윤성희(尹成熙) 39, 40
윤익선(尹益善) 38, 40
윤익중 207
윤자희(尹滋禧) 63
윤창훈(尹昌訓) 23, 102
윤치호(尹致昊) 80, 103, 116, 136, 167, 317, 334
윤태영(尹泰榮) 140, 208, 224, 229
윤택근 210
윤형식(尹亨植) 364
윤홍렬 148
을미개혁 52
을미사변 30
을사늑약 46, 78, 186
의성단(義成團) 사건 207, 417
의열단(義烈團) 206, 257
의열단 사건(김상옥 사건) 206, 207, 243~246, 253, 416
이갑(李甲) 44, 52, 79, 81, 82, 86, 88, 90, 91, 97~99, 170, 415
이강국(李康國) 366, 369, 378, 380
이강흡(李康洽) 62, 63
이경순(李敬樏) 170
이경용 211
이관구(李寬求) 277, 278
이관용 286, 297~299, 301, 304, 308, 312, 318

이광세 207
이광수(李光秀) 268
이규석(李圭奭) 210
이규영(李奎榮) 142
이균영 278, 290, 295
이극로(李克魯) 142, 181, 190, 191, 193, 393, 397
이근(李槿) 111
이근택(李根澤) 46
이기석(李基錫) 396
이기찬(李基燦) 140, 207, 209, 213, 233
이기현 207, 213
이능화(李能和) 141
이대위 180
이동초(李東初) 224, 233
이동휘(李東輝) 44, 81, 101~106, 135, 170, 197, 198, 278, 415
이만규(李萬珪) 167
이면우(李冕宇) 38, 53, 75
이명수 211
이명영(李命英) 110, 111
이명화(李明和) 219
이문설렁탕 358
이민호 209
이병주 365
이봉수(李鳳洙) 208, 243
이봉승(李奉承) 219
이봉하(李鳳夏) 139
이상재(李商在) 44, 135, 159, 232, 274
이상협 209
이선구(李善九) 211, 214
이선종 207, 213

이성규 207
이성모(李聖模) 64
이성태 210
이수섭(李守燮) 210
이순영(李順榮) 111, 112
이순탁 199
이승만(李承晩) 134~136, 183, 349, 351, 353, 356, 357, 363~369, 372, 375, 377, 384, 385, 393, 422
이승엽(李承燁) 380, 383
이승우(李升雨) 135, 147, 149, 161, 207~210, 224, 238, 240, 242, 255, 308
이승훈(李昇薰, 李寅煥) 104, 140, 148, 159
이시목(李時穆) 298
이시영(李始榮) 60
이시우 207
이연익(李然翊) 29
이영(李英) 393, 397
이영규(李永奎) 61
이영조(李永祚) 64, 66
이완용(李完用) 46, 80
이용익(李容翊) 25, 28~31, 38, 40, 43~48, 334, 414
이용화(李容華) 213
이우석(李隅石) 170
이원국(李源國) 60
이원철(李源喆) 158
이원혁 299, 301, 304, 312, 318
이월송(李月松) 89, 90
2월 인민항쟁 387
이윤성 207

이윤중(李允仲) 64, 66
이은상(李殷相) 352, 422
이의경(李儀景) 181, 190~193
이의연 210
이이덕(李二德) 354~357, 422
이이화 21, 25, 51
이익호(李翼鎬) 61, 62
이인(李仁) 138, 149, 169, 191, 205~211, 214, 216, 234, 238~240, 244, 245, 252, 255~263, 307, 308, 324, 348, 350, 355, 357, 365, 421
이인섭(李仁燮) 197, 198
이일화 207
이장하(李章夏) 158
이재면(李載冕) 62
이재웅 210
이재현(李在賢) 146
이정규 210
이정선(李廷善) 209, 212
이정호(李廷鎬) 207
이조원(李祖遠) 229
이종률(李鍾律) 210
이종린(李鍾麟) 141, 272, 283
이종만(李鍾萬) 334~344, 421
이종성(李宗聖) 207, 208, 210, 216, 242
이종성(李鍾星) 61
이종성(李鍾聲) 53
이종영(李鍾英) 212
이종익 211
이종준(李鍾駿) 139
이종하(李琮夏) 208, 228, 229

이종형 207
이종호(李鍾浩) 29, 38, 40, 43~48, 81, 86, 91, 97~99, 170, 415
이주국(李柱國) 60
이주연(李周淵) 283, 286
이주하(李舟河) 398
이주화(李周和) 208, 261
이준(李儁) 45, 47, 74, 80, 91
이준경(李俊景) 60
이준열(李駿烈) 337
이준태(李準泰) 208, 257
이증림(李增林) 355
이지용(李址鎔) 46
이지탁 208
이창휘(李昌輝) 149, 208~211, 214, 216, 240, 308, 324
이춘숙(李春塾) 206, 283
이충건(李忠健) 140
2·7총파업 387, 424
이태영 211
2·8독립선언 89, 108, 110
이하영(李夏榮) 74
이한길(李漢吉) 147, 207
이한성(李漢星) 295
이항종(李恒鍾) 39, 52, 165
이현재(李賢在) 29
이형근(李亨根) 64
이혜수 207
이호재 191
이화여자고등보통학교 301, 323
이흥조(李興祚) 61, 63
이희병(李希炳) 61, 62
이희적 208
이희철(李熙轍) 229
인디펜던스 신문사 181
인민공화당 395
인민당 372
일본공산당 241
일선변호사협회(日鮮辯護士協會) 221
임규(林圭) 158
임서봉(林瑞鳳) 283
임원근(林元根) 173, 208, 249, 279
임창수 209
임형관 208

ㅈ

자유법조단(自由法曹団, JLAF) 239, 252
장건상(張建相) 398
장고봉(長鼓峰) 사건 347
장기욱(張基郁) 208
장길상(張吉相) 165
장덕수(張德秀) 167, 180
장도(張燾) 38, 75, 207, 208, 223, 224, 229~233
장도빈(張道斌) 139, 144, 145, 158, 159
장박(張博, 張錫周) 30, 31, 52, 83
장삼득 211
장석두 207
장석천(張錫天) 295~297
장수환(張壽煥) 63
장순명 207, 208
장영식(張永植) 219
장재성(張載性) 293
장정용 207
장증봉(張曾鳳) 211

찾아보기 449

장지락(張志樂) 288
장지연(張志淵) 28, 414
장지운 사건 211, 419
장진의 수전(水電) 사업을 둘러싼 미츠비시의 횡포 사건 208, 237, 418
장택상(張澤相) 384
장택환(張宅煥) 52
장헌식(張憲植) 39
장홍두 209
장희봉(張熙鳳) 140
재동소학교 27, 29, 414
재만동포옹호동맹(在滿同胞擁護同盟) 271, 418
재한국변호사회 221
적기단(赤旗團) 사건 207, 417
적기(赤旗) 사건 207
적색구원회(赤色救援會) 241
전국기자대회 239
전국인민대표자대회 366, 370, 375, 422, 423
전국학생총연맹본부 374
전남청년연맹 293, 296
전여종 207
전영환(全永煥) 64
전우진 207
전정관 208
전조선기자대회 149
전조선민중운동자대회 151, 207, 417
전창신(全昌信) 110
정경진(鄭景鎭) 219
정구영 208, 255, 258
정구창(鄭求昌) 61, 62, 116, 228
정국인(鄭國仁) 64, 66

정기운(鄭基雲) 219
정노식(鄭魯湜) 377, 397
정백(鄭栢) 209, 263, 366
정보영(鄭寶榮, 정긍자) 35, 127, 279, 319~322, 414, 420
정석해(鄭錫海) 191
정설교 207
정신여학교 170
정운해 208
정읍 발언 377
정의부(正義府) 243
정인보(鄭寅普) 141
정재달(鄭在達) 280
정종언(鄭宗彦) 35
정중일(鄭重鎰) 64, 66
정춘수(鄭春樹) 111
정치철(鄭志喆) 66
정학영(鄭學永) 61
정헌국(鄭憲國) 351~356, 422
제4적색대중당(개성공산당) 211
제2차 세계대전 356
제2차 영일동맹 45
제1차 세계대전 107, 134, 199, 356
제1차 한일협약 46
제1회 변호사시험 43, 51, 205, 404, 415
제임스 로이드 조지(David Lloyd George) 189
제임스 맥도널드(James Ramsay MacDonald) 189
조국통일민주주의전선 396, 397, 400, 425
조국통일상 402, 426

조기화 207
조동희(趙同熙) 62
조만식(曺晩植) 275, 329, 359, 366, 367, 375, 386
조병옥(趙炳玉) 272, 283, 295, 297~299, 301, 304, 312, 318, 349, 384, 387
조상귀(趙相貴) 219
조상백 207
조선공산당 105, 173, 206, 208~210, 239, 248, 249, 263, 267, 272, 278, 279, 331, 372, 378, 381
조선공산당 만주총국 206, 208, 261
조선공산당 사건 187, 199, 208~211, 215, 244, 248~263, 271, 418, 419
조선공산당 제2차 탄압사건 206
조선교육협회 159, 166, 418
조선노동공제회 197
조선노동당 400, 425
조선노동조합전국평의회 376, 396, 423
조선노동총동맹 301, 331
조선농민사(朝鮮農人社) 211
조선농민총동맹 331
조선물산장려회(朝鮮物産獎勵會) 141, 144, 418
조선민립대학 기성준비회 159, 416
조선민립대학기성회 159, 160
조선민족혁명당(朝鮮民族革命黨) 326
조선민주주의인민공화국 393~396, 399, 400, 405, 425
조선민주청년동맹 376, 423
조선변호사협회 216, 217, 224, 226~229, 233, 234, 238, 239, 260,

289, 416, 417
조선산금조합(朝鮮産金組合) 338
조선식산은행(朝鮮殖産銀行) 139, 416
조선어사전편찬회(朝鮮語辭典編纂會) 142, 419
조선어연구회 142
조선여자강습원 165
조선여자강습후원회 165, 417
조선여자의학전문학교 328, 420
조선여자청년회 166
조선의용군(朝鮮義勇軍) 346, 358, 364
조선인민공화국 356, 366~370, 376, 387, 402, 404, 422~426
조선일보(조선일보사) 146, 147, 159, 163, 166, 168, 172, 267, 272, 275, 289, 299, 326, 333
조선일보 필화사건 207, 417
조선재외전재동포구제회(朝鮮在外戰災同胞救濟會) 365, 422
조선정판사(朝鮮精版社) 위폐(僞幣) 사건 378, 380, 423
조선제사주식회사(朝鮮製絲株式會社) 140, 416
조선지광(조선지광사) 143, 145, 148, 208
조선청년동맹회 191
조선청년연합회 159
조선청년총동맹 149, 294~297, 301, 331
조선청년총동맹 함북도연맹 215
조선학생과학연구회 295
조선학생전위동맹(朝鮮學生前衛同盟) 297

조선학생회 295
조성구(趙聲九) 40
조소앙 398
조원기 207
조이환(曺利煥) 260
조일수호조규(朝日修好條規) 16, 36
조종구(趙鍾九) 158
조주영 208
조중응(趙重應) 73, 74
조창화 207
조치기(趙致基) 283
조한용(趙漢用) 211, 419
조헌식 210
조희연(趙義淵) 30
좌우합작운동 377, 423
주세죽(朱世竹) 254
주시경(周時經) 105, 142
주요한 298, 299, 301, 304
주정균(朱定均) 163
중국변호사협회 230
중동학교후원회(中東學校後援會) 166, 418
중앙여자청년동맹 323
중외일보(중외일보사) 149, 285, 299
중외일보 필화사건 209, 418
중일전쟁 335, 347
중추원(中樞院) 382
지계아문(地契衙門) 42, 414
지멘스회사 196
진병기 208

ㅊ

차미리사(車美理士) 167

차운봉(車運鳳) 63, 64
창씨개명(創氏改名) 353
창원 사건 126
채그레고리 사건 209, 418
채기두(蔡基斗) 88
채성룡(채그레고리) 209
채용묵 206
천마산대(天摩山隊) 233
총독부 149, 163, 286, 287, 297, 347, 367, 408
최고인민회의 394, 395, 399, 400, 425
최국현(崔國鉉) 146
최규동(崔奎東) 165
최남 207
최남선(崔南善) 110, 114, 141
최린(崔麟) 88, 110, 174, 268, 415, 416
최병찬(崔炳瓚) 39
최봉설(崔鳳卨) 207
최석창(崔錫彰) 62, 64
최순학(崔順學) 64
최순환(崔舜煥) 60
최승환(崔承煥) 209
최시준(崔時俊) 158
최양옥(崔養玉) 211, 213
최영(崔榮) 208, 263
최용건(崔庸健) 390
최용달(崔容達) 369
최용묵 209
최용순(崔鏞舜) 61, 63
최원택(崔元澤) 208, 261
최은희(崔恩喜) 168
최익한 209
최재학(崔在學) 93

최진(崔鎭) 60, 116, 119, 120, 128,
　　135, 146, 207, 208, 223, 224,
　　233, 247, 255
최창덕 180
최창익(崔昌益) 209, 326, 421
최창조 208
최태영(崔泰永) 110, 174
최호의(崔浩儀) 219
춘경원당 211, 263, 419
충북 진천 신문기자의 '불경죄' 사건
　　210, 419
친목(親睦) 40
친일반민족행위진상규명위원회 31,
　　74, 111, 344
친일인명사전 344

ㅋ
캐나다 장로교선교회 101
컬럼비아대학 173, 180, 349
케임브리지대학 181
코민테른 192, 211, 253, 278, 279
콜론타이 173
쿤스(君芮彬, E. W. Koons) 349, 350,
　　421

ㅌ
탁창하 208
태극학회(太極學會) 85
태명식(太明軾) 220
태양광선치료원 325, 420
태평양전쟁 342, 347~350, 353

ㅍ
파리강화회의 108
파리한인회 191
팔로군(八路軍) 326
8·15 기념행사 전국준비위원회 377,
　　423
패트릭 헨리(Patrick Henry) 184
편강렬(片康烈) 207
평리원(平理院) 68, 71, 72, 75, 76
평양공업전문학교 342
布施辰治 208
포츠머스조약 45, 46
피상범(皮相範) 60
피오 12세 354

ㅎ
하나이 다쿠조(花井卓藏) 116, 310
하미전(下米廛) 사건 68, 69, 72, 75~
　　77, 205, 214, 404, 415
하야시 곤스케(林權助) 46
하지(John Reed Hodge) 369, 379, 380,
　　383, 422, 424
하필원 209
학생맹휴옹호동맹 사건 210, 419
한국광복군(韓國光復軍) 346, 364, 367
한국대표단의 결의안 193~195
한국독립당 382, 384
한국민주당 370, 382, 384, 424
한국인민치태양회의서(韓國人民致太
　　平洋會議書) 135, 136
한국종(韓國鍾) 208~211, 216, 255~
　　258
한규상(韓奎相) 139

찾아보기　453

한규설(韓圭卨) 46
한근조 208
한동석(韓銅錫) 210
한림 209
한만화 211
한명찬 210
한미공수동맹 47
한병락(韓炳樂) 288
한북의숙(漢北義塾) 91
한북흥학회(漢北興學會) 81, 91
한상억(韓相億) 208, 211, 255
한상준(韓相駿) 283
한설야(韓雪野) 355
한성도서주식회사 139, 143~145, 328, 416
한성법학교(漢城法學校) 38
한성변호사회(漢城辯護士會) 54, 220, 221, 415
한성외국어학교 36, 414
한성재판소 68, 70, 74~76
한시열 210
한영욱(韓永煜) 353, 355, 393, 422
한용운(韓龍雲) 141, 159, 268, 298~301, 304, 307
한인섭 57, 192, 240, 252, 270, 304, 406
한인청년동맹 상해지부 211
한일신협약 41, 74
한일의정서(韓日議定書) 44, 46
한장순 208
한창환(韓昌桓) 355
함남기자단연맹 사건 210, 418
함남기자대회 210

함만성(咸萬成) 64
함문교(咸文敎) 63
함북청년연맹 사건 210, 216, 289, 419
함산학우회(咸山學友會) 111
함석희 210
함태영(咸台永) 63, 64
함흥고등보통학교 111
함흥고보 맹휴 사건 209, 418
함흥농업학교 111
함흥수리조합 288, 297
해방운동희생자구원운동 준비위원회 241
허근욱 13, 20, 26, 30~33, 42, 51, 79, 110, 134, 162, 167, 191, 322, 357, 358, 393, 405, 408, 420
허기욱 423
허도성(許道成) 103
허백(許伯) 64
허선문 19
허선욱 421
허성욱 421
허손(許愻) 19
허영욱 33, 262, 263, 357, 393, 406, 408, 421
허정숙(허정자) 35, 161, 167~174, 180, 249, 279, 280, 301, 304, 319, 325, 326, 343, 351, 355, 358, 388, 395, 396, 399, 405, 414~421, 425
허종욱 421
허징(許懲) 18, 19
허추(許抽) 18, 20, 25~28, 31
허필(許弼) 64

허효연 13, 19
허훈(許薰) 33, 102
헌정연구회(憲政研究會) 80
헤이그 특사 사건 74
현상윤(玄相允) 114, 159, 165
현준호(玄俊鎬) 140
현창원(玄昌源) 64
협동학교(協東學校) 103
협성실업학교 328, 421
협성학교(協成學校) 103, 145, 158, 166
형사변호공동연구회(형사공동연구회)
  238~244, 251~253, 260, 281, 416
호남학회(湖南學會) 84
호도금산사무소 334, 421
혼마 규스케(本間九介) 23
홍남표 208
홍덕유(洪悳裕) 208, 256
홍명희(洪命憙) 148, 272, 276, 283,
  297~301, 304, 308, 312, 318~
  321, 382, 393, 397, 425
홍우응(洪祐應) 60
홍익범(洪翼範) 348, 349~357, 421

홍재기(洪在祺) 39, 229
홍종억(洪鍾檍) 60
홍종표(洪宗杓) 183
홍증식 208
홍진의(洪震義) 207
홍파(洪波, 李承, 李珉煥) 197
홍한식 180
화북조선독립동맹 326
화요회(火曜會) 149, 277
황국협회(皇國協會) 28, 414
황상규(黃尙奎) 283, 286, 294~297
황성신문 37, 48, 54, 92, 143, 414
황우일(黃祐日) 181, 190, 193
황태성 210
황현(黃玹) 29
橫田定雄 64, 65
橫田俊夫 61~63, 65, 66
후루야 사다오(古屋貞雄) 252, 255~258
후세 다츠지(布施辰治) 252, 256, 257
흥농회(興農會) 141, 416
흥업구락부(興業俱樂部) 111, 267, 272
희천서 고문사건 233, 234, 417

한국학총서 | 항일변호사 평전 ❷

허헌 평전
항일운동의 선봉에 선 인권변호사

초판 1쇄 인쇄 2022년 1월 20일
초판 1쇄 발행 2022년 1월 30일

지은이   변은진
펴낸이   주혜숙
펴낸곳   역사공간
등록   2003년 7월 22일 제6-510호
주소   04000 서울특별시 마포구 동교로 19길 52-7 PS빌딩 4층
전화   02-725-8806
팩스   02-725-8801
이메일   jhs8807@hanmail.net

ISBN   979-11-5707-443-3 03990

- 책값은 뒤표지에 있습니다. 잘못된 책은 바꾸어 드립니다.
- 이 저서는 2016년 대한민국 교육부와 한국학중앙연구원(한국학진흥사업단)의 한국학 총서사업의 지원을 받아 수행된 연구임.(AKS-2016-KSS-1230002)